法と力

戦間期国際秩序思想の系譜

西平等 著
Taira Nishi

Recht und Macht
Zur Genealogie der internationalen Politologie

名古屋大学出版会

法と力——目　次

第4章　国際法の限界

――モーゲンソーによる政治的紛争論――

序章

1 国際法思想史への視角

国際秩序に関する構想の歴史を、いかなる視角から描き出すべきなのだろうか。歴史上、幾多の国際秩序構想が存在し、それぞれが時代に固有の特性と、時代を越えた連続性を有している。それらの諸構想を、いかにして、ひとつの意義ある歴史という形で提示することができるのだろうか。

国際法思想の歴史は、しばしば、自然法論と実証主義との対抗関係を基軸として描き出される。すなわち、普遍的な価値や理性に根拠を持つ超国家的な法規の体系として国際法を構成する思考と、法制定権者たる国家の意思や行為によって定立された実定法規範によって国際法体系を構成する思考との相克を、国際法諸学説の意義と関連を理解するための視角とするのである[1]。二〇世紀以降の私たちの関心が、一方において、戦争を引き起こす主権国家を効果的に規制しうるような国際法秩序を形成することにあり、他方において、普遍性を標榜する思弁的議論のイデオロギー性を克服して客観的・実証的な国際法学を構築することに向けられていることからすれば、このような視角が歴史解釈の基軸とされることは、決して偶然でもなければ、誤ったものでもない。

自然法論と実証主義との対抗という歴史観は、「正戦論の復活」とも呼ぶべき歴史解釈と密接に結びついている。その代表的論者である田畑茂二郎によれば、戦争観念の転換は次のように定式化される。「近世」の国際法論においては、戦争原因の正当性を基準として、正しい戦争と不正な戦争を区別する正戦論が支配的であった。(2)ところが、上級の権威者に服さない主権国家が併存する近代的な国際秩序の下では、各国の主張する戦争原因の正当性の是非を判断する有権的な機関が存在しない。したがって、戦争の正当性に関する各国の主権的判断をそのまま承認せざるを得ない。そうして、主権国家が正式の手続を踏んで行う戦争であればすべて合法とする「無差別戦争観」が支配的となった。(3)しかし、第一次世界大戦終結後には、戦争の違法化が進展し、自衛や国際組織による強制措置として行われる合法な戦争と、侵略や国際紛争解決のために行われる違法な戦争との区別（「差別戦争の観念」）が再び導入された、(4)という。すなわち、戦争の正・不正を区別する正戦論的思考は、初期近代の自然法論の下で隆盛を誇るが、主権国家の意思や判断を追認する実証主義的傾向の下でいったん衰退し、世界大戦の経験を経たのちに、武力行使禁止・集団安全保障・自衛権という新しい形式の下で復活した、というのである。このような「戦争観念の転換」に関する考え方が、日本の学説において広く受け入れられていることについては、多言を要しない。(5)

しかし、当然のことながら、「自然法論」対「実証主義」という構図だけで、国際法学説の歴史が語り尽くせるわけではない。例えば、「ヨーロッパ公法」のノモスが解体することを憂慮したカール・シュミットの国際法（批判）理論が、この構図においては把握できないこと、すなわち、シュミットにおける「戦争概念の転換」が、決して「正戦論の復活」を意味するものではないことは、すでに筆者も指摘したことがある。(6)さらに重要な欠点として、戦間期の国際法学における中心的な争点であった「国際紛争の裁判可能性」の意義が、この構図によっては捉えきれない、ということが挙げられる。

戦間期の平和構想においては、国家間紛争を平和的に解決する実効的な仕組みを整えることによって、戦争の原因を取り除くことが目指された。そのような紛争の平和的解決の構想の中で、いかなる性質の紛争が、第三者機関による法の適用によって解決可能であるのか、という問題が、実践的にも理論的にも重要な意味を持った。それゆえ、裁判によって解決可能な紛争（「法律的紛争」）の範囲や概念化をめぐる論争が激しく闘わされたのである。紛争の性質（種別）をめぐるこの論争の詳細については後の章で述べるが[7]、戦間期国際法学においてこの論争がいかに重大であったかは、例えば、立作太郎・田畑茂二郎・田岡良一・横田喜三郎・祖川武夫など当時の日本の代表的国際法学者たちがこぞってこの問題について本格的な論文を執筆していることを見ても明らかであろう[8]。

「自然法論」対「実証主義」という視角からは、この論争は、法規範を用いて客観的観点から国家を規制しようとする自然法的立場と、国家の主権的意思を重視する実証主義的立場との対立とみえるかもしれない。すなわち、客観的な国際法規範の適用によってすべての主権国家間紛争を解決すべきことを主張するのが、超国家的国際法秩序の妥当を信奉する自然法論者であり、主権国家の政治的決断の優越を根拠にして国際裁判による紛争解決の限界を論じる主張が、国家の有権的決定を追認する実証主義者だという理解である。しかし、そのような理解は、この論争の法思想史的意味を完全に見誤らせる。

第一に、すべての国家間紛争が裁判可能であるという主張を展開したハーシュ・ラウターパクトは、方法論的には、明確に実証主義に属している。法的原則の下に実定法諸規範を欠缺のない体系として構成し、それによってすべての紛争に法的に正しい解答を与えるというテーゼは、一九世紀ドイツの法実証主義において提唱されたものであり、ラウターパクトはそれを国際法学に応用したのである[9]。

第二に、政治的紛争が裁判によっては解決されえないことを主張して、国際司法の限界を強調したエリヒ・カウフマン[10]やハンス・モーゲンソー[11]は、方法論的には、明確に「反実証主義」をとる[12]。彼らは、体系化された実定法規範の適用によって国家の現実すべてを規制し尽くすことが不可能だと考えたのである。

このように、国際紛争の裁判可能性をめぐる論争において、国際法規範によって国家の主権的意思を客観的に規制する立場を代表したのは、自然法論ではなく、実証主義的方法をとる理論家であり、また、国家の主権的な意思や権力欲求を根拠として、国際裁判による客観的規制が困難であることを説いたのは、実証主義者ではなく、反実証主義者であった。

国際紛争の裁判可能性をめぐる論争において、たしかに「実証主義」対「反実証主義」という対抗関係が存在したのだが、それは、「実証主義」対「自然法論」の対抗とは異なるものである。その論争において賭けられていたのは、主権国家の判断に超越する価値や理性に依拠すべきかどうか、という問いではない。このことを理解するためには、実証主義という方法の意味をいま一度確認しておく必要がある。

実証主義という方法は、一方において、実定法を超越する価値や倫理を学的対象から除外すると同時に、他方において、歴史学や社会学のような非法律学的な学問から法律学を切り離すことを主眼としている。ここで問題となるのは、後者である。

例えば、私法学説史を研究したヴィーアッカーは、法実証主義の指導的原則として次の点を挙げる。

所与の法秩序は、つねに、諸制度 Institutionen と法命題からなる自己完結的な体系であり、すなわち、それらの制度や法命題によって規律される生活関係の社会的現実から独立している。(13)

法学的実証主義の体系は、自己完結的な体系 ein geschlossenes System である。それは、その概念自体により、無欠缺性を要求する。(14)

実証主義的方法においては、法規範命題を、一般的諸原理の下に秩序づけられた欠缺のない体系として構成し、その適用によって諸問題に解決を与えることが目指される。そこでは、法律学は、社会的事実とは区別された規範そのものを体系的・客観的に扱う学問であり、社会的事実を対象とする学問である歴史学や社会学とは異質だと考えられる。このような考え方は、ゲルバーやラーバントによって公法学に移入され、(15)やがてケルゼンによって、存在

Sein／当為 Sollen の峻別として定式化された。

ハンス・ケルゼンの Sein／Sollen 峻別論が、実証主義を自然法論から区別するための概念装置ではなく、「規範諸科学 Normwissenschaften」のひとつである法律学を、「因果諸科学 Kausalwissenschaften」である自然科学や歴史学・社会学から区別するためのものであることは説明するまでもないだろう。[16] この Sein／Sollen の峻別に従って法と力の分別が行われる。法律学は、Sollen の領域において妥当している法規範を扱う学問である。しかるに、力は Sein の領域において認識される。いかなる勢力関係が世界に存在し、それがいかに法秩序を支えているかという問題は、法の妥当と無関係ではないが、原則として法律学の対象ではない。[17] ケルゼンによれば、「法 Recht」と「力 Macht」の区別、すなわち、「妥当性 Geltung」と「実効性 Wirksamkeit」の区別は、法律学にとって必須なのである。[18]

法の領域と力の領域を切断し、力の問題を法律学から排除する実証主義的思考は、当然に、力の問題を法学的に考察しようとする思考からの反発を受ける。力の要素を重視する学派からすれば、法秩序の基礎となる勢力関係の変動を無視して、静態的な法規範体系から論理的に導かれる帰結によってすべての国際紛争を解決しようとすることは非現実的だということになる。そこから国際紛争の裁判可能性をめぐる論争、すなわち、国際紛争解決における実定法適用の意義と限界をめぐる論争が派生するのである。したがって、法と力の関係を問いうる視角においてのみ、その論争の意義を理解することができる。本書の目的のひとつは、狭く言えば、戦間期の最重要問題であった国際紛争の裁判可能性をめぐる諸学説の思想史的意義を、新たな視角を立てることによって理解することであり、広く言えば、法を勢力関係の表現とみなす思考を中心として国際法思想史を再構成することによって、従来の視角からは把握できなかった国際法諸理論の意味を理解しうる新しい国際法思想史叙述の道を切り拓くことである。

2　戦間期の国際法論をいかに理解するか

戦間期の国際法論が国際法思想史において非常に重視されてきた領域であるにもかかわらず、その時期における最重要の理論的問題であった国際紛争の裁判可能性論・性質論にはほとんど関心が向けられてこなかった。そもそも、なぜそのような問題が論じられたのかということさえ、十分に明らかにされていない。それは、戦間期の国際法論に対する従来の関心のあり方に起因する。

これまでの国際法史理解において、戦間期は、古典的国際法から国際連合体制成立への過渡期として位置づけられており、国連憲章において完成する武力行使禁止原則や集団安全保障制度の形成という視点から、戦間期の法制度や学説が検討されてきた[19]。戦間期国際法学については日本でも優れた研究がいくつも公表されてきたが、いずれも、戦争の違法化や、それに伴って形成された自衛権概念に焦点を当てている[20]。今日の世界における国連憲章の重要性、なかんずく武力行使禁止原則の重要性を考えれば、その系譜や生成過程を探究することの意義は疑いえない。とはいえ、国連憲章体制の生成という視点から戦間期を見た場合に、どうしても死角に入ってしまう事象が存在する。国際紛争の性質をめぐる議論はその一例である。

戦争の違法化とは、国際紛争解決のために戦争に訴えることを違法とする原則の形成のことである。すなわち、そこでは、いかなる性質の国際紛争であれ、その解決のために武力に訴えてはならない、ということが問題なのであり、紛争の性質を区別するという関心は、さしたる意義を持たない。したがって、戦争違法化の過程を明らかにするという視点からは、国際紛争の性質論に対して注意が向けられにくい。武力行使禁止原則という国連憲章上の最重要原則の生成という視点をとっているために、戦間期において非常に重視されてきた紛争の性質論の意義を捉え損なってきたことは、従来の国際法思想史研究の重大な欠点といってよい。本書の今ひとつの目的は、この欠点を克服すること、すなわち、国連憲章の生成という視点ではなく、国際連盟の下での国際法学の関心に即して当時の学説を理解することにより、これまで焦点が当てられてこなかった議論の国際法思想史上の意義を明らかにすることである。

3 国際法学と国際政治学

連盟期の国際法学の際立った特徴は、危機の時代を反映して、「法と力」の関係についての関心が高いことである。とりわけ、法を勢力関係の表現として捉える思考を背景として、国家間の勢力関係の変動に対して国際法および国際法学はいかに対応すべきか、という問題を論じる動態的国際法論が強い影響力を持っていた[21]。勢力関係の変動に伴って生じる法変更をめぐる紛争(「政治的紛争」)が裁判による解決になじまない性質を持つという国際裁判限界論もまた、そのような動態的国際法論のひとつである[22]。

厳しい勢力対立に何らかの解決を与える法制度を模索する中で、しばしば労働法への関心が示されたことも、戦間期国際法学の特徴といえる。一九世紀の資本主義発展を通じて先鋭化した労使階級対立を、個別的な雇傭契約の内容を変更する効力を持つ労使団体間の労働協約制度や労使紛争解決のための調停制度を整備することによって秩序の中に取り込み、いわば飼い慣らしていった二〇世紀初めの労働法の成果を、同じ集団間対立である国家間紛争の解決に生かそうというのである[23]。

このような、「力」の要素を取り込んだ国際法秩序を構築しようとする戦間期国際法学の中から、モーゲンソーやE・H・カーの国際政治学的思考が形成されたことを示すのが、本書の第三の目的である。モーゲンソーやカーが、国際法適用による国際紛争解決の限界を指摘し、国際裁判万能論を厳しく批判していることは、彼らが、当時の国際法学をその外側から批判・否定していることを意味しない。むしろ、そのような批判は、法を勢力関係の表現とみなし、法の変更をめぐる対立の中に国際裁判の限界を見出した当時の国際法学の動態的紛争論と共鳴している。法の現状 status quo を維持しようとする旧ヘゲモニー勢力と、その変更を求める新興勢力との対立を重視する動態的国際法論の延長上に、現状維持勢力と現状不満勢力の対抗を主軸とする国際政治学的思考が生まれ出る。すなわち、リーガリズム（法万能主義）を信奉する国際法学の否定によって国際政治学が成立したのではなく、法の限界に思索をめぐらす国際法学の中から、国際政治学的思考が誕生したのである。

従来の研究においても、法学における方法論上の問題がモーゲンソーの思想形成に重要な影響を与えたことは指摘されてきた。例えば、モーゲンソーについてのフライの伝記的研究では、ドイツ公法学における実証主義と反実証主義のあいだの方法論争についてモーゲンソーが高い関心を示していたことが紹介されている。一九世紀以来のドイツ公法学において支配的な地位を占めた実証主義においては、歴史的・社会的な要素を排除して、実定法規範を論理的に体系化することが、正しい法解釈学の方法とみなされてきた。それに対し、カウフマン、シュミット、ヘルマン・ヘラーらによって担われた二〇世紀の新しい公法学説は、従来の実証主義においては排除されてきた社会学的・事実的要素を考慮する新たな方法を生み出すことを目指した。そのような実証主義と反実証主義の対抗関係において、モーゲンソーは、明白に反実証主義の系譜に自らを置き、その理論的関心を貫徹することを目指したという。[24] また、実証主義をひとつの典型とする形式主義 formalism を克服する試みとして、シュミットとモーゲンソーの理論を再解釈したコスケニエミの著名な論考においても、モーゲンソーが、権力欲求をはじめとする社会学的・事実的要素を取り込むことによって、国際法学を刷新するという関心を抱いていたことが強調されている。[25] さらに、『モーゲンソー――法とリアリズム』と題されたユターゾンケの研究書には、「紛争の裁判可能性」という章が設けられており、本書でも中心的に取り扱われるモーゲンソーの博士論文のテーマを、当時の法理論との関係において分析することが試みられている。[26] 国内の研究としては、モーゲンソー思想の形成を丹念に追跡する宮下豊の著作が、最初期の国際法研究におけるモーゲンソーの「政治観」について検討を加えている[27]。

これらの先行研究は、モーゲンソーの理論の重要な側面を明らかにしているものの、国際法思想史においてそれを説得的に位置づけることには成功していない。フライとコスケニエミの研究は、実証主義と反実証主義の方法論的対立を背景として、モーゲンソーが社会的・事実的要素を方法的に法学に取り入れようとする反実証主義を志向したことを明らかにしているが、そのような関心から遂行された彼の研究が当時の国際法思想としてどのような意味を持つのかを十分に検討していない。ユターゾンケの著作においては、法思想史的背景の叙述に大きな紙幅が割かれているものの、その大部分は、ドイツ公法学説史に関する一般的な説明と、国際紛争の裁判可能性に関する議論の紹介であって、それらが当時の国際法学説との関係においていかなる意味を持ち、そこにモーゲンソーの所論がいかに位置づけられるのか、ということを明らかにしているとは言いがたい。宮下の研究は、モーゲンソーの国際政治思想の発展の中に最初期の国際法に関する研究を位置づけることを試みているものの、当時の国際法学説という観点から彼の国際法研究の意義を理解しようとはしていない。すなわち、従来の研究では、①紛争の裁判可能性という問題が、当時の平和構想や国際法学説においてどのような意義を持っていたか、②実証主義／反実証主義という方法論的対立において、紛争の裁判可能性に関する諸議論が、どのように位置づけられるのか、③紛争の裁判可能性をめぐる国際法諸学説との対照において、モーゲンソーの学説はいかなる特徴を持っているのか、という点が探究されていない。

それどころか、従来の研究におけるモーゲンソーの法思想史的位置づけには、大きな混乱がある。ユターゾンケの著作では、紛争の裁判可能性論争において、政治的紛争を裁判不可能とみなす主張が、実証主義に親和的な見解として位置づけられている[28]。すなわち、国際法の拘束性の根拠を国家意思に求める実証主義国際法学においては、いかなる国家間紛争が法の適用によって解決されるべきか、という問題も、全面的に国家意思に委ねられるゆえに、国家の主観的な判断を根拠として、紛争の裁判可能性が限定される、というのである。かかる理解は、国際裁判限界論の学説史的な位置づけに関する通説的な見解に基づいている。例えば、日本の代表的な国際裁判研究において、「国際法の規範領域を狭くとらえ、これを適用する国際裁判の機能を制限的にとらえ」る立場は、「国家主権尊重の立場から国際法の領域を縮小してとらえる法実証主義（positivist school）の国際法に通じるものがある」と言われている。[29] すなわち、裁判不可能な紛争の存在を主張し、裁判の役割を制限する立場が、実証主義の系譜に位置づけられているのである。しかし、このような位置づけは、まさしく政治的紛争を裁判不可能と主張したモーゲンソーが、ドイツ公法学説における方法論争という文脈においては実証主義ではなく反実証主義の陣営に立つという、先行研究によって何度も証明されてきた基本的理解と相容れない。このような混乱を解きほぐすためには、単にモーゲンソーを通説的な国際法思想史の中に位置づけるだけでは十分ではない。

紛争の裁判可能性論を通じて成立したモーゲンソーの思考を、国際法思想史の中に説得的に位置づけるためには、関連する当時の平和構想や国際法学説、またそれに影響を与えた法学説を丹念に検討し、その文脈においてモーゲンソーの著作を理解するという作業が必要となる。それに伴って、実証主義の位置づけも含めて、通説的な国際法思想史を再構成することも要請される。本書が行おうとしているのは、まさにそのような作業である。

4　本書の構成

以上のような目的を達成するため、本書は、法を勢力関係の表現とみなす動態的な国際法思想から、国際政治学的思考へとつながる系譜を描き出す。一九世紀後半のドイツにおける観念論的法思想によって生み出された動態的国際法の思想は、「法と力」の関係に対する関心が高まる連盟期国際法学において最盛期を迎え、やがて、モーゲンソーやカーの国際政治学思想へと引き継がれる。その過程を描くことで、ながく顧みられなかったひとつの思想世界を再構成し、理解可能なものとして提示したい。

第1章では、古典的な国際法論とモーゲンソーやカーの思想との相違点を明確化することで、いわば本書の出発点と終着点を示す。そこでは、古典的国際法論との対照において認められる国際政治学思想の特質が、国益概念や勢力均衡原理ではなく、法を勢力関係の表現とみなす思考であることが明らかにされる。各主権国家がそれぞれに自国の国益を追求し、勢力均衡のメカニズムを通じてそれなりに安定した国際関係を形成する、という秩序構想は、一八世紀から一九世紀にかけての古典的な国際法論を特徴づけるものである。戦間期の国際秩序思考は、むしろ、そのような古典的国際秩序構想への懐疑から始まっている。法を勢力関係の表現とみなし、勢力関係の変動によって、静態的な法秩序そのものを揺るがす動態的な紛争が生じるという思考こそが、古典的国際法論から明確に区別されるところの、国際政治学的思考の特質というべきである。すなわち、法を勢力関係の表現とみなす思考の生成こそが、国際政治学的思考の系譜において核心的な意味を持つ、ということになる。

第2章では、そのような動態的国際法論の萌芽が、従来「国際法否定論者」として位置づけられてきた一九世紀ドイツの観念論的法哲学者アドルフ・ラッソンの理論に見出されることを示す。ラッソンは、深刻な国家間対立が、ひとつの静態的な勢力関係の内部に生じるのではなく、勢力関係自体が歴史的に変動してゆく中で、古い勢力関係に利益を見出す勢力と新しい勢力関係に利益を見出す勢力とのあいだに生じるという理論を提示し、静態的な勢力均衡原理によって解消できない対立の存在と戦争の必然性を主張した。

第3章では、国際法が、諸国家の利益状況や勢力関係に根拠を持つという思考を突き詰めることで、国際法秩序の構造を理論的に分析したエリヒ・カウフマンの国際法論を検討する。一九世紀後半以降の自然法思想の退潮に伴い、国際法規範が歴史的な形成物であるという考え方、すなわち、諸国家の具体的な利益状況と勢力関係を基礎としてその時々の国際法が成立してきたという考え方が支配的になると、当然に、基礎となる利益状況や勢力関係の変動に伴って、法規範とその事実的基盤とのあいだの乖離が生じるということが、理論的に問題となる。国家意思に国際法を基礎づける実証主義的国際法学の論者たちは、合意の前提となっていた重要な事実関係の変動によって生じる法規の基盤喪失という問題を指摘してはいたものの、その問題を手掛かりに国際法の固有の特質を批判的に探究しようとはしなかった。なぜなら、彼らの主要な関心が、国際法の構造的特性を批判的に分析することではなく、むしろ、実定国際法規範の体系化によって、国際法を国家法と同様の実証主義的法律学の対象として構成することに置かれていたからである。

「事情変更」という解釈論上の原則を手掛かりとして、法規と事実との乖離という問題を本格的に論じ、国際法秩序の固有の構造を探究したのは、反実証主義的傾向を持つカウフマンであった。カウフマンは、利益状況と勢力関係の変動を念頭に置きつつ、戦争の位置づけや、国際裁判の限界を論じている。その理論を理解することにより、二〇世紀初頭において、法を勢力関係の表現とみなす思考がいかに国際法学に取り入れられていったのかを知ることができる。その際、従来の国際法史において中心的に扱われてきたイェリネックやトリーペル、ケルゼンらの国際法理論と比較することにより、カウフマンの理論の思想史的位置づけを明確化したい。

本書の中心となるのは第4章である。そこでは、法を勢力関係の表現とみなす思考が、連盟期の平和構想を背景として、紛争の裁判可能性の問題(紛争の性質論)に取り入れられ、その議論の中から、モーゲンソーの国際政治学的思考が生み出されていったことを明らかにする。現状維持を求める勢力と現状変更を求める勢力との対立を基軸とするモーゲンソーの国際政治学的思考は、国際法学者として研究を開始した彼が一九二九年に公刊した国際司法論において、すでに論じられ、そこで中心的な意義を持たされている。なぜ紛争の性質を論じた同書において、現状 status quo をめぐる勢力間の争いが問題とされたのか。そのようなモーゲンソーの議論は、同時代の国際法学の中でどのように位置づけられるのか。そもそも、紛争の性質論とは、連盟期の平和構想においてどのような意義を持っていたのか。このような問いを検討することによって、法と力の関係を問う動態的な国際法理論の系譜の中から、status quo をめぐる対立を中軸とする国際政治学的思考が生成する過程を明らかにしたい。

第5章は、いわば補論としての性格を持つ。ドイツ語圏の国際法思想史の系譜を追うことで、モーゲンソーの国際政治学的思考の生成を明らかにした第4章までの分析枠組みが、もうひとりの国際政治学の創始者であるE・H・カーにも当てはまることを示すのが、この章の目的である。法が勢力関係の表現であり、勢力関係変動によって現行法の維持と変更をめぐる動態的な紛争が生じる、という考え方は、ドイツ語圏に限ったものではなく、イギリスにおいても強い影響力を持っていた。とりわけ一九三〇年代になると、利益状況・勢力関係の変動に応じて法を変更する仕組みを作ることを志向する「平和的変更論」が流行する。そのような動態的な国際法構想の問題関心を引き継ぐ形で、有名な『危機の二十年』が執筆されたことを明らかにする。

第1章　国際政治学的思考の特質
――勢力関係の動態的把握について――

はじめに

本書の主要な目的のひとつは、戦間期においてE・H・カーやハンス・モーゲンソーによって確立された国際政治学的思考の思想史的な位置づけを理解することである。そのためには、思想史的に見て、いったい、彼らの思考の特質は何であるか、ということをまず確認しなければならない。

カーやモーゲンソーの思想の特質を検討するうえで重要なことは、彼らがその思考を鍛え上げたのが戦間期ヨーロッパだという点である。第一次世界大戦後のヨーロッパでは、一九世紀まで支配的であった古典的（近代的）な主権国家間秩序に対する懐疑と批判が支配的であった。すなわち、自由で独立の主権国家が、自国の国益を追求しつつも、勢力均衡のメカニズムを通じてそれなりに安定した国際関係を形成するという古典的な国際秩序構想が、完全に信頼を失った時代に、国際政治学的思考は成立する。それゆえ、「国益」概念の重視や、勢力均衡による安定の模索を、国際政治学的思考の特質だと考えるのは適当ではない、ということは容易に予想される。では、いったい、その思考の特質は何なのか。それを検討することが、この章の目的である。

国際政治学的思考の成立を戦間期に置く、という本書の立場に対し、国際政治学的思考は、戦間期をはるかに遡って、初期近代やギリシア古典に由来する、という異議が提起されるかもしれない。たしかに、国際政治学者は、その思考の伝統的正統性を主張するために、ときに、はるか昔の思想家を援用する。例えば、リアリスト思考の起源としてマキアヴェリやホッブズなどを挙げ[1]、それに対抗する国際秩序思考として「グロティウス的伝統」や「カント的伝統」に言及する[2]。しかし、ホッブズやグロティウスは、「国際政治学の父」ではないし、『リヴァイアサン』や『戦争と平和の法』で展開された思考が、独立の学問分野としての国際政治学の確立にとって重要な契機となったわけでもない。

「リアリズム」の系譜をトゥキュディデスやマキアヴェリに遡り、「ユートピアニズム」の由来をカントやサン＝ピエールに求めることは、国際政治学的思考そのものの起源の解明に寄与するものではない。国際政治学におけるリアリスト思考は、それ単独として表現されるのではなく、むしろ、その観点から批判されるべき思考との対照において表現される。モーゲンソーは、アメリカの政治思想の二つの潮流、すなわち、「普遍的に妥当する抽象的原理から導かれる、合理的かつ倫理的な政治秩序が、現に達成可能である」と考える思潮と、「倫理的諸原理を十全に実現するのは不可能であり、せいぜい、一時的な諸利益の均衡と、つねに危うい紛争解決とを通じて、それに近づくことができるにすぎない」と考える思潮を対照している[3]。また、E・H・カーが、その『危機の二十年』において、「リアリズム」と「ユートピアニズム」の対比を主軸として国際秩序構想を分析したことはあまりにも有名である[4]。つまり、国際政治学は、「リアリズム」や「ユートピアニズム」と呼ばれるそれぞれの思考系譜そのものとしてではなく、むしろ、国際秩序に関する諸構想を、「リアリズム」や「ユートピアニズム」という類型化によって把握する思考体系として表現される[5]。それゆえ、マキアヴェリが、のちに「リアリズム」と呼ばれうるような思考を提示したことによってではなく、カーが、マキアヴェリに連なる思想を「リアリズム」と呼んで、それを「ユートピアニズム」と対比したことによって、国際政治学の核となる思考が確立するというべきであろう。

したがって、国際政治学的思考は、哲学や歴史学に存する伝統的な「リアリズム」思考そのものではない。新しい国際秩序の構想を企てる理論家たちが、国際秩序に関する従前の支配的見解に対し、「リアリスト」の観点に依拠して根源的な批判を行うことを通じて、従来とは異なる新しい国際秩序思想を提示したとき、国際政治学が始まる。リアリストの観点は、それとの対照において、「ユートピアニズム」や「リベラリズム」という思想系譜を分節化し、それによって、国際政治学の基本的思考枠組みを用意したのである。すなわち、従来の国際秩序思想に対してリアリストの観点を打ちつけることによって飛び散った火花の中から、国際政治学的思考が形成されたと言ってもよいだろう。

もちろん、国際政治学が、哲学や法思想など、さまざまな学問的伝統を引き継いでいることは言うまでもない。しかし、国際政治学が独立の学として成立するためには、その思想的伝統から何らかの理由で離脱することが必要である。哲学や法学の思考の枠内で国家間関係や世界秩序が論じられている場合、それは、哲学や法学の一部にすぎないのであって、独自の思考としての国際政治学ではない。当然のことだが、新たな思考の成立にとっては、伝統の継承よりもむしろ、伝統からの離脱にこそ意味がある。

本書の中心的な関心は、国際法学における批判的理論の中から、いかにして国際政治学的思考が成立してゆくのかを明らかにすることである。すなわち、主権国家間の秩序を考察する思考が、従来の国際法思考に対して根源的な批判を行い、それを乗り越えようとする過程を、国際法学史の文脈から分析し、その過程の中に国際政治学的思考を位置づける。このような視角は、歴史学・哲学・政治学・経済学など、国際政治学が受容してきた学問の多様性に鑑みれば、決して包括的ではないが、だからといって、決して恣意的に設定されたものではない。戦間期に成立した国際政治学の思考は、その主要な批判対象を、リーガリズム（法万能主義）に置いているからである。

国際政治学の古典を著したハンス・モーゲンソーは、その初期の思想を、欧州の国際法学者として形成した。彼の博士論文である『国際司法――その本質と限界』（一九二九年）[6]は、当時の国際法学における重要問題であった

「紛争の裁判可能性」の問題を扱っている。この著作において、モーゲンソーは、「緊張 Spannungen」と「紛争 Streitigkeiten」という、その後の著作においても重要な役割を果たす概念を導入し、国際関係における法律学的思考の限界を主張する。[7] もうひとりの国際政治学の創設者であるE・H・カーの『危機の二十年』においても、国際紛争の平和的解決や、法の平和的変更など、当時の国際法学の重要なテーマが大きく論じられており、カーが、国際法学上の諸問題に取り組むことを通じて国際政治学的思考を形成したことを示している。[8]

国際政治学的思考が、その「リアリスト」的観点によって批判し克服しようとした主要な対象のひとつは、間違いなく国際法学である。では、国際法学のいかなる点にその限界が見出され、どのようにそれが克服されようとしたのだろうか。それは本当に国際法学全体に対する批判を意味していたのだろうか。これらの問いを明らかにすることは、国際政治学的思考の起源を解明することに寄与するだけではなく、戦間期国際法学の理論的問題の理解にも関わっており、ひいては、二〇世紀以降の国際法学と国際政治学の学的方法としてのアイデンティティを確定することにつながってゆくだろう。

国際法学に対する批判の中から国際政治学的思考が成立する過程を分析するための前提として、本章では、伝統的な国際法学との対照における国際政治学的思考の特質を明らかにする。戦間期を通じて伝統的な国際法学に対する批判が展開され、それが国際政治学的思考の形成につながってゆくということを論じるにあたって、まず、その出発点と終着点を比較しておくことが、全体の理解の助けとなるだろう。

とくに、〈併存する主権国家が、それぞれに利己的に国益を追求しつつも、勢力均衡を通じて、それなりに安定した国際秩序が実現する〉という秩序構想が国際政治学的思考（もしくはリアリスト思考）の特質だと考えるような、通俗的な理解をあらかじめ断ち切っておくことが、本書の内容を正確に伝えるためには不可欠である。そのような近代的な秩序構想は、一八世紀から一九世紀にかけての古典的・伝統的な国際法論にこそ当てはまるのであって、二〇世紀に成立した国際政治学的思考の特質ではありえないからである。したがって、本章では、まず国益や勢力均衡などの重視が国際政治学的思考の特質ではないということを確認したうえで（第1節および第2節）、何がその特質とみなされるべきかを明らかにする（第3節）。

1 国益

国際政治学において重視される概念として、「国益 national interest」を挙げることができるだろう。モーゲンソーもまたこの概念の意義を強調している。

政治の一般理論にとって、力 power として定義される利益の概念が焦点としての役割を果たすのに対し、国際政治の理論においては、国益の概念に焦点が当てられなければならない。[9]

われわれは、政治家が力として定義される利益という観点から思考し行動すると仮定する。歴史上の証拠によってその仮定は支持されている。……力として定義される利益の観点から考えることによって、われわれは、政治家が考えるように考える。そして、利害を持たない観察者として、おそらくは、政治の現場におけるアクターである政治家自身よりも、その思考と行動をよく理解する。[10]

「力 power として定義される利益」とは不明確な概念だが、その点については後に論じるとして、[11]まず、「国益」概念が何を指すかを確認しよう。[12]モーゲンソーによれば、国益という概念は、①「論理的に要求され、その意味において必然的な」要素と、②「状況に応じて決定される可変的な variable」要素を含む。[13]このうち、「必然的な要素」とは、国家の自己保存である。国益 national interest を求めて展開される外交政策は、当然に、団体としての国家nationの存在を前提としなければならない。すなわち、「すべての国家の外交政策は、その最小限の要請として、必然的に国家の存続を指し示すものでなければならない」[14]。したがって、「国家の物理的・政治的・文化的アイデンティティ」を守ることが、時代を超えて変わることのない、国益の必然的要素となる[15]。他方で、国益の「可変的な要素」とは、国内の党派的対立や世論の状況、習俗などによって左右されるものであり、したがって、「学問的分析がこの領域になしうる貢献は限られている」[16]。すなわち、国際政治学がその分析の主要な対象とするのは、国家の存立の保障を中核とする国益だということになる。

はたして、このような自己保存を中核とする「国益」概念は、古典的国際法学に対する国際政治学的思考の独自性を示す指標となるだろうか。この問いに対する答えは、比較的容易である。古典的国際法学においても、国家による自己利益の追求は、秩序構成上の基本原理とみなされているゆえに、それは国際政治学的思考の特徴ではない。

国際法学の古典的思想家エメール・ド・ヴァッテル（一七一四―六七）を例に説明しよう。ヴァッテルは、その主著『国際法、もしくは、国民および主権者の行為および諸問題に適用される自然法の諸原理』（一七五八年）[17]において、啓蒙期の社会契約思想の成果を生かして国際法思想を構成している。そこにおいて論証されているのは、その本性として自己保存と自己利益を追求する諸国家が作り出すところの、国際秩序である[18]。

そもそも、ヴァッテルは、人間の本性を利己的なものとみなしている。

長く考え抜かなくとも、自己愛l'amour de nous-mêmeほど、私たちにとって本質的で、私たちにおいて原初的primitifかつ一般的な性向・欲求・渇望affectionはない、ということがわかる。自己愛に動かされて、私たちは自らの幸福、あるいは、内的・外的な自己の状態の完成を望み、追い求める。すなわち、自己の魂の完成や、自己の身体の健康bien-être、自己の家運の良好を［希求するのである］[19]。

そして、自己愛を本質とする人間の行動を決定するところの、最も一般的で原初的な動因 motif は、自己の善 bien、自己の効用 utilité、自己の受益 avantage だと考えられる[20]。

私たちが、自分の意欲が形成される方法を慎重に探り、注意深く検証するなら、私たちは、何らかの善が伴っていると考える場合でなければ、決して、何ごとかを為すことを決心しない。それは、私たちの魂の完成や、魂の平穏と喜びのため、ということもあれば、私たちの身体の健康のため、あるいは、私たちの家運の利益のため、ということもある[21]。

自己の利益・効用を根源的な動因として行動する人間の本性は、ヴァッテルの自然法論の全体を貫く原理とみなされる。自然法とは、人間にとって、その本性において、何が善であり何が悪であるかを教える理論であるゆえに[22]、この人間の利己的本性が、自然法上の義務の最も重要な基礎 fondement とみなされるのである[23]。それゆえ、自己保存と自己完成の義務こそが、最も根源的な自然法上の義務とされる。

たしかに、「人間は社会的性質を持ち、社会は、人間にとって自然である[24]」ということをヴァッテルは認めている。しかし、そのような人間の社会性は、自然法上の義務の第一原理ではない。個人の義務の第一原理はあくまでも自らの効用・利益である。ただ、社会が個人にとって有益であり、かつ必要である限りにおいて、個人はその社会の存続に自己の効用を見出し、それゆえに、社会の存続にとって必要な規則を遵守する義務を負う[25]。すなわち、人間の社会性は、自己の効用という第一原理から、社会から得られる自己の効用を介在させることによって導かれる、派生的な原理にすぎない。

このような個人の利己的本性から導かれる義務を、団体としての国家 nation は引き継いでいる。国家とは、自然状態における自由で独立の個人が社会契約によって設立した団体であり、したがって、諸国家は、自然状態における自由と独立を個人から継承し、相互に、自由で独立の人格としての関係に立つからである[26]。それゆえ、国家にとってもまた、自己保存と自己完成が、最も基本的な自然法上の義務となる。国家の自己保存とは、その政治体の存続のことであり、自己完成とは、国民が、安定した法秩序の下で豊かな生活をおくれるよう、保障することである[27]。

もちろん、他国に対する義務も存在する。そもそも、人間は、本性上、相互に依存しており、他者からの援助なしに人間にふさわしい生存を維持できないため[28]、自然状態においてもなお、自己保存と自己完成の観点から、他者との相互援助の義務が人間に義務づけられる[29]。それゆえ、ヴァッテルのいう自然状態は、「戦争状態」ではなく、他者との相互依存に基づく協力が行われる社会的状態（「人類の普遍社会 la Société universelle du Genre-humain」）である。自然状態を引き継ぐ諸国家間関係においても、このような相互援助義務が存在する[30]。しかしながら、ヴァッテルの体系における対他的義務は、相互依存状況を介在させることによって、自己利益から派生的に導出されるものであるゆえに、自己に対する義務に劣位するものであり、自己に対する義務をおろそかにしない範囲において各国に課されるにすぎない[31]。

このように、ヴァッテルの国際法秩序構想は、自己保存と自己完成を核心とする自国益を追求する、自由で独立の主権国家からなる秩序である。この構想において、諸国家は、不干渉義務や戦争法の平等適用などの国際法原則の導入に合意するものと推定される（「意思国際法」）が、それは、自由で独立の人格としての自国の存立にとって、相互の主権性の承認が必要だと考えられるからである[32]。

ヴァッテルにおいて、自己保存と自己完成の追求こそが、国家の本性に基づく第一の義務であり、すなわち、国際法秩序の基本原理なのであって、国家主権でさえそこから導かれる派生的原則にすぎない。したがって、自己保存や自己完成という中核的な義務を果たすために不可避である場合には、主権の相互承認をはじめとする国際法上の原則を侵害することも許される。それが、緊急状態 necessité という問題である。ヴァッテルは、中世法学より伝わる緊急状態論を国際関係に類推し、以下のように論じている。

原始的共有状態においては、人々は、その自然的義務（自然法上の義務）を果たすために必要なすべてのものを使用する権利を有していた。所有権の導入後も、かかる万物に対する権利は留保されており、他者の所有物を用いなければ自己の自然的義務を果たすために必要なものが使用できない状況においては、他者の所有物をも使用する権利が認められる。このことは、緊急権 droit de necessité として、一般的に妥当する。すなわち、自然法において不可欠の義務を果たすために不可避であるならば、本来は違法な行為が許されることとなる。[33]

社会契約によって成立した国家も、個人と同様の自然法上の義務を果たすために必要な権利を有するのであり、[34]したがって、国際関係においても緊急権が認められる。例えば、絶対的な食料の欠乏に直面した国家は、領域主権原則を度外視して、余剰を持つ近隣国家からそれを強制的に調達してよい。[35]より一般的にいえば、国民の生存を維持し、[36]国民の財産や豊かな生活を保障することが[37]国家の第一の自然的義務である以上、その義務を果たすために不可避であるなら、通常は違法とされる行為をなすことが許される、ということになる。

以上のことから、次のように言えるだろう。人間の利己的な本性を前提とし、それを国家に拡張することで、自己利益の追求を基本的な動因として行動する主権国家からなる国際関係を構想することは、古典的国際法学にもみられる考え方であって、国際政治学的思考の特質ではない。

2 勢力均衡

モーゲンソーの『国際政治』において、国際政治理論の指導的概念が「国益」であることを説明する第一章（「国際政治に関するリアリストの理論」）は、初版（一九四八年）には含まれていない。じつは、「国益」という概念は、後から付け加えられたこの一章において大きく取り上げられているだけであって、『国際政治』初版においては、さしたる役割を果たしていない。[38] そこで重視されているのは、むしろ「力」の概念である。モーゲンソーが、「力として定義される利益」という不明確な用語を用いるのは、「力」を主軸として論じてきた体系に、「利益」という概念を接合しようとしたためであると推察される。そうだとすれば、『国際政治』初版において表現されたモーゲンソーの体系は、「国益」ではなく、「力」を主導的な原理としているというべきだろう。

「国際政治は、他のすべての政治と同じく、力のための闘争 a struggle for power である[39]」とモーゲンソーは言う。力のための闘争としての政治においては、三つの典型的な政策が採用される。すなわち、現行の力の配分を維持しようとする「現状維持 status quo 政策」、力の配分を変更することを目指す「帝国主義政策」、現に有する力を誇示しようとする「威信政策」である。[40] そして、これら三つの概念は——とりわけ、現行の力の配分に対する態度を示す「現状維持政策」と「帝国主義政策」は——、『国際政治』における分析において中心的な役割を果たす。現状維持もしくは力の配分の変更を目指す国家からなる国際政治において必然的に用いられるところの、ある種の秩序原理が、「勢力均衡 balance of power」である。

status quo を維持し、もしくは、転覆しようとする複数の国家が、力を渇望することによって、必然的に、勢力均衡と呼ばれる配置 constellation が生じ、その維持を目標とする政策が採用されるようになる。[41]

「均衡」とは、「システムを構成している要素の多数性を破壊することなく、システムの安定を維持すること」を目的とするものであり、[42] すなわち、力を渇望する諸国家が、相互に主権国家の併存という状態を破壊することなく、国際関係を安定的に維持してゆく仕組みこそが、勢力均衡である。

モーゲンソーが、国際関係において、秩序破壊的な力の無制限な発動を抑制する原理として、国際道徳・国際世論・国際法と併せて、「勢力均衡」を大きく取り上げていることはよく知られている。では、このように、勢力均衡原理の意義を強調することが、国際政治学的思考の特質であろうか。この問いについても、答えは否定的にならざるを得ない。というのも、勢力均衡を基本原理とみなす国際秩序思考は、古典的国際法学にも容易に見出すことができるからである。

再び、古典的国際法思想の例として、ヴァッテルの所論を見てみよう。自由で独立の主権国家が、それぞれ自己保存と自己完成を追求しつつも、相互に破壊しあうことなく併存する国際秩序の存立にとって、勢力均衡が本質的な意義を持っているとヴァッテルは考えていた。勢力均衡思想としてモーゲンソーが肯定的に引用しているヴァッテル『国際法』の一節をここでも紹介しておく。[43]

ヨーロッパはひとつの政治システムを形成している。それは、世界のその部分に居住する諸国民のさまざまな関係と利害によって、すべてが結びつけられているところの団体である。かつてのように、各国民が他国民の運命にさしたる関心を持とうとせず、自国民に直接に影響を及ぼさない事柄についてはほとんど考慮を払わないような、孤立した断片の雑多な寄せ集めでは、もはやない。すべての出来事に対してつねに主権者が払う注意、常駐の外交使節、永続的な交渉によって、現代のヨーロッパは、ある種の共和国となった。そこでは、独立だが、共通の利益によって結びつけられた構成員が、秩序と自由を維持するために結合している。これこそが、政治的均衡 Balance Politique あるいは勢力均衡 Equilibre du Pouvoir という周知の観念を生み出すのである。その観念は、いかなる国家も絶対的に優越する地位を持たず、他国に支配権を及ぼすことのないようにするための手段であるところの、物事の配列として理解される。[44]

ヴァッテルは、モーゲンソーと同じく、[45]ある種の「道義的なコンセンサス」を前提として勢力均衡原理が機能し、それによって安定的な国際秩序が維持されると考えている。自由で独立の主権国家が併存する状態の維持に共通の利益を見出すことによって、諸国家は、勢力均衡政策を採用し、協働して安定的秩序の維持に努めるのである。

勢力均衡のための具体的な方策として、ヴァッテルは、①優越的な国家に対して、同盟の形成によって対抗すること、[46] および、②勢力均衡を崩す優越的国家の成立を阻止すること、[47] を挙げる。この二つの方策は、国際法との調和という観点からは、異なる性格を持つものと評価される。優越的国家に対抗する同盟を形成することは、優越的国家による不法な侵害を抑止する効果を持つのであり、それゆえ、国際法の遵守を保障する機能を果たす。しかし、優越的国家の成立を阻止するという方策は、強大化する国家に対する内政干渉となる可能性があり、したがって、国際法との緊張を呼び起こす。以下では、二つの方策について、簡潔に検討しよう。

① 対抗的同盟の形成

ヴァッテルによれば、一国の強大化に対して勢力の均衡を図るために、弱小国が同盟を形成することは、法的には何ら問題を生じないだけでなく、むしろ、優越的国家の侵略的傾向を抑え込むために強く推奨されるべき政策である。[48] 優越的強国に対して弱者が連合することによって、対抗的な勢力を形成し、強国による権利侵害や侵略を抑止する仕組みとして勢力均衡を理解することは、一九世紀においても一般的である。例えば、一九世紀に広く読まれたアウグスト・ヴィルヘルム・ヘフターの国際法体系書には次のように記されている。

［勢力均衡 Gleichgewicht］とは、一般に、次のことを言う。いかなる国家も、あえて他国に対して国際法違反行為を企てるなら、脅威を受けた国家、あるいは、同一の国際法体系に参加しているその他の国々による、同じだけの力を伴う反撃を覚悟しなければならない。[49]

優越的な力を持った国家が他国の権利侵害を企てた場合、そのような権利侵害に際して、同等の力を伴う反撃を受けるということが確実であれば、権利侵害行為の成功する見込みは不確かとなり、優越的国家はそのような企てを安易には実行に移さないだろう。それゆえ、対抗的同盟としての勢力均衡は、権利侵害を抑止し、法を遵守させる機能を持つ。したがって、この意味における勢力均衡は、法と調和的である。

②優越的国家の成立阻止

優越的国家の成立それ自体を阻止するという政策は、とくにそれが武力を伴う場合には、法的な問題を含む。この問題について、ヴァッテルは、隣国の勢力増大は、その国に対して戦争に訴える十分な根拠となるか、という直截的な問いを立てて検討している。すなわち、強大化する隣国によっていずれ抑圧されることになるのを恐れる国家が、その強大化を阻止するために武力に訴えることは法的に許されるか、という問いである[50]。

この問いに対するヴァッテルの答えは、ひとまずは否定的である。単なる一国の勢力の増大は、それ自体としては、武力行使を正当化する理由とはならない。国際法上、戦争は、被った権利侵害に対抗するため、もしくは、脅かされた権利を保全するためにのみ許容されるからである[51]。したがって、強大化する国家が、現実に権利侵害を行っていないときには、その国家によって自国の権利が脅かされていると考える十分な根拠がある場合にのみ、武力に訴えることが許される。強い国力を有していることそれ自体は、権利を脅かすものではない。権利侵害を行うだけの実力を持つという客観的要素と、権利侵害の意図を有しているという主観的要素が結びついている場合にのみ、権利侵害の脅威が存在していると言える[52]。

このように、〈他国の強大化という事実そのものは、武力によってそれを阻止する根拠とはならない〉という原則をヴァッテルは確認する。ところが、ヴァッテルは、このような原則をきわめて柔軟に解釈することによって、実質的には、優越的国家の成立を阻止するための武力行使の余地を大幅に認めている。一国が強大化し、他国の権利を容易に侵害するだけの力を獲得してゆくことを無策のままに見過ごすことは、賢慮 prudence に基づくべき政治と相容れないからである。「正当性 la Justice は、健全な政治と不可分である[53]」。

経験に従えば、「優越的な国家は、適当な機会を見出し、かつ、処罰を受けずに済むならば、必ずと言っていいほど、隣国を苦しめ、抑圧するのであり、完全に征服してしまうことさえある」[54]。したがって、ある国家が強大化しつつあるとき、他国は、時機をとらえ、武力を用いてでもその弱体化を図らなければならない。強大化してゆく国家が、権利侵害や支配の意図を何らかの形で示すなら、そこには、権利侵害の脅威が存するとみなしうるのであるから、他国は、武力に訴える正当な理由を持つ[55]。場合によっては、そのような意図は、十分に確認されなかったとしても、客観的な状況から推定されるだけで十分である。

完全な確信に至るのを待つことが不可能であるか、あるいは、非常に危険である場合には、合理的な推定に基づいて行動することが正当である。仮に、森の中で見知らぬ者が私に銃口を向けており、彼が私を殺すつもりであるという確信を私がまだ持っていないとしよう。その場合、私は、彼の意図を確かめるために、引き金を引く猶予を与えるだろうか[56]。

また、強大化した国家が、他国に対して不正を行った場合には、それがごく些細なものであったとしても、その機会を捉えて、強国を攻撃し、その弱体化を図ることが許される[57]。ヴァッテルは、「ある国家が、他国に正当な非難の理由を与えることなく、勢力を顕著に増大させるという例は、おそらくない[58]」と述べており、強大化する一国に対して、他国は、つねに、何らかの機会を利用して、その弱体化を図ることができると考えている。すなわち、勢力の均衡を乱すかたちで強大化してゆく国家に対しては、あらゆる機会を捉えて、その弱体化を図る政策をとることが政治と法の原則に適っている、というのが、ヴァッテルの主張なのである。

しかし、自己保存と自己完成を義務とする国家が、その国力の増大を図ることは自然であり、さらに、主権国家は、他国に干渉されることなくその国力を増大させる自由と独立を有しているはずである。それゆえ、優越的国家の成立を阻止する、という勢力均衡政策は、主権の相互尊重や不干渉義務などの国際法の基本原理と抵触する可能性をつねに孕んでいる。ヴァッテルが、優越的国家の成立を阻止するために武力を行使する権利を直截には是認せず、一般論としてはそれを否定しつつ、柔軟な解釈によって実質的に許容する、という論証方法をとらざるを得ないのは、そのためである。

勢力の均衡を維持するために、一国の強大化を阻止する武力干渉が許されるか、という問題は、グロティウス以来の古典的国際法論において繰り返し議論された重要な問題である。[59] 一九世紀の代表的な国際法体系書であるゲオルク・フリードリヒ・フォン・マルテンス（P＝フェレイラ補訂）『国際法概説』でも、この問題が取り上げられている。

この本では、「安全 sûreté と独立の保持に関する諸国家の権利について」と題された章[60]において、勢力均衡が論じられている。この章では、軍事力を増強する権利[61]や条約を締結する権利[62]が説明されたのち、各国が、無主物先占や譲渡、相続などの合法的手段によって領土を増大させ、国力を強化する権利[63]が確認される。「すべての国家は、その本性によって、自己完成に努める権利を有しているのであるから、それ自体として適法なあらゆる手段を用いて、自己を強大化し、経済・軍事・同盟についての力を増大させてよい[64]」。しかしながら、一国が不釣り合いに強大になれば、それは他国の独立と安全を脅かすことになる。そのような一国の過度な強大化を阻止する原理が、勢力均衡である。

> 諸国家間の均衡 equilibre を維持するために警戒を怠らないこと、そして、［一国の］不均衡な勢力増大や、対抗勢力となりえた国家の弱体化に対して、適切な時機に、単独で、もしくは、連合して、武力を用いてでも反対することを、自然法は、［脅威にさらされた］諸国家に禁じるべからざる場合がある。そのような勢力増大が正当であるかどうかは問題ではない indépendamment de sa légitimité[65]（強調は引用者による）。

すなわち、法的に正当な手段によって力を増してゆく国家に対しても、それが過度の増大とみなされるなら、勢力均衡原理に基づいて、武力を用いてでもそれを阻止することが許されるということである。通常であれば、正当な手段による国力増大を外国が阻止することは正当な権利の侵害であり、違法な干渉である。したがって、この局面では、勢力均衡は、本来は違法な干渉を許容する原理ということになる。

もちろん、勢力均衡を根拠とする干渉を是認することに強く反対する説もあった。一九世紀前半に活躍したドイツの公法・国際法学者ヨハン・ルートヴィヒ・クリューバー（一七六二―一八三七）は、その代表例である。クリューバーは、そもそも、勢力均衡が、非常にあいまいな観念であり、法的性格を持たないと考えている。(66)そのうえで、支配の確立や勢力の拡大を目的として行われる不正行為に対抗することは適法だが、勢力の均衡そのものを理由として戦争に訴えることは認められない、と主張する。勢力均衡のようなあいまいで便宜的な観念は、濫用される可能性が高いからである。(67)

このようなクリューバーの反対論に対して、マルテンスは、優越的国家の不正行為がある場合にのみそれに対抗しうるという説も、優越的国家の成立そのものの阻止を目的とする干渉を認める説も、実質的には変わらない、と反論している。他国の行為の合法性判断が各国に委ねられている以上、ある国が、優越的国家の成立を阻止するための干渉を行う口実として、他国の行為を違法とみなすことは容易であり、そのような違法性の要件は、客観的な制約として機能しない、ということである。(68)

以上に検討したように、勢力均衡は、古典的国際法学においても、重要なテーマであった。一方で、勢力均衡は、大国による支配や侵略を抑止することで、自己利益を追求する主権国家が併存する国際秩序を安定的に維持するという役割を担わされた。他方で、何ら違法行為を行わない国家に対して、優越的国家の成立を阻止して勢力の均衡を維持するために、武力をもって干渉することの是非が議論の対象となっていた。

したがって、次のように言えるであろう。主権国家が併存する国際関係の安定にとって、勢力均衡が不可欠の意義を持つこと、および、勢力均衡政策はときに国際法規範と緊張関係に立つことは、古典的国際法学において、十分に議論されてきた点であって、国際政治学的思考の特質ではない。

なお、いわゆる「英国学派」の重要著作であるヘドリー・ブルの『政府なき社会 *The Anarchical Society*』（初版一九七七年、第二版一九九五年）において、勢力均衡と国際法の緊張関係が論じられている。そこで強調されているのは、〈国際法は、機能する規則体系として存在するために、勢力均衡に依存しているのだが、その勢力均衡を維持するためには、国際法規則を破ることがしばしば要請される〉ということである。すなわち、優越的国家によって国際法規則が遵守されるための保障として、勢力均衡が必要とされるのだが、他方で、勢力均衡を維持するためには、強大化によって均衡を掘り崩す国家に対して、その国が法規則に違反していようがいまいが、武力を行使することが必要となることがある、という。[69] このように、ブルは、勢力均衡を、国際法秩序の基礎であると同時に、国際法に反する干渉を要請する原理として把握している。ところが、このような考え方は、すでに検討したように、国際政治学に固有のものではなく、むしろ、古典的国際法学から引き継がれたものなのである。

このような古典的国際法学における勢力均衡概念は、静態的な均衡を想定している点に注意する必要がある。すなわち、国際法秩序の前提として、自由で独立の主権国家が併存する秩序が均衡状態として存在していること、および、一国の強大化による均衡状態の撹乱を、勢力均衡策によって抑止・是正し、もとの状態を維持することが、想定されている。このような静態的な勢力均衡概念は、基本的には国際法秩序と調和的である。同盟政策によって優越的国家の権利侵害や侵略を抑止することが、主権国家が併存する国際法秩序の安定に寄与すると考えられていたのはすでに述べたとおりである。それだけでなく、国際法の原則とのあいだで緊張を呼び起こすところの、優越的国家の成立を阻止するための干渉もまた、たしかに不干渉義務等との抵触という問題を生じるものの、国際法秩序の前提である主権国家の併存を可能とする条件を維持するという点では、国際法秩序と調和的であった。

3 勢力関係の表現としての法

均衡が静態的に把握されている限り、勢力均衡は、撹乱要因を抑止あるいは除去することによって、近代国際法の存立基盤である主権国家の併存体制を維持あるいは回復することに寄与するものと理解される。それゆえ、そのような静態的把握の下では、勢力均衡政策は、国際法秩序を根本的に否定し改変するのではなく、むしろ、国際法秩序の前提的基盤を維持する役割を担う。したがって、勢力均衡に基づく具体的政策が、ときに不干渉義務などの国際法規範と抵触する場合があったとしても、静態的に把握された国際法秩序の安定性に貢献するという点においては、それは、国際法と調和的なのである。

ところが、古典的国際法学における調和的構想を否定する思考が、モーゲンソーやカーの所論には含まれている。それは、「国際法は、特定の時点での勢力関係の表現である」という思考であり、この思考を表現する際に多用される言葉が、「現状 status quo」である。このような思考は、パワーバランスが歴史的に変動すること、そして、それと連動して法そのものが変動することを想定しており、すなわち、勢力関係、および、その表現としての国際法を、動態的に把握する点に特徴がある。このような動態的な国際秩序構想は、古い勢力関係(status quo)を表現する国際法と、新しく形成されつつある勢力関係との矛盾を際立たせるのであり、したがって、法と勢力均衡の関係を静態的・調和的に把握する古典的な国際法構想を正面から否定する。

モーゲンソーは、国際政治において繰り広げられる権力闘争の基本的な対抗軸を、status quo をめぐる対立として認識している。すなわち、「歴史上の特定の時点で存在する勢力配分の維持を目標とする」勢力維持政策 policy of status quo[70] と、「現状 status quo を覆すために企てられる政策」としての帝国主義 imperialism[71] とのあいだの対立関係が、国際政治のあり方を第一次的に規定すると考える。[72] 勢力の配分は歴史的に変動するのであり、その変動をめぐる争いこそが、国際政治の最も根源的な政策対立なのである。[73]

モーゲンソーの国際政治論において、法は、特定の時点での勢力関係を表現するものと理解される。したがって、勢力関係が変動すれば、それに伴って、法もまた変動し、新しい勢力関係を固定し、保護する役割を果たす。ある特定の勢力の配分がいかなるものであれ、いったんある程度の安定状態に達するなら、それは法秩序に固定される。この法秩序は、この新しい status quo にイデオロギー的装いと道徳的正当化を与えるだけではなく、新しい status quo を法的保護という防壁で取り囲む。その違反は、法の執行メカニズムを始動させることになる。[74]

モーゲンソーは、国際政治においては、法規範のみならず、倫理的な規範一般が、権力や利益のイデオロギーとして強く機能すると考えている。倫理のイデオロギー性という問題は、国際法のイデオロギー的機能とも深く関わるので、簡潔に紹介しよう。

モーゲンソーは、倫理と、力および利益との関係を三通り挙げている。すなわち、①権力 power が追求する利益およびその追求手段を、倫理が制限する、という関係（消極的な統制）、②権力が追求する目的および手段を、倫理が是認する、という関係（積極的な統制）、③倫理が、利益や権力のイデオロギー的正当化として機能する、という関係（イデオロギー的機能）、である。モーゲンソーによれば、国際政治においては、倫理は、おもにイデオロギーとして機能するという。

国内の場面においては、倫理は、他の二つの機能とともに、イデオロギー的機能を果たすのだが、国際政治においては、このイデオロギー的機能が、倫理の主要な機能となった。[75]

国内社会において、倫理は、権力追求の目的や手段を、社会的観点から積極的または消極的に統制することができる。それに対し、国際社会の倫理は、諸国家の政治的行動を規制するほど強力ではない。国際関係においては、国家が「実質的に地上で最高の倫理的単位 virtually the highest moral unit on earth」である以上、国家は、自己の信じる倫理的価値を倫理そのものと同一視する誘惑に抗することができない。それゆえ、強国の求める利益とそれを支持する価値が、普遍的な倫理的原則として主張されることとなり、部分的な利益が普遍的な価値の外観をまとって、イデオロギーとして流布される。「倫理が各国の利益を制限するのではなく、各国の利益が自らを倫理と同一視する」[76]。

普遍的なものとして主張される価値や規範が、支配的諸国家の利益を正当化するイデオロギーとして機能することは、カーの強調するところでもある。

社会倫理の諸理論は、常に支配集団が作り出すものである。支配集団は、自らを共同体全体と同一視し、その人生観を共同体に押しつける手段を保有している（下位の集団や個人はそのような手段を持ちえない）。国際倫理の理論も、同様の理由で、同じプロセスにより、支配的な諸国家もしくは国家グループが作り出すものなのである[77]。

カーの採るイデオロギー分析によれば、例えば、個人による利潤の追求が社会全体の利益を増進する、という、一九世紀の「利益調和説 the doctrine of the harmony of interests」は、当時の特権的階級の利益を表現しており、その利益に適う「自由放任 laissez-faire」政策を正当化する。一九世紀イギリスの製造業者と商人は、自らの利益がイギリス全体の利益と一致することを確信し、自らとイギリス全体の双方に繁栄をもたらす政策として、自由放任を求めたのである。このような政策の下で、有利な労働条件を獲得するための手段（ストライキなど）を厳しく制限されていた労働者は、その社会的な力を増すにつれて、利益調和説を否定し、自らの地位向上にとって有利な「社会福祉国家 social service state」の観念を主張するようになった[78]。

このような分析が国際関係にも当てはまるとカーは考えている。例えば、自由貿易主義は、世界貿易において圧倒的に優位な地位に立っていたイギリスの利益を表現する説である。[79] また、国際平和の主張は、現に優位に立つ強国がその地位を安泰に保つことに寄与する。[80] さらに、「国内政治における『国民連帯』の訴えが、国民全体に対する統制を強化するためにその連帯を用いることのできる支配集団につねに由来するのとまったく同じように、国際連帯と世界統一の訴えは、統一された世界を統制することを望める支配的諸国に由来するのである」。[81]

カーにおいて、法もまた、「特定の政治秩序の機能」として理解される。[82] つまり、それは、特定の時代の、特定の支配構造を持った政治秩序に安定性と継続性を与える機能を果たすものである。[83]

法は、抽象物ではない。それが依拠する政治的基盤や、それが奉仕する政治的利益から切り離して、法を理解することはできない。[84]

現に妥当する法規範や、現に流布している倫理的価値が、現行の政治的な勢力配分を正当化し、安定化させる役割を果たしているとすれば、勢力配分の変更を求める権力的欲求は、その勢力配分と結びついた法や倫理的価値の変更をも同時に求めることとなる。したがって、勢力関係における status quo の維持と変更をめぐる政治的権力闘争は、法に関しては、現行法の維持と変更をめぐる紛争として表現される。すなわち、現に現行体制において支配的地位に立つ現状満足国は、現行法秩序の維持を主張し、現行の政治体制において劣位にある不満足国は、現行法秩序の変更を主張するのである。モーゲンソーの表現を使えば、「政治的な観点から見れば、……現行法秩序とその変更要求のあいだに生じる衝突は、現状維持策と帝国主義のあいだの対立の、別の表現にすぎない」。[85] あるいは、カーにならって言えば、「政治の舞台とは、現行の法状態を全体として維持することを望む保守派と、重要な点においてそれを変更することを望む革新派とのあいだの、程度の差はあれ絶え間なく続く闘争の場なのである」。[86]

おわりに

以上の分析から、古典的国際法学の思考に対する関係において、国際政治学的思考の持つ独自性は、動態的に把握された勢力関係の表現として法を把握する点に認められる。国際政治学においてときに強調される「国益の追求」や、静態的に把握された「勢力均衡」は、古典的国際法においても、安定的な国際法秩序の構想の中に調和的に取り入れられていた。しかし、モーゲンソーやカーにおいて明示的に採用されているところの、法を勢力関係の表現とみなす思考は、法を含めた勢力関係そのものの変動をめぐる対立を、国家間の緊張関係の本質とみなす。そこでは、勢力関係をめぐる国家間の対立は、安定的な法秩序の実現に資するものではなく、法そのものを変更させうる力とみなされる。法変更をめぐる対立に対して、法は、調停装置としては必ずしも機能せず、むしろ、対立する二つの勢力関係のイデオロギーとして、国家間の権力闘争を激化させる役割を果たす。したがって、その対立は、ひとつの安定的・静態的な法秩序において調和的に解決されることのない、それゆえ固有の意味において政治的な問題となる。このことを理解しやすくするために、以下のモデルを用いて議論を再構成してみよう[87]。

国家X、Y、Zによって、勢力関係Mが構成されている。そこにおけるX・Y・Zの勢力をそれぞれx・y・zと表示する。X・Y・Zを独立した主権国家とする国際関係に妥当する国際法秩序をRと呼ぶ。ここで、Y国の勢力yが増大し、XおよびZの独立を脅かす可能性が現れた場合、XとZは同盟を結び、Yに対抗し、その弱体化を図る（勢力均衡）。勢力関係Mの内部において、x・zとyが拮抗することによって、勢力関係Mが安定的に維持されるとともに、そこに妥当する国際法秩序Rも守られることとなる。これが、古典的国際法の秩序構想である。【図1参照】

それに対し、勢力関係を動態的に把握する思考においては、複数の勢力関係を想定しなければならない。それを、旧来の強国Xを支配的勢力とする旧来の勢力関係M_1と、新興国Yを支配的勢力とする新たな勢力関係M_2としよう。M_1は諸国の勢力｛x_1, y_1, z_1｝を要素としており、M_2は｛x_2, y_2, z_2｝を要素とする。法は、その時々の勢力関係の表現であるから、M_1には国際法秩序R_1が、M_2にはR_2がそれぞれ対応する。国家間対立の本質とされるstatus quoをめぐる権力闘争は、勢力関係M_1を維持しようとするX国と、勢力関係M_2を実現しようとするY国との対立である。【図2参照】

この対立において、X国が主張するのは勢力x_1であり、Y国が主張するのは勢力y_2である。ところが、x_1とy_2

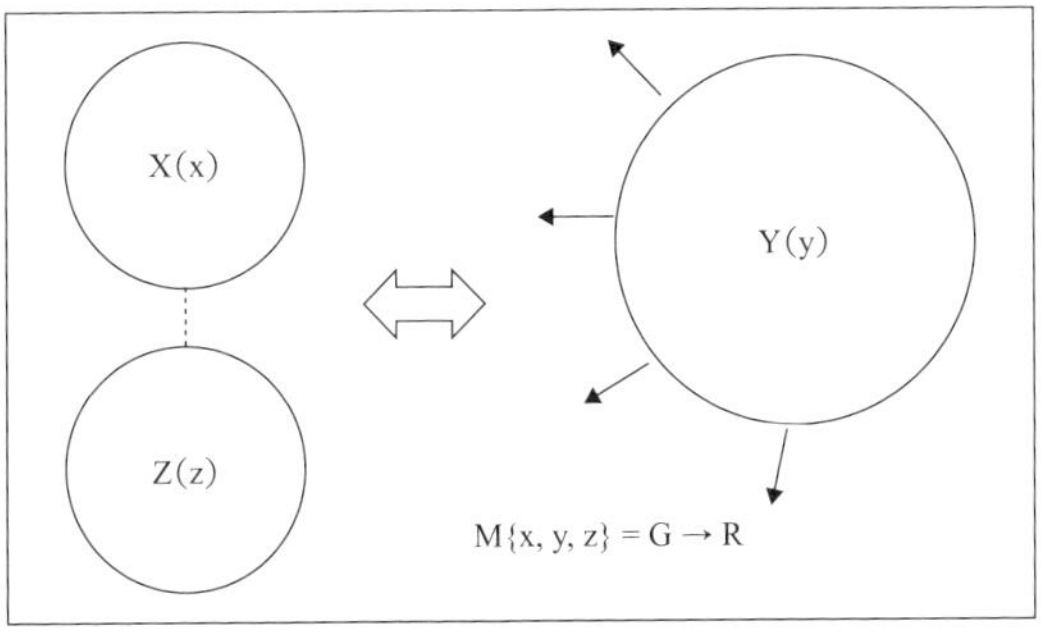

図1　古典的国際法論の秩序モデル

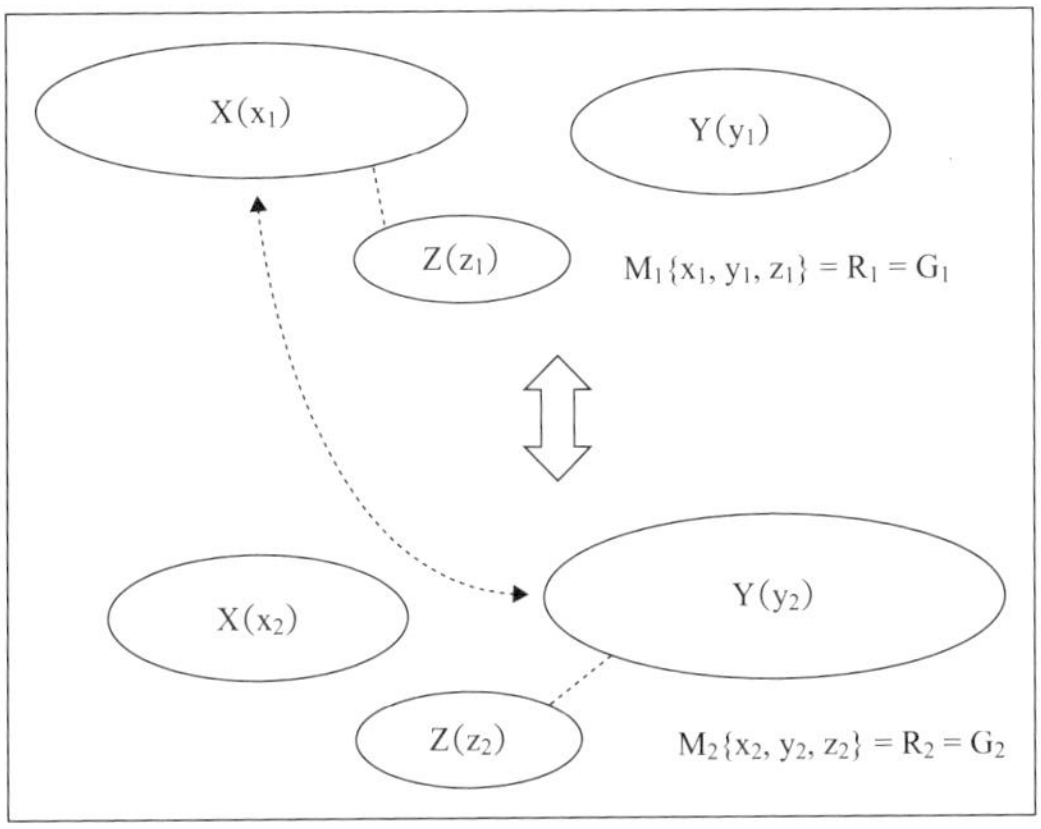

図2　国際政治学的思考の秩序モデル

は、それぞれ異なった勢力関係（M_1またはM_2）に属し、それぞれの勢力関係には、それを表現する国際法秩序構想（R_1またはR_2）が随伴する。すなわち、x_1を主張するXと、y_2を主張するYの対立は、$M_1\{x_1, y_1, z_1\}=R_1$という秩序構想と、$M_2\{x_2, y_2, z_2\}=R_2$という秩序構想の対立として把握される。したがって、XとYとの政治的対立は、法秩序のあり方そのものをも争点のひとつとしているのであり、それゆえ、ひとつの法秩序構想（R_1もしくはR_2）に準拠して解決することは不可能である。[88]

それどころか、法秩序構想は、それぞれが主張する権力欲求に対してイデオロギー的外装を整えることによって、かえって紛争を激化させる可能性を有する。一方で、従来の勢力関係の維持を目指すX国は、status quo を表現する実定国際法の不可侵性を主張し、他方で、勢力関係の変更を目指すY国は、実定法の変更を根拠づける高次の法理念に訴えるだろう。[89]

さらに言えば、このような動態的に把握された勢力関係の下では、古典的な勢力均衡の構想は、秩序を安定させる役割を果たしえない。例えば、X国は、旧来の勢力関係M_1を適切とみなしており、それゆえ、それを撹乱する新興国Yに対して、X国とZ国とが連合して対抗し、その弱体化を図ることを、正しい勢力均衡（G_1）とみなすだろう。しかし、Y国としては、増大する自国の力に相応する勢力関係M_2を実現することを目指している。そうである以上、G_1は、Yにとっては、秩序を維持する装置ではなく、あるべき秩序を阻害する要因でしかない。すなわち、Y国はX国の用いる「天秤」を受け入れないため、両国のあいだには、共通の基盤としての「勢力均衡そのものの『現状維持 status quo』」が存在しない。[90] 反対に、Y国は、古い支配権力にしがみつくX国に対して、Y国とZ国が同盟を結んで対抗することを、正しい勢力関係を実現するための政策（G_2）とみなすだろう。変化に対して均衡を取り戻す静態的な秩序維持の仕組みとしての古典的な勢力均衡[91]は、勢力関係の変化そのものを正当なものとして要求する論理に対しては、うまく機能しない。むしろ、この場合、X国とY国のそれぞれが、自己の観点からみて適切な勢力配分の実現を「勢力均衡」の名目で正当化することにより、勢力均衡は、イデオロギーとして、抗争の激化と秩序の崩壊に資する可能性がある。[92] そうだとすれば、X国とY国の対立は、勢力均衡に関する構想をも巻き込んで、$M_1\{x_1, y_1, z_1\} = R_1 = G_1$と$M_2\{x_2, y_2, z_2\} = R_2 = G_2$という二つの全体的な秩序観の対立として、全面化される。

このような理解の上にカーやモーゲンソーをあらためて読み返すなら、そこに勢力均衡論に対する強い懐疑と批判を見出すことができる。まず、カーの『危機の二十年』において、勢力均衡はまともに論じられていない。この議論の不在は、勢力均衡観念への不信の表れとみるべきだろう。『危機の二十年』において展開されるカーの近代秩序思想批判の中核は、「利益の調和」論批判である。〈自律的な個体による自己利益追求が、結局のところ共同体全体の利益につながる〉という自由主義的な「利益の調和」思想を、カーは、一八世紀から一九世紀にかけての合理主義・道義主義の理論的基盤とみなして批判している。[93] 独立の主権国家が、それぞれ国益を追求して行動することによって、勢力の均衡が自発的に達成され、結果として、主権国家が併存する国際秩序が保全される、という古典的な勢力均衡思想は、まさしく、カーが批判してやまない「利益の調和」論のひとつの表現にほかならない。[94]

また、モーゲンソーは、勢力そのものが変動する国際関係において勢力配分を安定させようとする勢力均衡には「不可避的な内部矛盾 inevitable inner contradiction」が存すると考えている。[95] また、「勢力均衡の評価」と題された章[96]におけるモーゲンソーの見解は、きわめて消極的である。国力を評価する明確な基準がないゆえに、勢力均衡は確実なものとはなりえない（「不確実性 uncertainity」）。また、勢力均衡が不確実であるがゆえに、各国は、現実には均衡ではなく、確実な優位を目指す（「非現実性 unreality」）。さらに、勢力均衡は、それ自体として安定をもたらすのではなく、むしろ、国際関係に安定をもたらす知的・道義的な諸要素を前提としてのみ機能しうる（「不十分性 inadequacy」）、という。

戦間期に成立した国際政治学的思考は、併存する主権国家が国益を追求しつつ勢力均衡を通じてそれなりに安定的な国際関係を形成するという古典的秩序思想に対する懐疑を特徴としているのであり、その懐疑を根拠づけるのが、変動する勢力関係の表現として法を把握する思考である。そして、それこそが、国際政治学的思考を、古典的国際法論から決定的に断絶せしめる要素なのである。国家間対立の本質を、ひとつの秩序（勢力関係およびそれと結びついた法秩序）の内部における二つのアクターの対立として理解するのではなく、異なった二つの秩序構想を代表する勢力のあいだの根源的な対立として理解する以上、ひとつの秩序に属する法や勢力均衡原理は、その対立を緩和し、秩序立てる能力を持ちえない。したがって、法を勢力関係の表現とみなす思考の下では、古典的国際法の調和的な秩序構想は、もはや維持されえない。

次章以下では、変動してゆく勢力関係を前提として国際秩序を動態的に把握しようとする思考が、欧州の法思想・政治思想において、生成・展開する過程を検討する。なお、誤解を避けるためにあらかじめ断っておくが、以下に描かれるのは、〈静態的な国際秩序構想の上に築き上げられるリーガリズム〉と〈動態的な秩序構想に基づいてリーガリズムを批判する国際政治学〉の相克の歴史ではない。本章において、古典的国際法学の静態的秩序構想と、国際政治学的思考の動態的秩序構想を対照したけれども、その構図をのちの歴史にも一般化してはならない。むしろ、本書が全体として述べようとしているのは、観念論的法哲学において提示された動態的国際秩序構想が、まず国際法学に受容され、そこにおける理論的発展（動態的紛争論）を通じて、国際政治学的思考が生成してゆくという物語である。

第2章　国際法懐疑論によって提起された問題

――ラッソンによる勢力関係の動態的把握――

はじめに

アドルフ・ラッソン（一八三二―一九一七）は、その一八七一年の著作において、「国家間の条約は、相互の勢力関係の表現である」[1]という定式化を掲げ、法と勢力関係の動態的把握を明確に表現した。このような国際秩序の動態的把握が、古典的国際法との対照における国際政治学的思考の特質であることは、すでに第1章で明らかにしたとおりである。本章では、国際法への批判を通じて、動態的要素を国際秩序構想に導入したラッソンの先駆的理論を概観する。ラッソンは、国際法学史においては「国際法否定論者」として[2]、公法学史においてはドイツ観念論Idealismusを擁護する「ヘーゲル主義者」として[3]知られているが、国際政治学の領域では、おそらくまったく無名である。[4]

1 「国際法否定論者」

国際法学において、ラッソンは、「国際法否定論者」として一般に理解されているが、その理解については留保を必要とする。ラッソンは確かに国際法に対する懐疑的な議論を展開しているが、それは、決して、国際関係における規範の役割を一切否定する権力国家理論ではない。先入観を持たずにラッソンの著作を読むならば、むしろ、主権国家の併存する国際関係の現実を前提としたうえで、なお安定的な国際秩序を構築することを目指す、ある種の平和論という側面があることに気づくだろう。

日本の学界においてラッソンが「国際法否定論者」として知られているのは、田畑茂二郎の著作による影響が大きい。[5] そして、田畑の理解は、ドイツとオーストリアの国際法学に由来している。「国際法否定論者」の代表例としてラッソンを挙げることは、戦間期ドイツ語圏の国際法学においては珍しいことではなかった。例えば、フェアドロスは、『国際法上の憲法に基づく法的世界像の統一性』（一九二三年）の中で、「国家をその意思に反して拘束する国際法が不可能であることを主張し、ヘーゲルの古い教説を復活させて国際法を『対外国家法』に還元した」論者のひとりとして、ラッソンを挙げる。[6] また、ケルゼンも、その『主権の問題と国際法の理論』（一九二〇年）において、主権ドグマに依拠して国際法を否定する議論の典型としてラッソンの所説を検討している。[7] さらに、グスタフ・アドルフ・ヴァルツ（一八九七―一九四八）も国家権力中心主義的な国際法否定論としてラッソンを論じる。ナチスへの積極的協力のゆえに、[8] 戦後、タブーとなったために、ヴァルツの所説は、今日ではほとんど知られていない。しかし、一九三〇年代のドイツにおいて、ヴァルツは、国際法理論家として活躍しており、[9] 重要な意義と影響力を持っていた。彼は一九三〇年に、『国際法の本質と国際法否定論者の批判』[10] という書物を著している。さまざまな国際法否定論について批判的に検討するこの著作において、ラッソンが、当時における「代表的な国際法否定論者」として取り上げられている。[11]

ラッソンについてヴァルツが強調しているのは、国家を至高のものとみなすヘーゲル主義者としての性格である。

真のヘーゲル主義者として、ラッソンは、強力な自律的支配権としての国家権力 eine starke selbstherrliche Staatsgewalt という概念から出発する。……国家間の関係においては、いかなる方法でも、上位の支配権を語ることができない。それゆえ、すべての国家間関係は流動的である。国家領域の内部において確固とした法秩序を生み出しうるような、堅固な権力の中心を欠いている。[12]

ラッソンによれば、国際法と呼ばれているものはすべて、国際政治における目的達成のための合理的な構成物 ein rationales Zweckgebilde der internationalen Politik にすぎない。ラッソンにとっては、法として定められた真の国際法は、いずこにも存せず、たとえ条約という形でさえ存在しない。国際法的関係と呼ばれているものも含め、すべての国家間関係は、ただ権力政治の原理のうえに、すなわち、国家のエゴイズムの原理のうえに、構築されている。[13]

このようなヴァルツの叙述からは、たしかに、ラッソンが、国際関係を、各国の権力欲求がつねに衝突する恒常的戦争状態とみなし、そこにおける規範の役割を否定しているかのような印象を受けるだろう。しかし、そのような印象は誤りである。ラッソンは、国際関係において一般に遵守されている規範が存在していることを認めているからである。彼は次のように言う。

諸国家の相互関係における行為形態について、全体として規則的に遵守される制約として、国際法が、すなわち、多かれ少なかれ一般的に、かつ確実に承認されている法律の形式をとった一連の規則が、存在している。[14]

留保を含む回りくどい表現であるものの、国家間関係において、法律の形式を持つ規範群が存在し、それが全体として遵守されていることをラッソンは否定していないという点が、ここから明確に読み取れるだろう。また、「国際法」と呼ばれるその規範群が、①「歴史的な発展の中で、すべての国家にとって等しく有益であると証明され、それゆえ、すべての国家において等しく承認され、規則的に実行されるようになった規範」、および、②「二つの国家の特別の必要、もしくは少数の国家グループの特別の必要に即し、個別の合意と制定 Festsetzung によって定められた規範」から構成されること、[15]すなわち、一般的用語でいえば、一般慣習法と条約から構成されることも、彼は明言している。

ヴァルツ自身、このようなラッソンの議論を見逃しているわけではない。ヴァルツは、その著作の冒頭において、彼の検討する国際法否定論が、国際関係における規範の存在そのものを否定するものではないことに注意を促している。[16]さらに、ヴァルツは、ラッソンの所説が、利己的に行動する国家という前提から、国家間の平和状態を導き出そうとする国際秩序構想であることを正当に指摘する。[17]すなわち、ヴァルツは、ラッソンを、国家の行動を規制する規範の役割を一切否定する権力礼賛者とみなしているわけではない。

2 ラッソンの国際法懐疑論

ラッソンの『国際法の原理と将来』(一八七一年)の冒頭の数章においては、たしかに、国家理性論を想起させる表現によって国家の純粋に利己的な性格が強調され、[18]国民の自由を原理とする国際関係には法が存在しえない(存在すべきでない)ことが断言されている。[19]しかし、この書物の第五章以下の叙述を見れば、平和という共通の利益を求めて、諸国家が、相互の安全と繁栄の基盤となる条約体制を構築することに、ラッソンが大きな意義を見出していることがわかる。

ラッソンにとって、国家は、その自己利益を打算的 klug に追求する存在である。それゆえ、平和が自らにとって利益であることを理解するなら、各国は、平和の維持を求める。とりわけ、国際的な交通と相互依存の発達の中で、他国との平和的関係の中で他国の産物と成果を得ることに、国家はより大きな利益を見出すようになる。[20]

平和の必要性は、第一の、最も重要な、諸国家の共通の利益 das erste und wichtigste gemeinsame Interesse der Staaten である。[21]

このような平和という共通の利益が、ラッソンの構想における国際秩序の存立基盤である。「最高度に知的で、その目的のための手段を合理的 klug に選択する存在[22]」としての国家は、平和という目的のために、一定の利益について他国と妥協することを厭わない。国家は、「単なる近視眼的な利益をやみくもに追い求めるのではなく、目の前の利益を長期的な危険と対照させて考量することを知っている[23]」からである。短期的利益のために平和的関係を破壊することになってしまっては、長い目で見れば、結局、国家の利益が損なわれるゆえに、国家は、利己的観点から、短期的利益について譲歩する。このような譲歩を通じて、国家は、自らの行為を制約し、何らかの反対給付を得るという条件の下で[24]、自ら義務を負うという決定を行う[25]。各国は、平和的関係を維持するために義務を誠実に遵守し、それによって、信頼するに足る条約体制が構築される[26]。このような秩序の下では、国家指導者が、個人的な願望や欲求ではなく、国家の利益を冷静に追求する国家運営を行うなら、国家の利益とは無関係な「偶発的紛争 zufällige Conflicte」が回避され、それだけいっそう平和は長続きする、という[27]。

ところが、ラッソンにとって、諸国家の利益の合致を基盤とする条約規則は、法との類似性から「国際法」と呼ばれるだけであって、本来の意味での法ではない。そもそも、条約は、上位の共同体によって遵守を強制されないゆえに、「法としての保障を持たない[28]」。条約の遵守が、国家の自己利益追求に基礎を持つ以上、周辺的な利益が条約と矛盾する場合には、平和のためにその利益を断念することが見込めるけれども[29]、国家の死活的な利益と条約が矛盾する場合には、国家は、その死活的利益を優先する。

……国家は、事物の本性に従うなら、緊要なる利益に強いられる場合には、以前に与えた言質や現行の規則を破らざるを得ないだろう[30]。

しかも、どのような場合に死活的利益が条約に優越するかを判断するのは、その利益を主張する国家自身である[31]。このように、名宛人自身の利益に合致する限りにおいて遵守され、名宛人自身の判断によってその義務から免れうるような規則は、ラッソンによれば、「打算的合理性の規則 Klugheitsregeln」であって、国家法と同じ意味での「法的規則」ではない[32]。

ただし、ラッソンは、国際法の法的性質を否定することによって、その国際秩序における意義まで否定するわけではない。法的性質の否定によって強調されるのは、本来の法（国家法）の性質を国際法に移入してはならない、ということである[33]。国際法は、国家の利益に基礎を置く「打算的合理性の規則」であるとしても、そのようなものとして、国家の発展に伴い、ますます大きな役割を果たすようになる、と彼は考える。

……国家がその発展目標に到達するなら、それだけいっそう、真の国家の利益と真の国家の打算的合理性 Klugheit が、国家指導者の行為に表されるようになり、それによって、国家間の交際において誠実［な遵守］がいっそう規則化し、国際法の諸規則がいっそう豊かな内容を持った、実効的なものとなる[34]。

3　勢力関係の動態的把握

それぞれの国家が利己的に行動するという前提の下では、利益の衡量によって、戦争と平和が決せられる。つまり、他国への攻撃によって大きな利益が確実に得られるという見込みの立たない場合にのみ、平和の利益が戦争の利益を上回り、平和が維持される。それゆえ、勢力均衡が、平和の条件である。

平穏状態が生じるのは、勢力の均衡 Gleichgewicht der Macht が打ち立てられている場合にのみである。侵略の成功が確実に見込めない場合には、勢力均衡が基本的に存在しているといえる。このような場合、どの国も、あえて他国を侵害することはないはずである。もし他国を侵害するなら、自国の存立を賭けることにならざるを得ない。極端な緊急事態でなければ、国家は、そんなことはしないだろう。[35]

優越的な国家に対して、弱小国が連合して対抗し、勢力均衡を維持する。[36] 弱小国は、必要に応じて勢力間の均衡を保つように行動することによって、勢力均衡に不可欠の要素となる。[37] そうして、大小さまざまな国家を含む勢力均衡の体系が成立する。

勢力均衡の下で、各国は、他国の利益を顧みずに自国の利益を実力で貫徹するということを、自己利益の観点から断念し、他国とのあいだで、双務的かつ平和的な関係を構築する。

勢力均衡状態においては、諸国家は、相互的な利益に関する対象について折り合うことができる。というのも、一方の国家の意思は、他方の国家の意思によって、すなわち、その力に対する恐れによって現実に拘束されるのであり、双方がそのように拘束されると感じるゆえに、給付に対して反対給付を継続的に行う、という明示的な義務を双方が引き受けることができる。[38]

このように勢力均衡という事実的基盤の上に、条約体制が築かれているゆえに、「国家間の条約は、相互の勢力関係の表現である」[39]とされる。現行の条約体制が有意義に存続しうるのは、それが現行の勢力関係に即応しているからである。ところが、勢力関係が変更されることによってその即応関係が失われれば、現行の条約体制は、その理性的根拠を喪失せざるを得ない。

国家間条約は、当事国間の勢力関係を本質的に正確に表現している限りにおいて理性的である。歴史の動きの中の何らかの出来事によってこの勢力関係が本質的に変更されれば、即座に、その条約は、非理性的なものとなる。[40]

これこそが、二〇世紀の国際秩序思想において重要な役割を果たしてゆく、法と勢力関係の動態的把握の表現である。さまざまな要因によって諸国家の盛衰が生じ、それとともに勢力のバランスも変動する。その変動によって生じる「新しい状態に、新しい条約は対応すべきである」[41]。しかし、法の status quo に利益を見出す勢力は、新興勢力の法変更要求に容易に応じないだろう。そのような場合、新しい勢力関係に対応する新しい条約の締結を求める新興勢力は、武力に訴えるしかない。それが、国際関係において不可避的な（つまり、偶発的 zufällig ではない）戦争の原因である、とラッソンは言う。

国家が戦争に踏み出す場合、それは次のことによって説明される。すなわち、その国家の利益を平和的方法によって保護することがまったく不可能となっているにもかかわらず、言い換えれば、現行の条約がその国家の自己保存を脅かしているにもかかわらず、より有利な新しい条約を他国がまったく容認しようとしない、ということである。[42]

法が勢力関係の表現であること、そして、勢力関係が歴史的に変動せざるを得ないことを前提とするなら、そこから、法と勢力均衡の緊張関係が生じるのは自明である。新たに生じた勢力バランスは、法体系を安定化させる機能をまったく持たず、むしろ、古い勢力バランスに基づく法の status quo を変更することを要求する。その変更の手段が、戦争である。それゆえ、戦争は、静態的な法秩序において保護された個別的な権利や利益の侵害に対抗する手段ではなく、法そのものを変動させる動態的な手段とみなされる。すなわち、武力による法の執行（権利の実現）として戦争を秩序の中に位置づける古典的国際法論とは対照的に、ラッソンは、戦争を、ある種の暴力的な革命に類比されるべきものとみなしている。

戦争は、国家の相互関係全体を、新たに、かつ、理性的に秩序立てるという、政治的な目的を有する。あれこれの権利侵害に対して、戦争によって、ある種の刑罰を科す、というようなことは、まったく問題とならない。(43)

このように、一九世紀の後半には、ある特定の歴史的な権力状態が特定の法的状態の基盤となっているという思考が、国際秩序の構想にも導入される。このような思考の下では、法と権力状態（勢力関係）との緊張関係が強調され、新興勢力による暴力への訴え（革命あるいは戦争）への対応が、秩序構想において重要な地位を占めるようになる。そして、この思考こそが、古い勢力関係を表現する法の status quo に利益を見出す「現状維持国」と、新しい勢力関係に即応する新しい法秩序を求める「現状不満国」とのあいだの動態的な関係として国際関係を把握する国際政治学の理論を生み出す土壌となってゆくのである。

補論　ラッソンにおける国際秩序構想の類型化

本書の主題である動態的紛争論には直接に関わらないものの、国際政治学との共通点として注目すべきラッソンの議論の特質について簡単に触れておきたい。第1章でも述べたように、「リアリズム」を基軸とし、それと対照する形で「ユートピアニズム」や「リベラリズム」等の類型化を行うのが、国際政治学的思考の重要な特徴である。[44] 興味深いことに、ラッソンもまたそのような類型化を行っている。

（1）マキアヴェリ主義と教皇権至上主義

自らの国際秩序構想を展開にするに先立って、ラッソンは次のように述べる。

国家間関係の性質については、正面から対立しあう、両極端の見方が存在する。そのうちの一方をマキアヴェリ主義と呼び、他方を教皇権至上主義 die ultramontane Doctrin と呼ぶことができる。[45]

マキアヴェリ主義においては、「すべての法的・倫理的観点が、国家と国家の関係から一切排除されており、ただ利益のみを追求して、その目的に至るためのあらゆる手段を、その法的または倫理的性質を顧慮することなく用いる利己的な打算的合理性 Klugheit が、国家行為の規準とみなされている」。それに対し、教皇権至上主義とは、国家関係においても国内と同様に法秩序が存すべきことを主張するだけでなく、国家を「倫理的義務を負わされた服従者 Subject」[46] とみなし、最高善を達成するための献身と博愛を国家に求める思想だという。[47] ラッソンが、普遍的・抽象的価値に基づく義務を国家に課す思想を、教皇権という具体的権力に関連づけている点にも、後の国際政治学的思考とつながるところがある。[48]

国家を打算的合理性に基づいて自己利益を追求するものとみなすラッソンにとって、高次の価値を達成するための倫理的義務を国家に課す教皇権至上主義が受け入れられないのは、当然である。ラッソンの理解では、教会と国家の分離を認めない、神権政治的性格を持った教皇権至上主義においては、法と倫理が区別されず、国家にも倫理的義務が課される。しかし、ラッソンによれば、倫理とは、自由意思を持つ個人にのみ要請されるものである。国家は、固有の目的を持った法人であり、そもそも個人のような自由意思を持たない[49]。自由意思を持たないものに倫理的義務を課すことは不可能である。固有の目的のために存在する国家は、その目的を、打算的合理性に基づいて、利己的に追求すべきである。仮に、国家指導者が、国家利益ではなく個人的な倫理観によって国家を運営したとすれば、それは、背信的行為となる[50]。

他方で、ラッソンは、マキアヴェリ主義をそのまま受け入れるわけではない。もちろん、彼は、利益によってのみ導かれる国家運営の現実を冷めた目で観察するマキアヴェリの説を高く評価しているのだが、同時に、その限界を厳しく批判する。ラッソンによるマキアヴェリ批判は、以下の三点に要約できる。①マキアヴェリは、国際関係における国家の活動と、国内関係における国家の活動を区別していない。〈国家とは現実化した法秩序であり、そこにおいて国家は法に従ってのみ行動しうる〉という法治国家 Rechtsstaat の概念を信奉するラッソンにとって、真の意味での法が妥当する国内秩序と、自己利益の原理が貫徹される国際秩序を同列に論じることは許容しがたい[51]。②マキアヴェリは、君主の利益と国家の利益を区別していない[52]。マキアヴェリが、支配欲求を満たそうとする君主個人の利益に焦点を当てるのに対し、ラッソンは、国家を指導する政治家の個人的な利益や信条にとらわれることなく、純粋に国家そのものの利益を追求して国家が運営されるべきことを繰り返し強調している[53]。③マキアヴェリは、短期的な利益のみを考慮しており、長期的な利益を視野に入れた打算的合理性 Klugheit についての視座を欠いている。ラッソンにとっては、国家の打算的合理性についての考察を通じて、相互の信頼に基づく安定的な秩序の構築に資することこそが重要なのであり[54]、それゆえ、奸計を用いて利益を得ることや、恐怖によって他人を操ることは、たとえそれが短期的な利益をもたらすとしても、打算的合理性と呼ぶに値しない。[55]

ラッソンは、「マキアヴェリ主義」と彼が呼ぶところのリアリズム的思考をもって、国際関係において倫理的・法的規範が優越的に妥当するという（今日の用語でいえば）理想主義的な思考[56]を批判することにより、国家間関係の現実に即した新たな国際秩序思想を切り拓く。その際、高次の倫理的規範ではなく利己主義を行為原理とする「マキアヴェリ主義」を、合理的に解釈された利己主義の概念によって再構成し、利己的な主権国家からなる安定的な国際秩序を提示する。すなわち、人間の不合理な欲望や情念から解放された、真に利己的な打算的合理性を有する法人格として国家を捉え、そのような諸国家が、戦争を不可避としつつも、通常は、相互に合意と規範を遵守しつつ、平和的に共存する世界を構想するのである。

（2）「リアリズム」と「アイデアリズム」

ラッソンは、優越的な倫理的・法的規範の妥当を否定し、利己主義的な国家という現実を基礎として国際秩序を構成する自らの思想を「アイデアリズム（イデアリスムス）Idealismus」と呼び、「リアリズム（レアリスムス）Realismus」と対比している。もちろん、ラッソンの言う「アイデアリズム」の概念は、今日の国際政治学や国際関係論において「理想主義 idealism」と呼ばれる考え方とは明白に異なっており、ドイツ思想史において「観念論 Idealismus」と呼ばれてきた思想の系譜に属する。

ラッソンにとって、「アイデアリズム」とは、最高次の目的との関係において、すべての事象を位置づけ、理性的に世界を認識する思考である。そこにおいて、一見、非理性的で、目的にそぐわないように見えるものであっても、全体として把握された理性的秩序において然るべき位置が与えられ、その然るべき役割を果たすこととなる。[57]

ラッソンの国際秩序思想は、いかなる優越的価値にも拘束されない最高次の目的としての国家を基軸とし、その打算的合理性の分析を通じて、国際法違反行為や戦争も含む国際関係の諸事象を理性的な全体秩序として構成する点において、「アイデアリズム」に属する。

それに対し、ラッソンの言う「リアリズム（レアリスムス）」とは、もっぱら現に生じている個々の事象のみを取り上げ、そこにある苦痛や苦悩を取り除くことを求める思想である。ラッソンによれば、「リアリズム」は、現に存在する苦難を取り除くことができず、結局、現実とはかけ離れた空想的世界の希求に陥ってしまう、という。[58] 現に存在する個々の国際法諸規範の分析にのみ専心し、それが正当に遵守されないこと、平和をもたらさないことを嘆いて、結局、現実からかけ離れた理想的な国際組織や国際裁判の設置を企てるようなユートピア的思考は、ラッソンの用語でいえば、典型的な「リアリズム」ということになるだろう。

ラッソンやエリヒ・カウフマン、ハンス・モーゲンソーのようなドイツの国際秩序思想におけるリアリズム的傾向が、思想史的には「アイデアリズム Idealismus」の系譜に位置づけられるべき点には、つねに注意が必要である。

第3章　事情変更原則という視座
――エリヒ・カウフマンによる動態的国際法構想――

はじめに

前章までに、古典的国際法理論から国際政治学を区別する特質が、法を変動する勢力関係の表現とみなす動態的な秩序思考であること、そして、そのような思考が、観念論的立場をとるアドルフ・ラッソンの国際法批判論においてすでに提示されていることが示された。ラッソンによれば、国家は、自己利益を追求する打算的存在であり、国際法は、そのような国家の打算的合理性によって生み出される規則である。すなわち、国際法は、各国がそれぞれの力でもって実現しえたかぎりでの利益関係を反映している。

一九世紀を通じて自然法論が衰退し、法秩序が人間の営為によって形成された歴史的産物であるという考え方が強まる中で、国際法もまた、歴史的に存在する利益状況・勢力関係を反映する法制度とみなされるようになる。そのような思考は、ラッソンのような国際法批判論にとどまらず、国際法理論にも普及してゆく。とはいえ、現実における利益状況が変化した場合に生じる法と利益状況との乖離、および、そこから生じる緊張関係が、一九世紀後期以降の国際法理論において必ずしもつねに重要視されたわけではない。とりわけドイツにおいて支配的となってゆく実証主義的傾向は、自己利益を追求する主権国家の意思に国際法を基礎づけ、したがって、国際法秩序を歴史的な形成物とみなすものの、その関心は、国家の意思表示として把握された実定法諸規範を素材として、実証的な国際法の体系を法律学的に構成することに向けられており、利益状況の歴史的変化がもたらす法と現実的諸関係の矛盾についての検討に基づいて、批判的理論を構成することはなかった。

しかしながら、法の前提となる勢力関係・利益関係の変動によって生じる法と現実の矛盾という問題が、法解釈論上、まったく現れないというわけではない。とりわけ事情変更原則は、この問題と密接に関わっている。契約締結時において必須の前提とされていた事実状況が本質的に変化した場合には契約は拘束力を失う、ということを意味する事情変更原則は、法規範の基礎となる利益状況と法規範との関係を、法解釈との関連の中で論じるための手掛かりとなるであろう。

国家の自己利益を国際法の究極的な根拠とみなし、かつ、諸国家間の利益関係の歴史的変動を視野に入れる国際秩序構想において、事情変更原則は重要な意味を有する。例えば、一九世紀ドイツの歴史家ハインリヒ・フォン・トライチケ（一八三四―一八九六）は、その政治 Politik に関する講義の中で、「すべての条約は、事情変更の黙示的留保の下で、締結される」[1]と述べている。トライチケは、一方で、国家を裸の実力 Macht とみなすマキアヴェリズムを否定するとともに、他方において、理性的な法規範を学的に構成すれば国家がそれに従うと考える「自由主義理論」を批判する。[2]国際法は、歴史的現実における国家の活動に即して構想されなければならない。自己の利益を追求する国家からなる国際関係において、利益の相互承認こそが、国家間を結びつける国際法の基礎である。[3]したがって、国家の本質的な利益に反する法規範の妥当は認められないのであり、[4]いったん締結された条約であっても、状況の変化によって、その効力が否定されることは当然だという。もちろんトライチケは歴史家であって、事情変更原則を法理論的に詳細に論じているわけではない。しかし、トライチケと同様の関心をもって、利益状況・勢力関係の変動を視野に入れた国際法理論を構築しようとする法理論家が、事情変更原則の分析をテーマとして選択することには何の不思議もない。

二〇世紀前半のドイツ公法学を代表する理論家のひとりであるエリヒ・カウフマン（一八八〇―一九七二）[5]は、事情変更原則において問題となる利益状況と法規範の緊張関係に着目し、そこから、国際法の秩序構造に対する批判的考察を展開した。本章では、彼の事情変更原則に関する著作[6]を主要な素材として、カウフマンによって唱えられた国際法理論の意義を明らかにする。そうすることで、変動する利益状況・勢力関係の表現として法を理解する思考が、国際法理論の中にどのように取り入れられ、そこでいかなる批判的意味を有するに至ったかを知ることができるだろう。しかし、そのまえに、カウフマンの理論との対照のため、当時支配的であった実証主義的国際法理論において、利益状況と法規範の緊張関係がいかに取り扱われていたのかを検討しよう。

1 実証主義における問題の回避

（1）ベルクボーム

まず、国際法学における実証主義の確立に貢献したカール・ベルクボーム（一八四九―一九二七）[7]の所論を取り上げる。ベルクボームは、その最初期の著作『国際法源としての条約と法律』（一八七七年）[8]において、実証主義の立場を鮮明に打ち出している。彼によれば、実定法としての国際法は、つまるところ主観的なものにすぎない自然法的思弁ではなく、外的な権威、すなわち、法を定立する権限を持った国家意思によって現実に表明された法である[9]。そのような国家意思は、慣習や条約、国家制定法に示される、という[10]。

だからといって、ベルクボームの実証主義国際法学が任務として引き受けるのは、単に、国際関係に関する慣習や条約・国家制定法の諸規則を資料集のごとく羅列することではない。一般的に言って、実証主義の重要な方法的原理は、法資料の批判的検討を通じて真に客観的な法命題を確定することである。[11] したがって、もろもろの条約規則や国家制定法の中から、諸国家によって承認された客観的国際法規則を確定する方法を示すことが、彼の理論的著作の主要な課題とされている。

なかでも重要なのは条約の取り扱いであろう。ベルクボームは、条約であればすべて実定国際法の法源であると考えているわけではない。一言でいえば、法律行為としての性格を持った条約と、法制定としての性格を持った条約を区別し、後者のみを法源として認めている。すなわち、領土変更に関する条約のように、各国の個別的な権利内容を変更する条約は、すでに存在する客観的国際法を前提としたうえで、そこで認められた範囲内で取り決められる法律行為にすぎないのであるから、実定国際法の法源とはいえない。そのような条約においては、国家は、単なる法主体（Rechtssubjekt ＝法に服する者）である。[12] それに対し、将来の行為に向けられた共通の規範としての条項を含む場合には、条約は法源とみなされる。そのような条約においては、国家は、法に服する者ではなく、法規範に承認を与える法定立者として振る舞っている、という。[13] このような区別は、やがて、トリーペルによって精緻化され、「契約的合意 Vertrag」と「共同意思定立 Vereinbarung」との概念的区別へと発展させられてゆく。[14]

また、文明国の大多数によって客観的国際法規として現実に認められているか、[15] という基準によって、ベルクボームは、具体的な多数国間条約の諸規定を検討し、そこから一般国際法の法源を選別する。そこにおいて法源性が認められる条約規定は、きわめて限定的である。例えば、一六四八年のウェストファリア講和は、①その締約国が限られていること、および、②その内容の多くが、領域関係の調整や金銭の支払いなどの個別的権利の処分に関わる法律行為であって、一般国際法規定を含まないことを理由として、実定国際法源としては無意味 bedeutungslos と判定される。[16] また、一八一四年から一五年のウィーン会議によって採択された議定書についても、その締約国数と規定内容から見て、ただ、外交使節の序列関係に関する規定だけが、一般国際法源として認められるにすぎない。[17]

諸国家が条約を締結する動因は、それぞれの自己利益だと考えられている。すなわち、条約が成立するのは、一国の支配領域を越え出るような性質を持った利益について、他国の同意を得ることによってのみ満足が得られる場合だという[18]。このような理解そのものは、実証主義の特質ではない。超越的な価値に基づく世界秩序を否定するところに主権国家秩序が構想されるのであるから、そのような構想の下では、主権国家は、自らにとって善と判断される価値を、すなわち自己の利益を追求するものとされる。したがって、実証主義であれ、自然法思想であれ、およそ、主権国家の概念を貫徹する国際秩序構想において、諸国家が合意に至る契機が自己利益に求められるのは、むしろ当然である。自然法思想家ヴァッテルもまた、自由で独立の人格としての主権国家が、自らの利益に基づいて、国際法の基本原則について合意するという理論構成をとっていた（意思国際法[19]）。

しかし、自己の利益を追求する主権国家が、自らの利益判断に基づいて国際法の定立に合意する、という形式的な構成は同一でも、その意味は、ヴァッテルとベルクボームとでは大きく異なっている。ヴァッテルにおいては、国際法の基本原則を定立する国家の合意（意思国際法）は、それら原則の普遍的妥当を正当化するための理論装置であり、したがって、理論的仮構としての自然状態において、抽象的に考察された理性的人格としての国家が、自らの利益を合理的に判断すれば到達するはずの合意を意味している。それに対し、ベルクボームが国際法の根拠としているのは、現実に存在する国家が、具体的状況のもとにおける利益判断に基づいて行う現実の合意である。もちろん、ベルクボームにおいても、国家は、近視眼的利益欲求ではなく、長期的利益の合理的な判断に基づいて行為するものと考えられている（さもなければ、自由で独立の人格からなる安定した秩序を構想することは不可能であろう[20]）。しかし、いかに国家が理性的であろうとも、その利益判断が現実に行われるものである限り、それは状況によって変更されざるを得ない。ひとつの状況における合理的判断は、他の状況においては必ずしも合理的ではない。それゆえ、条約が、現実の利益判断に基づく現実の意思の表明である以上、利益状況と条約の矛盾、あるいは国家意思と法の乖離という問題が生じる[21]。

ベルクボームは、当事国の一方的な意思の変更によって条約が効力を失うことを認めている。特定の国家が判断を変更して、条約から離脱する意思を表明した場合、条約は当該国家について失効する。[22] このことは、統一的な権威によって定立されるのではなく、「個別の主権的意思の複合体 ein Aggregat souverainer Einzelwillen」としての集合的な権威によって定立される国際法の宿命である。[23] ベルクボームは、このように、一当事者の一方的な意思による法の廃棄または修正が可能であるという点が、国際法に固有であることを明言しているのだが[24]、それ以上に、法の基盤となる現実的利益状況と、定立された国際法規範とのあいだの緊張関係に対する理論的検討を深めてゆくことはない。彼にとっては、国際法を、他の法分野と同様の実証主義的方法によって構成することこそが喫緊の課題なのであって、国際法固有の問題を手掛かりとして批判的理論を構成することには、さしたる意義が見出されなかった。

（2）イェリネック

その後の実証主義国際法学に大きな影響を与えたゲオルグ・イェリネック（一八五一―一九一一）の理論についても検討する必要があるだろう。国際法を主権国家の自己拘束に根拠づける彼の理論は、あたかも国際法諸規則を「対外国家法 äusseres Staatsrecht」に還元する国際法否定論であるかのような印象を与える。しかしながら、その著作『国際条約の法的性質』（一八八〇年）[25]は、国際法を対外国家法に還元する議論に反駁し、実定法としての一般国際法の存在を論証することを意図するものである。[26] 実定的国際法の存在を論証するために、イェリネックは、国際法と国内法が共通の法律学的基礎を有していることを示し、それによって、国際法もまた国内法と同じ意味において実定法であることを確証する、という論証方法を採用する。[27] その際、共通の基礎として提示されるのが、国家の自己拘束なのである。

実証主義の流れをくむイェリネックにとって、法律学の対象となるのは、実際に妥当する法であり、すなわち、法を創出する機関として唯一認められる国家の意思に根拠づけられる実定法のみである。[28]したがって、国家を義務づける国際法の存在を示すためには、〈主権者として法を創出する国家が、自らの行為を拘束するような法規を定立する、ということが可能であり、現実的であるか〉という問いが検討されなければならない。[29]

この問題に対するイェリネックの答えは明快である。国家の自己拘束 Selbstverpflichtung は、すべての実定法に共通する本質的要素であり、したがって、自己拘束に基づく国際法は、国内法と共通の本質を持つ実定法である、という。近代国家において、すべての実定法は、国家の支配に服する者だけではなく、国家自身をも拘束する、というのが、その理由である。この議論は、（国内）公法については理解しやすいだろう。法を定立する国家権力自身がその法に拘束される、ということを否定するなら、そもそも国家権力の法的制約を意味する法治国家という観念は成り立たない。[30]イェリネックは、それにとどまらず、私法も含めたあらゆる実定法が自己拘束であると主張する。なぜなら、あらゆる法規則は国家権力の行使を法的に確定する性質を持っているからである。たとえ私的関係に関する法規であっても、その法規に該当する事象はその法規に従って判断される、という意味での国家権力の制約を含んでいる。[31]あらゆる実定法規則は、国家権力の行使のあり方を法的に確定するものであり、つまり、国家自身の行為を制約する国家意思なのであって、それゆえ、国家の自己拘束によって成り立っている。したがって、国家制定法と国家の自己拘束は相反するものではなく、むしろ、「相関的な概念」なのである。[32]

疑いなく実定法と考えられる国内法が、法律学上、国家の自己拘束によって根拠づけられているのであれば、国際法を国家の自己拘束によって根拠づけられた実定法と考えることには何の問題もない。すなわち、国際法は、法律学的観点からみれば、国内法と同じ意味において実定法であり、ただその遵守を支える倫理的な意識の強度という非法律学的な要素において、異なっているにすぎない、ということになる。[33]

以上のようなイェリネックの立論は、次のように言い換えることもできるだろう。法治国家において、国家と国家の支配に服する者（国家の支配に服する者は必ずしも個人に限らないが、以下では簡略化のためこれを「個人」と呼びかえる）との関係は、法律によって規律される。すなわち、国家は、個人を法的人格として承認し、自己と個人とのあいだに、法的関係を設定する。そのことを通じて、国家と個人との関係は法によって規制され、個人に対する国家権力の行使が、法的権利（権限）・義務として定式化された根拠を必要とするようになる。私人間関係についても、国家は、それを法的人格間の関係とみなし、法の適用によってそれを評価・判断する。仮に、個々の事例において、法の適用によって国家の側に不都合が生じるとしても、国家が、法によって規制されている問題を恣意的に処理することは、原則として許されない。このように、国家が、自己と個人とのあいだに法的な関係を設定し、自らその法に服従するのであれば、同様に、国家は、他国とのあいだで、法的な関係を設定できるはずである。[34] すなわち、国家が、他国を法的人格として承認し、自国と他国との関係を、法によって規制される権利・義務関係として設定すること、そして、自らその法に服することは十分に現実的だということになる。イェリネックにとって、法的関係の基礎は人格の相互承認であり、そのような人格の相互承認が国家によって保障されているなら、国際法であれ、国内法であれ、そこに実定法が存在するのである。[35]

国家自身の意思に依拠して安定した国際関係秩序を構想するためには、国家意思が理性的なものであることが前提とされなければならない。したがって、イェリネックの自己拘束理論においても、国家意思の理性的性格が強調される。イェリネックによれば、国家意思は恣意 Willkür ではない。国家意思は、理性的に決定されるのであって、気まぐれに変更されるような性質のものではない。[36] それゆえ、実定法は、法律学的・形式的観点から見れば、国家の自由意思に基づくとはいえ、実質的・内容的な観点から見れば、国家が何にもとらわれずに決めうるものではない。国家は、その目的に従い、共同体の存立条件を満たすように法秩序を制定し維持しなければならず、その点で、実質的な制約の下にある。[37] 国際関係に関して言えば、国家は、完全に自足的な存在ではなく、他国との関係なくしては存立しえないゆえに、他国を法的に承認し、他国とのあいだで通商・通交を維持していかなければならない。そのような相互依存状況に由来する必要性によって、諸国家は、相互に法人格性を承認し、相互のあいだに法的な関係を構築する。[38] このように、自らが置かれた現実的・客観的状況の下で、何が自己の目的に資するか、すなわち、何が真の自己利益となるか[39]を国家が理性的に判断し、そのような判断に基づいて、国家意思が決定されている以上、国家意思に基づく国際法が、些細な事情や気まぐれによって恣意的に廃棄・変更されることはない、ということになる。[40]

しかしながら、法の制定と存続を実質的に支える国家の理性が、同時に、法の実質的な限界ともなる。自己拘束に基づく法の持続性が、国家目的に関する理性的な判断によって保障されている以上、そのような理性判断が根拠を失うところで、法の持続性も失われざるを得ない。[41] すなわち、ある法規が、国家目的を満たさなくなったとき、その法を遵守する実質的根拠は失われる。[42] つまり、ある歴史的状況において国家目的に資すると理性的に判断された法規が、状況の変化によって、国家目的を深刻に害するようになった場合、もはや、国家がそのような法規を遵守する理性的な根拠はない、ということになる。それゆえ、イェリネックの理論において、事情変更原則 **clausula rebus sic stantibus** は、国家の意思行為に内在する原理であり[43]、したがって、国際条約を終了させる一般的根拠とみなされる。[44]

このように、イェリネックは、状況の変化によってもたらされる国家目的判断・利益判断の変更が、国際法上の義務を廃棄する根拠となることを認めているものの、国際関係における法と利益の緊張関係についての検討を深め、国際法への批判的理論を構成しようとはしない。イェリネックの自己拘束理論が、国際法が他の法分野と同じ意味における実定法として存在することを示し、実証的法律学としての国際法学を根拠づけようとするものである以上、国際法に固有の問題を探究して批判理論を構成することは、重視されなかったのである。

(3) ニッポルト

実証主義を自覚的に採用して国際条約の理論を体系的に検討したオトフリート・ニッポルト（一八六四—一九三

八）[45]の著作『国際条約――その法体系における位置づけと国際法に関する意義』（一八九四年）[46]についても、同じことが言える。ニッポルトは、一八九〇年前後の日本において国際法を講じた経験から、国際法への関心を深めた。彼は、この本の序文において、従来の通説的な国際法の体系を日本人に対して正当化することが難しいと感じられたこと、そして、日本にとっての喫緊の課題として条約改正問題に取り組んだことを、研究の動機として挙げている。研究の結果、ニッポルトは、従来の国際法、とりわけ条約法が、「幾重にもまったく誤った基礎の上に構築されている」という確信を得たという[47]。

ニッポルトは、自らの学問的立場として、「新しい実証的学派の立場」を採用する。すなわち、新興の学問的方法である実証主義に依拠して、一方において、政治学や自然法学から独立した国際法学を確立し、他方において、国際法否定論に対して反駁することを目的とする[48]。

ニッポルトは、国家意思を基準とする典型的な実証主義の理論を採用している。彼の言う実定法とは、「妥当している法」であり、すなわち、「法を作り出す権威によって表示された意思であるゆえに、現実に妥当している規範の総体」のことを指す。したがって、実定法としての国際法は、複数の国家が共同して作り出す法のことであり、「複数国家の一致した意思表示によってのみ成立する」規範から構成される[49]。主権国家は、優越する権力の下に置かれていないのであるから、ただ自らの意思のみに服するのであり、自らが望むことだけを行う。国家は、自らにとって有用であり、利益となると考えることを望むのだが、利益を考慮した結果、国際法を望むようになる、という[50]。何者にも服さない主権国家が、独立で自由な意思によって国際法を定立するという、このような理解の前提には、国家意思が理性的であることへの信頼が不可欠である。すなわち、「諸国家の意思は、理性的な意思として考えられなければならない。そして、そのようなものとして、意思は、国際法規則を定立することの利益と必要性を認識するのである」[51]。

しかし、いかに国家意思が自らの利益の理性的判断に基づいて表明されるものであったとしても、それが現実に行われた具体的な意思表示である限り、利益状況の変化によって、法と利益状況との矛盾が生じることは避けられない。国際法が、主権国家による利益判断に基づいている以上、その矛盾は、すでにラッソンが指摘したように、法にとって重大な意味を持つはずである。にもかかわらず、ニッポルトは、この矛盾についてさしたる関心を示さない。国際法規範が各主権国家の利益判断に根拠を持つことから、ラッソンは、それらの規範を「打算的合理性の規則 Klugheitsregeln」にすぎないとみなした[52]。ところが、ニッポルトは、そのようなラッソンの問題提起を一蹴する。ニッポルトによれば、国際法が打算的合理性の規則であるからといって、その法的性質は否定されない。法を作り出す際の動機が何であれ、それは、法律学的考察には何の影響も及ぼさない、というのである[53]。ニッポルトの関心は、実定法としての国際法の存在を確証し、他の法分野と同様の実証的な学問的方法を国際法学において確立することであって、国際法に固有の問題の検討を通じて、その限界を批判的に分析することではなかった。

以上、法実証主義の立場から国際法を国家意思に根拠づけた三人の学説を検討した。国際法が、普遍的な人類の利益や、仮構された自然状態における「推定された合意」によってではなく、個別的な状況において利益を理性的に判断する具体的な国家意思に根拠づけられているとすれば、利益状況の歴史的変化は、国際法を根本的に変更させる可能性を有しているはずである。しかしながら、実定国際法規範の存在証明と、それを取り扱う体系的・学的方法の確立を目標としていた実証主義の諸理論は、法とそれを支える利益との根源的な緊張関係について、端々で言及しつつも、それを出発点として批判的な検討を深めてゆくことはなかった。

2　法を支える社会的関係への関心——「社会学的」方法の試み

方法論的にいえば、実証主義理論における法律学の課題とは、実定法の解釈体系を構成することであり、その観点から見れば、実体法秩序の存在を支える社会的な基礎の探究は、「非法律学的」な問題にとどまる。実定国際法の存在を論証するために、法の社会学的・現実的基礎に言及することはあっても[54]、それは、法律学の主要な関心とはなりえない。

他方で、法が、歴史的に形成された利益状況の表現であるという考え方は、その利益状況そのものの探究を主要な関心とする方法論を生み出した。二〇世紀初めにおいて着手された国際法の「社会学的」考察は、〈国際法は現実の国際的社会関係における利益状況を表現している〉という考え方を前提とし、国際法を支える社会的・現実的基礎の探究を正面から引き受けようとする。かかる立場からは、現実の社会関係の変動により、利益状況と現行法とのあいだに乖離が生じるという事態を問題としえたはずである。このような関心から、ここでは、社会学的国際法論の創始者のひとりであるマックス・フーバー（一八七四―一九六〇[55]）の説を概観する。

フーバーは、一九一〇年に「国際法および国際社会の社会学的基礎の認識[56]」と題する論文を公表し、国際法の存立基盤である社会の利益状況を考察した。フーバーによれば、そもそも法一般が、社会における集団間の支配関係・利益関係を表現するものだが[57]、とりわけ国際法は、法主体に優位する審級を持たず、法主体の意思に直接的に根拠づけられる秩序であるゆえに、他の法に較べていっそう、「社会的下部構造」に密接に結びついている[58]。

フーバーは、国家間合意として成立する国際法規範を、それが体現するところの利益の性質に従って、契約的性質の規範と、法定立的な性質の規範に分類する。国家が相互の利益を補いあうために合意される国際法規範は、契約的な規範である。かかる規範は、複数国家が、それぞれ補完的な（それゆえ異なった）利益に基づき、「並行的に法を創出すること parallele Rechtsschöpfungen」によって成立する。[59] 例えば、領土割譲を伴う講和条約において、戦勝国は、〈敗戦国の存立を保障する代わりに、その領土の一部を受け取る〉という利益に基づいて法を定立し、敗戦国は、〈その領土の一部を譲り渡す代わりに、その存立を保障してもらう〉という利益に基づいて法を定立する。つまり、両国は、補完的な利益に基づいて、異なった内容の法を並行的に定立し、それが国家間条約という形式において表示されるのである。それに対し、国際関係の発展の中で、「同様の関係の下で、同様のやり方で、すべての当事国に権利を与え、義務を課す」一般的な規則を定立する合意が登場する。[60] このような合意は、当事国すべてが、共通の利益目的に基づいて、同一内容の規範を設定するものであり、それゆえ法定立的である。にもかかわらず、やはりそのような規範も、並行的な法創出行為によって形成される。国家間関係には、統一的な意思決定を行う優越的審級が存在しない以上、国家間合意は並行的な意思行為でしかありえない、というのである。[61] 例えば、最恵国待遇条項は、各国が、貿易の拡大・自由化という共通の利益目的のために、〈すべての条約加盟国に最恵国待遇を与える〉という同一の内容の法を並行的に定立することによって成立する。このような法定立的規範は、確かに並行的な意思行為にすぎないとはいえ、「統一的・共同的意思」であるゆえに、法共同体の基礎となる。[62]

フーバーによれば、国際法は、契約的性質を持った規範から、法定立的な性質を持った規範へと発展してきた。そもそも、契約的な性質を持った条約であっても、その締結の前提として、当事国間の法主体性の相互承認が必要である以上、それは、最小限の法共同体的観念を伴うはずである。[63] そして、国際的な社会関係が増大してゆくにつれて、多数の国家のあいだで契約的な諸関係が継続的に維持されるようになり、そこから、「共同体的・一般的法規範の存在という観念」が生み出されてゆく。[64]

このことを歴史的過程として言い換えれば、次のようになる。資本主義の世界的な発展に伴い、一九世紀半ば以降、「人・商品・資本の国際的交換」が、かつてないほどに重要な意義を持つようになった。国家間のみならず、私人間の国際的関係も緊密化し、人々は、国家を介在させずに直接に相互依存関係に組み込まれている。このような中では、一国の経済は、世界経済と分けがたく結びついており、たとえ国家が、自足的・閉鎖的な経済を望んだとしても、世界経済の全体から離脱することは、もはや不可能である。(65)

国際的関係の経済的基礎がこのように拡張することによって、継続的な法共同体の存在が確かなものとなる。場合によっては非常に緊密ではあるものの、政治情勢に変動に左右されやすい個別的関係とは別に、全体として廃止することは決してできない、すべての国家の一般的な関係が存在する。そのような一般的関係は、諸国家の経済的・文化的相互依存の帰結である。各国が他国とのあいだで取り結ぶ、均質的な個別的法関係の総合の中から、共通の国際法が生まれるのである。(66)

このように、フーバーは、経済的相互依存の進展の中で、膨大な数の相互的取引関係が積み重なってゆくという事実的状況を基盤として、諸国家間に共通する国際法規範が観念されるようになり、そのような規範に基づく法共同体が生成してきたと考えている。

フーバーが主張している国際法規範の区別、すなわち、契約的性質の規範と法定立的性質の規範という概念は、トリーペルによって主張された「契約的合意 Vertrag」と「共同意思定立 Vereinbarung」という区別を、「社会学的」に再構成するものと理解できる。法律学的な法源論の枠内で立論するトリーペルが、国家間の共同意思定立によって、国家意思に優越する共同意思が成立すると主張した（後述）のに対し、国際法の「社会学的」基礎を探究するフーバーは、そのような優越的共同意思の存在を否定しながらも、その意思が実現する利益内容の共通性に基づいて、並行的な意思行為が、法共同体を基礎づける一般的法規範を定立すると考えたのである。

国際法を基礎づける社会的利益関係に着目して、国際法の「社会学的」基礎づけを試みたフーバーの理論において、しかしながら、社会変動によって生じる、社会的諸関係と法の緊張という問題は論じられていない。フーバーは、相互依存状況の進展をはじめとする国際社会の利益状況によって、国際法の基本原理の歴史的発展を根拠づけている。その意味では、社会的な諸関係という下部構造と国際法という上部構造の関連を探究したと言える。しかし、歴史的に変転する下部構造が、比較的静態的な（それゆえ古い下部構造に基づく）上部構造と矛盾するという事態に陥った場合に、国際法学は、いかなる対応をとるべきか、という視点から理論的考察が深められることはなかった。

3 事情変更原則の意味

法が、当事者の利益を実現するための理性的な判断を基礎としているとすれば、事情変更原則 clausula rebus sic stantibus は、法解釈上、非常に重要な意味を持つ。特定の状況において当事者の利益に資すると考えられる法規定であっても、その状況に重大な変更が生じた場合には、もはや当事者の利益を害するものとなる場合が、当然にありうるからである。法が当事者の利益に根拠づけられるのであれば、その利益に関わる根本的な事情変更は、法の根拠を失わしめるであろう。

事情変更原則は、国際法においても古くから議論されてきた古典的な原則である。イェリネック[67]やトリーペル[68]等の実証主義的国際法理論家だけではなく、グロティウス[69]やヴァッテル等の自然法論者も、それを論じている。しかし、普遍的に妥当する価値や利益の合理的推論によって国際法を基礎づける理性的自然法思想と、具体的な状況における利益判断としての国家意思に国際法を基礎づける実証主義的思想とでは、その体系において事情変更原則の持つ意味は大きく異なる。国際法の基本原則を普遍主義的に基礎づける体系の下では、具体的な利益状況の変化は、個別的な規範を解釈する際のひとつの要素でしかない。それに対し、基本原則も含めたすべての国際法規範を、歴史的な利益状況における国家の判断に根拠づける場合には、利益状況の変化は、国際法の体系全体に関わる根源的な意味を持つこととなる。

ヴァッテルは、「条約の解釈」に当てられた章のひとつの節の中で、事情変更原則について検討している。その説くところによれば、条約にとって本質的な意味を持つ事情の変更は、条約終了の原因となる。

もし、その時に存する物事の状態についての考慮が、約束が生じた根拠 la reason qui a donné lieu à promesse の中に入っており、そのような物事の状態を考慮し、その結果として約束が行われたのであれば、そのような状態に物事がとどまっているかどうかに、約束は左右される。(70)

例えば、さして強大ではない国家に対して、その同盟諸国が、誠実で継続的な支援を約束したとしても、その国家が強大化し、「ヨーロッパ全体の自由を脅かすに至ったとみなされる時点において」は、同盟諸国は、約束していた支援を拒絶し、その国家に対抗する同盟を締結してよい。(71) この事情変更原則は、条約だけではなく、法一般に妥当する、という。(72)

一見したところ、ヴァッテルは、重要かつ広範な意義を事情変更原則に与えているように見える。もちろん、同盟体制を一方的に変更する根拠として事情変更原則を挙げていることから見てもわかるように、この原則が国際秩序において重大な役割を果たすことをヴァッテルは認めている。しかし、ヴァッテルの国際法体系における事情変更原則の意義については、二つの点で留保が必要である。

第一に、ヴァッテルの体系において、主権や不干渉義務、交戦者間の平等などの基本原則を規定する意思国際法は、仮構された自然状態における理性的人格としての国家間の「推定された同意」として定立されるものであり、したがって、特定の時点での「事物の状態」の存在を前提としていない。すなわち、ヴァッテルの体系の下では、国際法の基本的諸規範は、理性的推論によって導き出されるものであるゆえ、事情変更原則による廃棄の対象にはなりえない。事情変更原則に依拠して終了しうるのは、特定の歴史的状況を考慮して締結された個別の条約のみである。そのような歴史的文脈に基づいて成立する国際法規範の内容は、ヴァッテルの理性的自然法体系の下では、周辺的な意義しか持たない(73)。

第二に、ヴァッテルが行っているのは、「約束」や「法規」一般における事情変更原則に関する検討であり、国際法に固有の意義や役割を分析するものではない。ヴァッテルは、事情変更原則が、約束や法規に一般的に妥当するゆえに、国際条約にも妥当すると論じている。すなわち、ヴァッテルにおいて、この原則は、国際法秩序の固有の構造やそこに固有の限界を示すものではない。

それに対し、国際法の全体を、具体的な状況の下で、自己利益の理性的な判断によって国家が定立する規範の体系とみなす実証主義においては、法の根拠となる利益状況の変動は、国際法体系全体に関わる根源的な意義を持ちうる。例えば、イェリネックの自己拘束理論においては、国家意思によって定立される国際法の持続性を根拠づけるのは、真の国家利益としての国家目的であった。相互依存状況において国家目的の実現を理性的に追求するからこそ、国家は、安定的な国際法関係を維持するのであり、逆に、国家目的に適合しなくなった法規範は、その理性的な根拠を失う(74)。それゆえ、国家の自己保存のような最高度に重要な国家目的が、条約の遵守と抵触するという事態は、条約の終了原因となる(75)。このような理解の下では当然に、利益状況の変動によって国家目的と条約が矛盾するようになった場合には、事情変更原則による条約の終了が肯定される。変動する歴史的状況の中で自己の目的を実現してゆく国家の発展を、静態的な国際法規範が妨げることは、許されないからである(76)。このように、イェリネックは、ヴァッテルと同様に、事情変更原則を条約終了原因として認めているのだが、ヴァッテルとは異なり、国家目的と国際法の矛盾という、体系全体を貫く根源的な緊張関係から派生する原則としてそれを論じている。

さらに、イェリネックは、事情変更原則について私法からの類推を行うことを強く批判している。国際法は国際関係の客観的性質に即したものでなければならない、と考えるイェリネックは、そもそも条約に関する法規範を私法の類推によって導き出すことに懐疑的である(77)。事情変更原則に関しても、個人とは異なった国家の固有の性質を考慮しなければならず、私法における議論をそのまま類推してはならない。「したがって、約束の履行が、履行者の利益を害するかどうかという事情に左右されない場合にのみ、条約の法的性質について語ることができる、というのは、私法的な先入見である[78]」。

このように、イェリネックは、国家目的を追求する国家間合意としての法という、国際法の固有の性質と密接に結びついたものとして、事情変更原則を捉えていた。イェリネック自身は、国際法学の実証主義的な基礎づけを目指していたゆえに、この原則をそれ以上深く追究しようとはしなかった。しかし、古典的な解釈原則である事情変更は、実証主義的な国際法思考において、法の基礎となる利益状況と法規範との矛盾という原理的な問題を表現するものとなった。実定法を定立する唯一の権威である国家が、具体的な状況の下で、自らの利益を理性的に判断した結果としての合意が国際法であるとすれば、国際法定立の前提となった利益状況の根本的変更は、法の効力にとって重大な意義を持つであろう。したがって、国際法における事情変更原則は、国家法に服する私人間の契約に関する事情変更原則の単なる類推ではありえず、国際法に固有の法構造と密接に結びついた、国際法に固有の解釈原則として理解されるはずである。それゆえにこそ、観念論的傾向[79]を持った公法・国際法学者エリヒ・カウフマンは、事情変更原則の検討を通じて、「国際法の本質」を把握しうると考えたのである。

4　カウフマンによる事情変更原則への着目

カウフマンは、一九一一年に出版された『国際法の本質と事情変更原則[80]』において、国際法における事情変更原則の固有の意味を検討し、それを通じて、国際法秩序の基本的構造を明らかにしようとした。その際、カウフマンは、私法における事情変更原則と、国際法における事情変更原則の根本的相違を論証している。その論証を理解する前提として、ドイツ私法学における事情変更原則の理解のあり方についてまず説明しておく必要がある。

(1) 私法学における事情変更原則の客観的理解

法の一般理論として形成された伝統的な事情変更原則は、法主体(当事者)の意思の解釈として、主観的に理解されてきた。すなわち、当事者が、行為時(例えば契約締結時)にそのような事情の変更が生じることを知らず、かつ、もしそれを知っていたとすれば当該行為を行わなかったと証明される場合に、事情の変更を理由とする義務の廃止や変更が可能となる、という。[81] このような理論は、私法学や私法実務だけではなく、多様な法分野に受け入れられた。すなわち、当事者の意思を基準とする事情変更原則は、一七世紀から一八世紀にかけて、自然法に根拠づけられた法の一般原則とみなされており、したがって、国際法論にも受容されたのである。[82]

その後、取引の安全と合意の拘束性を重視する私法学において、事情変更原則の適用範囲は縮減されてゆく。ローマ法源に依拠するドイツの歴史法学・パンデクテン法学の興隆も、ローマ法に直接の根拠を持たない事情変更原則の信用を失わせる方向に働いたであろう。[83] 一八世紀後半から一九世紀にかけて、個別的な法律関係に関する各論的な解釈において事情変更の要素が考慮されたものの、一般原則としての事情変更原則に対する批判的な見解が強まってゆき、やがて、この原則は、ドイツ私法学においてほとんど顧みられないようになった。[84]

それに対し、自然法学によって形成された体系や原則が引き続き重用された国際法学においては、一九世紀を通じて、事情変更原則が一般原則として承認されていた。[85] 一九世紀の代表的な国際法体系書の多くは、事情変更原則に言及している。クリューバー『ヨーロッパ国際法』においては、条約の終了原因として、当事国の合意による終了・条約規定に基づく終了・目的達成による終了・不能 Unmöglichkeit による終了・信頼関係の破壊 Treulosigkeit による終了などと並べて、事情変更による条約の終了が挙げられる。すなわち、両当事者の意思により条約の有効性にとって不可欠の前提とみなされていた状況について、本質的な変化があった場合には、条約はその法的効力を失う、という。[86]ヘフター『ヨーロッパ国際法』は、条約の無効・取消原因のひとつとして事情変更を挙げる。強制・詐欺・後発的不能の場合と並んで、「条約締結時にすでに存在し、もしくは、予見可能であり、かつ、義務を負う者が条約の黙示的条件とみなしていると認められる状況」が変化した場合に、条約を一方的に取り消すことができる、という。[87]このほか、ブルンチュリ[88]やホール[89]の体系書においても、条約の終了原因もしくは取消原因のひとつとして、事情変更原則が論じられている。

それら一九世紀の代表的国際法体系書において、事情変更原則は、強制や不能などと同様、自然法論から引き継がれてきた条約の効力に関する諸規則のひとつとして論じられている点に注意しなければならない。すなわち、事情変更原則は、法的拘束力を持つ人格間の合意の効力に関する一般的法原則のひとつであり、それゆえ、私人間の合意である契約と同様に、国家間の合意である条約にも適用しうる、という前提の上に議論が構成されている。そこには、歴史的な勢力変動と法との緊張関係の表現として事情変更原則を理解し、そこから国際法固有の秩序構造を分析しようという姿勢はみられない。

一九世紀末以降、再び転機が訪れる。厳格な合意の拘束性を緩和する必要から、私法分野においても再び事情変更原則が注目を浴びるようになり（「事情変更原則のルネサンス」[90]）、その理解・根拠づけについての議論が活性化した。その中で、事情変更原則を、当事者の意思の解釈ではなく、各々の法律行為の制度目的を基準として理解する客観的解釈が提唱されるようになる。このような私法学における理論発展を受容し、それとの対照において国際法学固有の事情変更原則の意味を分析することによって、カウフマンは国際法批判理論を構成する。したがって、まず、ドイツ私法における事情変更原則の客観的解釈と、そのカウフマンによる受容を簡単に紹介しよう。

一八九七年に出版されたシュタムラー『債権債務関係法』において、一般原則としての事情変更の根拠として、契約の社会的目的が強調されている。すなわち、契約は「正当な社会的協働を達成するための、条件づけられた手段」であり、それゆえ、その目的を追求するための前提となっていた事実状態が本質的に変更を被った場合には、契約上の権利・義務が限定・修正されなければならない、という[91]。

このような契約の社会的目的という要素は、二〇世紀初頭に公表された事情変更に関するレオ・シュタールの著作（『民法典におけるいわゆる事情変更原則[92]』）において、さらに強調されている。シュタールは、事情変更原則の適用が認められる基準として、「法律行為において追求される目的[93]」に重きを置く。この「目的」とは、法律行為を通じて当事者が追求する主観的目的（動機）のことではなく、各々の法制度が法秩序全体の中で割り当てられている役割としての、制度内在的・客観的な目的のことである。

いかなる法制度も、単に、法律的な特殊性 eine juristische Besonderheit を実体化するためだけに存在しているわけではない。むしろ、あらゆる法制度には、体系の内部において特定の任務が与えられており、法制度は、法の構成員のあいだの関係を規制するにあたって、その任務を果たさなければならない[94]。

契約もまた、ひとつの法制度として、法秩序全体において割り当てられた役割（「目的」）を有しており、それに基づいて、事情変更原則は理解されなければならない。すなわち、事実状態の変化によって、契約の本質的目的と矛盾する状況が生じたとき、言い換えれば、法体系において割り当てられた役割を当該契約が果たしえなくなるような事情の変化が事後的に生じた場合、事情変更原則が適用され、契約が廃棄もしくは修正される、という[95]。シュタールによれば、契約の本質的な目的は、法律学的な観点のみならず、人道的観点や経済的な観点を考慮して確定される。例えば、事実状態の変化によって、ある雇傭契約の遵守が人格的自由の「搾取」を生じせしめるようになったとすれば、人道的観点から事情変更原則が適用され、その契約を取り消す特例的な権利が生じる[96]。また、経済的取引関係を実現する機能は契約の重要な目的であり、それゆえ、経済的な観点からみてある契約が実行されるべきではない場合には、事情変更原則によって履行不能とされなければならない[97]。

このように、シュタールにおいて、事情変更原則を根拠づけるのは、契約当事者の意思や主観的動機ではなく、社会的・経済的視点をも考慮して割り当てられた、法秩序全体における契約の客観的目的である。そこでは、当事者の意思を実現することではなく、むしろ、社会的・共同体的必要性から当事者の決定に介入することが想定されている。

カウフマンは、シュタールの所論を重視しつつも、それをそのまま採用するわけではない[98]。シュタールのように、事情変更原則という法律行為の解釈原則から、意思の要素を完全に排除してしまうことは、カウフマンにとっては受け入れられない。カウフマンにとって、法律行為に関する一般原則である事情変更は、意思を基準として理解されるべきものであり、したがって、事情変更原則を合意の「黙示的前提」とみなす定式は維持されなければならない。しかし、当事者の合意の意味を規範的に解釈することによって、結局のところ、法制度の「目的＝理念(テロス)」[99]を基準として事情変更原則を理解することになる。

あらゆる契約の「黙示的前提」としての事情変更原則の意味は、……法律行為によって引き受けられた義務が、「無条件」のものではない、ということ、そして、その義務の「限界」が、特定の契約タイプの「本質的目的」を追求する効果意思に基づいて、義務を負う当事者に「期待」されてよい事柄のうちに見出される、ということである[100]。

カウフマンの意思解釈理論[101]によれば、当事者の意思は、「いかなる一般的・規範的な観点からそれが意欲されたか」を探究することによって理解されなければならない[102]。例えばひとつの雇傭契約が締結された場合、その合意は、単なる主観的・恣意的な欲求の偶然的な合致ではなく、法秩序全体において承認された「雇傭」という規範的関係を設定するという法的意思の表示である。それゆえ、その意思には、個人の主観を越えた一般的・規範的な内容が含まれている。したがって、その合意は、一般的規範としての雇傭契約制度に従って解釈されなければならない。そして、このような合意の規範的解釈に即して、事情変更原則が理解される。すなわち、契約の遵守がその制度目的と矛盾してしまうような事態が生じた場合、その拘束力を維持することは、契約によってその制度目的を追求しているはずの当事者の意思に合致しない、ということになる。このような理解において、事情変更原則は、婚姻・雇傭・売買など多様な契約タイプのそれぞれの「本質的目的」を基準として判断される。[103]

(2) 国際法における事情変更原則

事情変更原則が、法制度の本質的目的を基準として理解されるべきであるとすれば、次のような問いがただちに立ち上がる。国際法秩序における条約の本質的目的とは何か。それは私法秩序における契約の本質的目的とはどのように異なっているのか。

カウフマンにとって、国際法秩序においては、国家を越えるような国際共同体(または世界共同体)的観点は存在しない。したがって、国際法は、個別的国家の利益という観点からのみ設定された法秩序である。そして、最も根源的な国家利益とは、国家の「自己保存権」として定式化される。それゆえ、次のように言われる。

純粋な個体法である国際法において可能な唯一の目的(テロス)は、国家の自己保存によって命じられるところの国家利益である。国際法について求められる客観的原理は、ただ国家の自己保存権にのみ見出される。それは、国家主体の固有の性質のゆえに、その客観的価値を自ら担っている。[104]

すなわち、客観的法制度としての国際法の目的は、個別的法主体である国家の自己保存権によって命じられるところの国家利益を実現することだという。国際条約もまた、国家の利益を実現するという目的を持つ。もちろん、ここでいう国家利益とは、短絡的な欲求のことではなく、複雑に折り合わされた諸国家間の利益相互依存を前提としたうえでの、理性的に判断された利益である。それゆえ、諸国家は、短絡的な欲求を実現するために軽々しく条約上の義務を否定するわけではない。[105] むしろ、諸国家は、国際関係の総体が各国にもたらす共通利益を重んじて、その時々の個別的利益を犠牲にする[106]。

しかしながら、いかに相互依存に基づく利益が重大であったとしても、条約の根拠となっているのは、つまるところ、個別国家の利益である。すなわち、些細な利益を犠牲にして条約を遵守するほうが、瑣末な利益のために条約を破るよりも、個別国家の利益に適っているという限りにおいて、条約はその根拠を持つ[107]。それゆえ、自己保存によって命じられる重大な利益が、条約の遵守によって損なわれるような事態が生じた場合には、条約という法制度の目的に鑑みて、その義務の遵守が否定されることとなる。こうして、国家利益を実現するという条約の法制度を基準として、国際法上の事情変更原則が導かれる。

条約は、つねに、国家の存立上の必要を満たす目的で、特定の政治的状況から、生み出されるものであるから、自己保存権を条約の有効期間について適用すれば、事情変更条項が必然的に現れる。……条約が拘束すべきであり、また、拘束することを予定しているのは、締結時に存在した勢力状況・利益状況の変化によって条約の本質的な規定が締約国の自己保存権と両立不可能にならない限りにおいてである（強調は引用者による）[108]。

カウフマンにおいて、条約当事国である国家の自己保存権によって直接に根拠づけられる国際法上の事情変更原則は、私法上の事情変更原則とまったく異なっている。私法においては、契約当事者の上に立つ共同体的な観点から、婚姻・売買・賃貸・雇傭などの契約諸類型にそれぞれ目的が与えられており、そのそれぞれの目的に従って、事情変更原則がそれぞれ適用される[109]。国際法においては、そのような個別主体を越えた共同体的観点はありえない。

以上のような事情変更原則に直接に関わるカウフマンの説だけをみれば、その内容は、イェリネックの説とそれほど変わらないようにみえる。すでにみたように、イェリネックもまた、真の国家利益である国家目的に条約の持続性を根拠づけており、国家目的と矛盾する事態が生じた場合には、条約上の義務はその根拠を失うと考えていた。国際法上の事情変更と私法上の事情変更が異なっていることも、彼の主張するところである。

しかし、カウフマンは、イェリネックと異なり、事情変更原則を手掛かりとして、国際法秩序の構造分析にまでその視野を広げ、それによって、国際法構想を批判的に再検討することを試みた。以下では、事情変更原則論の基礎理論でありつつも、それにとどまらない射程を持った、カウフマンの国際法構造論を検討しよう。

5　上下関係秩序と並列関係秩序――国際法の構造について

カウフマンは、法を意思関係の秩序とみなしており、それを分類するための最も基本的なカテゴリーとして、「上下関係 Subordination」と「並列関係 Koordination」を挙げる。上下関係法とは、共同体的観点から発せられる上位の意思が、下位の意思を統制している法であり、公共の利益を基準とするゆえに「公益法 Sozialrecht」[110]とも呼ばれる。並列関係法とは、独立・対等の個別的人格間に成立する意思関係としての法であり、個体の利益を基準とするゆえに「個体法 Individualrecht」とも呼ばれる。[111]カウフマンの国際法理論を理解するために最も重要なのは、国際法が並列関係法に分類されるのに対し、私法が上下関係法に分類される、という点である。つまり、上下関係法／並列関係法の区別は、公法／私法の区別に対応していない。国家法は、私法も公法も、原則として、すべて上下関係法であり、並列関係法に分類されるのは、近代法としては、原則として国際法のみである。[112]
並列関係法という、国際法のみを対象とするカテゴリーがあえて提示される背景には、法律学における合意の拘束性に関する理解の変化、および、そこから生じる国際法学の理論的危機がある。一言でいえば、理性的人格間の合意そのものを法的拘束性の根拠とみなす理性法的理解が自明と考えられなくなったとき、国際法（とりわけ国際条約）の法的性格についての理論的説明が必要とされるようになり、その結果として、イェリネックやトリーペルなどによって、新しい国際法基礎理論が展開された。カウフマンの議論もそのような文脈の下で理解されるべきであろう。

(1) 国家間合意の法的拘束性

(i) 背景としての理論的危機

社会契約理論や意思自律論などの啓蒙的自然法論の秩序構想の基礎には、〈合意そのものが法的義務の根拠となる〉という前提が存する。理性的な人格が自らの利益判断に基づいていったん合意した以上、それは法的な効力を持つ、ということである[113]。このような「合意は拘束する pacta sunt servanda」という原則は、法律学の歴史のうえでは決して自明のことではない[114]。それゆえ、一七世紀に理性法的法律学の構築に貢献したグロティウス[115]は、法が約束に義務的効力を付与するのではなく、人の約束そのものが拘束力の根拠となるということを、その人文主義的知性によって論証しなければならなかった[116]。

理性的人格間の合意が法的拘束力を持つという理性法的原理は、国際条約の拘束性の根拠ともなる。人の約束そのものが法的拘束性の根拠であるとすれば、君主の約束もまた、拘束力を持つ[117]。そして、国家を理性的人格とみなすことができるなら、理性的人格間の「合意は拘束する」ゆえに、国家間の合意もまた、法的拘束力を持つこととなる。ヴァッテルは、社会契約論を用いて国家を理性的人格として構成し[118]、その当然の帰結として、約束の拘束力を認める自然法規則を国家間の合意に適用した[119]。理性的人格間において「合意は拘束する」という理性法的原理、およびそこから派生する諸原則は、法の一般理論として、契約と条約のいずれをも根拠づけ、その解釈枠組みを提示したのである[120]。

しかし、このような、自由主義に親和的な理性法的思考は、一九世紀半ばのドイツ法哲学において、とりわけ保守主義の立場から強く批判され、それによって、法秩序構想における合意の意義が変化を被る。今日の概念を用いて一言でいえば、人格間の合意を、法的効力そのものの源泉（法規範定立行為）ではなく、法規範によって効力を与えられる法律行為とみなす考え方が強力に主張されたのである。例えば、カウフマンに強い影響を与えた[121]法哲学者フリードリヒ・J・シュタール（一八〇二―六一[122]）は、主観的な意思の合致が、それ自体としては、法的拘束力の根拠とならないことを強調している。シュタールによれば、契約が法的拘束力を持つのは、主観的な意思が拘束力を生み出すからではなく、客観的な法が、共同体的な必要性の観点からそれに法的拘束性を認めるからである[123]。

もし契約が単に道徳的に拘束性を有すべきだとすれば、それは、倫理的目的もしくは了解可能な verständig 目的に資するものでなければならない。倫理に反する契約や目的のない契約は道徳的な義務を課すものでない。しかし、契約が完全な法的拘束力を持つべきだとすれば、それは、法的な目的に資するものでなければならない。すなわち、それは、共同生活としての法秩序にとって不可欠な要素を構成する内容との関連を持たなければならない[124]。

このような秩序構想からすれば、例えば、財産取引において当事者の合意が法的拘束力を持つのは、当事者の意思に本性的な処分権能が備わっているからではなく、当事者の意思に従って取引が規制されるべきことを、共同生活上の観点から、法秩序が要請するからである[125]。

カウフマンは、このような秩序構想の変化の意味を鋭敏に捉えている。個人の意思そのものに拘束力を認める理性法的思考においては、そもそも個人が、客観的な価値を判断する理性的本性を備えている完全な存在とみなされていた。しかし、経験的に見出される具体的な個人は、限られた判断力しか持たない不完全な存在である。そのような現実の個人を出発点とする現代的個人主義においては、もはや、個人の主観的判断が客観的規範を生み出すという前提をとることができない。そこでは、共同体的な観点から諸個人の主観的価値判断に適切な位置づけを与え

る国家が、秩序の根拠とみなされる、という。(126)

「合意は拘束する」という命題が、法の一般原理として受け入れられなくなったことは、国際法学に理論的危機をもたらす。条約が国家間の「合意」であることは、もはやその法的性格を保障するものではない。諸国家の上に立って、国際共同体的観点から、その合意に拘束力を付与するような審級（例えば世界国家）は、少なくとも一九世紀後半から二〇世紀初頭にかけてのドイツ公法学の支配的見解によれば、存在しない。では条約は、法的拘束力を持たない、ということになるのだろうか。「合意は拘束する」という命題を前提とすることなく、いかにして条約の法的性格を根拠づけられるのだろうか。このような問いが、一九世紀後半以降のドイツ公法学における国際法基礎理論の主要な関心となる。

(ii) イェリネック

合意そのものが法的拘束性の根拠とみなされないとすれば、条約は、どこからその客観法的効力を受け取るのか、という問いに取り組んだのが、イェリネックの自己拘束理論である。

すべての法は、それを測る基準、すなわち、それを検証する規範を前提とする。国際条約が、法的な性質を持ちうるのは、条約の上に立ち、条約がそこから法的効力を受け取るような規範が存在する場合だけである。事実、いかなる国際法の教科書にも、条約の成立・内容・効果・方式・終了を規制すべき法的諸規則の全体が見出される。国家間の条約関係を支配すべき法規則は、いかなる法源から生まれるのであろうか。その規範の多くが、かつて自然法的私法において定立された諸規定によく似ていることからみて、それは自然法の規定なのであろうか。それとも、近代の債権法から抽出されたものが、国家間条約に類比的に転用されているのだろうか。あるいは、その源泉は、国際慣習なのだろうか。それとも、法律の形式で表示された国家意思に基づいているのだろうか。[127]

イェリネックによれば、国際法が、法律学の対象となるところの法としての効力を持つことを論証するためには、国家間関係における規範的秩序の実質的な必要性を論理的に説明するだけでは足りない。何らかの国際的規範秩序が存在するとしても、それが、国内法と同じ意味での法であるとは限らないからである。国際法が、法律学的意味での法であるためには、「疑いなく法である分野を基礎づけているものと同じ法概念が、国際関係に妥当する諸規則の本質を構成する」ことを示さなければならない。[128]つまり、人類全体の共同性や国際的相互依存の必要性などを根拠として、国際関係において規範的秩序が必然的に存在するということを論じるだけでは、その国際的規範秩序が、国内法と同じ意味での法であることを示すことにはならないのであり、したがって、国際法が、国内法を対象として発展してきた学的方法である法律学の対象であることの論証とはならない。イェリネックの実証主義的法律学の立場からすれば、国内法の基礎は、国民 Volk もしくは国家として存在する共同体の意思である。[129]それゆえ、国際法が法であるためには、それが、国家的共同体の意思に根拠づけられることが示されなければならない。

このようなイェリネックの議論の意義を理解するためには、その学説史的文脈に触れる必要がある。従来の国際法史学においてはあまり顧みられていないが、[130]一九世紀半ばのドイツ国際法理論においては、国際法を個別国家の意思に根拠づける「主観主義」的理論を批判する説が有力に主張されていた。人格の意思が規範を創出するという理性法的な原理を批判し、人格の有する自由や権利を共同体によって基礎づける傾向を有する当時の法観念の下で、自由で独立の人格である国家の意思に国際法を根拠づける理論が強く批判されたのである。一方で、「合意は拘束する」という原理への批判に基づいて国家人格の主権的意思の意義を限定し、他方で、国際共同体の法的意識によって国際法を客観的に根拠づけることが、カルテンボーンからブルンチュリに至る、一九世紀ドイツの自由主義的国際法学の特徴といえる。

カール・カルテンボーン（一八一七―六六）[131]は、一八四七年に『今日の学問の観点からの国際法批判』[132]を公表し、「客観主義」的国際法学の体系を構築した。[133]カルテンボーンの関心は、後のイェリネックと同じく、客観的（共同体的）に根拠づけられた実定法としての国際法を体系的に扱う学的方法の確立であった。しかし、その客観性の概念や実定法の概念は、イェリネックとは大きく異なっている。

カルテンボーンは、国家意思に国際法の根拠を求める「主観主義」的理論を批判し、国際法の根拠を国際共同体に求めている。彼の法秩序構想において、そもそも、主観的な意思の合致のみによって法秩序が創出されることはない。すべての法的関係には、自由な存在として承認された人格という主観的要素と、そのような人格の上に立つ秩序としての共同体という客観的要素が必要である。[134]そして、自由な人格としての個人が根源的であると同様に、共同体もまた「根源的なもの etwas Ursprüngliches」であり、[135]それゆえ、個人の自由な意思から共同体的秩序を根拠づけることはできない。

自由な人格という主観的要素と、その上に立つ共同体という客観的要素は、すべての法秩序において必要であり、したがって、国際法においても不可欠だとカルテンボーンは考える。すなわち、国際法主体としての国家は、「個別国家の恣意の上に立つ」上位秩序としての国際共同体を承認し、その共同体の構成員として振る舞わなければならない。[136]国際法における客観的要素としての共同体は、「国家よりも上位の、人類の共同体 ein höheres menschliches Gemeinwesen als der Staat」である。この人類の共同体において、国家は、「秩序に服する構成員 ein untergeordnetes Glied」としての地位を有している。[137]すなわち、国家は、すべての法秩序の上に立つという意味における主権を有しているのではない。むしろ、国家の上に立つ共同体に根拠づけられた国際法秩序において、その構成員としての国家に認められた自立性・独立性が主権と呼ばれる、という。[138]

このような秩序構想からすれば、諸国家の主権的意思に国際法を根拠づける理論は受け入れられない。自己の利益を求める独立の国家を出発点とし、その合意によって法規範を基礎づける国際法理論を、カルテンボーンは、

「主観的原理」のみに基づく一面的な法構想として一蹴する。[139]

このような、国際秩序の主観主義的構成と客観主義的構成との対立を、実証主義と自然法論との対立として理解するのは正確ではない。国家を超越する国際共同体に根拠を持つ客観的な法秩序としての国際法構想を、カルテンボーンは、自然法論ではなく、実定法学とみなしている。[140] 彼の構想において、国際法は、理性法的思弁ではなく、諸国家からなる国際的共同体の意識（もしくは共同意思）を源泉とするからである。[141] その国際共同体の意識は、慣習法や立法的条約を通じて表現され、法律学 Rechtswissenschaft によって明確化される。[142] 実定法としての国際法が共同体の法意識を源泉とするゆえに、それは、法意識を共有する範囲において、すなわち、キリスト教国家のあいだにのみ存在する。

実定国際法をキリスト教的国際法と呼ぶことは正しい。キリスト教徒の諸国民と諸邦だけが、今日までに、その法的・国家的生活を国際法的生活にまで発達させ、真の法原則に従って、ひとつの国際体制 Staatensystem における各国の正当な自立性の承認の下で、国際関係を構築しえたからである。[143]

国家の主観的意思（恣意）による国際法の基礎づけを批判し、諸国家を構成員とする共同体の法意識に国際法の源泉を求めるカルテンボーンの議論は、その後のドイツの自由主義的な国際法論に受け継がれてゆく。[144] 立憲君主制の確立を目指した自由主義国家学者ロベルト・フォン・モール（一七九九―一八七五）[145] は、カルテンボーンの説が、「国際法の基礎を、個別国家の主観的意思ではなく、多様な諸国家が共存するための客観的・理性的秩序に求めている」点を高く評価している。[146] 自由主義の立場から国際法の体系を著したヨハン・カスパル・ブルンチュリ（一八〇八―八一）[147] は、「諸国民のすべてをひとつの人類に結合させる自然の靭帯」として「人類の共通の本性」[148] を掲げたうえで、国際法が「人類の法意識」に基づくと主張する。[149] そして、人類に共通の法意識を形成してゆく任務を負う「文明的諸国民」が、国際法を代表し、それを整備する役割を果たす。[150] それゆえ、文明諸国民による承認によって国際法が示される。[151] そのような承認は、条約の締結や国家法の制定によって行われ、[152] また、諸国家の慣行から推認される。[153] このようなブルンチュリの国際法構想からすれば、個別国家の主観的意思に国際法を根拠づける理論は誤りである。

仮に、国際法が、ただ個別国家の自由な意思の産物であるとすれば、すべての国際法の基礎に合意法 Vertragsrecht があるということになる。すなわち、国際法規則が国家間合意 Statenvertrag によって承認されていない場合には、国家は他国に対してその規則を尊重する義務を負わない、ということになる。そうだとすれば、いったいなぜ、合意の当事国の意思が変化した場合にも、その合意が当事国を拘束するのか、なぜ意思の変化が法の変化を引き起こさないのか、ということが説明できない。国際法の拘束性は、恣意に対抗する国際法の必要性を前提としている。[154]

人類的共同体の理念や諸国民の法意識によって国際法を根拠づけるカルテンボーンやブルンチュリの議論の意義を、イェリネックは、全面的に否定するわけではない。むしろ彼は、国家に優越する法秩序の必要性を実質的に根拠づけることが、「法秩序を、その内奥の本質において把握する」ために不可欠と考える。[155] イェリネック自身、自己拘束に基づく国際法が安定的に存続しうることを示すために、自覚的に法律学の立場を離れて、法秩序の実質的な根拠づけを試みている。[156]

しかし、このような実質的な国際法の基礎づけによっては、国際法が国内法と同じ意味での法であること、すなわち、国家法を素材として発展してきた法律学の対象としての法であることを論証することはできない、というのがイェリネックの立場である。国家法が国家意思に根拠を持つという理解を前提とするなら、〈国際法は個別的国家意思によって根拠づけられない〉というカルテンボーンやブルンチュリの主張は、国際法が国内法と同じ意味における法であるということを否定するものにほかならない。[157]

一方において、人格間の合意はそれ自体として法的拘束力の根拠とはならず、他方において、国際法が法律学の対象としての法であるためには、それが国家意思に基づくものでなければならない、という理論的前提の下で案出されたのが、自己拘束理論である。すでにみたように、イェリネックによれば、共同体意思の担い手として法を設定しうる唯一の機関である国家は、国家と個人、あるいは、国家と他国とのあいだに客観的法関係を設定する能力を有している、という[158]。それゆえ、国際法は、国家間の合意によって、国家相互間に法的関係が設定されることによって成立する。

結論から見れば、自己拘束理論は、国際法を国家間の合意に基礎づけている。しかし、それは、決して、「合意は拘束する」という理性法的命題を前提としているわけではないことに注意しなければならない。むしろ、人格間の主観的合意が法的拘束力の根拠となるという原則が受け入れられないことを前提としたうえで、国家の共同体的意思が、国家自身を主体 Subjekt（法に服する者）とする客観的法規範の源泉となることを論じた点に、自己拘束理論の意義がある。そう理解して初めて、「合意は拘束する」という理性法的・主観主義的原理に対して批判的な一九世紀後半以降のドイツ法学において、合意を基礎とするイェリネックの国際法理論がなぜ支配的となったのかを説明することができる。

(iii) トリーペル

ハインリッヒ・トリーペル（一八六八—一九四六）が、『国際法と国家法』（一八九九年）[159]において展開した「共同意思定立 Vereinbarung」[160]理論は、イェリネックの自己拘束理論と並んで、国際法学における実証主義（意思主義）理論の代表と考えられている[161]。トリーペルが国際法を国家間の合意に基礎づけているという限りにおいては、その位置づけは間違っていない。しかし、トリーペルの国際法理論において、契約 Vertrag の形式をとる人格間の合意は法源ではない、ということが前提とされている点を見誤ってはならない。同時代のほかの法学者と同様、トリーペルにとっても、契約は、法ではなく、法律行為なのである。すなわち、契約が法的効力を有するのは、法規範によって法的効力を付与されるからであって、それ自体が法を定立するからではない[162]。その意味では、人格間の合意そのものを法的拘束力の源泉とみなす「合意は拘束する pacta sunt servanda」原則の妥当は、否定されている。

したがって、条約もしくは国際法一般が国家人格間の合意である、というだけではその法的性質を根拠づけることにはならない、という前提の上に、いかに国際法の基礎理論を提示するか、ということがトリーペルの課題である。国際法を国家法と同様の性質のものとみなし、それらをともに自己拘束に根拠づけようとしたイェリネックとは対照的に、トリーペルは、国際法が国家法と異なった性質を持つ、ということを強調している[163]。国家法によって規制される生活関係が、その管轄に服する者の相互間関係（私法的関係）と、国家と国家に服する者との関係（公法的関係）であるのに対し[164]、国際法が規制するのは、国家相互間の関係である[165]。

諸国家間の関係を規律する法は、いかなるものであるか。トリーペルにおいて、法とは、「論理的意味における判断」や「存在する法の宣言」ではなく、「人間の意思の領域を限界づけるために表示される意思の内容」として、言い換えれば「個別の意思に優越する意思の内容」として、定義される[166]。すなわち、個別意思の活動領域を拘束的に決定しうるような、上位の意思決定が法なのである。それゆえ、国際法の法源は、個別国家の意思ではありえず、個別国家の意思に優越し、その活動領域を拘束的に画定しうるような意思でなければならない。そのような個別国家意思に優越する意思は、個別国家意思の結合によって作り出される共同意思 Gemeinwille のみである。

意思の合致を通じて統一意思にまで一体化した、複数国・多数国間の共同意思のみが、国際法の法源となりうる[167]。

トリーペルは、法を「共同体の生活秩序」とみなしており、したがって、構成員のあいだに共同性が存することが法の前提であると考える。すなわち、多数の主体のあいだに重要な生活利益の共同性が存すること、および、この共同性が、共同体の構成員によって意識されていることが、法の成立にとって「本質的な前提」とされる。[168] しかしながら、ブルンチュリと異なり、共同体の「法意識」や「法的確信」を国際法の法源とみなすことは、トリーペルには受け入れられない。それは、「とうに克服された自然法理論」に近い考え方だというのである。[169]

では、いかにして、主権国家間関係において、個別国家の意思に優越するような共同意思が形成されるのだろうか。その説明のために用いられるのが、法律学一般に適用されるべき概念としての「契約的合意 Vertrag」と「共同意思定立 Vereinbarung」の区別である。

契約的合意においては、当事者として相対する複数の人格の意思は、同一の内容を持たない。[170] 例えば、売買契約において、売り手は、商品を引き渡し、代金を受け取ることに利益を見出し、それを欲するのに対して、買い手は、商品を受け取り、代金を支払うことに利益を見出し、それを欲する。[171] すなわち、そこにおいては、相互補完的だが、異なる内容の意思を当事者は有している。[172] そのような異なった内容の意思の相互補完的な一致によっては、法規を定立する統一的な共同意思を生み出すことはできない。[173] 契約的合意が法的拘束力を持つのは、法律行為としてのみ、すなわち、法規範から法的効力を付与されることによってのみである。

それに対し、「共同意思定立 Vereinbarung」とは、当事者が同一の利益に基づいて同一内容の意思を持つ合意のことである。例えば、団体の構成員が、当該団体の財産の売却について、全会一致で合意した場合、[174] それら構成員は、団体財産の売却という行為について、共通の利益を見出し、それに基づいて同一内容の意思を有している。このように複数の人格の有する同一内容の意思が合わせられて設定される共同意思は、すべての法分野においてみられる現象である（合議体の意思決定や、子の教育方針についての両親の合意、[175] 団体設立についての合意など）。[176] トリーペルの国際法理論にとって決定的に重要な点は、このような共同意思定立行為が、単に法律行為として法的拘束力を受け取るだけではなく、法規そのものを設定することができるということである。すなわち、私法における団体設立の合意のように、法律行為として共同意思定立が行われることもあるが、共同意思定立の役割はそれにとどまらない。例えば、有権的機関が既存の法律を詳細に実施するための決議として、共同意思定立が行われる。また、憲法の存在を前提として、議会が法律を制定することもまた、共同意思定立による。さらには、既存の法を前提とせずに、共同意思定立そのものによって法規が生み出されることも考えられる、という[177]。

したがって、共同意思定立としての国家間合意のみが、国際法における法源となる、とトリーペルは考える。

契約的合意 Vertrag は、法規を創出することはできない。なぜなら、それは、その性質上、共同意思を生み出しえないからである。しかし、契約的合意には決してできないことが、共同意思定立 Vereinbarung にはできる。諸国家は、その将来の振る舞いを持続的に規定する規則について合意するならば、客観法を創出しうる。その場合にも、共同意思定立は、その［合意としての］性質を失わない。共同意思定立は、内容的に同じ複数の意思の表示からなる。いずれの意思も同一であり、将来にわたってすべて［の意思］を同様に規定する客観的規範の生成を意欲する。すべての意思は、対抗的な利益を調整することではなく、将来の相互関係が（のちに利益の衝突が生じて調整が必要となった場合であっても）準拠すべき規則を確定する、という共通の利益を満足させることを望む[178]。

諸国家は、将来の相互関係を規制すべき規範の設定という同一の内容の意思を合わせることによって、個別意思に優越する共同意思を設定することができる。このような共同意思定立は、法律行為としての合意ではなく、法規そのものを定立する合意である。

ただし、すべての国際条約 Vertrag が、法を定立する共同意思定立 Vereinbarung を根拠とするわけではない。条約 Vertrag の中には、契約的合意 Vertrag としての性質を持つものと、共同意思定立 Vereinbarung としての性質を持つものがある。例えば、河川通交の自由や外交使節の序列に関するウィーン条約の規則が典型的な共同意思定立である[179]のに対し、領域の譲渡のような事実状態の変更を目的とする条約は、むしろ契約的合意であって、法律行為としてのみ法的効力を持ちうる。[180]とはいえ、この契約的合意として条約と共同意思定立としての条約の区別は、意思の内容を基準とするものであり、二国間条約／多数国間条約の区別には対応していないことには注意しなければならない。当然のことながら、二国間条約であっても、将来の二国間関係を規制する規則の設定について共同意思を定立することができる。例えば、特定の刑事犯罪人が他国に逃亡した事件に際して、その引渡について個別の取り決めがなされた場合には、それは、契約的合意にすぎない。しかし、犯罪人引渡の条件や手続を一般的に規定する条約が二国間において締結された場合、その条約は、共同意思定立とみなされる。[181]

(iv) ケルゼン

一九世紀ドイツの実証主義的法理論は、理性的人格の意思を法的効力の源泉とみなす（「合意は拘束する」）理性法的思考を批判し、個別的人格を拘束する共同体の意思に法を根拠づけた。その結果、実証主義的思考においては、国際法の法的根拠について困難な課題に直面することとなった。国家人格間の対等な合意そのものから直接に法的効力を引き出すことができない以上、国際法主体である国家に対して拘束的な共同（体）意思によって国際法を根拠づける必要がある。そのために考案されたのが、自己拘束 Selbstverpflichtung や共同意思定立 Vereinbarung という、きわめて技巧的な概念であった。

ハンス・ケルゼン（一八八一—一九七三）は、このような実証主義の批判的思考を継承し、それを突き詰めることによって、実証主義的意思理論を乗り越えてゆく。法律行為において、人格の意思が法を生み出すのではなく、法律が意思に法的効力を付与している。法的効力は客観的な法規範に根拠づけられるべきなのであって、人格の意思は法の源泉ではない。そうだとすれば、国家意思（共同体意思）は、なぜ法を定立できるのだろうか。国家意思もまた、客観的な法規範によって効力を付与されなければ、法的効力を持たないのではないか。国家の意思によって国際法が定立されるためには、国家意思に国際法上の効力を与える客観的な法規範が前提とされるはずではないか。

ケルゼンの意思概念批判は、彼の方法論的核心である存在Sein／当為Sollen峻別論に基づく。[182] 人間の心理における事実的な現象としての意思は、法規範を根拠づけるものではない。心理的な意欲としての意思が、法を根拠づけるという考え方は、それゆえ、決定的に間違っている。法律学において規範定立の要素とされる意思は、心理的現象としての意思ではなく、法規範に基づいて構成される概念にほかならない、という。

私法学上の意思理論Willensdogmaにおいて、法律行為は、当事者の意思によってその法的効果を生じると言われる。しかし、法律行為において、法的効果を生じせしめる意思表示とは、心理学的な意味において現実に意欲された内容を表現するものではない。[183] ある意思表示が、法的な帰結を有効に生じせしめる意思を伴うものであるか、あるいは、錯誤や脅迫等のゆえに有効な意思を欠いたものとみなされるかは、それが現実に当事者の心理的な意欲の内容であるかどうかを基準とするのではなく、倫理的・政策的な観点から見て、その意思表示に即した法的効果を生じせしめることが適切であるかどうかを基準として判断されている。すなわち、法律行為において、心理的な意思が法的効果を生じせしめるのではなく、法的効果が生じせしめるものが、法律学的に、「意思」という概念として構成されている、というべきなのである。[184]

意思理論については、心理学的な意味は当てはまらない。この原理が述べるところの意思は、心理学者の用いる意思とは別物である。すなわち、現実の心理的な事実や、精神生活上の現実の事象ではなく、特殊法律学的な思考の形成物であり、法律学的に構成されたものなのである。[185]

一般に、法律学上の意思理論は、特定の事態を特定の法主体に結びつけるために、現実の心理的意思とはまったく異なる「意思」という概念を使用する。ある物の所有権の移転を特定の法主体に結びつけるために、当事者の意思（合意）という概念が用いられ、あるいは、ある被害の責任を特定の法主体の責任に帰すために行為者の意思（故意）という概念が用いられる。すなわち、ケルゼンの理解において、法律学的な意思とは、法規範に基づいて、外的な事実を主体に帰属させるために法律学に構成された概念にほかならない[186]。意思が法律学的構成物である、という理解は、そのまま国家意思にも当てはまる。

国家意思の概念は、心理学的な事実としての意思とは何ら関係がない。それは、純粋に法律学的な構成 juristische Konstruktion の産物、すなわち、帰属を目的として行われる構成の産物とみなされるべきである[187]。

一般に国家の行為とは、現象面から見れば、個々の生身の人間の振る舞いにほかならない。議会の決議や裁判所の判決、外交使節による条約締結などの行為は、当然のことながら、いずれも、個々の人間によって担われる。しかし、それらの人間の振る舞いが、法律に基づいて、国家機関の行為とみなされ、国家に帰属せしめられるゆえに、それらの振る舞いは、国家意思に基づく行為として法律学的に構成されることとなる[188]。国家意思とは、特定の振る舞いを国家に帰属せしめるための概念なのである[189]。さらに言えば、国家意思という法律学的構成を通じて、議会・行政・司法・外交等のさまざまな分野における限りなく多様な行為がひとつの人格に帰属せしめられ、多種多様な国家行為の担い手としての国家人格が観念される[190]。すなわち、国家が人格として実在し、その意思によって法秩序が定立されるというのではなく、まったく逆に、法規範によって特定の振る舞いが国家に帰属させられることによって、意思を持って行為する国家人格が法律学的に構成される、というのである[191]。

国家意思も含めて、おおよそ意思というものが、法律学的には、法規に基づいて構成されたものであるとすれば、意思が法を作り出すのではなく、法に基づいて意思が作り出される、ということになる。すなわち、法律行為における意思が、法規範を根拠づけるのではなく、逆に法規範によって根拠づけられるのと同様に、国家意思もまた、法を生み出すのではなく、法によって生み出される。ケルゼンにおいては、法律行為における意思も、法律制定における立法者意思も、条約締結における国家意思も、いずれも、特定の事態を法規に基づいて特定の主体に帰属せしめるために法的に構成された概念であるという点において、まったく同質である。いずれも、法を生み出すものではなく、法を前提として初めて観念しうるものにすぎない。

したがって、法秩序において、すべての意思行為は、法規範を前提としている。例えば、ある契約において、私人の作成した文書が法的効力を持つのは、それが契約法（民法）に基づいて有効な意思の表示とみなされるからである。ところが、その契約法（民法典）を制定した議会決議も、現象面だけを捉えれば、一定の場所に集まった人々が作った文書にすぎない。それが、法律として効力を有する立法者意思とみなされるのは、憲法が、その人々に法律制定権限を与えているからである。さらに言えば、憲法文書もまた、現象的には、いずれかの人間がどこかで作成したものにほかならず、それが一国の憲法として効力を持つためには、特定の人間の振る舞いに憲法制定行為としての効力を与える規範の存在が認められなければならない。例えば、憲法制定議会が国民の意思を代表して憲法を制定した、という認識が成り立つためには、その前提として、国民を代表して憲法を制定する権限をその会議体に与える規範（「法論理的意味の憲法」[192]）が、認識者によって受け入れられていなければならない。この法論理的意味における一国の憲法を、終局的な法的効力の源泉（「根本規範」）とみなすならば、それは、国内法優位の一元論となる。それに対し、国際法優位の一元論に与するなら[193]、一国の憲法は国際法において授権された管轄権の範囲において効力を有するものであり、それゆえに、法論理的意味の憲法はその効力を国際法規範から受け取っていると考えられる。

国際法においても、意思行為は、法規範を前提とする。国家間の合意が法を定立するゆえに条約が法的効果を有するのではなく、客観的国際法規範によって、国家が、条約 Vertrag という形式において拘束的な規範を定立する権限を与えられているゆえに、国家間の合意による規範定立という法律学的な認識が構成される。国際法において、条約形式による規範定立を国家に授権する一般慣習法規範が存在し、さらには、慣習法という形式による法創造を定める根本規範が最上位にある[194]。

ケルゼンの国際法理論の最大の特徴は、意思概念への徹底的な批判を通じて、法律学における国家意思の特権的性格を完全に否定したところにある。ケルゼンの段階的秩序の構想において、条約締結[195]や立法[196]などの法制定行為や、裁判[197]・行政[198]等のその他の国家行為、あるいは、私人による契約締結などの法律行為[199]は、いずれも、上位規範による授権に基づいて、定められた裁量の範囲内でそれを具体化することによって、下位規範を定める行為として理解される（もちろん、裁量の幅には大きな差異がある[200]）。すなわち、それらはいずれも、根本規範を頂点とする階梯的な法秩序の一段階における法創造行為なのである。民法に基づいて契約を締結する行為も、憲法に基づいて法律を制定する行為も、条約に関する国際法規範に基づいて条約を締結する行為も、上位規範による授権に基づく規範の具体化という点では変わらない。そして、契約における当事者の意思も、立法における国家意思も、あるいは、条約締結における国家の合意も、それぞれの段階における法の具体化を特定の主体に結びつけることによって、法律学的に構成されたもの[201]であって、いずれについても、無から法を定立する特権的な力を認めることはできない。

（2）カウフマンにおける条約の法的効力の基礎

（i）他の理論との関係

「上下関係 Subordination」と「並列関係 Koordination」もまた、国際法の法的拘束力を説明するために唱えられた概念である。カウフマンは、イェリネックの「自己拘束 Selbstverpflichtung」や、トリーペルの「共同意思定立 Vereinbarung」に代わるものとして、「並列関係法」という概念を導入した。

カウフマンは、イェリネックを、主権国家という独立の人格が併存する関係においていかにして法が成立するのか、という問題に取り組んだ理論家として高く評価する。かかる関係においては、義務づける者と義務づけられる者がひとつの人格に存在する場合にのみ、すなわち、国家が自らを拘束しうる場合にのみ国際法が可能となるというイェリネックの考察にカウフマンは同意する[202]。しかし、カウフマンによれば、イェリネックは、なぜ国家の意思だけが自己拘束を行うことができるのかを十分に説明していない。自らを律する個人の意思もまた自己を義務づけるはずであるにもかかわらず、なぜ、個人の意思は法を定立しえず、国家の意思のみが法を定立するのだろうか。逆に言えば、個人について、自然法的な意思の自律による法規範の定立の可能性を否定しておきながら、なぜ、国家意思については、自己拘束の能力を認めるのだろうか。理性法論のように人格の意思そのものを法規範の根拠とみなすことができない以上、国際法を国家意思によって根拠づけるためには、規範を定立しうる意思としての国家意思の特殊な性質を論証しなければならないのではないか[203]。

イェリネックが、自己拘束という概念により、国家法（国内法）と国際法を同一の基礎の上に根拠づけようとしたのに対し、カウフマンは、国家法と国際法を、それぞれ異なったカテゴリー（上下関係法／並列関係法）に分類する。そうすることで、後述のように、国家法における個人意思の性質と、国際法における国家意思の性質がまったく異なったものであることを際立たせるのである。

国際法と国家法との差異を強調するという点では、カウフマンの国際法理論は、トリーペルと共通している。しかし、契約的合意 Vertrag と共同意思定立 Vereinbarung という区別は、カウフマンには適切とみなされない。前述のとおり、トリーペルによれば、法律行為としての契約的合意が、異なった利益に基づく対照的な内容の意思からなる合意であるのに対し、国際法を根拠づける共同意思定立においては、すべての当事者が共通の利益に基づいて共通の内容の意思を有している。しかし、一方で、契約的合意においても、権利関係を変更させるという点については同一の内容の意思の合致があり[204]、他方で、内面的・心理的目的という観点から見れば、共同意思定立についても、その内容は当事者ごとにさまざまに異なっているであろう[205]。条約は、さまざまな対立的利害の妥協として締結されるのであるから、たとえ法定立的な条約であったとしても、それによってすべての当事者が同一内容の利益を追求していると考えるのは適当ではない。

法定立的条約であれ、法律行為的条約であれ、およそあらゆる条約において、意思の合致は、〈その条約の実現全体について当事者が有する利益が、当事者がそこで犠牲にする利益よりも大きい〉ということに基づいている。条約締結において利益が果たす役割について言えるのは、これだけである。[206]

条約は、諸国家が、さまざまな思惑のもとで、条約を締結したほうが自国の利益に適うと判断する場合に締結されるのであって、すべての条約当事国がただひとつの共通利益の実現を意欲していると考えるのは素朴にすぎる。それゆえ、利益と意思内容の共通性を基準として、特別の「共同意思定立」のカテゴリーを立てることは、カウフマンにとっては、説得的とは考えられない。

トリーペルが、個別意思に優越する意思に国際法を基礎づけ、その限りでは、国際法と国内法を等質のものとして構成しようとしたのに対し、カウフマンは、個別国家の意思に優越する意思の存在を否定する。国際法を、個別国家の利益と意思によってのみ根拠づけられる純粋の個体法 Individualrecht とみなすカウフマンにとって、「共同意思定立」概念によってそこに共同性・公益性を導入しようとするトリーペルのような思考は、根本的に誤った思考なのである。

ケルゼンとカウフマンの関係は、予想を裏切る点において興味深い。観念論的傾向を有するカウフマンは、その方法論において、法実証主義を批判的に純化したケルゼンと深く対立している。カウフマンを、ケルゼン批判の代表的論客とみなすのは、ドイツ公法学史における「常識」に属するであろう。[207] しかし、その法秩序構想を比較すれば、思いのほか、両者には共通点が多いことに気がつく。後述するように、ケルゼンの「動態的」法秩序論の特徴と考えられる「段階的構造」や、その秩序の頂点にある「根本規範」の概念について、類似した見解がカウフマンにもみられるのである。だからといって、カウフマンがケルゼンの影響下にあったとは考えにくい。一九一一年に出版されたカウフマンの『国際法の本質と事情変更原則』において参照された可能性のあるケルゼンの著作は、『国法学の主要問題』（一九一一年）だが、カウフマン自身がそれを参照しえなかったことを明記している。[208] しかも、仮にカウフマンが『国法学の主要問題』をひそかに参照していたとしても、そこにおいて、ケルゼンは、いまだ、段階的秩序の構想や根本規範の概念を提唱していない[209]。ケルゼンとカウフマンの共通性は、相互の直接の影響の結果というより、むしろ、階梯的組織を備えた公法 Staatsrecht を基準として批判的な法理論を展開するという、両者の理論的特性に由来するように思われる。

(ii) 共同体によって実現される配分的価値としての法

「上下関係法」の説明に入る前に、その前提となる法概念を理解しておく必要がある。カウフマンにとって、法とは、諸価値を配分する基準となる価値である。真・善・美・神聖といった独立の価値領域においては、それ自体として価値を内包するものが産出される（学問業績・倫理的行為・芸術作品・宗教的感情や宗教的象徴）。しかし、法は、他の諸価値から独立した価値、あるいは、それ自体としての価値ではなく、「関係的価値・基準的価値・配分的価値」である[210]。

何事かが「法的に正しい berechtigt」、ということは、それが他のものとの関係において正しいこと、それと他のものとのあいだに正しい配分があったこと、他のものに対する観点から見てその範囲が正しく画定されていることを意味する[211]。

独立の諸価値を正しく配分するためには、それらの価値をそのまま受け入れるのではなく、それらの価値から距離を保った超越的な観点に立つことが必要である。それぞれに主張される価値自体には、それらの諸価値を適切に配分するための基準は含まれていない。美の観点に立てば、何物にも優先して美が追求されるのであって、美と善とのあいだの適切な配分が実現されることはない。したがって、さまざまな諸価値を内包する個物を適切に配分するためには、それら諸価値自体ではなく、それらを超越した全体の観点に立たねばならない、という。

配分の正しさ、法の正しさ、各々の一方的価値の関係の正しさは、必然的に、秩序づけられるべき各々の内容が存するところの、個物を超越する全体の特性に依存する。おのおのについて法的に正しい事柄は、全体に依存しているのであり、その全体を秩序づけること、すなわち、その構成要素を正しい関係に置くことが問題なのである。[212]

そのような配分的な価値としての法を「全体」の観点から実現する共同体が、国家である。「人間の文化生活の総体を包括的に秩序づける共同体」である国家は、最終的に基準を設定する共同体であり、その法秩序のみが真の意味における法でありうる、という。[213]

このようなカウフマンの立場からは、個体の主観的な意思や権利に基づいて、それらの個体を包括する客観的な秩序を構想することは不可能である。個体の主観的な要求は、客観的な法秩序の根拠とはなりえない。

個体 Individuum から法の概念を決定することはできない。個体の本性そのものから導かれるのは、ただ、個体が世界に対して提起する要請だけであり、すなわち、ただ利己的な衝動と要求だけであって、客観的な秩序は決して導かれない。客観的秩序においては、個体には、ただ、特定の、確固とした輪郭を持った領域のみが帰属するのであり、その領域は、他の個体の領域に対して正しい関係に立つ。[214]

例えば、正しい信仰や人間の自由に基づく個人の主張は、それが価値に基づいているとしても、ただ、世界に対する主観的な要請にすぎないのであって、信仰や自由などの諸価値を他の諸価値と並べて配分する超越的基準としての法の根拠とはならない。啓蒙的自然法（自然権）思想において、例えば社会契約論のように、個人を根拠とする客観的秩序が主張されえたのは、個人が、普遍的・客観的理性を有する者とみなされたからである。[215] そのような「合理主義的個人概念」[216] は、もはや採用しえない。

(iii) 最上位規範を頂点とする段階的構造を持つ上下関係法秩序

カウフマンにおいて、全体の観点から諸価値を配分する国家法秩序は、授権の連鎖としての段階的構造を持つと考えられている。

おおよそ法の領域には、特定の範囲において基準を設定する諸々の意思からなるヒエラルキーが存在する。これらの意思は、それに優位する意思から、この基準設定を授権されている[217]。

法秩序における意思は、その上位の意思から、特定の裁量の範囲内において基準を設定する権限を与えられており、さらにその下位の意思に基準設定を授権する。このような授権を介する意思のヒエラルキーにおいて、「法規と法律行為の関係は相対的なものである」[218]。私法上の法律行為に基準を与えるのは民法であるが、民法の制定もまた、国家法の観点から見れば、憲法によって与えられた基準の下で行われる「法律行為」の一種ということもできる[219]。私人が、民法上の権限に基づいて契約を締結することと、議会が、憲法上の権限に基づいて民法典を制定することは、いずれも、上位の意思による授権に基づいて規範的な基準を定立することであって、両者のあいだには相対的な違いしかない。

そして、この段階的構造の頂点には、それ以上授権の連関を遡及できない最上位の意思が存在する。それは、授権による連関の始点としての「自己授権を行う意思」[220]とも呼びうるし、また、国家法全体の基礎となる「最終的・定言的義務 die letzten kategorischen Pflichten」[221]ということもできる。

このような段階的構造において、最上位意思以外の意思は、すべて上位の意思の授権に基づき、その裁量の範囲内で、客観的法秩序を実現する。その意味で、それら意思は、客観的法秩序を実現する機関とみなされる。すなわち、憲法上の権限に基づいて法律を制定する議会の意思と同様に、民法上の権限に基づいて契約を締結する私人の意思もまた、客観的な法秩序の機関なのである。

［私法上の法律行為が］個人の意思の自由に委ねられるのは、この個人意思が、客観的・超個人的秩序の機関にとどまっているという保障が存する限りにおいてである[222]。

国家法が、共同体的（「超個人的」）観点から、特定の法的関係の設定・実現について、当事者たる個人の自発性に委ねることが望ましいと判断する場合に、法が定める範囲において、個人の意思は裁量的な権限を持つ。その意味では、個人が、自己の権利を実現するために法的請求を行うことは、客観的法によって望まれた秩序を実現する行為にほかならない。

それゆえ、私的請求権を主張し、「自らの」権利のために闘争する個人は、客観的法秩序の機関である。つまり、私的請求権を主張する個人の利益が、客観的法秩序の実現に資するために用いられている[223]。

私人の法律行為さえも客観的法秩序の機関とみなす段階的構造は、ケルゼンの「動態的」理論としてよく知られているが[224]、同様の構想が、代表的なケルゼン批判者のひとりであるカウフマンによって、ケルゼンに先んじて提唱されていることは、意外な事実である。ただし、カウフマンの理論が、段階的構造という点においてケルゼンの理論と類似しているのは、「上下関係法」としての国家法に限られる。ケルゼンの段階的構造が、いとも簡単に国家法の審級を越えて国際法へと延長されるのに対し、カウフマンの段階的構造は、国家法の枠組みにとどめられる。前述のように、ケルゼンの法理論において、国際法優位の一元論の立場をとる限り、授権の連関は、国家法の最上位規範を越えて、一国の管轄権の範囲を定める国際法規範へと遡及し、国際法における最上位規範としての根本規範に至る。それに対し、カウフマンにおいて、段階的構造をとる上下関係秩序は、「国家的共同体 eine staatliche Gemeinschaft が可能なところではどこでも、そして、国家的共同体が可能である限りにおいて、可能である[225]」。超越的な観点から諸価値を配分する基準を設定することのできる包括的共同体は、国家を措いて存在しないゆえに、国家のみが、基準設定の権限を授権する連関の頂点に立ちうる。

(iv) 並列関係法における合意

段階的構造をとる上下関係法秩序に国際法を位置づけようとすれば、国家法の最上位規範を頂点とする授権連関の下に国際法を置く（国内法優位の一元論）か、あるいは、国際法の最上位規範を頂点とする授権連関の下に国家法を置く（国際法優位の一元論）ほかない。例えば、憲法によって国際法定立権限（条約締結権など）を与えられた国家機関が国際法規範を創出する、という授権関係を構成するならば、それは国内法優位の一元論であり、国際法によって授与された管轄権の範囲において国家法が定立されると考えるなら、国際法優位の一元論となる。それに対して、カウフマンは、国際法について、上下関係法とは異なるカテゴリーを当てはめる。それゆえ、上下関係法／並列関係法というカテゴリー区別をとるカウフマンの理論を、国際法・国内法二元論とみなすこともできる。ただし、カウフマンによって提唱される並列関係法のカテゴリーは、国際法と国内法の関係を分析するための概念ではなく、国内法と異なる国際法秩序の性質を説明するための概念である。

カウフマンにおいて、国際法は国家間の合意として定立される。しかし、この合意の意味は、私法における合意とは根本的に異なっている。上下関係法としての私法においては、共同体的な観点から定められた法規に基づき、その範囲内において、私人の意思に裁量的な権限が認められている。それに対し、国家は、諸価値の配分のための基準を提示する共同体そのものである。それゆえ、カウフマンにおいて、国家意思は、より包括的な観点から定められた基準を具体化する裁量的権限を行使するものではありえない。自らに依って立つ共同体としての国家相互の関係には、「上下関係秩序」ではなく、「並列関係秩序 Koordinationsordnung」が成立する。[226] それは、包括的な共同体の下に含まれない独立の個体が併存する秩序であり、そこにおいて、それぞれの個体の観点から価値の配分が行われるゆえに、「個体法秩序 Individualrechtsordnung」とも呼ばれる。

生活利益の公正な配分は、上下関係秩序においては、共同体が、その目的に即して行うのだが、個体法秩序としての国際法においては、ただ並立する個別国家自身によってのみ行われうる。つまり、法構成員の競争によって行われるのである。その決定および執行については、単に裁判官や執行吏が欠けているだけではなく、なによりも、要求の正当性を判断するための基準となるところの積極的な観点が存しない[227]。

個体の並立的関係において果たして法が成立するのかは、もちろん問題となりうる。ただし、カウフマンにとって、国際法規範に「強制」が伴わないことはそれほど本質的な問題ではない。国家法においても、最上位においては、強制を伴わない「定言的規則」が存するからである[228]。例えば、議会や最高裁判所が、憲法上の権限に準拠して活動するのは、その違反に対して強制的制裁が科されるからではない。つまり、国家法においても、法の最終的な保障は、強制ではない[229]。

むしろ、問題なのは、国際社会には諸国家を包括する共同体的観点が存在しないことである。個体を超越する共同体的観点から諸価値を配分する基準となる価値であるはずの法が、なぜ、そのような共同体的観点のない国際関係において成立するのだろうか。この問いに対して、カウフマンは次のように答える。

法的な価値は、たしかに超個体的な価値であり……、現実的な全体なくして考えられない。しかし、法秩序は、つねにひとつの現実的な全体の意思であり、したがって上下関係法とならねばならない、というわけではない。法秩序はひとつの現実的な全体の内部にある秩序である。とはいえ、この秩序は、つねに中央から考案され、現実化されなければならないわけではなく、特定の……条件の下では、構成員の意思に基づくこともありうる[230]。

国家は、国際関係においてたしかに個体として現れるけれども、同時に、人間の文化生活を包括する共同体としての全体性を担っている。それゆえ、共同体の法から権限を受け取る個人の意思とは異なり、国家意思は、自己の対外的関係を自律的に規制する法的能力を有する。(231) 言い換えれば、国家は、全体的な観点から国内の法秩序を基礎づけるだけではなく、他の国家との合意によって、国際関係に妥当する法秩序を基礎づけることができるのである。このように、カウフマンの並列関係法は、イェリネックの自己拘束理論と同じく、国家の自律的能力にその基礎を有している。

並列関係秩序においては、国家の法主体性は、相互承認に基礎づけられる。すなわち、諸国家は、相互に交流を必要とし、相互に共通の利益を有していることを認めることを通じて、相互に対等な「法構成員 Rechtsgenossen」であることを承認しあう。(232) このような承認が、条約の存立基盤である。(233) 諸国家相互の共通利益が、国家間の具体的な意思の合致（条約）として定立されることによって、並列関係法としての国際法が定立される。(234)

独立で自律的な個体が合意に至るのは、その利益が一致する場合のみである。したがって、並列関係法秩序においては、自己の利益を追求する複数の個体が、その利益の一致に基づいて合意する範囲において法が定立される。それゆえ、すでに述べたとおり、カウフマンは、国際法を、自己保存を追求する国家が、その時々の政治状況に応じて取り結ぶ合意とみなしている。(235) 並列関係秩序である国際法秩序においては、中核的な国益としての自己保存こそが、諸価値を配分する根源的基準とみなされるのであり、それゆえ、自己保存への権利は、すべての実定国際法に先立つ「基本権」とみなされる。かつて自然法思想において、個人の基本権（自然権）が、憲法変更や革命の根拠とされたのと同様に、国際法において、国家の基本権たる自己保存権は、法変更要求の根拠となる。(236)

カウフマンは、国際社会における相互依存状況によって、諸国家の利害関係が複雑に絡み合わせられていることを認めているが、しかし、そこから「人類の利益」や「国際社会の利益」を引き出すことは否定する。国際社会において諸国家を越えた共同体的観点が存在しない以上、利害関係は、すべて、自己保存を追求する個別国家の利害関係に還元されざるを得ないからである。(237)

仮に自由主義思想に立てば、〈他者の基本権を侵害しない範囲で自己の基本権を行使してよい〉という命題を介在させることによって、国家の基本権としての自己保存権から客観的な国際法秩序の構想を導き出すことができるかもしれない。しかし、そのような構想は、カウフマンの受け入れるところではない。基本権を主張するそれぞれの個体に対して、その権利の範囲を割り当てる共同体的視点が存在しない以上、基本権の抵触を調整する客観的国際法は存在しえないからである。カウフマンの構想において、自己保存権は、「並列関係秩序の主体としての国家に、並列関係にある他の構成員を考慮することなく、帰属する」権利であり、その意味において、国家それ自身の基本権なのである[238]。国家の基本権に対応する義務は、他国がその基本権を尊重する義務ではなく、その基本権の担い手である国家がその権利を主張する義務だと考えられている[239]。したがって、カウフマンの言う自己保存権とは、他者の同様の権利を顧みることなく、ただ自己という観点からのみ主張されるべき自己中心的権利である。

以上に述べてきたとおり、カウフマンによれば、並列関係法である国際法における合意は、上下関係法である私法における合意とはその性質をまったく異にしている。前者が、もっぱら個体の自己利益を実現するものであるのに対し、後者は、超個体的・共同体的観点から定立された客観法を実現するものである。また、前者の法的効力がもっぱら個体の意思に由来するのに対し、後者は、上位意思によって付与された裁量的権限として法的効力を有する。

国際法と私法とでは、そこにおける合意の性質が異なる以上、合意を修正する原則としての事情変更の性質もまた、当然に異なってくる。私法における事情変更が、共同体的観点から各契約類型に割り当てられた目的という観点から、合意の内容を修正するための原則であるのに対し、国際法における事情変更は、個体の自己保存を根拠とする法の修正要求である。この節の結論として、カウフマンの簡潔な叙述をいま一度引用しておこう。

条約は、つねに、国家の存立上の必要を満たす目的で、特定の政治的状況から、生み出されるものであるから、自己保存権を条約の有効期間について適用すれば、事情変更条項が必然的に現れる。すべての国家間条約

Staatenvertragは、並列関係法上の約定Vertragとして、内在的な限界を持つ。条約が拘束すべきであり、また、拘束することを予定しているのは、締結時に存在した勢力状況・利益状況の変化によって条約の本質的な規定が締約国の自己保存権と両立不可能にならない限りにおいてである(240)。

6　国際秩序における法と力

カウフマンの言う並列関係法においては、法は、自己の利益を追求する個体の意思にその根拠を有する。そうである以上、状況の変化によって、法が、中核的な自己利益である自己保存を脅かすようになった場合には、法はその根拠を失い、個体は正当にその法の改廃を要求することができる。その法の変更要求が、実定法解釈論において、事情変更原則という形で表現される。すなわち、事情変更原則とは、並列関係法としての国際法の構造の解釈論上の表現であり、それゆえにカウフマンは、事情変更原則をテーマとして批判的国際法理論を構築したのである。

したがって、カウフマンが、事情変更原則を手掛かりとして展開した議論の射程は、単に、条約解釈論を越えて広がる可能性を有している。並列関係秩序においては、国家の自己保存こそが根源的な秩序形成の動因である以上、実定法の定立や変更が自己保存に資する限りにおいて、国家は実定法の枠内にとどまるが、いったん実定法に基づいては自己保存を維持しえないことが明らかとなれば、その外部においてその実現を図るであろう。このことを、観念論的な表現を使って言うなら、次のように説明できる。

自己利益をその力の限りにおいて追求する国家意思は、ひとまず、他国との意思の合致によって実定国際法を形成することによって、自らを実現する。相互依存状況において複雑に利害が絡み合った国際関係において、諸国家は、短期的な利益を犠牲にしてでも、他国との通商・交通関係を維持しようとするゆえに、諸国家の利益に基づく安定的な国際法秩序が形成される。ただし、何らかの事情の変化によって、一国の本質的利益である自己保存の維持が、実定法によって妨げられることとなれば、国家意思は、正当に実定法の変更を要求することができる。以上の局面において、自己利益を求める国家意思は、実定法の形成因として、すなわち実定法という形式において自己を実現する力として機能する。

しかし、本質的自己利益の実現にとって実定法という形式がもはや適切とはみなされない場合、国家は、その形式を離れて、裸の実力において、その意思を実現しようとするであろう。そこに、国際法秩序における実定法の限界という問題、あるいは国際法秩序における戦争の意義という問題が生じる。カウフマン自身、彼の議論がそこに必然的につながってゆくことを自覚しており、『国際法の本質と事情変更原則』の導入において、次のように述べている。

ここで主張され、以下で詳細に根拠づけられるべき国際法観によれば、戦争は、国際法上の必要物であり、仲裁裁判によって廃絶できず、また廃絶すべきでない。仲裁裁判が求められるのは、むしろ、いずれの請求と利益の背後により強い倫理的・物理的力が存し、それゆえ、世界史のうちのより大きな権利がそこに帰属するかを、巨大で最終的な力比べによって決することができる場合にのみ、戦争が引き起こされるようにするためである。[241]

(1) 戦争の意義

「自由意思を有する人間の共同体ではなく、戦争における勝利こそが、社会的理想である」[242]というカウフマンの主張を、二つの大戦における惨禍を知っている私たちは決して受け入れることはない。現代国家の精緻な機構と社会的動員力が、戦争における勝利の追求のために全面的に活用されることによって、いかなる意味においても「社会的理想」とは呼びえない大量殺戮が実際に行われてきたことを私たちは無視しえない。しかし、一見したところ常軌を逸した戦争賛美とも思われるこのカウフマンの主張もまた、その法観念に由来する、それなりに理性的な論理に裏付けられていることを見逃すべきではない。

カウフマンによれば、法とは、諸価値を適切に分配するための基準を提示するものであり、上下関係法秩序においては、共同体的な観点から設定された価値の配分基準が、構成員に対して、強制力を持って実現される。つまり、それぞれの価値に基づいてさまざまな要求を行う諸個人に対して、法が、客観的な観点から価値の配分基準を設定し、それを強制するのである。さらに、法は、必要とあれば、価値配分基準を変更することによって、すでに諸個人が獲得している価値（既得権）を剝奪することもある。個人の主張する価値に対するこのような権力的干渉がなぜ許されるのか。個人は、なぜ自らの価値欲求を断念して共同体の指示に従うべきなのか。

すでに述べたように、個人の自由や個人の同意、あるいは個人の主張する諸価値は、反個人主義・反自由主義的な秩序構想をとるカウフマンにとって、客観的法秩序の根拠とはならない。客観的法秩序は、あくまでも共同体の観点から根拠づけられなければならない。したがって、法に対する個人の服従義務もまた、共同体（国家）の側から正当化される。

国家が、その価値配分基準を構成員に対して設定しうる根拠は、国際社会への参加とそこでの自己主張に求められる。[243] 国家は、国際社会においてその政策を主張し、実現するために、個人の諸力を呼び起こし、それらを組織的に活動させる。他方で、個人は、共同体としての国家の活動を介して、国際社会における意義と役割を獲得する。すなわち、個人は、国家の国際的な自己主張としての活動に組み込まれることによって、世界史全体においてその意義を有するところの、真に価値のある個人としての地位を得る。[244] それゆえにこそ、国家が個人に対して権力的法を設定することが、倫理的に正当化される、という。[245]

したがって、カウフマンの法理論においては、国際関係における国家の自己主張、すなわち対外政策の追求が、諸価値配分基準としての国家法を方向づける指針となる。対外的な政策実現のための必要性という観点によってのみ、国家は、ある特定の価値欲求を保護し、他の価値欲求を否定しうる。言い換えれば、財の適正な配分とはどのようなものか、保護されるべき利益は何か、削減されるべき既得権益は何か、という問題は、国家の対外的政策の実現という目的に従って決せられる[246]。すなわち、対外政策の遂行という目的が、国内の法政策的諸問題について統一的な解答を与えるための根源的な基準なのである。

対外的な権力・経済政策によって命じられる観点によってのみ、個別の社会的地位の扱いや評価の正しさについて論じることができる。すなわち、人口政策（外人法規・居住問題）、社会的所有秩序（だれが、どの程度の要求について負担すべきか）、契約秩序（自由な社会的自律性は、どのような制約に服すべきか）などなどの問題が、統一的かつ一般的な方法で決定されうるのである[247]。

そして、対外的国家政策は、最終的には、国民の諸力を結集した戦争によって実現される。それゆえ、戦争が、国家法秩序における諸価値の配分の基準となる究極的な目的としての「社会的理想」とみなされるのである[248]。

上下関係法としての国家法において、諸価値の配分のための根源的な基準として積極的に意義づけられる戦争は、並列関係法としての国際法においても、否定的には評価されない。自己利益の実現を欲する当事者の意思を根拠とする並列関係秩序において、本質的な利益をめぐって意思と意思が譲歩することなく対立する状況が生じた場合には、当事者がその実力によってその主張の当否を決するほかない。対立する意思の一方を権威的に制約するための超越的観点が、並列関係法には欠けているからである[249]。

一方が自発的に譲歩しないならば、ただ戦争だけが、いずれの利益がより強いものであったか、いずれの背後により大きな倫理的エネルギーが存していたかを決することができる。それは、法的状態の廃棄ではなく、並列関係法において唯一考えられうる、究極的な法の立証である。[250]

戦争を権利実現のための手段とみなす考え方は、古典的国際法においても一般的である。[251] しかし、古典的国際法において、権利そのものは、原則として客観法に基づくものと考えられていた。すなわち、そこでは、戦争は、客観的な法規範に基づく権利を、実力を伴う権利主張という主観的方法によって、実現するための手段なのである。[252] それに対して、カウフマンにおいては、戦争は、当事者自身の観点からのみ根拠づけられた、その意味で完全に主観的なものとして理解された自己利益（自己保存権）を実現するためのものである。つまり、主観的な利益を実現するための主観的な手段として、戦争を把握している。自己利益を求める国家意思は、平時においては法の定立や法の変更を通じて、その実現を目指すが、譲歩を許さない対立状況が生じた場合には、法的規制によってではなく、実力の自由な発動によって、自らを貫こうとする。[253] それゆえ、カウフマンは、戦争を、法から自由な国家の活動領域とみなしており、交戦法規 ius in bello による戦争の規制に対して反対する。[254] これは、例えば、ブルンチュリのような古典的な国際法理論家が、戦争を権利の実現手続とみなすゆえにこそ、その法的な制約としての交戦法規の存在を重視していたことと対照的である。[255]

カウフマンは、戦争を法規制から自由な領域とみなすにもかかわらず、それを、法の外部にあるものとは考えない。[256] したがって、カウフマンの理論は、戦争を「エクストラリーガル extra-legal」なものと捉えているわけではない。[257] このことを理解するためには、カウフマンにおける自由の観念に言及する必要がある。彼にとって、法によって規制されていない事項は、法がいまだ関心を持っていない事項を意味するわけではない。ある生活領域について法が規制していないということは、その領域において、法規制によって制約されない自由な発展が行われるべきであるという、法的な当為を表現している。すなわち、法は、規制された領域と自由な領域との境界を立て、それを組み合わせることで全体的な法秩序を構成しているのである。したがって、「自由Freiheitは、法の外部ではなく、法の内部にある[258]」。

カウフマンにおいては、自己保存をめぐる国家間の利益対立が、最終的に、法の規制を免れた自由な実力の行使によって解決されるべきことは、国際法秩序の本質に属すると考えられている。したがって、戦争は、国際法上の当為として、自由の領域にあえてとどめられているのであり、法的規制から自由であるべきなのである。

(2) 国際裁判の限界

事情変更原則は、実定法解釈上の原則であり、したがって、裁判においても適用されるべきである[259]。それゆえ、事情変更原則それ自体は、国際裁判の限界を画する原理ではない。しかし、カウフマンが事情変更を素材として分析した並列関係としての国際法の秩序構造は、国際裁判の限界をも指し示す。この点を、カウフマンは、一九三二年に公表された「国際裁判可能性の問題[260]」において論じている。

カウフマンによれば、法の適用によって国際紛争を解決する国際裁判は、二つの局面において、その限界を有する。ひとつは、人間の共同生活を合理的規範によって規制する法の機能の限界であり、もうひとつは、時代に拘束され、理性に限界を持った存在である人間によって実定法が作られる、という事実から生じる限界である。後者は、〈その時々の勢力状況を表現する法〉という思考に直接に関わる。

(i) 法による合理的規制の限界

国際法は、国家が自己利益を実現するための自由な活動領域を認めている。そのような領域において国家が賢明に行動したかどうかを判断する法規範は存在しない。法的に認められた自由領域において、「国家は適切な基準を適用したか、適当な時期に交渉したか、他者の利益や一般の利益に十分な考慮を払ったか、状況を正しく評価したか」というような問題について、法規範に基づいて判断することはできない[261]。国際裁判が判断の対象としうるのは、法的領域について生じた紛争、すなわち「当事者が、『自己の権利』を相互に争い、その決定のために『客観的法規範』が存在するような紛争のみである[262]」。

各個体が自己利益を自ら実現することを基本原理とする並列関係秩序においては、各個体自身の政治的判断が非常に重要な位置を占める。それゆえ、国際法秩序において、重大な利益に関わるゆえに政治的に重要な意味を持つ紛争は、国家自身の政治的判断に委ねられ、第三者的な司法判断の対象とはならない[263]。

カウフマンによれば、あらゆる国際紛争を裁判に付託すること（「無欠の国際裁判可能性を実現すること」）によって平和的国際秩序を構築しうるという構想は、利益の調和を信奉する自由主義的思考を前提としている。すなわち、個別的なアクターの自由な活動が客観的な法規と調和しておのずから安定的な秩序を構成する、という前提においてのみ、あらゆる国家の活動が法によって規制されるべきだと考えられる。このような合理的個人像に依拠する自由主義的秩序思想[264]は、カウフマンからすれば、もはや、真剣に取り上げるに値しない[265]。カウフマンにとっての自由とは、そのような予定調和的なものではない。自由の領域における活動は、そもそも非合理的であって、合理的法規範による規制になじまない。国際関係における国家の政治的行為もまた、そのような非合理的要素なのである[266]。

(ii) 法の静態的性格に基づく限界

本書の関心との関係で、より重要なのは、法が、その時々の政治的状況の中で生み出されるという事実から生じる、その効力の限界である。これについて、カウフマンは、次のように述べている。

法は、時代と無関係に妥当する構成要素のほかに、時代の拘束を受けた内容を含んでいる。このような法内容の時代拘束性は、二つの起源を持つ。この時代拘束性は、一方で、政治的諸力の持つ特定のダイナミクスからあらゆる法が生じる、ということに基づいている。法の生成に責任を有するところの、その時々の権力保有者たちは、自らの勢力地位を過大に評価することや、それを過度に拡張すること、濫用することがある。あるいは、権力保有者たちは、権力の濫用をせずとも、法制定の理由あるいは対象となる状況を正当に評価しないこともある。他方で、仮に法制定権力（立法権力）の側に、権力の濫用や状況の誤った評価がないとしても、政治生活が時代の変化の下に置かれているという事実、そして、今日において正当かつ適切であることが、明日には不正で誤っており、「適用不可能」となりうるという事実に変わりはない。このように、法の一部分が時代に拘束されていることから、二つの根本問題が帰結する。ひとつは、実定法と正当性（正義）という問題、もうひとつは、本質上、固定的・静態的な法と、流動的な生活という問題である。[267]

法は特定の歴史的状況の下で、特定の政治的諸力によって作り出される。その際、法を作り出す諸力が、法の前提となる勢力関係を適切に反映した「正当な」法を作り出すとは限らない。自らの地位の過大評価や権力の濫用によって、「不当な」法が定立されることも十分にありうる。

しかし、「不当な法」も、決して法としての価値を持たないわけではない。それが法的概念を用いて構成されている以上、法一般に含まれる要素（すなわち、「時代と無関係に妥当する構成要素」）を伴っており、その限りにおいて法としての価値を有する。例えば、国家間の取り決めが、Vertrag（契約・条約）として構成されるならば、その取り決めの内容にかかわらず、必然的に、そこでは、法的人格の相互承認が前提とされ、両人格間の法的関係において信義・誠実が維持されるべきこと、権利の濫用が禁止されるべきこと、権利侵害に対して制裁が課されるべきことが期待される。[268] すなわち、歴史的政治権力によって不正な内容を盛り込まれた法も、法という不変の形式を備えているのであって、とりあえずは法として妥当し、それゆえ、裁判においても適用されるのである。[269]

他方で、法が、特定の歴史状況下で、勢力関係を適切に反映するものとして作られたとしても、法と政治的現実の乖離は生じうる。現実が変化するからである。法という形式は、そもそも静態的なものであって、動態的現実とのあいだで、つねに緊張関係に立つ(270)。法律家は、そのような緊張関係の中で、変動する現実に対応する法解釈を展開することによって、「法的形式の世界の守護者(271)」としての任務を果たさなければならない。法は、自由の領域を認めているゆえに、現実に即した内容が読み込まれてゆく柔軟性を備えている(272)。現実に即した柔軟な解釈が機能する限り、静態的な法は、動態的な現実において、妥当し続けるだろう。

このように、カウフマンによれば、当初より現実の勢力関係を反映していない法も、状況の変化によって現実との対応関係を失った法も、いずれも、とりあえずは法として妥当する見込みを有している。しかし、それにも限度がある。

> 濫用された政治的勢力状態という動態から生じたものにすぎない不正な法や、誤解された法、諸関係にもはや適合しない法に対しては、国家は、それらの法の時代拘束的な内容にいつまでも拘束されるはずはない。国家は、その理念と本性に従って、そうであってはならない。というのも、国家は、世代を超える生の統一体でありつづけるのであって、時代の拘束を受けた合意内容にいつまでも拘束されえず、また、拘束されてはならないからである(273)。

法と現実との乖離のゆえに国家がもはやその法に拘束されないという事態に陥った場合、そのような事態から生じる国際紛争を法の適用によって解決することはできない。もはや当時国を規制していない法を適用して、国際紛争を解決することはできないからである。もちろん、法の適用によって解決できない紛争であっても、利益紛争（法的権利・義務ではなく相互の利益のみが争われる紛争）について管轄権を有する仲裁手続に付託することはできる(274)。ただし、カウフマンは、重大な政治的紛争を仲裁によって解決する可能性については懐疑的である(275)。

以上が、国際裁判の限界に関するカウフマンの議論の骨子である。ここでは、状況の変化によって、静態的法と動態的な現実とのあいだに乖離が生じ、その結果として、法の適用による国際紛争の解決が不可能になる、という主張を彼の議論が含んでいることを、いま一度確認しておく。カウフマンによれば、自己利益を求める個体としての国家の意思の合致によって国際法規範が形成されるのであり、それゆえ、国際法規範は特定の利益状況の表現とみなされる。もしその利益状況が変化して、当該国際法規範が本質的な自己利益と矛盾するようになった場合には、その規範は根拠を失う。そのような主張が、規範解釈論の枠内で行われた場合には、事情変更原則という形をとり、裁判所に当該規範の不適用が求められることとなる。他方で、同様の論理に基づく主張が、国際裁判の限界という形をとることもある。古い利益状況を表現する静態的な法規範は、もはや根本的に変化した新しい利益状況を規制できないゆえに、新しい利益状況から生じている紛争を法規範によって解決するのは不可能である。したがって、そのような紛争に関し、国際裁判による解決は望めない、ということになる。

一九一一年に出版された事情変更に関するカウフマンの論考と、一九三二年に公表された国際裁判の限界に関する彼の議論が、いずれも、制定時の利益状況を反映する法規範が、動態的な利益状況・勢力関係から乖離する、という理論構造を含んでいることは、国際政治学的思考の系譜という観点からは決定的な重要性を持つ。なぜなら、status quo を表現する法規範と動態的な勢力関係の乖離に着目して国際裁判の限界を指摘し、のちに国際政治学へとつながる思考の核を描き出したのが、ほかならぬモーゲンソーの国際司法論（一九二九年）[276] だからである。

おわりに

本章では、国際法を、その時々の利益状況・勢力関係の表現とみなす思考が、カウフマンの批判的国際法理論において明確に現れていたことを明らかにした。国家が自己利益を追求するものであり、したがって、諸国家が作り出す国際法には、その状況に応じて実現しえた限りでの利益状況が反映しているという思考は、国家意思に国際法を基礎づける実証主義理論にも共有されていたが、国際法規範を国内法と同様の実定法として体系化することを任務として引き受ける実証主義は、そこから、国際法秩序に固有の構造の分析やその法規範としての限界を探究することはなかった。

観念論的傾向を有するカウフマンは、国際法を国内法と等質の実定法として基礎づけることよりも、むしろ、事情変更原則の分析を通じて、国際法に固有の「本質 Wesen」を突き止めることを目指した。すなわち、私法における事情変更原則と、国際法における事情変更原則との相違が、国際法の秩序構想の固有性を示唆するのであり、その分析によって、国際法の本質に肉薄しうると考えたのである。

国家法である私法と、国際法との相違は、カウフマンにおいて、「上下関係法 Subordinatiosrecht」と「並列関係法 Koordinationsrecht」の相違として概念化される。カウフマンの「並列関係法」という概念は、イェリネックにおける「自己拘束 Selbstverpflichtung」、あるいは、トリーペルにおける「共同意思定立 Vereinbarung」、ケルゼンにおける「国際法優位の一元論」などと同様に、「合意は拘束する pacta sunt servanda」という理性法的一般原理が受け入れられないくなったことによって生じた国際法の理論的危機に対応するための装置として理解される。すなわち、契約の法的拘束力が、人格間の合意そのものではなく、客観的法規範による当事者への権限付与に根拠づけられるようになる（法規と法律行為の区別）のと並行して、国際条約の法的効力の基礎を（国家）人格間の合意そのものに求めることも不可能となり、国際条約の新たな根拠づけが必要とされたのである。

イェリネックやトリーペル、ケルゼンが、程度の差こそあれ、いずれも国際法と国内法を等質の法として構成した[277]のに対し、カウフマンは、国際法と国内法を、根源的に異なるカテゴリーに属するものとみなす。一方で、国内法は、共同体的観点から設定される客観的規範であり、最上位意思を頂点とする授権の連鎖としての段階的構造をとる。他方で、国際法は、併存する個体としての国家が、自己利益にとって有用と判断する限りにおいて他国と取り結ぶ合意である。国家は、それ自身が全体性を具現するものであるゆえに、個人と異なって、合意によって法を定立する能力を有している。しかし、そのようにして定立された国際法規範の根拠は、国家自身の利益であり、それが法規範の限界となる。状況の変化によって、国際法規範が国家の本質的利益に矛盾するようになれば、その規範は根拠を失う。それゆえ、共同的観点から構成された上下関係秩序である私法において、事情変更は、各法律行為の客観的制度目的との合致を基準として判断されるのに対し、個体的観点から定立された国際法においては、個別国家の利益との合致が事情変更の基準となる。

国家がその力の限り自己利益を実現しようとするならば、利益判断に基づく合意は、国家間の勢力関係を反映するだろう。それゆえ、国家間の合意である国際法は、その時々の国家間の利益状況・勢力関係を表現するものとなる。このような思考は、単に事情変更原則の理解を越えて、国際法秩序構想そのもののあり方に及ぶ。条約締結時の利益状況・勢力関係の本質的な変化を理由として、その条約の効力喪失が、条約の解釈論として要請されるなら、それは事情変更の主張である。しかし、そのような変化を理由として、古い利益状況の表現である実定法に基づく紛争解決の可能性が否定されるなら、それは、司法的紛争解決の限界を意味する。さらに、新しい利益状況・勢力関係に応じて、現行法を変更すべきことが要請されるなら、それは、法の平和的変更の主張となる。司法的国際紛争解決の限界や法の平和的変更の可能性は、例えばE・H・カーの『危機の二十年』に明確に示されているように、戦間期の国際秩序構想における最重要の争点であった。つまり、カウフマンによって国際法論の中に本格的に取り入れられた「法は勢力関係の表現である」という思考は、戦間期の論争において、その姿を変えつつ、繰り返し現れることとなるのである。

第4章　国際法の限界

――モーゲンソーによる政治的紛争論――

はじめに

モーゲンソーの『国際政治』において、勢力配分の status quo を維持する政策と、その変更を企てる政策との対立が、国際関係の基本的対抗軸とみなされていることは、すでに第1章でみたとおりである。したがって、個別的な国家間紛争においても、この対立が重要な意味を持つ。「戦争の危険を伴う紛争の根底には、現行の勢力配分を維持しようとする欲求と、それを転覆しようとする欲求とのあいだの緊張がある」(1)。このような欲求の対立は、法のあり方をめぐる紛争として具現化されることがある。すなわち、現行の勢力配分を表現する現行法秩序を擁護する主張と、新たに実現されるべき勢力配分に対応するように法を変更する主張との対立を実質としている紛争である。このような、現行法のあり方自体をめぐる対立は、現行法の適用によっては解決できず、したがって、裁判による解決にはなじまない、という(2)。

『国際政治』をすでに出来上がった体系として理解するなら、モーゲンソーは、国際関係の基本的原理を、勢力配分に関する現状維持欲求と現状変更欲求の対立とみなし、その理論枠組みの下で、現に生じる国際紛争を分析し、そこから、国際司法の限界を導いているように見える。しかし、体系の思想的形成という観点から見れば、モーゲンソーは、まず国際司法の限界という問題に取り組み、それを通じて、勢力関係の status quo をめぐる対立（緊張）を、国際関係を規定する政治的な対立とみなすようになった。すなわち、国際法上の理論的問題の検討を通じて形成された、法を勢力関係の表現とみなす思考が、モーゲンソーの国際政治学思想の形成において決定的な意味を持ったのである。

本章では、勢力関係をめぐる対立が国際法に基づく紛争解決の限界をなすという、モーゲンソーの核心的主張の思想史的意義を、当時の国際法・国際平和構想の問題状況・理論状況を踏まえて明らかにすることを目指す。そうすることで、戦間期の国際秩序構想におけるモーゲンソー理論の位置がより明確になるだけではなく、モーゲンソーの国際政治学的思考を生み出した戦間期国際法学の理論状況がより正確に理解されるのであり、ひいては、国際政治学的思考と国際法諸理論との関係を再定義することにつながってゆくであろう。

1　「紛争の裁判可能性」問題の意義

モーゲンソーが国際裁判の限界を論じた博士論文『国際司法——その本質と限界[3]』は、いかなる性質の紛争が裁判によって解決可能であるかという問題（「紛争の裁判可能性」問題）について論じている。第二次世界大戦後の国際法学の状況からは想像しにくいことだが、「紛争の裁判可能性」の問題は、第一次世界大戦後の欧州国際法学において、最重要の理論的問題であった。モーゲンソーは、学界における異端児として特殊な問題を研究したわけではなく、むしろ、当時の国際法学界の中心的な課題に正面から取り組んだのである。そのことを理解するためには、連盟期の平和構想のあり方について、確認しておく必要がある。

（1）連盟期における平和の諸構想

国際連盟規約における平和維持のための制度が不十分であることは、連盟設立以来、多くの国際法学者が認めてきたところである。しかし、連盟の制度のどこが不十分であり、何を補ってゆくべきであったか、という点については、見解は分かれる。戦後の多くの国際法研究者は、国連憲章において規定された武力行使禁止原則と集団安全保障体制を基準として、連盟における「欠如」を認識してきた。それに対し、紛争の平和的解決手続を重視する立場からは、実効的な紛争解決手続の未整備が、連盟体制における「欠如」として認識される。「欠如」に関するこのような認識の相違が、連盟期における平和構想について、異なった理解をもたらすことは、今日では十分に意識されていないように思われるゆえ、以下ではその点を概観する。

(i) 連盟規約

連盟期の平和構想の出発点となるのは、もちろん、連盟規約である。平和の維持に関する国際連盟の制度は、おもに、連盟規約一一条から一六条に規定されている。その制度の概略は、以下のとおりである。

国際連盟加盟国のあいだに重大な紛争が生じ、それを当事国間の交渉によって解決できない場合、紛争当事国は、その紛争を、国際裁判（仲裁裁判・常設国際司法裁判所）もしくは連盟理事会による審査に付託しなければならない（一二条一項）。紛争のうち、条約の解釈や国際法違反に関する事実認定に関する紛争など、裁判によって解決すべき性質の紛争は、すべて国際裁判に付託されるべきである（一三条一項）。国際裁判に付託されなかった紛争は、連盟理事会に付託される。理事会への付託は、両当事国の合意を必要とせず、一方当事国によって行うことができる（一五条一項）。なお、連盟理事会に代わって、連盟総会が、紛争を取り扱うことも認められている（一五条八項・九項）が、煩雑を避けるため、以下では、総会による審査についての説明を省略する。

国際裁判に付託された紛争について、紛争当事国の一方が判決に従う場合には、他方は戦争に訴えてはならない

(一三条四項)。また、判決の後三か月のあいだは、いかなる場合においても戦争に訴えてはならない(一二条一項)。当事国が判決を履行しない場合には、連盟理事会がその実効性を確保するために手段を提案する le Conseil propose les mesures qui doivent en assurer l'effet(一三条四項)。

連盟理事会に付託された紛争について、理事会の努力によって和解が成立しなかった場合、理事会は、紛争の事実関係と解決提案を記載した報告書を公表する(一五条四項)。この報告書が、全会一致(紛争当事国を除く)の決定による場合には、それに従う当事国に対して戦争に訴えてはならない(一五条六項)。報告書が、過半数決定による場合には、紛争当事国は、武力によって紛争を解決する権利を保持する(一五条七項)。ただし、報告書公表の後三か月のあいだは、いかなる場合にも、戦争に訴えてはならない(一二条一項)。

戦争の脅威が生じた場合には、連盟は、「国際の平和を擁護するため適当かつ有効と認むる措置」をとる(一一条一項)。規約における制限を無視して連盟加盟国が戦争に訴えた場合、その国は、すべての連盟加盟国に対して戦争行為を行うものとみなされる。その場合、違法に戦争に訴えた国家に対して、通商・金融関係の断絶や交通の禁止などの制裁措置がとられる(一六条一項)。

(ii) 国連憲章を基準とする「欠如」の認識

国連憲章の平和構想の中心は、武力行使禁止原則と、安全保障理事会を中心とする集団安全保障体制である。その観点から、国際連盟における平和維持に関する制度を見た場合、そこには、①武力行使が部分的に制限されているにすぎないこと、②違法な戦争に対する制裁制度が分権的であり、組織化されていないこと、③軍事的措置が重視されていないこと、という欠点が浮かび上がる。(4) このような認識の下では、戦間期から国際連合設立までの平和構想の歴史が、これらの欠点を克服する過程として描かれることとなる。

①武力行使禁止原則の「欠如」とその克服

国際連盟規約によれば、紛争当事国は、紛争を、連盟理事会もしくは国際裁判に付託しなければならず、その報告もしくは判決の後、三か月間は戦争に訴えてはならない（戦争モラトリアム）。また、全会一致の報告に従う国および判決に従う国に対しては、戦争に訴えてはならない。すなわち、連盟の下では、一連の紛争解決手続におけるいくつかの段階において戦争に訴えることが禁止されているだけである。双方の紛争当事国が報告や判決に従わない場合や、報告が過半数による決定に基づく場合には、モラトリアムとしての三か月経過後、戦争によって要求の実現を試みることが国家に認められていた。それゆえ、連盟規約の戦争制限は、次のように評価される。

戦争が規制されたといっても、連盟の場合には、単に手続上の問題として取り上げられているだけであって、なお不徹底な面が残されていた。一定の範疇の戦争、つまり国際紛争解決の手段として戦争を行なうことそのことを一般的に禁止するというところまではいっていなかったのである。[5]

このような立場からみれば、連盟規約による部分的な戦争制限を出発点とし、やがて国際連合憲章における武力紛争禁止原則に結実する「戦争の違法化」の過程が、平和維持制度の最重要の発展とみなされる。すなわち、連盟規約において認められていた「国際紛争を解決するために戦争に訴えうる余地」[6]を狭め、包括的な戦争禁止を確立する過程として、戦間期の平和構想の歴史が理解されるのである。かかる理解の下では、ドイツ・ベルギー間、および、ドイツ・フランス間において、「いかなる場合においても相互に攻撃・侵略せず、相互に戦争に訴えない」ことを約したロカルノ条約（一九二五年）や、「国家の政策としての戦争を放棄すること」を宣言した不戦条約（一九二八年）が、包括的に戦争を禁止した点で決定的な重要性を持つ。[7]そして、国連憲章二条四項は、戦間期において確立した戦争の包括的禁止を徹底し、「武力による威嚇または武力の行使」を禁止するものとして、位置づけられる。[8]

②組織された制裁の「欠如」とその克服

連盟規約一六条は、規約上の手続規定に反して戦争に訴えた国家（例えば、戦争モラトリアムの期間経過を待たずに戦争に訴えた国家）が、すべての連盟加盟国に対して戦争行為をなしたものとみなし、その国家に対して、加盟国が、通商・金融関係の断絶などの措置をとるべきことを定めている。しかし、このような違反国に対する制裁としての経済的・軍事的措置をとるための手続は、規約上、明確でない。通説的な理解によれば、一九二一年の第二回連盟総会において、①規約に反して戦争が行われたかどうかを決定するのは、各加盟国であること、②一六条は、違反国と他の加盟国とのあいだに当然に戦争状態を生じせしめるものではないことが決議され[9]、連盟における制裁制度の分権的運用の方針が決定された[10]。それゆえ、連盟の集団安全保障体制の欠点は、「制裁が連盟の機関の決定によってではなく、連盟国それぞれの決定によって発動される」という非組織的・分権的性格にあると考えられてきた[11]。

このような分権的性格が、実効的な集団安全保障の実施を妨げてきたとすれば、安全保障理事会が主導する国連憲章七章の強制措置制度は、連盟の欠点を修正するものとみなされるだろう。そこにおいて、平和に対する脅威を認定し、それに対していかなる措置をとるべきかを決定するのは、安全保障理事会であり（国連憲章三九条）、その決議が、加盟国を拘束する（二五条）。すなわち、連盟に比べ、違法な武力行使に対する制裁措置が、組織化されているといえる[12]。

③軍事的措置の「欠如」とその克服

連盟規約には、軍事的措置についての明確な規定が置かれていない。ただ、連盟理事会が、制裁のために使用される軍事力の分担について各国に提案する旨が規定されているのみである（一六条二項）。それゆえ、「経済封鎖その他の非軍事的措置に重点がおかれ、軍事的措置についてはほとんど用意がなかった」という点が、連盟の集団安全保障の欠点として挙げられる。[13] それに対し、国連憲章においては、安全保障理事会の主導の下で実施されるべき軍事的措置についての詳細な規定が置かれている（四二条以下）。そのため、「連盟で軽視されていた武力による強制措置が、憲章ではかなり重視され、それについて周到な用意が一応規定されている」という評価がなされてきた。[14]

以上のように、武力行使禁止原則と集団安全保障体制を、国際平和構想の中心とみなす考え方からすれば、国連憲章は、連盟における制度不備についての反省の上に、その欠点をある程度、克服するものとみなされる。すなわち、単純化すれば、連盟規約において萌芽的に現れた戦争制限と集団安全保障による平和の構想が、不戦条約をはじめとする戦争違法化を通じて拡充され、国連憲章によって完成される、という歴史観である。

(iii) 実効的な紛争解決手続の完成という観点からの「欠如」の認識

上に見たとおり、武力行使禁止と集団安全保障に主軸を置く国連憲章を基準として連盟規約を評価した場合、その「欠如」は、①合法的に戦争に訴える余地を残していること、②集団安全保障制度が組織化されていないこと、③軍事的な措置のための法規則が整備されていないこととして認識され、戦間期から国際連合設立に至る平和構想の歴史は、それらの「欠如」の克服の過程として描かれる。しかしながら、連盟体制下における国際法学者は、必ずしも連盟体制における「欠如」をそのようなものとして捉えていたわけではない。国際連盟の下では、いわゆる戦争の違法化（侵略戦争の禁止）や集団的措置のほかにも、軍縮、国際裁判の拡充、非裁判的な紛争解決手続の整備、国際連盟理事会による政治的解決など、さまざまな平和維持体制の可能性が模索されていたのであり、決して、「戦争違法化」を目指す運動が、平和構想を支配していたわけではない。

武力行使禁止原則の確立の過程を明らかにするために戦間期の国際法を詳細に研究したブラウンリーは、戦間期の平和構想において連盟に期待された主要な役割が、戦争の制限や違反国への制裁ではなく、むしろ、紛争の平和的解決であったことを指摘している。

［この時期には］紛争の平和的解決のための仕組み machinery の整備を伴わずに、ただ武力の使用を制限するだけでは、おそらく不毛な結果に終わるということが意識されていた。連盟の主要な機能は、一一条および一五条の下での調停機能だとみなされた[15]。

［連盟］理事会の第一の任務は、調停であるとみられており、一六条の下での制裁は、例外的な手段とみなされた[16]。

すなわち、戦争の脅威（規約一一条）や重大な国際紛争（一五条）が生じた場合に、紛争当事者を和解に導くこと、言い換えれば、仲裁裁判や常設国際司法裁判所とともに、紛争を平和的に解決する国際的手続の一翼を担うことが、連盟の主要な役割として期待されていたのである。連盟の下での法発展においてもまた、連盟規約に規定された紛争解決手続を補完することによって、実効的な平和的紛争解決体制を構築することが重視されていた。しばしば、武力行使禁止原則の生成（戦争の違法化）の実定法的証拠として挙げられる一九二四年ジュネーヴ議定書（ただし、この議定書は効力を生じなかった）や一九二五年ロカルノ諸条約もまた、実効的な平和的紛争解決手続を整備することを目指していたといえる[17]。

とりわけ、一九二四年ジュネーヴ議定書（「国際紛争の平和的解決に関する議定書」[18]）は、平和的紛争解決手続の拡充を中核とする平和構想を打ち出した多数国間条約案として重要である。たしかに、ジュネーヴ議定書は、その序文において、侵略戦争が「国際犯罪を構成する」と宣言し、さらに、その第二条において、侵略への抵抗と連盟の同意に基づく措置を例外として、相互に「いかなる場合にも戦争に訴えない」と規定しており[19]、そのゆえをもって、不戦条約の先駆となる資料として挙げられることがある[20]。しかし、この議定書の規定の中心的部分は、その名のとおり、平和的紛争解決に充てられている。連盟規約を補完することによって、すべての紛争に対し仲裁裁判等を通じて拘束的な解決を与える仕組みを構築することに、この議定書の主眼が置かれているのである。ジュネーヴ議定書の成立過程は、初期の連盟の下で論じられた多様な平和構想の関連性を知るうえで非常に示唆的であるので、以下で概観しよう。

ことのはじまりは、戦争違法化でも紛争解決手続の拡充でもなく、軍縮であった。連盟規約八条一項によれば、「連盟加盟国は、平和の維持のためには、国家の軍備を最低限度にまで縮減することが必要であると認める」[21]。この規約八条の実施計画の作成を任務とする委員会が、総会の提案に基づいて、理事会によって設置された（「暫定混合委員会 Temporary Mixed Commission」）[22]。国家代表ではなく個人資格によって選ばれた委員からなるこの委員会は、一九二一年三月に活動を開始したが、すぐに議論が行き詰まった。軍事的脅威が存在する中で軍備を縮小するのはリスクが大きすぎるため、軍縮制度の策定は時期尚早だという意見が大勢を占めたからである[23]。軍縮スキームは、参加国が不利とならないためには、大多数の国家が参加する包括的な制度でなければならない[24]。しかし、一般的な軍縮スキームへの同意が得られる見通しは立たなかった。そこで、暫定混合委員会は方針を転換し、軍縮と安全保障とを結びつけた制度の構築を目指すこととした。軍縮を行う諸国が、共同防衛のための相互援助体制を形成することで、攻撃に対する安全を確保するというのである[25]。その方針に基づき、一九二二年九月、暫定混合委員会は、すべての関係国に相互援助を義務づける一般的な防衛協定の必要性を認める決議を行った。

一、いかなる軍縮の枠組みも、それが一般的なものでなければ、現実に成功の見込みはない。
二、今日の世界の状況においては、政府の大多数は、自国の安全に対する十分な保障を得られるということを交換条件としなければ、相当規模の軍備縮小に対する責任を受け入れることはできないであろう。
三、かかる保障は、すべての関係国のあいだの一般的防衛協定に見出されうる。それにより、関係国のうちの一国が攻撃を受けた場合には、あらかじめ定められた計画に従って、即座に実効的な援助を与えることが関係諸国に義務づけられる。(以下略)[26]

総会は、暫定混合委員会の判断を受け入れ、具体的な条約草案の作成を暫定混合委員会に要請した(第三回総会決議一四)[27]。それを受けて起草されたのが、相互援助条約草案 Draft Treaty of Mutual Assistance[28] である。この草案の特色としては、①侵略戦争を「国際犯罪」と宣言していること(一条)、②侵略を受けた国家に対する援助を義務づけていること(二条、五条)、③侵略を受けた国家を認定する権限が理事会に与えられていること(四条)が挙げられる。相互援助条約草案は、第四回総会において審議・修正されたのち、各国政府に送付された[29]。ところが、この条約案は、各国の全面的な支持を得られなかった。とりわけ、相互援助体制の中核を担うべき英国政府が、一九二四年の七月五日付の回答をもって、条約案を拒絶する姿勢を明らかにしたことにより[30]、条約成立の見通しは失われた[31]。

相互援助体制の構築が挫折する中で、紛争の平和的解決への関心が高まる。一九二四年九月の第五回総会における審議では、英国代表としてラムゼイ・マクドナルド首相が演壇に立ち、紛争の平和的解決手続を充実させることの必要性を強調した。彼は、侵略国に対する共同防衛を旨とする相互援助条約案について、それが安全保障につながらず、むしろ古い軍事同盟体制に陥る危険性があることや[32]、侵略国の認定が常に困難であることを指摘し[33]、軍事的体制の構築よりもむしろ、連盟規約を出発点として平和的紛争解決手続を作り出すべきことを主張した[34]。さらに、非公式ではあるが強い影響力を有した「ショットウェル委員会 Shottwell Committee」によって起草された「アメリカ・プラン American Plan」が、侵略認定に関して常設国際司法裁判所の役割を強調していたこともあって[35]、議論は、軍縮の条件として、紛争の平和的解決手続(仲裁)と安全保障(侵略への制裁)を併せて検討してゆく方向へと傾いていった[36]。

結局、総会は、連盟規約の諸規定を利用・補完する形で国際紛争の平和的解決手続を充実させることの必要性を強調する決議を採択する。すなわち、「諸国家のあいだに生じるすべての紛争を平和的手段によって解決することによって、世界の諸国家の連帯と安全を強化する」ために、第一委員会に対して安全保障についての検討を求める一方で、第三委員会に対し、紛争の平和的解決に関する連盟規約諸規定の改正の可能性や、常設国際司法裁判所に関する義務的管轄権受諾条項（裁判所規程三六条二項）の活用などについて検討することを求めたのである（一九二四年九月六日決議）(37)。

一九二四年一〇月二日に連盟総会において採択されたジュネーヴ議定書には、以上のような起草過程における議論が反映しており、軍縮に関する規定、侵略に対する制裁に関する規定、侵略の認定に関する規定、紛争の平和的解決に関する規定が混在している(38)。国際連合憲章における武力行使禁止原則を基準とし、「戦争の違法化」過程を中心として戦間期の平和構想を理解しようとする立場からは、それらの規定のうち、侵略戦争を「国際犯罪」とみなす規定（前文）や、戦争に訴えないことを約する規定（二条）が注目されてきた(39)。しかし、同時代の論者たちは、侵略戦争の違法化に関する規定とならんで、包括的な平和的紛争解決手続を整備する規定の中に、ジュネーヴ議定書（「国際紛争の平和的解決に関する議定書」）の意義を見出している(40)。例えば、連盟総会において同議定書についての報告を行ったポリティスは、次のように言う。

義務的仲裁が、ここで提案されているシステムの根本的な基礎 the fundamental basis である。それこそが、国際連盟によって追求される究極的目的であるところの、人民 peoples のあいだの関係において平和的・法的秩序の確立を実現するための唯一の手段だと考えられた(41)。

ジュネーヴ議定書において構想された平和的紛争解決制度は、国連憲章上の平和的紛争解決義務規定の先駆ではなく、むしろまったく異なった秩序思想に立脚しているといえる。国際連合体制下の国際法論において、ジュネーヴ議定書の紛争解決手続がほとんど関心を呼ばない理由のひとつは、その構想が、憲章の制度に受け継がれなかったからであろう。

国連憲章における平和的紛争解決義務の特徴は、憲章三三条一項に規定され、その後、友好関係宣言(一九七〇年)や平和的紛争解決に関するマニラ宣言(一九八二年)において確認されているとおり、当事国が合意によって紛争解決手段を自由に選択するという原則が貫かれていることである。すなわち、交渉・審査・仲介・調停・仲裁裁判・国際司法裁判所などの多様な紛争解決手続のうち、両当事者が適当なものと合意する手段を用いる自由が認められている。当事国が審査・仲介・調停の手続を合意によって選択した場合、当事国を法的に拘束するような決定が行われないことは言うまでもない。それのみならず、このような一般的な手段選択の自由は、必然的に、長期にわたって手段を選択しない自由を含まざるを得ない。紛争解決手段の作動が当事国の合意に依拠する以上、当事国が適当な紛争解決手段について合意しない場合、紛争解決手続は作動せず、国際の平和と安全の維持を危うくする紛争が、長期にわたって放置されることとなる。[42] 紛争が解決されぬまま放置されても、その武力による解決が目指されることをそれほど恐れなくともよいのは、国連体制の下では、武力行使禁止原則が確立されているからである。すなわち、国連憲章は、すべての紛争について拘束的な解決を与えるような実効的な平和的紛争解決の仕組みを作るのではなく、むしろ、武力行使の一般的禁止によって、紛争が武力行使に発展することを抑え込む、という平和構想なのである。[43]

ジュネーヴ議定書の平和構想は、それと対照的である。ジュネーヴ議定書は、両当事者の合意を必要とせずに作動する紛争解決手続を通じて、すべての重大な紛争について、拘束的な解決を与える仕組みを作ることに重点を置いている。そこにおいて、平和的紛争解決手続への付託を拒絶する国家や、紛争解決手続によって下された拘束的な決定に従わない国家が、侵略国として推定されることとなっており(同議定書一〇条)、安全保障(侵略国に対する制裁)制度の発動についても、平和的紛争解決手続が重要な役割を果たすことが期待される。すなわち、それは、実効的な紛争の平和的解決手続の構築を中心とする平和構想なのである。
実効的な平和的紛争解決手続の仕組みを、ジュネーヴ議定書は、連盟規約の紛争解決手続に見出される「欠如」を補塡することによって構築する。前述したように、連盟規約は、「国交断絶に至るおそれのある紛争」を、国際裁判（仲裁裁判・常設国際司法裁判所）または連盟理事会に付託する義務を定めていたが、そこにおいては、すべての紛争について拘束的な解決を示す仕組みは伴っておらず、当事国には、武力によって合法的に紛争を解決する余地が認められていた。[44]例えば、法律的紛争[45]が付託されるべき仲裁裁判・司法的解決（常設国際司法裁判所）は、紛争当事国が選択条項（常設国際司法裁判所規程三六条二項）を受諾している場合を除き、当事国の合意に基づいてのみ作動しうるものであった。また、連盟理事会の作成する報告書において示される紛争解決案は、①それが全会一致によるものであっても、その効果は「勧告」にとどまるのであって、法的な拘束力を持たず（連盟規約一五条四項）、②単なる過半数の賛成によるものである場合には、当事国は、その報告書の勧告に従う国家に対してさえ、武力に訴えて紛争の解決を求めることができた（一五条七項）。ジュネーヴ議定書は、このような連盟規約における平和的紛争解決手続の空隙 gap をひとつずつ埋めてゆくことによって、すべての紛争に拘束的な解決を与える仕組みを作り出すことを目指している。[46]
ジュネーヴ議定書は、まず、常設国際司法裁判所の選択条項（裁判所規程三六条二項）の受諾を義務づけることにより、一方的付託による司法的解決の始動を可能とする（同議定書三条）。ただし、選択条項の受諾にあたって留保を付すことは認められている。また、当事者の合意により、常設国際司法裁判所ではなく、仲裁裁判に付託することも可能である。[47]
国際裁判に付託されない場合には、連盟規約一五条一項に従い、紛争は、連盟理事会の審査に付される。一方当事者による付託によって、理事会の審査手続は始動する。ジュネーヴ議定書は、この理事会による手続を拡張することによって、すべての紛争が仲裁委員会等に割り振られ、拘束的な解決を与えられるような仕組みを作り出している。理事会は、まず連盟規約一五条三項に基づいて紛争の解決に努めるが、それが功を奏しない場合には、紛争を国際裁判（常設国際司法裁判所または仲裁）に付託するように当事国を説得しなければならない（同議定書四条一項）。①両当事国が説得に応じて合意した場合、紛争は国際裁判に付託される。②国際裁判への付託の合意が得られない場合、一方の当事国の請求により、仲裁委員会 Committee of Arbitrators が設置される。仲裁委員会の構成員・権限・手続について当事国が合意できない点がある場合、理事会がその点を決定する（四条二項）。③いずれの当事国も仲裁を求めない場合、理事会が紛争を取り扱う。紛争当事国を除く全会一致の報告書が作成された場合には、当事国はそれを遵守する義務を負う（四条三項）。全会一致の報告書の採択に失敗した場合には、理事会は、自ら構成員・権限・手続を定めた仲裁委員会を設置し、紛争を付託する（四条四項）。当事国は、上記①〜③の諸手続における裁判判決・仲裁決定・全会一致の報告書を誠実に実施することを約束する。もし遵守がなされない場合には、連盟規約一三条四項に定められた履行確保のための措置がとられる（四条六項）。また、それら裁判判決・仲裁決定・全会一致の報告書の遵守を拒否する国家は、敵対行為が発生した場合において、侵略国としての推定を受ける（一〇条）。

このようにジュネーヴ議定書は、紛争当事国の合意に基づくことなく平和的紛争解決手続を作動させ、紛争をいくつかの手続に割り振ってゆくことで[48]、最終的には拘束的な解決を与える仕組みを作ろうとした。その点において、ジュネーヴ議定書を高く評価したのが、戦間期より紛争の解決手続を研究していた田岡良一である。田岡は、ジュネーヴ議定書の構想を、「法律理論的に正しい」、「国際平和樹立のための画期的試み」として賞賛している[49]。田岡によれば、平和的紛争解決手続は、「実効的手段」と「補助的手段」に区別される。実効的手段とは、「紛争当事者をして第三者の下す裁断に服従せしめて紛争を解決する方法」であり、補助的手段とは、「両当事者の接近を計り彼等相互間の和解に依る解決を促進する方法」である。前者が、「紛争を直接に解決する効力を有する」のに対し、後者は、「当事者の両当事者の和解を促進し、両当事者の協定による解決を容易ならしめる基礎を作る作用をなすに過ぎない」。それゆえ、実効的手段と補助的手段とが、紛争解決手続として持つ意義は、「根本的に異なる」という[50]。

注意すべきことに、田岡の言う「実効的手段」とは、当事者を拘束する第三者の決定による紛争解決手段のことであり、したがって、必ずしも国際裁判（仲裁裁判・常設国際司法裁判所）に限定されない。調停その他の手続であっても、単なる勧告にとどまらずに当事者を拘束する決定を下す場合には、「実効的手段」とみなされる[51]。それゆえ、司法的解決・仲裁裁判・仲裁委員会・連盟理事会による審査を組み合わせて、すべての紛争について当事者を拘束する決定が下される仕組みを構築するジュネーヴ議定書は、「実効的解決手段」からなる包括的な紛争解決の体系を構想するものといえる。田岡が、同議定書を高く評価した理由は、そこにある。

ジュネーヴ議定書に対する称賛とは対照的に、不戦条約（一九二八年）や国連憲章の平和構想に対する田岡の評価は、著しく低い。不戦条約と憲章に対する田岡の批判は、戦争違法化を基軸とする平和構想と、実効的な平和的紛争解決を基軸とする平和構想との差異を浮き立たせるものであるから、以下に紹介しよう。

田岡によれば、「法的制度としての国際平和実現の方法を論ずる場合には、国際社会に、その組成員間の紛争を社会の手によって解決する手段を与えることを最も重要視しなければならぬ」。すなわち、①紛争の解決が当事者に全面的に委ねられず、最終的には、社会によって用意された手段によって解決されるべきこと、②紛争解決手段によって、当事者を拘束する裁定が与えられること、③以上の義務を遵守しない者に対して社会的強制が加えられること、という三つの要素を完備する方向で、実効的な平和的紛争解決制度を作り上げてゆく必要がある[52]。

このような考え方からすれば、戦争の禁止と平和的紛争解決義務を一般的な文言で定めるにすぎない不戦条約[53]は、平和構想として不適当である。不戦条約は、紛争が、武力ではなく、平和的手段によってのみ解決されるべき義務を定めているが、紛争を平和的手段によって実効的に解決する仕組みを構築することについてまったく無関心である。言い換えれば、「国際紛争が平和的解決手段によって解決されえないで未解決のままに残る状態をどうするかについて全く規定を欠いている」[54]。紛争が、未解決のまま放置されるなら、「紛争当事者の一方が、この紛争に自国の重大な利益が賭けられていると感じ、従ってこれを未解決のままにして泣寝入することはできないと考えた場合に、とるべき解決方法は［武力による］強制的処理の外ないことになる」[55]。すなわち、実効的な平和的解決の仕組みを構築することなく、武力行使を禁止することは不可能だというのである。田岡からすれば、不戦条約は、戦争を廃止したいという希望と、されど自国に不利な裁定に拘束されたくないという願望との、「相矛盾する要求」を満たそうとする「不合理」な条約であって、真剣な平和構想として扱うに値しない[56]。

国連憲章に対する批判も、同様の根拠に基づく。すなわち、実効的な平和的紛争解決制度の完成を目指すのではなく、むしろそれを回避して、集団的安全保障体制によって武力行使を抑え込もうとする点に根本的な誤りがある、という[57]。紛争が実効的に解決されないままに放置される場合、そこに死活的な利益を見出す当事国は、武力を用いてでもその解決を目指さざるを得ない。にもかかわらず、最初に武力を用いた国家が、国連の軍事的措置の対象となるとすれば、実際には紛争において正しい法的主張を行っている側が制裁を受ける可能性がある。それではかえって「社会の法秩序の維持を害」し、「従って真の平和の基礎を破壊する」こととなるであろう[58]。

要するに、平和の真の基礎は社会の法秩序の正しく行われることを確保するにあることを忘却して、ただ、武力を行使したものに制裁を加えることによって平和を維持しようとするのは、理論上不可能な企てである[59]。

このように、戦争違法化を基軸とする平和構想からすれば「聖典」ともいうべき不戦条約や国連憲章を、田岡は激しい言葉をもって批判する。田岡の立場から見れば、この二つの条約は、連盟規約に始まる平和構想の正しい発展が挫折したことを示すものなのである。国際連盟は、国際裁判（仲裁裁判・常設国際司法裁判所）と連盟理事会の審査を組み合わせることによって、紛争を平和的に解決する一応の仕組みを作り、紛争解決のために武力が用いられることを制限した。ただし、その仕組みは不完全なものであったゆえに、紛争当事国が武力によって紛争を解決する余地を認めざるを得なかった[60]。田岡からすれば、この連盟の平和構想を発展させてゆく道は、その平和的解決制度の不完全な部分を埋め、すべての紛争に対して拘束的な解決が与えられる仕組みを作り、そして、その手続への付託を拒絶する当事国や、拘束的な解決を遵守しない当事国に対する制裁の制度を構築することであった。一九二四年ジュネーヴ議定書は、その方向における決定的な一歩と評価される。しかし、同議定書はついに発効せず、それに代わって一般的な戦争禁止を規定するにとどまる不戦条約が成立し、それが国連憲章へと受け継がれてゆく。すなわち、不戦条約こそが、実効的な平和的解決制度を基軸とする平和構想の挫折を象徴するものなのであり、田岡の激しい批判の言葉には、その挫折に対するいら立ちが込められているように思われる。

(iv) 政治的機関の主導による包括的紛争解決

一九二〇年代の連盟の経験を重視する立場からは、政治的機関である理事会の主導の下で行われる「調停」の意義が強調される[61]。すなわち、連盟規約一一条に基づき、「戦争または戦争の脅威」に対して理事会がとる措置、および、規約一五条に基づいて行われる理事会の審査が、実践的には、全体として、政治的機関の主導による紛争の調停として機能し、それが、紛争の解決について、かなりの成果を収めてきたことを重く見るのである。

実効的な紛争解決手続を基軸とする平和構想は、当事者の合意によらずに作動する第三者的・客観的な手続によって、当事者を拘束する決定を下すことを重視し、したがって、国際裁判（仲裁裁判・常設国際司法裁判所）もしくはそれに準じる非政治的手続を紛争解決制度の中核に置こうとするものであった。それに対し、理事会による調停を重視する立場は、大国の代表を構成員として含む理事会の政治的力と権威を背景としつつ、第三者的・客観的な機関の見解も反映させながら、最終的には紛争当事国の同意を調達することによって紛争を解決する柔軟で包括的な調停手続の意義を強調する。政治的機関による調停を重視する立場の特徴を示すために、コンウェル＝エヴァンズが、連盟による紛争解決の具体的な実践から抽出したところの、典型的な理事会による調停の仕組みを紹介しよう。

軍事衝突など、戦争の脅威を生じせしめる事態が発生した場合、理事会は、規約一一条に基づいて、平和を回復するための緊急の措置をとる。具体的には、当事国双方に対して政治的圧力をかけつつ停戦と兵力の引き離しを要求し[62]、その監視のための要員を、当事国の同意のもとに、派遣する[63]。ここにおいてとられる措置は、現に生じている危機的事態をとりあえず収束させることを目的とする。したがって、この段階では、法的責任の追及や、紛争そのものを解決するための事実認定や解決案の提示は問題とならない。いずれの当事国が違法行為を行ったかを一切問題とすることなく、また、事実の調査に基づいて解決策が提示されるのを待つことなく、双方の当事国に対して即座の停戦と撤兵を要求するのである。それゆえ、言うまでもなく、規約一六条に規定された制裁措置の発動は伴わない[64]。

停戦によって暫定的に平和が回復されたのち、理事会は、規約一五条に基づいて、紛争の調停に入る[65]。連盟規約の文言からすれば、理事会の調停は、「連盟理事会は、紛争の解決に努むべし The Council shall endeavour to effect a settlement of the dispute」という控えめな規定（一五条三項）に根拠を有するにすぎず、国際裁判や制裁制度のような「花形」に較べて、周辺的な役割しか期待されていないような印象を受ける。しかし、連盟の実際の活動において、理事会の調停は、紛争を実質的に解決する包括的手続として有効に機能したというのが、コンウェル・エヴァンズの主張である[66]。

理事会による調停において、まず、紛争当事国が理事会に招聘され、理事会構成員の内から指名された報告者 Rapporteur の主導の下で、当事国の見解の聴取と争点の明確化が行われる[67]。そののち、紛争の性質と当事国の希望に応じて、最も適切と考えられる紛争解決手段が、報告者の提案に基づいて、決定される[68]。争点が事実関係に関わる場合には、利害を持たない人員からなる調査委員会 Commission of Inquiry が設置され、その委員会を通じて事実の調査が行われ、それに基づく解決案が提示されることとなる[69]。争点が、条約の解釈などの法律問題に関わる場合には、理事会は、両当事国の同意を得て、常設国際司法裁判所の勧告的意見を求める。[70] この場合、理事会と当事国は、裁判所の判断を尊重し、それに基づく解決案を受け入れてきた。[71] ただし、争点が明白に法律的問題であったとしても、当事国の一方が裁判を用いた紛争の解決を望まない場合には、[72] 別の手段による解決が探られる。[73] 調査委員会によるか、裁判所の勧告的意見を求めるか、小委員会によって非公式に紛争当事国の妥協点を探るかは、紛争の性質や当事者の意思を勘案して柔軟に決定されるのである。いかなる手段を通じて解決案が提示されたとしても、それを受諾するか否かは最終的には当事国の意思に委ねられており、理事会は、解決案を受け入れるよう、当事国を説得することで紛争を解決に至らしめねばならない。

このような理事会による調停の特徴としては、とくに、①理事会への付託は、一方当事国によって行うことができるが、手段の選択や解決案の受諾については、常に両当事国の同意が求められていること、[74] ②法律解釈に関する紛争も含めて、多様な紛争に対して柔軟に対応する包括的な紛争解決手続であること、③事実調査委員会や常設国際司法裁判所の勧告的意見を利用することにより、必要に応じて客観的な判断を取り入れようとしていること、④理事会によって主導され、その政治的力と権威を背景として遂行される手続であること、⑤当事国を強制する制裁措置は用いられず、武力衝突があった場合にも、侵略の認定は行われないこと、⑥当事国の説得による解決を旨とし、仲裁裁判のように当事国を拘束するような第三者的決定は行われないこと、という点を指摘しておきたい。

国際連合体制下では、このような連盟理事会による調停の経験が、十分な関心を持って研究されてきたとは言い難い。連盟の「失敗」を国際連合体制の正当化根拠とみなす国際法史の叙述においては、満洲問題やエチオピア問題における制裁（規約一六条）の失敗に目が向けられ、[75] 連盟による紛争解決の成功事例についてあまり関心が払われないようである。とはいえ、例えば、連盟の活動に詳しいストーンは、戦後の著作においても、政治的力を背景として当事者を説得する理事会の調停による紛争解決の意義を強調している。

［連盟規約の］紛争解決規定の下で、連盟理事会によって取り扱われてきた三〇以上の紛争の中で、いくつかの行為原則が明確に現れてきた。なかでも顕著なのは、勧告を採択し、遵守を強制しようと努めるよりも、解決に同意するように両当事国を説得することを志向するほうが、……その活動が最大限に効果的に働く可能性が高い、という原則である。[76]

ストーンによれば、事実認定や法律解釈についての手続を組み合わせつつ、議論と説得によって紛争を解決するところの、連盟理事会の「集団的調停 collective conciliation」の経験は、国際連合についての研究の前提をなすものであって、軽視されてはならない、という。[77]

(v) 連盟期の平和構想モデル

やや議論が込み入ったゆえ、図式的に要点を整理してみよう。ただし、図解によって省略され、また誇張される点があることには注意が必要である。

連盟規約における紛争解決は、法律的紛争を国際裁判（仲裁裁判・常設国際司法裁判所）に、それ以外の紛争を理事会審査に割り振る体制であったが、すべての紛争に終局的な解決を与えるものではなく、武力による紛争解決（戦争）に至る余地を残していた。この戦争の余地は、連盟の平和維持体制の空隙 gap として認識された。【図1参照】

連盟規約における空隙を埋め、平和維持のための体制を完成させることが、連盟体制下における平和構想の課題であった。「戦争違法化」を基軸とする平和構想においては、国際紛争解決のための戦争を一律に禁止することによって、その空隙を覆い尽くすことが目指された。【図1下部参照】

それに対し、ジュネーヴ議定書に代表されるところの、平和的紛争解決を基軸とする平和構想は、選択条項受諾の義務化や、連盟理事会による審査手続の拡充により、すべての紛争に対して拘束的な決定を与え、武力による紛争解決の余地を認めない仕組みを作ることを志向する。【図2参照】

政治的機関（連盟理事会）による調停を重視する立場は、条約上の制度ではなく、連盟の実際の経験に依拠している。現実に実効的なものとして機能した紛争解決手続は、理事会が、その政治的力を背景としつつも、調査委員会の事実調査や常設国際司法裁判所の勧告的意見などを利用して客観的な判断を取り入れ、議論と説得によって、

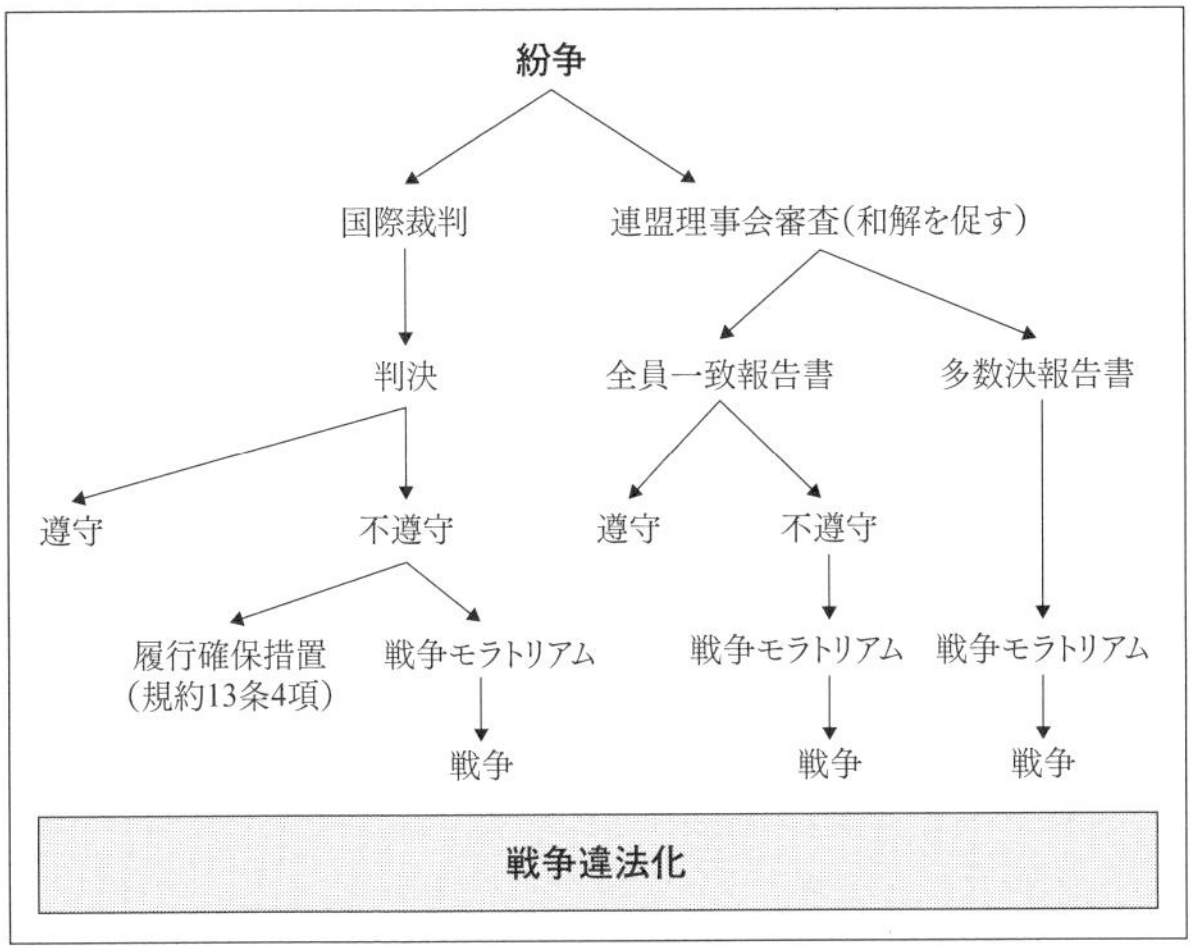

図 1　連盟規約における紛争解決手続と戦争違法化

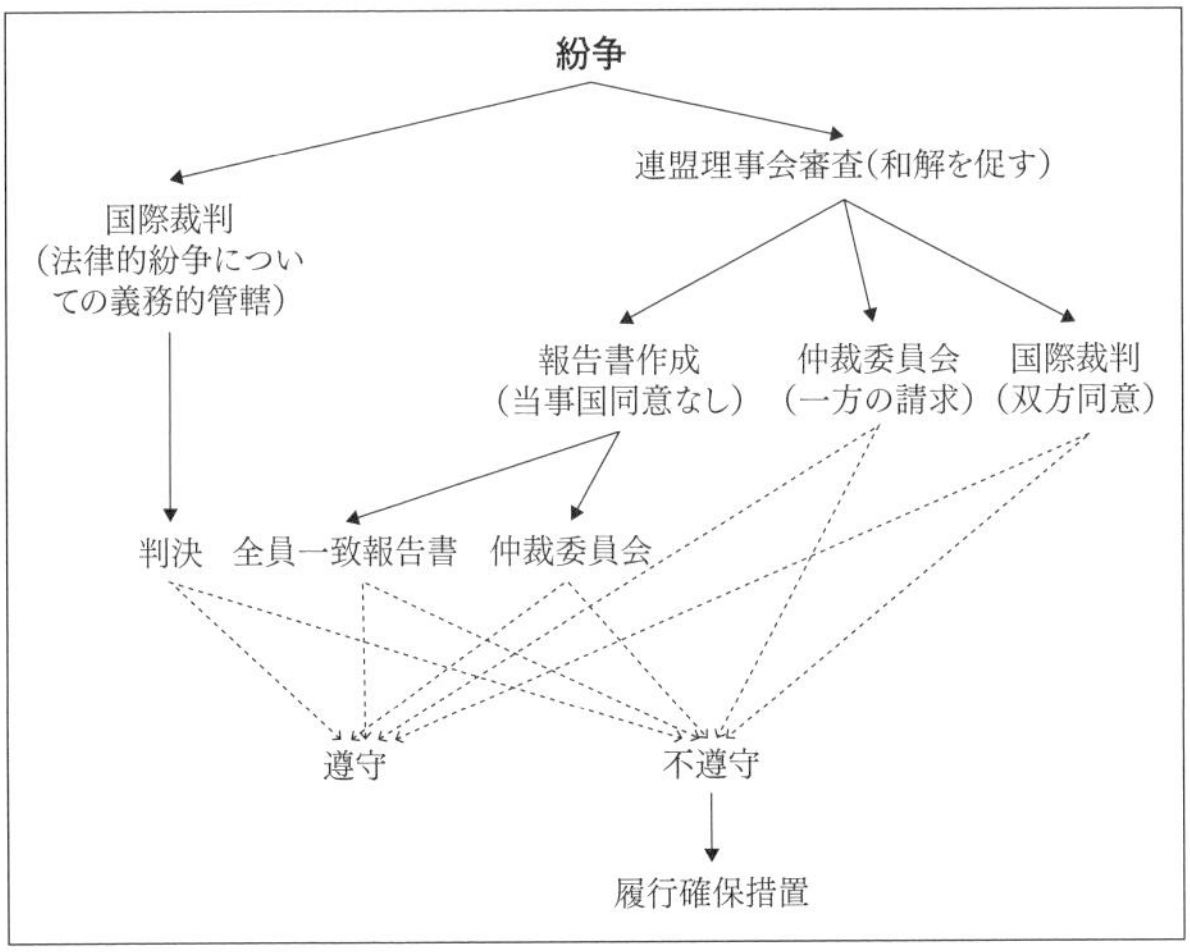

図 2　平和的紛争解決手続の整備

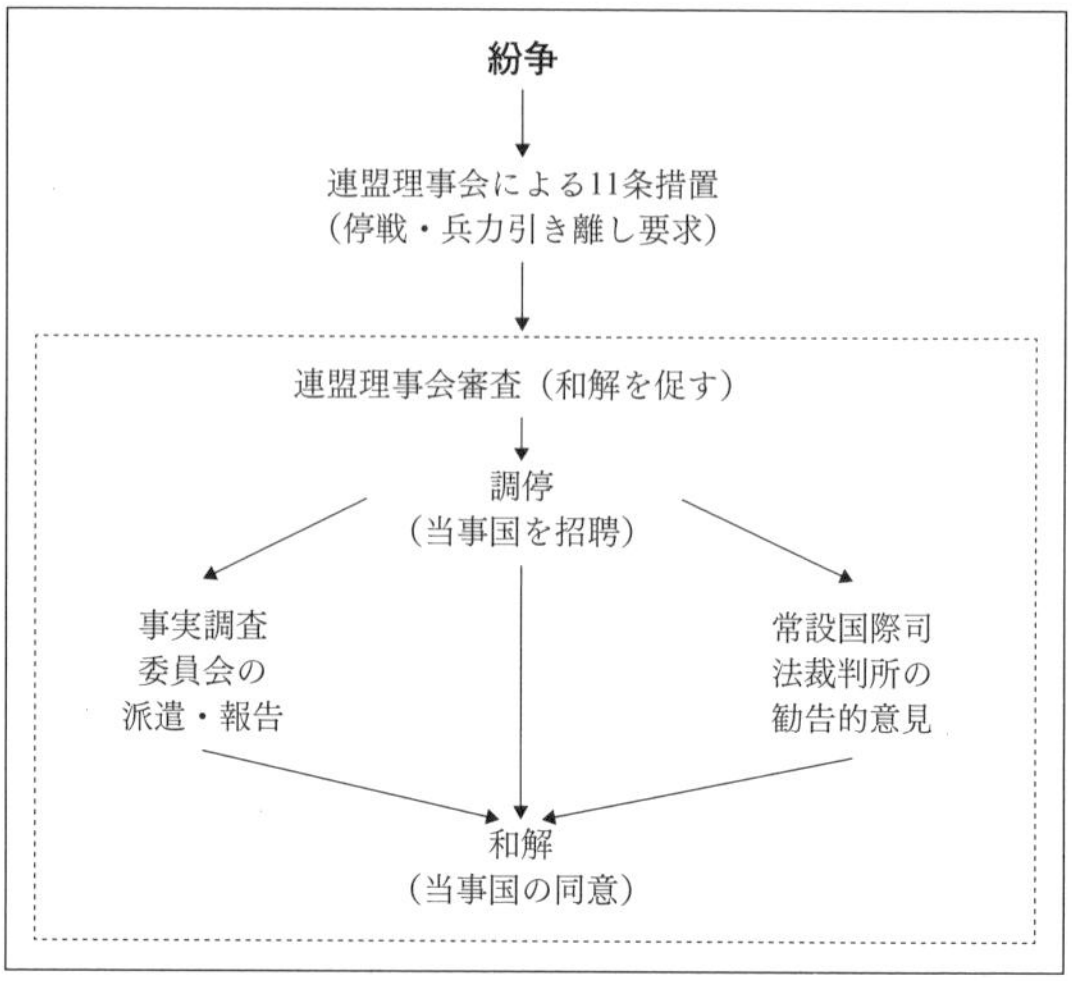

図3　連盟理事会による調停

当事国の同意を引き出すという、柔軟かつ包括的な調停手続である、という。【図3参照】

これまで、戦間期の平和構想として、侵略戦争禁止の諸規定から、不戦条約を経て、国連憲章の武力行使禁止原則・集団安全保障体制へと至る歴史過程が、過度に強調されてきたように思われる。もちろん、国連体制の起源を探るという関心からは、そのような視角の偏向が生じることもやむを得ないだろう。しかし、戦間期の国際秩序構想を理解しようとする観点からは、それだけでは不十分である。連盟体制下において、「戦争違法化」論だけが、平和構想を支配していたわけではない。実効的な紛争解決手続の「欠如」を問題とし、連盟規約の紛争解決制度を補完してゆくことで、その欠如を埋めていこうとする平和構想、あるいは、条約制度ではなく、連盟の実践によって作り出されてきた手続としての政治的機関による包括的調停に、真に実効的な紛争解決手続の可能性を見出す平和構想もまた、有力に主張されていた。モーゲンソーの国際司法論の意義を理解するためには、そのような時代の文脈を理解しておく必要がある。

（2）紛争の種別

『国際司法――その本質と限界』において、モーゲンソーは、紛争の性質に関する考察を通じて、司法による紛争解決の限界を指摘した。このようなモーゲンソーの主張の意義を再検討するに際して、国際紛争解決の限界に関する議論が、武力行使の禁止と違法な武力行使に対する強制措置（集団安全保障）を基軸とする国際平和の構想においては、それほど重大な意味を持たない、ということを確認しておく。かかる戦争違法化の構想の下では、国際の平和と安全は、裁判その他の紛争解決手続の外部において実質的に保障されるからである。そこでは、紛争の性質論や司法限界論は、国際裁判所の管轄の決定や、仲裁条約の運用に関わる技術的・解釈論的な意味しか持たないだろう。

しかし、実効的な平和的紛争解決手続の構築を基軸とする平和構想において、紛争の性質論・司法限界論は、平和的国際秩序の存立に関わる決定的な意味を有する。あらゆる紛争を実効的に解決するためには、それぞれの紛争を、その性質に従って、最も適切な手続に割り振り、最も適切な解決を与えなければならない。それゆえ、この平和構想にとっては、紛争の性質を調べ、それに対応する解決手続を決定することこそが、最も重要な作業となる。なかでも、法の適用によって拘束的な決定を下す国際裁判の役割は、中心的な問題である。上に見たように、裁判による解決とは対照的な性格を持つところの、政治的機関による調停の意義が強く主張されている状況では、なおさら、平和維持における司法の役割が問われるであろう。だからこそ、戦間期には、①国際紛争は、その性質に応じてどのように区別されるか（とくに、「法律的紛争」と「非法律的紛争」の区別）、②紛争は、その種別に応じて、いかなる手続に割り振られるべきか、③国際裁判（常設国際司法裁判所・仲裁裁判）においては、どのような紛争が解決されるべきか（「紛争の裁判可能性 justiciability」問題）、④国際裁判によって解決されるべきでない紛争は、いかなる手続によって解決されるべきか、などの問いが、真剣に論じられたのである。

したがって、国連憲章に至る「戦争違法化」という視角のみから戦間期の平和構想を分析するならば、そこにおいて盛んに論じられている紛争の性質論・国際司法限界論の意義を捉え損なうこととなろう。あらゆる紛争を平和的に解決する実効的な仕組みの構築によって武力による紛争解決の余地を根絶しようとする平和構想が有力に主張され、かつ、常設国際司法裁判所から政治的機関による調停に至るまでの、多様な手続の意義が真剣に論じられていた時代の文脈を前提にしてこそ、性質によって紛争を区別し、それに対応する適切な手続を検討するという営為の意義が理解される。

モーゲンソーの議論を紹介する前に、紛争の性質および紛争の割り振りに関する連盟期の議論を簡単に振り返っておこう。まず紛争の割り振りについては、すでにみた連盟規約やジュネーヴ議定書の方式のほか、①法律的紛争を仲裁裁判もしくは常設国際司法裁判所に、それ以外の紛争を調停手続に委ねる方式（一九二五年ロカルノ仲裁諸条約）、②法律的紛争を常設国際司法裁判所に、それ以外の紛争を仲裁裁判所に委ねる方式（一九二八年国際紛争の平和的解決に関する一般議定書）、③いずれの種別の紛争も国際裁判に委ねるが、法律的紛争を法に基づいて、非法律的紛争を「衡平と善」に基づいて解決する方式などがある[78]。

性質に基づく紛争の種別、すなわち法律的紛争と非法律的紛争の区別の基準については、論者によって多少の相違はあるものの、おおむね三つの類型が論じられていた[79]。第一の類型は、政治的に重大な問題に関する紛争を法律的紛争から除外する考え方である[80]。例えば、一九〇三年の英仏間仲裁条約は、「法律的性質の紛争または両締約国間に存する条約の解釈に関する紛争」を常設仲裁裁判所に付託する義務を規定すると同時に、「死活的利益」「独立」「名誉」「第三国の利益」に関わる紛争をその義務から除外していた。すなわち、政治的重要事項に関わる紛争は、仲裁裁判に付すべき法律的紛争に含まれない、と規定していたのである。このような留保規定は、第一次世界大戦前に締結された古典的な仲裁条約の多数に採用されている[81]。ただし、古典的な仲裁条約は、紛争を仲裁裁判所に付託するに先立って、事件ごとにコンプロミ compromis（紛争の対象や裁判所の権限・構成に関する当事者間の合意）を締結することを予定しているゆえに、これらの留保が法解釈論として問題にされる可能性は低い。紛争が仲裁裁判に付託される段階で、当事国間において、すでにその紛争の性質や裁判準則について合意があることが前提とされているはずである[82]。

第二の類型は、国際法の解釈・適用に関する紛争を法律的紛争とする考え方である[83]。例えば、常設国際司法裁判所規程三六条二項は、義務的管轄の下に置くことのできる「法律的紛争」として、「条約の解釈」「国際法上の問題」「認定されれば国際義務の違反となるような事実の存在」「国際義務の違反に対する賠償の性質または範囲」に関する紛争を挙げている。この四つの事項を列挙して法律的紛争の内容を明確化する方式は、戦間期に締結された仲裁条約に引き継がれた[84]。このような基準による区別は、国際法の解釈・適用に関する紛争とそうでない紛争が、当事者の意思ではなく紛争の客観的内容によって区別可能であることを前提としているゆえに、「客観的基準」説と呼びうる[85]。

それに対し、第三の類型は、主観的な基準を採用する。すなわち、紛争当事国が、それぞれの主張を国際法に根拠づけており、したがって、国際法の解釈適用によってその紛争に解決が与えられることを求める場合は、法に基づく裁判によって解決されるべき法律的紛争であり、当事国が国際法以外の根拠によってその主張を基礎づけている場合には、非法律的紛争となる、というのである[86]。例えば、一九二五年ロカルノ仲裁諸条約が、国際裁判に付されるべき法律的紛争を、「当事国がその権利を争うすべての紛争 Toutes contestations ... au sujet desquelles les Parties se contesteraient réciproquement un droit」と規定しているのは、主観的基準による区別を表現するものと考えられる[87]。このロカルノ仲裁諸条約の規定は、一九二八年国際紛争の平和的解決に関する一般議定書のほか、多数の二国間仲裁条約に継承されてゆく[88]。

一九二〇年代後半以降、法律的紛争と非法律的紛争を区別する適切な基準として、学説に広く受け入れられてゆくのは、第三の類型すなわち主観的基準である[89]。この考え方は、一八三八年米国最高裁判決[90]においてすでに表現されていると言われており[91]、国際裁判についても、すでに一九一九年にシュトリゾヴェアによって主張されていた[92]が、ロカルノ諸条約が締結された一九二五年以降[93]、紛争の種別を論じたカストベルク[94]やシントラー[95]の論考が主観的基準を採用し、フェアドロス[96]やウィリアムズ[97]、ブライアリ[98]といった著名な国際法学者が、この見解に与することで、当時において通説としての地位を有するようになった[99]。日本の学界においては田岡良一が明確に主観的基準説をとった[100]。

この主観的基準説は、しばしば動態的紛争論と結びつく。すなわち、紛争において当事国が現行法に依拠して請求を行う場合には、それは法律的紛争であるのに対し、当事国が自己の利益を実現するために法の変更を要求する場合には、非法律的紛争となる、というのである。ウィリアムズは、次のように述べて、当事者の請求が現行法に基づかない場合には、それが法の変更を要求するものであること、すなわち、非法律紛争とは、法の変更をめぐる動態的紛争であることを主張する。

もし法的な規準を適用すべきであるとすれば、請求国は、相手国に対してこう言うだろう。「あなたは、国際法が私に認めている権利を侵害しました」。他方で、もしその他の規準（ここでは仮に「政治的基準」と呼ぶ）を適用すべきだとすれば、請求国はこう言うだろう。「より高次の国際的利益に基づいて、われわれの相互の権利・義務は変更されるべきです」。第三のやり方はない Tertium non datur。……同様に、被請求国の応答も、適用される規準に従って、二つのうちのひとつの形式をとるだろう。その応答は、「国際法があなたに認めている権利を私は侵害していません」というものかもしれない。あるいは、被請求国は、「私の行っていることは、法に従っているかもしれないし、そうでないかもしれません。しかしながら、より高次の国際的な利益によって私の行為は正当化されます」と言うかもしれない。もし前者の応答があり、かつ請求国の側が国際法違反を主張しているとすれば、即座に、「法律的」紛争となる。しかし、もし相手国がより高次の国際利益に訴えているならば、明白に、このような応答は決定的な conlcusive ものではなく、さらに、ここでのわれわれの目的にとって特に重要なこととして、この応答は請求に対して関連を持たない。なぜなら、相手国は、国際法によって自国に認められた権利が不十分あるいは不適切であって、より高次の国際利益によってその権利の変更が要求される、と実質的には主張しているからである。相手国は、国際立法に類するものを要求しているのであり、その国家を、法に基づく国際裁判に委ねたとしても解決にはならない[101]。

このような主観的基準に基づく「法律的紛争」概念の主張を強力に批判したのが、ラウターパクトであった。ラウターパクトからすれば、当事国の主張の態様によって法律的紛争と非法律的紛争を区別し、前者についてのみ裁判所に付託する義務を課すとすれば、それは、結局、「当事国は、自らが裁判所への付託を希望する紛争を義務的な司法的解決に付託する義務の下にある」ということになる[102]。つまり、当事国は、裁判への付託を望まない場合には、自己の主張を法以外のものに根拠づけることによって、容易に付託義務から免れることができる。これは、「義務的な司法的解決の制度を否定すること」に等しい[103]、という。

このような批判は、ラウターパクトの「司法による平和」と呼ばれるべき平和構想に基づいている[104]。この構想は、平和的紛争解決手続の整備を基軸とする平和構想の（極端に裁判の役割を重視する）ヴァリエイションのひとつであり[105]、すべての国家間紛争を国際裁判によって解決することによって平和を達成しようという構想である。ラウターパクトによれば、裁判官は、すべての紛争について法に基づいて判断を下さねばならず、またそうすることができる。なぜなら、法は、欠缺のない完全な体系を構成しているからである。

ひとつの制定法規則あるいは全体としての制定法規には、欠缺があるだろう。また、慣習法を示すさまざまな規則にも、欠缺があるだろう。しかし、全体として把握された法体系には欠缺はない[106]。

欠缺のない法体系に基礎づけられた国際司法によって平和を構築しようとする国際法学の任務のひとつは、紛争の種別を論じてその裁判への付託を限定しようとする議論を論駁することにある、という[107]。このような立場からすれば、裁判への付託の基準として法律的紛争と非法律的紛争を区別すること自体が、平和的秩序の構築を阻害するものとして、批判されるべきこととなる。ましてや、その区別を当事国の主観に委ねることなど、認められるはずがない。

さて、このような対立におけるモーゲンソーの位置づけについて考えてみよう。当事国の主観を基準として法律的／非法律的紛争を区別することで国際裁判の役割を限定しようとする支配的立場と、法体系の無欠缺性（完全性）に依拠して司法の「万能」を主張するラウターパクトの立場との対立において、前者の立場をモーゲンソーは採用していると考えるのが自然に思われるかもしれない。例えば、〈モーゲンソーは、当事国が法の変更を求める紛争を「政治的紛争」とみなし、そのような紛争を司法裁判所が解決する可能性を否定した〉という理解はもっともらしく聞こえる。しかし、そのような理解は誤りである。なぜなら、モーゲンソーは、ラウターパクトと同様に、すべての紛争が国際裁判によって解決可能であると考えているからである。

モーゲンソーによれば、あらゆる紛争について、国際裁判所は、一般的に適用可能な規範に基づいて、紛争を実質的に解決する形で権利・義務関係についての判断を下すことができる。

> 一般的に適応可能な規範に基づき、実質的な意味における実体的判断を通じて、国際紛争に判決を下す国際司法機関の能力には、制約がない unbeschränkt。(108)

判断の根拠となる「一般的に適用可能な規範」は、必ずしも、法規範である必要はない。当事国の同意があれば、裁判所は、公正 Billigkeit に基づいて判決を下すことができる(109)。

> 法によって保護された利益に関する紛争について、実定法秩序の内容が所与の判断根拠であるのと同様に、法によって保護されていない利益に関する紛争、すなわち「純粋な利益紛争」は、公正の原則に基づいて、すなわち衡平と善に基づいて ex aequo et bono 判断されなければならない(110)。

モーゲンソーによれば、「公正の考慮」とは、必ずしも、両当事者を満足させ、和解させることを目的とする「主観的な目的志向的考量」ではなく、むしろ、「国際法の一般原則や国際道徳の規則」に基づくものであり、さらには、「立法者が法律を制定する際に行う考量」に等しいものである。[111]つまり、裁判官は、付託された紛争に適用可能な実定法規がない場合には、国際法の諸原則や道徳規則に依拠するほか、場合によっては、現行法の採用する価値基準に準拠する規則を自ら定立し、その規則を紛争に適用することで、適切な解決を与えることができるというのである。

［公正に基づいて判断する裁判官は、］現行法の価値基準にできる限り準拠しつつ、一般的に承認され、または、一般的承認を受けうるような価値原理の形式において規則を自ら定立し、その規則を、相争う諸利益に適用することによって、公正な billig、すなわち正当な gerecht 紛争の解決を見出すように努めることができる。[112]

このように、司法立法まで含めた包括的な紛争解決能力を裁判所が有する以上、裁判所によって解決可能な紛争と不可能な紛争を区別することには、意味がない。[113]当事国が、実定法に根拠づけることなくその利益を主張する紛争であっても、裁判所は、公正に依拠して、実定法の価値基準からみて適切な解決を探究することができる。

たしかに、モーゲンソーは『国際司法――その本質と限界』の一節（§5）において、「法律的紛争」の概念を検討し、上に見た第三の類型、すなわち当事国の主張のあり方を基準とする立場を適切としている。[114]しかし、彼が、「法律的紛争」について論じているのは、単に、平和的紛争解決に関する諸条約がしばしば「法律的紛争」についての規定を置き、学説がそれを重視してきたという事実に配慮しているだけのことであって、裁判可能性に関する論理的・原理的な問題として、それを論じているわけではない。[115]したがって、モーゲンソーの国際秩序構想を理解しようとする立場からは、彼の「法律的紛争」論を重視すべきではない。

むしろ、モーゲンソーの議論を理解するうえで重要なのは、彼が、法律的紛争／非法律的紛争という区別とは異なるやり方で、政治的紛争を論じていることである。モーゲンソー自身の言葉を使えば、法律的／非法律的のような基準によって紛争を「垂直的」（タテ割り）に区別するのではなく、あらゆる紛争について、裁判に付すことの是非を「水平的」（ヨコ割り）に分類する基準が探究される。(116) すべての紛争は、裁判によって解決可能であり、紛争のうちのあるものを裁判可能な法律的紛争に、他のものを裁判不可能な紛争に分類することはできない。紛争当事国が、実定法に根拠づけることなく利益を主張するとしても、裁判所は、公正 Billigkeit に基づき、現行法に準拠しつつ、その紛争に解決を与えることができる。その意味で、あらゆる紛争が裁判によって解決可能である。にもかかわらず、あらゆる紛争が、場合によっては、裁判によって解決されるべきでないと判断される。一言でいえば、あらゆる紛争が（裁判可能という意味での）法律的紛争であり、あらゆる紛争が（裁判に適さないという意味での）政治的紛争となりうる。

それはつまり、紛争の両当事国が、自己の主張を実定法に根拠づけており、それゆえ、実定法の解釈・適用が争点となる紛争であったとしても、裁判による解決に相応しくない「政治的紛争」となりうる、ということである。例えば、無人島の帰属をめぐる紛争において、両当事国が、それぞれの主張を実定法において認められている領域権原に根拠づけており、それゆえ、その争点が国際法の解釈・適用によって解決しうるものであったとしても、なお、そこにおいて真に賭けられているものが、単なる無人島の領有にとどまらない何かであるとすれば、その紛争は、法に基づく裁判によって解決するに相応しいものではないだろう。では、紛争が裁判で解決されることを妨げるところの「何か」を、われわれはどのように理解すべきだろうか。それを探究したのが、モーゲンソーの政治的紛争論である。

2　モーゲンソーの政治的紛争論

（1）政治的紛争の構造

モーゲンソーによれば、国家間の「対立 Gegensätze」は二層の構造を持つ。ひとつは、「請求および請求への反論という形式において、正確かつ明晰に定式化された表現をとる対立」であり、これを「紛争 Stretigkeiten（英 disputes）」と呼ぶ。このような対立については、一般的に適用可能な規範に基づいて解決を与えることができ、それゆえ、裁判によって解決可能である。[117] もうひとつは、「当事者の要求の中に法的に把握可能な表現を見出せないような利益相反を内容とする」対立である。そのような利益相反は、目に見える国家間の関係の下層にあって、「通常は潜在的なものとして存在するが、定期的に、間接的だが、それだけに一層強く持続的な影響を国際関係に及ぼす」。このような対立を「緊張 Spannungen（英 tensions）」と呼ぶ。[118]

モーゲンソーは、紛争と緊張という対立の二層構造を、精神分析の概念を用いて説明する。人間は、共同生活において二種類の欲動 Trieb によって支配されている。ひとつは、自己保存への欲動であり、いまひとつは、共同体において重きをなすこと Geltung への欲動である。[119] このような欲動を貫徹しようとして暴力による衝突が生じる。法秩序の目的とは、そのような衝動に駆られて争う者たちに対して、非暴力的な活動の場を与えること、すなわち、「あらかじめ定められた平和的な方法で力の優越を決定する可能性が与えられている」活動の場を用意することである。[120] その目的で、国家法秩序は、諸個人の力関係を象徴的に表現する価値体系を定め、また、その力関係の変動を適切に表現する柔軟な規範体系を保持している。[121]

ところが、国際法秩序はそうではない。

たしかに、国際法は、現行の法状態を固定するのに適した規範を形成してきた。しかし、現行の法状態を、発展によって不利な地位に置かれた者の意思に反してでも、平和的な方法で変更しうることを根拠づける規範は、国際法にはない[122]。

国際法は、「静態的」であって、勢力関係の変動に合わせて法状態を変化させる仕組みを備えていない。したがって、それは、せいぜいのところ「過去の一時点での勢力関係」を表現するものでしかない[123]。それゆえ、勢力関係の変動を通じて、現行法において表現されている勢力関係と、現実の勢力関係との不適合が生じ、それが、新興国家の不満の原因となる。

現行の法状態に較べ、自己に有利な形で勢力関係 Kräfteverhältnis の移動が生じたと考える国家は、現実に存在すると考えるところの勢力関係と、古い勢力関係に対応する法状態とのあいだにある不一致を、現実の勢力関係に合わせて解消しようとする。すなわち、現実に存在すると自らが考えるところの勢力関係に、法状態を適合させようとするのである[124]。

新興国家は、国際社会において、自らの現在の力に見合う重い地位を得るために、現行法の状態を変更することを望む。この願望が国際関係に緊張を生み出す。すなわち、緊張とは、「ひとつの国家が、他の国家に対して要求するところの、現行の法状態と現実的な勢力関係とのあいだの不一致 Diskrepanz を内容とする国家間対立である[125]」。

ここで、〈現行法と現実勢力関係の乖離から生じる「緊張」が、モーゲンソーの言う政治的紛争だ〉と早合点してはならない。「緊張」は直接には「紛争」を構成しない。なぜなら、ある種の「抑圧[126]」のメカニズムが働いて、緊張は潜在的な層に押しとどめられるからである。勢力関係の変動に応じて法を平和的に変更する仕組みがない以上、新興国家が法変更の願望を直接に充足するためには、なまの暴力、すなわち戦争に訴えるしかない。しかし、戦争によって法変更を企てることは、すでに国際社会においてタブーとされている verpönt。[127] 支配的イデオロギーによれば、国家間の対立は、戦争ではなく、法に基づく平和的解決手続によって解決されなければならない。もし新興国が、その力を誇示して法の変更を直接に要求するなら、世論と外交を支配するイデオロギーに反することとなり、敵意と孤立を招くことになるだろう。[128]「一致した世界世論の力は、最強国にとってもなお、恐るべきものである[129]」。

それゆえ、新興国家の法変更要求は、支配的イデオロギーによって抑圧される。しかし、その要求は、消滅するわけではなく、むしろ自らを抑圧した支配的イデオロギーを利用して、自らを表現する。

諸国家は、……ただ支配的イデオロギーと、それによって形成された価値・規範体系のみを利用する。すなわち、それら諸国家は、ただ、法規則（あるいはその一般的適用可能性のゆえに法規則でありうるような規範）によって根拠づけることのできる要求のみを定式化するのである。[130]

自らの勢力に対応する地位を得るために法変更を望む新興国の欲求は、いったんは、武力による現状変更を認めないイデオロギーによって抑圧されるが、そのイデオロギーに即する形で、すなわち、法的に根拠づけられた主張に仮託して顕在化することとなる。そうして、紛争と緊張という「国家間の対立的関係における二つの層」が生じる。

モーゲンソーは、「紛争」の特徴として、①明確に認識可能であること、②国家の意識に組み込まれていること、③合理的に把握可能であることを挙げ、「緊張」の特徴として、①合理的な規制に服さないこと、②その存在が、原則として間接的にのみ表現されることを挙げる。[131] 勢力に見合う地位の要求から生じる「緊張」は、一般的に適用可能な規範による根拠づけが不可能であり、したがって、武力行使によって欲求実現を図る場合を除けば、国際関係においてその直接的な表現を得ることができない。それゆえ、対立の潜在的・無意識的な下層にとどまる。国家が国際社会において意識的に行うのは、あくまでも、一般的に適用可能な規範に根拠づけられた合理的な主張であり、そこから生じる紛争は、合理的に定式化された主張の対立であるゆえに、明確に認識可能である。このような二つの層が、上下に積み重なってひとつの対立を構成していると考えるのが、モーゲンソー理論の特徴と言えよう。【図4参照】

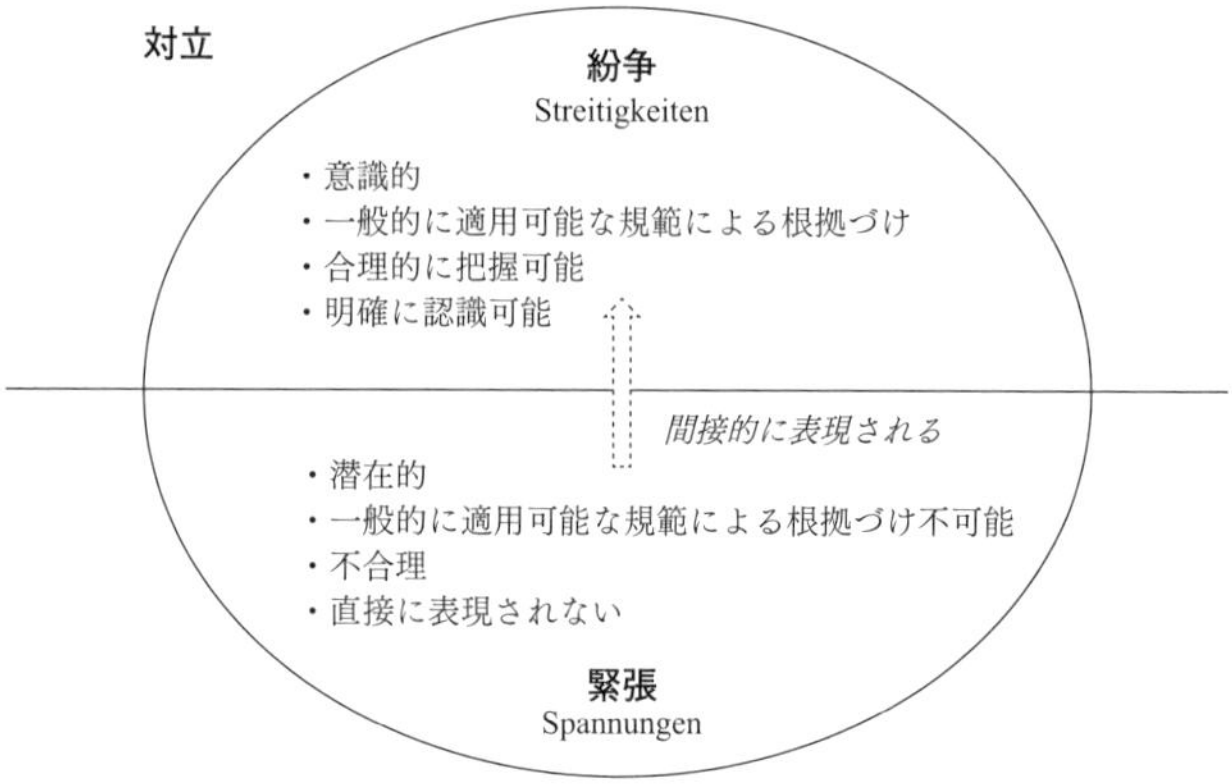

図4　政治的紛争の構造

現実の勢力に見合う法的地位の要求によって生じる緊張は、その直接的な表現を阻止され、一般的に適用可能な規範（とりわけ法規範）によって根拠づけられる主張の対立としての紛争に結びつくことでその表現を見出す。その場合、緊張は、国家の勢力関係に密接に関わる内容を持つ紛争と結びつくこともあれば、内容的にはおよそ関係のない紛争と結びつくこともある。[132] すなわち、内容的には何ら緊張と関わらないように見える紛争であっても、それが、潜在的な緊張を現前させる **repräsentieren** 機能を持つ場合がある。[133] 言い換えれば、国家間の勢力関係にはおよそ関わらないような周辺的・技術的な問題に関する紛争であったとしても、その紛争が、国際社会における地位をめぐる緊張と結びつき、その象徴としての意味を持たされるとすれば、その紛争は、地位をめぐる強度の対立関係を担うこととなる。そのように、勢力関係をめぐる緊張と結びついているゆえに、緊張としての対立の強度を伴っている紛争こそが、モーゲンソーの言う「政治的紛争」である。[134]

政治的紛争も「紛争」である限り、法的な根拠に基づいて解決を与えることができる。すなわち、政治的紛争もまた、少なくとも現象面においては、一般的に適用可能な規範に基づいて合理的に構成された主張の対立である以上、裁判による解決が可能である。しかし、裁判所は、果たして、緊張を象徴するものとして争われている政治的紛争に対し、解決を与えるべきだろうか。

モーゲンソーは、政治的紛争に直面した国際司法機関のとりうる態度について、二つの選択肢を挙げる。ひとつは、紛争のみならず、その背後にある緊張についても判断を下すことによって、国家間対立の全体について解決を与えることである。ところが、そうするならば、裁判所の判断に、非合理的な要因が入り込んでしまうだろう。なぜなら、あるべき勢力関係を合理的に論証することはできないからである。裁判官の政治的嗜好や偏見が入り込んだ非合理的な判断は、裁判所に対する信頼を失わしめ、その結果、国際司法の実効性の基礎を掘り崩してしまう[135]。

もうひとつは、緊張を一切考慮することなく、純粋な法律学的方法に閉じ籠って判断することである。こうすることで、裁判所は、現行法に準拠した法的な解決を「紛争」に与えることができる。しかし、法的な「紛争」解決に局限された判断であっても、国家間の「緊張」関係に影響を与えざるを得ない。「なぜなら、全体の一部を変更または安定化させることによって、同時に全体について影響を及ぼすからであり、すなわち、事物を象徴するものに関わることによって、事物自体にも関わるからである[136]」。場合によっては、現行法に準拠する判断によって、法状態と勢力関係の懸隔がさらに広がってしまい、そのために、「緊張」が増す結果となることもあるだろう。すなわち、平和をもたらすべき司法が、国家間の対立関係をかえって激化させてしまう。それは、司法の任務ではないはずである[137]。また、当事国は、対立関係を規定している緊張関係を考慮せずに下された決定が緊張関係に影響を及ぼすことを「不当」と感じ、国際司法に対する信頼を失うだろう[138]。

いずれにせよ、国際司法機関は、政治的紛争について判断すべきではない、ということになる。

（2）動態的紛争論の系譜

〈新たに形成された勢力関係と、現行の法状態との乖離から生じる国家間の対立は、国際司法機関によっては解決されえない〉という主張は、決して新しいものではない。第2章において明らかにしたように、一八七〇年代には、すでにアドルフ・ラッソンによって、国際法を勢力関係の表現とみなす理論が主張されており、そこにおいて、新しい勢力関係に対応して国際法の status quo を変更することを要求する新興勢力によって、国家間の対立が引き起こされることが指摘されている。[139] 国際法が時代の勢力状況に対応して変動してゆくべきものであるとすれば、〈法の変更要求から生じる国家間対立は、現行法の適用による紛争解決を任務とする司法機関によっては解決されえない〉という動態的紛争論が打ち出されるのは自然である。

事実、一八七〇年に出版されたトレンデレンブルク『国際法における欠缺』には、次のような記述がある。

仲裁裁判所は、その事物の本性として、せいぜい条約の違反が問題となる場合に、つまり、決定の準則が条約に存する場合に、そのしかるべき所を得る。状況の展開により、国家間において新しい法的関係が生み出されなければならない場合には、そうではない。国際紛争のうち、法律的性質を持つものだけが、仲裁判決に委ねられてよい（強調は引用者による）。[140]

つまり、現行法を準則として解決可能な国家間紛争のみが裁判可能なのであって、法的関係の変更が問題となる紛争を仲裁裁判に委ねることはできない、という。

「法律的紛争」概念について、一九一九年の著作において先駆的に主観的基準説を唱えた[141]レオ・シュトリゾヴェア（一八五七—一九三一）[142]も、また、法変更をめぐる動態的紛争による裁判の限界を主張している。彼によれば、あらゆる国家間対立について、それを法的に評価することが可能である。[143] すなわち、法の欠缺によって紛争が裁判不可能になることはない。

現代の国際法は、……法のない空間を残さない。国際法の諸規定が残す欠缺は、何らかの諸原則に従って補完される。それらの諸原則については国際法において論争がありうるとはいえ、すべて国家間紛争が、その諸原則に基づいて、仲裁裁判における判断の対象となりうる。[144]

しかし、現行国際法に欠缺がないとしても、現行法の変更の是非をめぐる紛争を、現行法に基づいて判断することが適切とはかぎらない。シュトリゾヴェアによれば、「政治的諸条約に基づいて生じる対立は、たいてい、その規定の解釈ではなく、むしろ、その変更に関わる」。かかる対立を、国家は、現行条約の規定に準拠して判断する司法機関に委ねようとは思わない。「そのような問題において、ただ主権的権力だけが、裁判官たりうる」[145]という。

しかしながら、以上のような古いタイプの動態的紛争論は、武力による紛争解決との境界として、裁判による国際紛争解決の限界を唱えている点で、一九二〇年代の動態的紛争論とは、その秩序構想における意義を異にしていることに注意が必要である。第三者的機関による平和的紛争解決手続として仲裁裁判のみを想定していた一九世紀後半の平和構想においては、仲裁裁判によって解決できない紛争は、当事者によって、場合によっては実力を用いて、解決されざるを得ない。したがって、裁判によって解決できない性質の紛争を解決する手段として、最終的には、強制的な解決手続としての戦争が想定されていた。右に引用した一九一九年のシュトリゾヴェアの著作『戦争と国際法秩序 *Der Krieg und die Völkerrechtsordnung*』においても、裁判の限界に関する主張は、戦争の正当化根拠を論じるという文脈において展開されている。

それに対し、すでに述べたように、一九二〇年代には、すべての紛争をその性質に応じてさまざまの手続に割り当てる仕組みを整備することによって平和を実現しようとする構想が、連盟の下で有力に唱えられていた。このような平和構想の下では、裁判による紛争解決の限界を指摘することは、裁判になじまない性質の紛争を解決するに相応しい手続を整備すべきだという主張につながる[146]のであって、平和的紛争解決手続自体の限界を意味するわけではない。すなわち、一九二〇年代という文脈の下での裁判の限界論は、平和的紛争解決手続の限界論ではなく、包括的な平和的紛争解決手続の推進論という性格を有する。

その代表例として、大陸ヨーロッパにおける動態的紛争論の主唱者であったディートリヒ・シントラー（一八九〇―一九四八）[147]の所説を概観しよう。シントラーにとって、法律的紛争から区別されるところの「利益紛争 Interessenstreitigkeiten」（政治的紛争）とは、法の変更要求によって生じる紛争である。社会における利益状況の変動によって、現実の利益状況と法秩序とのあいだに乖離が生じ、その乖離を埋めるために新しい法的関係の創出が求められる[148]。すなわち、利益紛争においては、「ぶつかり合う諸利益が、従来は存在しなかった法的関係を作り出すことによって、確固とした勢力均衡状態に至ることを求めている」[149]。法の創出をめぐる利益紛争を、法の適用によって解決することはできないゆえに、その解決のためには、法の創出・変更を視野に入れた手続が必要となる、という[150]。

シントラーの議論においてとくに指摘すべき点は、彼が、このような利益紛争を国際法に固有の問題と考えていないことである。近代国家内部においても、労使紛争の解決に関する国内法は、既存の法的権利・義務を紛争に適用するのではなく、既存の権利・義務関係を変更し、新しい権利・義務関係を労使間に設定することによって、紛争を解決する手続を発展させてきた。それゆえ、シントラーは、労働法における労使紛争解決と、国際法における国家間紛争解決の類似性を強調する。

第一に、労使紛争においても、国家間紛争と同様に、実力による闘争が許容されている。国家間関係における戦争と同じく、労使間のストライキやロックアウトなどの実力行使も、新しい法的関係を創出するために行われる闘争手段である[151]。第二に、労使紛争は、国家間紛争と同じく、集団間の紛争である。そこでは、個別的な労働契約に関する義務違反・権利侵害をめぐって個人どうしが争うのではなく、既存の労働条件を変更し、新たな労使関係を設定するために、集団どうしが争っている。すなわち、集団間の動態的紛争という意味において、労使紛争は、国家間の政治的紛争と共通の性質を持つ[152]。第三に、労使関係においても、国家間関係と同様に、当事者の合意によって客観的法規が定立される。労使間において締結された労働協約は、個別的な労働契約を規制する客観的法規としての効力を有している。[153] 第四に、労使紛争においても、国家間紛争と同様に、原則として当事者間の合意によって法的関係の変更・設定が図られ、調停手続によって当事者間の合意が促進される。[154]

このようなシントラーの労働法類比論は、二〇世紀初頭からヴァイマル共和国初期にかけてのドイツにおいて飛躍的に発展した集団労働法 kollektives Arbeitsrecht の理論を背景としている。集団労働法の体系は、労働協約の法理を中心に発展した。フーゴ・ジンツハイマー(一八七五―一九四五)[155] をはじめとする草創期の労働法学者たちは、個別的な労働契約によって構成されてきた労働者と使用者の法的関係の内容が、事実上、使用者によって決定されていることを問題とし、その状況を改善するために、労働組合と使用者団体による労働協約に法的効力を認めることによって、労使の法的関係の再構成を目指したのである。[156]

ヴァイマル共和国の成立に伴い、集団労働法の構想は公認される。一九一八年労働協約令 Verordnung über Tarifverträge は、労働協約に不可変的効力[157] を認め、また一般的拘束力宣言[158] の制度を制定することで、労働協約に強い法的効力を付与した。そして、ヴァイマル憲法は、「労働条件および経済的条件を維持し促進するために団体を結成する自由」を保障し(一五九条)、かつ、「[労使]双方の組織およびその協定は、これを承認する」(一六五条)と規定することで、労働協約の憲法的保障を宣言した。[159]

ストライキやロックアウトなどの実力を行使する能力を有する集団のあいだに、あるべき法的関係をめぐる紛争が生じる中で、労働協約という集団間の合意の締結によって、既存の法的関係を変更する形で、その紛争を解決する、というのが集団労働法の基本的な枠組みである。そのような紛争に対して、国家当局は、既存の法的権利・義務規定を適用する司法手続ではなく、秩序維持に軸足を置いた中立的な立場から集団間の和解と合意締結を促進する形で、すなわち、調停を中心とする手続によって関与する。ジンツハイマーは労使紛争の調停について次のように述べている。

調停の任務は、集団間合意……を締結するための助力を行うことにある。それは、集団間紛争を前提としている。集団間紛争は、共同性の担い手のあいだの紛争であり、集団間合意の締結を目指すものである。そのような集団間紛争が、調停手続の対象となる。(160)

調停は、司法裁判ではなく、また非訟事件手続 freiwillige Gerichtsbarkeit でもない。調停は司法裁判ではない。調停することと判決を下すことは異なる。調停は権利侵害を前提としない。それは、現行法を適用するのではなく、新しい法を創出する。調停は非訟事件手続ではない。調停の任務は、法を解明することではなく、利益を調整することである。(161)

シントラーの行った労働法と国際法の類似性の指摘は、単なる学問的興味のみからなされたものではない。労働協約の締結を目的とする調停制度の導入によって労使間の秩序形成にある程度成功した労働法に言及することは、裁判モデルに対抗する調停モデルの意義を根拠づけるという含意を持つ。国内法においてさえ、紛争は、司法裁判によってのみ解決されているわけではない。労使紛争のような実力を有する集団間の紛争については、紛争当事者間の合意形成の促進によって安定的な法的関係を構築することを目指す調停手続を通じて、その解決が試みられている。そうであるならば、国際法もまた、裁判モデルに固執するのではなく、集団間の動態的紛争の解決に適した調停モデルを積極的に導入し、法変更も視野に入れた包括的な国際紛争解決手続を整備してゆくべきだということになるだろう。

シントラーの指摘した労使紛争の類比は、国際紛争解決手続における裁判中心主義を批判する論者に共有されている。イギリスの国際法学者ジェィムズ・レスリー・ブライアリ（一八八一―一九五五）は、すでに一九二五年、国際紛争の司法的解決の限界を指摘する文脈において、労使紛争に言及している。国内においてさえ、集団間の紛争は、しばしば、法的権利ではなく、利益獲得をめぐって生じるため、司法的解決にはなじまない。例えば、労使紛争 industrial disputes は、労働契約上の権利の確保ではなく、むしろ、労働契約に定められた条件（賃金・労働時間など）の変更をめぐる争いである。[162]

われわれは、……労使紛争を司法的に解決しようとはしない。なぜなら、一方当事者が要求しているものが、一般に、その法的な権利ではなく、別の何かだからである。……われわれは、ときに労使紛争をストライキやロックアウトによって戦いぬく。とはいえ、労使紛争を解決するための最も望ましい方法は、双方が産業全体の利益を広い視野から考慮し、相互の譲歩によって断絶を治癒することである。その点は、広く認められるべきだと私は思う。[163]

国内秩序においては、権利をめぐる紛争を法の適用によって解決する司法制度が十分に発達しているが、そこにおいてさえ、権利の変更を含む利益関係をめぐる集団間の争いについては、司法ではなく、和解による解決が図られる。いわんや、国際秩序において、強力な集団である国家間の紛争をすべて司法手続によって解決しうるなどと考えるべきではない。「国内領域において司法的方法に期待していることより多くのものを、国際領域において司法に求めるのは間違っている」[164]。

E・H・カーもまた、法の平和的変更の必要性を説く文脈において、労使紛争の意義を強調している。中央集権的立法機関によらずに法を変更する仕組みを考えるにあたって、国内における労使紛争が参照されるべきだというのである。[165] カーによれば、資本側と労働側の対立は、「持てる者」と「持たざる者」、「満足する者」と「満足せざる者」の対立である。その対立すべてを裁判によって解決することは不可能であり、また、立法によって（例えばストライキを全面的に禁止することによって）権力的に解決しようとする近代国家の企ては失敗に終わった。一九世紀後半から二〇世紀初頭にかけて、労働者は、ストライキなどの実力行使と交渉を通じてその地位を改善する。内戦と革命を引き起こしかねない労働者の実力を背景として、資本家も態度を軟化させざるを得ない。そのような過程を経て、労働者と資本家は、調停と仲裁によってその関係を平和的に変更するシステムを作り出してきた、という。[166]

国際政治における「現状満足国」と「現状不満足国」のあいだの闘争に最も近い国内アナロジーを、カーは労使紛争に求める。[167] そして、労使紛争を、立法や司法ではなく、法変更を視野に入れた調停的手続によって平和的に解決する仕組みを作り出した国内の経験を、国際関係にも反映させるべきことを主張しているのである。

もしこのアナロジーを国際関係に適用することができるなら、われわれは次のことを期待してもよい。すなわち、ひとたび不満足勢力が平和的交渉（実力行使の威嚇がまず間違いなく先行するのだが）によってその不満を救済する可能性に気づくなら、何らかのかたちで「平和的変更」の正規の手続が徐々に打ち立てられ、それが不満足国家の信頼を勝ち取るだろう。そして、ひとたび、そのような仕組みが承認されるなら、調停が当然のことと考えられるようになり、実力の威嚇は、形式的には決して放棄されないにしても、もっと後景に退くであろう。[168]

このように、戦間期の国際法論・国際秩序構想においては、労使紛争解決の仕組みを作り出した国内法の経験を参照しつつ、動態的紛争にも対応しうるような、すなわち法変更をも可能とするような平和的紛争解決手続の構築が志向されていた。戦間期に広く提唱され、国際政治学的思考の形成にも大きく影響した動態的紛争論は、そのような文脈において理解されるべきである。

さらに付言するなら、モーゲンソーは、一九二八年から三一年まで、先に引用した集団労働法理論の主唱者であるジンツハイマーの法律事務所に勤務し、後にはフランクフルト大学で彼の助手を務めた[169]（この点は後に検討する）。戦間期には、理論的にも、人的関係としても、労働法学と国際法学とを貫くかたちで、動態的紛争という共通の思考のフォルムが存在し、それが国際政治学的思考の形成に寄与したのである。

右に述べたような動態的紛争論の系譜において、モーゲンソーの国際司法限界論も位置づけられる。モーゲンソーの議論の特徴としては、以下の点が挙げられるだろう。

まず、モーゲンソーの議論において、動態的紛争を実質とする政治的紛争は、表面的には法の変更をめぐる動態的紛争として争われない、という点である。政治的紛争は、法の status quo の変更と維持をめぐる緊張をその対立の実質としているにもかかわらず、その当事者の主張において、明示的に法の変更が要求されるわけではない。紛争当事国は、あくまでも合理的に定式化された主張を行うのだが、その主張の対立によって生じる紛争に、緊張が結びつくことによって、政治的紛争が成立する。[170] 例えば、紛争当事国の双方が、現行国際法によって認められる領域権原に自己の主張を根拠づけている場合であっても、その対立の実質が、両国の勢力関係をめぐる争いであるならば、それは、法の適用によって解決されえない政治的紛争となる。紛争種別に関する素朴な主観主義基準[171]を斥け、当事国が権利を争う紛争もまた動態的紛争としての政治的紛争でありうるという経験的な直観を、理論的に根拠づけた点にモーゲンソーの政治的紛争論の独自性があると言ってよい。

このモーゲンソー独自の政治的紛争論は、国家間対立を、その表層における「紛争」と深層における「緊張」に区別することによって根拠づけられている。そのような国家間対立の二重性の指摘自体は、必ずしも彼に独特のものではなく、例えばブライアリの論考にも見出される。ブライアリは、一九三〇年公表の論文「国際紛争の本質的性質」において、戦争の真の原因 cause と表層的な原因を区別している。第一次世界大戦の直接のきっかけとなったサラエボ事件の責任の問題は、表層的な原因にすぎない。国家間対立を戦争に至らしめた真の原因は、「集合的な力・集合的な感情」である。「紛争 dispute」とは、せいぜい、戦争の表層的な原因となる国家間の事件にすぎず、また、裁判手続による解決の可能性があるのは、「紛争」に限られる。それゆえ、国際裁判によって戦争の真の原因を取り除くことはできない、という。[172]

ところで、ブライアリは、このような戦争の真の原因と表層的な原因の区別を、「よく知られた区別 familiar distinction」と呼んでいる。[173] これは、おそらく、トゥキュディデスの『歴史』の叙述を指していると考えられる。ペロポネソス戦争の真の原因をアテナイの強大化に伴う勢力関係の変化とみなし、戦争の直接のきっかけとなったケルキュラ・コリントス間の紛争とは区別するトゥキュディデスの分析枠組み[174]は、古典教育を受けた人々にとってはなじみ深いものだったのであろう。

とはいえ、モーゲンソーは、古典古代に由来する国家間対立の二層制という枠組みを、当時の最新の思想であったフロイトの抑圧理論を用いて構成している。古い枠組みを最新の理論によって根拠づけることによって、当時の喫緊の課題であった紛争の裁判可能性問題への解答を導いたところにも、モーゲンソー理論の独自性が見出される。

補1　国際調停委員会について

モーゲンソーの国際司法限界論は、政治的紛争について、国際裁判による解決が不適切であることを論証するものであった。では、政治的紛争は、どのような紛争解決手続に付されるべきであろうか。政治的紛争を解決すべき手続としては、国際裁判のほかにも、国際調停委員会による手続や連盟理事会による政治的調停などが考えられる。それらの手続は、政治的紛争の解決を担うに相応しいものなのだろうか。

モーゲンソーは、国際裁判について論じた限界が、国際調停委員会にも当てはまると考えている。[175] 独立・中立の国際機関として設立される国際調停委員会は、それ自体として政治権力を伴わず、国際裁判と同様に、当事者の信頼を基盤として紛争に対する影響力を行使することができる。それゆえ、国際調停委員会は、信頼に足るような「公正」の原則に従って判断しなければならない。つまり、一般的に適用可能な規範に基づいて、調停勧告をなさざるを得ないのである。[176] したがって、国際調停委員会は、一般的に適用可能な規範に基づいて判決を下す国際裁判と同様に、[177]合理的に定式化された紛争についてのみ、解決能力を有している。もちろん、国際調停委員会には、法の適用によって解決できない紛争の解決が期待されている。しかし、それは、国家間対立の強度を高めている「緊張」を解決することはできないのであるから、「緊張」と結びついた「紛争」としての政治的紛争の解決には適さない。つまり、モーゲンソーの理解によれば、国際調停委員会は、「純粋な紛争だが、法律的紛争ではないもの」を対象とする紛争解決手続なのである。[178]

このようなモーゲンソーの議論を掘り下げる形で、祖川武夫「国際調停の性格について」（一九四四年[179]）が書かれた。祖川によれば、国際調停委員会という手続は、「純粋な委員会の形式をもつてその政治性を中和しつつ、連盟理事会の紛争処理機能を国際調停に引移さうとする要求」に基づいて作り出された。[180]「連盟理事会の紛争処理機能」とは、連盟規約一五条に規定された理事会の審査手続のことである。この手続は、政治的紛争をも対象とする包括的な紛争解決手続としての性質を持っているが、その政治的性格のゆえに、中立性と独立性を欠くという批判を受けた。[181]その批判に応える形で、中立的な委員からなる独立の国際調停委員会による包括的な紛争解決手続が構想された、という。

このような非政治的な委員会が政治的紛争を解決する能力を有するか、という問いについて、祖川は明確にそれを否定している。祖川の政治的紛争概念はモーゲンソーに由来する。すなわち、合理的に表現された主張の対立としての「紛争」と、合理化を拒むような国家間対立としての「緊張」を区別し、「緊張」と結びついた「紛争」として政治的紛争を定義するのである。[182]「緊張」とは、「国家の個性的存在としての全体的可能性を包蔵するところのもの」であるゆえ、その対象の限定を行うことが不可能となり、「事情によつてそれは国家の対外関係の全体へと拡延するであらう[183]」。したがって、「緊張」と結びついている政治的紛争もまた、「国家の個性的存在の全体的可能性の問題を含むもの」であるゆえに、その解決は、「国家の対外的全体状況のうちから主体的な政治的な決断によって形成されなければならない[184]」。このような国際政治に関わる主体的な決断を、「個人的資格において就任する委員をもつて構成され、全く政治的責任の立場から遊離したところの中立的・独立的な調停委員会」が行うことはできない、という[185]。

言い換えてみよう。「緊張」とは、国際的な勢力配分をめぐる争い、すなわち権力闘争から生じる不合理な国家間対立であり、それゆえ、「紛争」として構成されえない。国際社会において、それぞれの国家が、いかなる地位と勢力を占めるべきであるかは、各国が、具体的な国際情勢の下で、政治的な決断としてそれぞれに決定すべき問題と言わざるを得ない。このような政治的な問題についての決断は、政治的に責任を持つ者のみがなしうるのであって、非政治的であるという意味において中立的な委員会がなしうることではない。祖川によれば、そもそも政治的紛争について解決すべき非政治的な機関という、矛盾した性格を国際調停は持っており、それがこの制度の失敗の内在的原因なのである[186]。

ただし、祖川は、政治的紛争を解決に導く国際手続の可能性を否定しているわけではない。「国際政治関係の全体形成に（ことになんらかの程度において世界政策を担当する強国として）主体的決断をもつて参与しうる立場にあり、従つてまた、その紛争処理の結果をみづから保証しうるやうな政治的責任の立場にある」国家であれば、政治的紛争の当事国に対してであっても、政治的責任をもって調停案を提示することができる、という[187]。そうであるなら、国際関係の全体に対して参与しうる強国からなる連盟理事会のような機関ならば、政治的紛争についても、勢力配分を含む国際関係のあり方を将来にわたって考慮し、その結果を政治的決断として提案することができるであろう。つまり、祖川の国際調停委員会批判論は、戦間期の平和構想という文脈においては、紛争解決における連盟理事会主導の政治的調停を重視するコンウェル＝エヴァンズの主張[188]と共鳴しているのであり、政治的機関による政治的調停の意義を根拠づけるという含意を有している。

補2 「政治的なもの」の概念

モーゲンソーによれば、勢力関係をめぐる国家間対立としての「緊張」は、およそ勢力関係とは無関係な内容の「紛争」に結びつき、それを、強度の高い「政治的紛争」に転化させてしまうことがある。すなわち、ある紛争が「政治的」であるか否かは、その紛争の内容や対象物に関わらない。通常ならば政治的な重要性を持たないような周辺的・技術的な問題に関する紛争であっても、勢力関係をめぐる緊張と象徴としての役割を果たすならば、政治的紛争となる。

言い換えれば、モーゲンソーにとって、特定の事項や対象が、政治的な性質を持つわけではない。「政治的であるということ」は、内容や対象に関わる性質ではないのである。したがって、「政治的なもの」の概念を、何らかの実質的・内容的に確定することはできない。

……確かなこととして、政治的な問題と非政治的な問題を、その対象に基づいて区別することは不可能である。というのも、政治的なものの概念は、概念的な必然性をもって、特定の対象に結びついているわけではなく、また、特定の対象から排除されているわけでもない。[189]

いかなる問題も、その内容を構成する実体に基づいて、必然的に政治的性格を持つわけではなく、あらゆる問題が、その対象と外部にある状況のゆえに政治的性格を持つ。政治的なものの概念は、確固として存在する実体を持つのではなく、むしろ、いかなる実体にも付着しうるような（特定の実体にはとくに付着しやすいけれども、必然的に何らかの実体に付着するわけではないような）特性・性質・色調なのである。[190]

それゆえ、モーゲンソーは、「政治的なもの」を、実体や内容ではなく、関係の性質として定義する。すなわち、それは、「国家活動の対象と国家の個性 Individualität とのあいだの関係」の強度 der Grad der Intensität だという。[191]

「国家の個性」とは、ある具体的なひとつの国家を、その国家として成り立たしめているところの本質的性質という意味である。

「政治的なもの」を関係の強度と定義するモーゲンソーの議論は、カール・シュミット（一八八八―一九八五）の『政治的なものの概念』（一九三二年版）の叙述にも影響を与えたと言われている。[192] シュミットによれば、「政治的なもの」の指標である「友と敵の区別」は、「結合または分離の、団結または離散の、極大的強度 der äusserste Intensitätsgrad を示すという意味を持つ[193]」。

戦間期の欧州では、労使紛争に象徴されるように、伝統的には非政治的なものとされてきた経済的・社会的な領域における対立が強度に政治的な意味を有していた。それゆえ、そこでは、経済的問題と政治的問題、low politics と high politics を、事項的・実体的に区別する思考よりも、モーゲンソーのように、「政治的であること」を非実体的に捉える思考のほうが、説得力を有していたといえるだろう。

3 法律学的思考の限界としての政治的紛争

前節までの叙述において、モーゲンソーの政治的紛争論が、同時代の平和構想において持つ意味を検討してきた。そこでは、すべての紛争を実効的に解決する平和的解決手続を模索する平和構想において、紛争をその性質に応じた解決手続へと割り振ることが重視され、その文脈において、司法的解決の性質と限界が問題となったのである。

本節では、視点を変え、モーゲンソーの政治的紛争論が持つ法理論的意味について検討する。政治的紛争論は、法の適用による紛争解決の限界を指し示すものであった。これは、紛争の側から見れば、いかなる性質の紛争が、司法手続によって解決可能であるか、という問題に関わる。他方で、法規範の側から見れば、国際法規範体系が、国際的な諸関係をどこまで規制しており、その諸関係から生じる諸紛争について、どの範囲で解決を与えることができるのか、という問題として現れる。もし、すべての国家間紛争に対して、国際法規範体系が、その体系に内在する論理によって適切な解決を与えることができるとすれば、国際法は欠缺のない体系を構成しているということとなる。したがって、法の適用による国際紛争解決の可能性をめぐる実践的な議論と密接に関わる理論的問題として、国際法の欠缺の有無が論じられたのである。

法の無欠缺性の概念は、多様な意味を持つ。ここでは、①あらゆる法的請求に対して法的評価を行う可能性としての形式的無欠缺性、②あらゆる紛争に対して法的な解決を与えるような解釈論的判断の可能性としての実質的無欠缺性、③法の実質的無欠缺性を動態的紛争に対して拡張する可能性、すなわち、状況に応じて実定法を修正する解釈によって、法変更をめぐる紛争に対してさえも、妥当な法的解決を与える可能性としての動態的解釈可能性について論じる。

（1）形式的無欠缺性

法の無欠缺性は、最も単純かつ形式的な形で主張されることがある。ここではケルゼンのよく知られた議論を紹介しよう。紛争は、一方当事者による他方への請求によって構成される。ある当事者の請求について、それが法律に基づいているか否かを、法解釈を通じて決定することは常に可能である。請求が、実体法に根拠を有しているならばその請求は是認され、有しないならば斥けられる。「請求を斥ける決定においても現行法秩序が適用されている。なぜなら、法秩序は、ある特定の振る舞いを人間に義務づけることによって、この法的義務の外側における自由を保障しているからである」。したがって、すべての紛争について、法解釈・適用による判断が可能であり、その意味において、法秩序は無欠缺である、という[194]。

このような考え方はケルゼンに特有というわけではない[195]。例えば、エリヒ・カウフマンは、すでに一九一一年の著作において、次のように述べている。

ある法体系が、その下で提起された問題について何の解答も与えることができない、という意味での、真の欠缺は想定しえない。なぜなら、生活事実は、現存する法規則に包摂されるか、包摂されないかの、いずれかであり、それぞれに応じて、所与の事実が法概念に内包されるか、内包されないか、当該の法概念に定められた法的帰結が生じるか、生じないか［ということになる[196]］。

裁判によってすべての国際紛争を解決することを主張していたラウターパクトも、国際法の無欠缺性の根拠のひとつとして、その「形式的完全性 formal completeness」を挙げている。国際裁判所は、提起された請求について、実定法上の根拠を見出せない場合、「明示的に禁止されてない事柄は許容されている」という命題を指導原理とすることによってその請求を斥けることができる。すなわち、紛争の対象となる事実関係について、法的な規制が見出せない場合にも、法的な判断はつねに可能なのである[197]。

（2）実質的無欠缺性

たしかに、あらゆる請求について、それが法的根拠を有するか否かを判断することは可能であろう。とはいえ、それだけでは、すべての紛争について法の解釈・適用によって解決を与えることができる、という意味での実質的な無欠缺性は保証されえない。法的な規制を受けていない事実関係について、何らかの請求が出された場合、その請求について法的に評価することとは、その関係の適切なあり方を法解釈によって提示することを必ずしも意味しないからである。例えば、大陸棚の境界画定に関する法規則が定まっていない状態において、ある国家Xが、等距離原則に基づく大陸棚境界線を主張し、その内側における外国Yの海底資源採掘活動を停止するよう求めた場合を考えてみよう。大陸棚境界画定に関する等距離原則が実定法上の規則と言えない以上、その請求が、実定法に根拠づけられていないという法的評価は容易である。しかし、そのような評価は、両国間の大陸棚境界線の適切なあり方について、国際法の解釈・適用に基づいて判断を下すものではない。国家Xの主張する境界に法的な根拠がないという評価は、国家Yの主張する境界（および、その境界主張に基づく国家Yの採掘活動）が法的に正しいことを意味しない。したがって、この評価そのものは、大陸棚境界画定をめぐる両国の紛争の実質を何ら解決するものではない[198]。

ある事実関係に関して紛争が生じている場合、その紛争に法的な解決を与えるためには、単にそれに関して提出された請求を法的に評価するだけでは必ずしも十分ではなく、当該関係の適切なあり方を示す規範を解釈論的に導き出す必要がある[199]。それが、実質的無欠缺性の問題である。

ラウターパクトは、これを国際法体系の「実質的完全性 material completeness」と呼ぶ。その趣旨は次の言葉に要約される。

ひとつの制定法規則あるいは全体としての制定法規には、欠缺があるだろう。また、慣習法を示すさまざまな規則にも、欠缺があるだろう。しかし、全体として把握された法体系には欠缺はない[200]。

国際法においては、他の法分野に較べて明確に定められた法規則の数が少なく、したがって、明確な法規則によって規制されていない諸関係が多く存在する。そのような諸関係に関して提起された請求について法的に評価することは可能（形式的無欠缺性）だが、それだけでは、必ずしも、国家間に対立を生じせしめている問題を実質的に解決することはできず、平和を維持するという法の任務を果たしえない[201]。法は、紛争に実質的な解決を与えなければならない。そのため、法律家は、一般的な法原則や類推等の解釈技術を用いて実質的に欠缺のない法規範体系を構成しなければならない。そのような体系的な解釈を用いるなら、個別的な法規則が規制することを予定していない事実関係についても、それを実質的に規制すべき適切な法規範を見出すことができる、という。[202]

（3）動態的解釈可能性

たとえ、一般原則や類推に依拠して現行法諸規範からなる欠缺なき体系を構成しうるとしても、その体系が、動態的紛争に対しても適切な解決を根拠づけるとは限らない。国際法を勢力関係の表現とみなす思考の下では、勢力関係の変動により、法の status quo の維持を要求する国家と、変動した現実に対応する法の変更を求める国家とのあいだに対立が生じると考えられる。その対立を基礎として生まれる動態的紛争は、法的に解決可能であるか。言い換えれば、動態的紛争についても、裁判官は、法に基づいて、にもかかわらず場合によっては現行法を修正することを通じて、適切な解決を与えることができるのか。それが、法の動態的解釈可能性の問題である。

第3章で検討したエリヒ・カウフマンによる事情変更原則の分析は、そのような法の status quo と勢力関係との乖離という状況における、動態的解釈の提言であった。すなわち、各国家が自己保存を中核とする自己利益を追求することを通じて、並列関係秩序としての国際法が成立するのであるから、基礎となる事実状態の変動によって、ある法規則と中核的自己利益との矛盾が生じた場合には、当該法規則の効力が否定される、というのである。[203] このような事情変更原則は、裁判所においても適用されるべき、法の解釈原則として理解されている。[204]

また、ケルゼンの理解するところの「法の欠缺」も、動態的解釈としての機能を果たす。すでにみたように、ケルゼンは、形式的意味において、「法の欠缺」が論理的にありえないものと考えている。にもかかわらず、「法の欠缺」が主張されるのは、実定法に基づいて法的請求を評価した場合に、その帰結が著しく不当であると法適用者が感じるからである。[205] すなわち、現行法を現実に適用した場合に不当な結果が生じることを避けるために、「法の欠缺」が主張され、現行法が変更されるというのである。

それゆえ、いわゆる「欠缺」とは、実定法と、より良い・より正当な・より正しいと考えられる秩序との差異にほかならない。そのような秩序を実定法秩序と照らし合わせて、実定法に欠けるところがあると確かめることによってのみ、欠缺なるものを主張することができる。そのような欠缺を解釈によって充塡することができないのは、その欠缺の本質をみるならば、自明である。ここでは、解釈は、解釈されるべき規範を適用するという機能ではなく、むしろ反対に、その規範を排除し、より良い・より正当な・より正しい規範、要するに法適用者にとって望ましい規範をそれと置き換えるという機能を果たす[206]。

このようなケルゼンの「法の欠缺」論が、イデオロギー批判として論じられていることには注意が必要である。法適用者は、実定法の適用によって著しく不当な帰結が生じる場合に、自らが適切と考える規範（価値原理と呼んでもよい）に照らしてそれを修正する。それは、法適用者の裁量における価値判断・政策判断に基づく行為である。にもかかわらず、それを「欠缺」の補充とみなすことで、あたかも論理的必要であるかのような偽装が施される、という[207]。

ここで、ケルゼンは、イデオロギー的偽装を批判しているのであって、法適用者の裁量によって現行法を修正することと自体を批判しているのではない。むしろ、ケルゼンにおいて、法規範を個別化・具体化してゆく段階構造の一段階として把握された裁判は、その授権された裁量の範囲において法創造を当然に行うべきものとみなされる。上位規範によって授権された裁量の範囲内において下位規範を創出するという点において、立法と司法とのあいだに質的な差異はない。そうであれば、立法府が、憲法から授権された権能に基づいて、社会状況の変化に応じた適切な法創出を行うのと同じように、裁判所もまた、社会状況の変化に応じて、その裁量の範囲内で、適切な法創出を行うこととなる。それゆえ、裁判官に認められた裁量の範囲内で、実定法規を補充・修正することは可能であり、日々の実務において現に行われていることでもある[208]。

ケルゼンの理論において、裁判官に認められた裁量には、現行法規に適合しない判決を下す権限さえも含まれる。法規に反する判決という問題は、ケルゼンの段階的構造論において、上位規範と下位規範の矛盾という一般的問題に解消される[209]。時として憲法に違反する法律が有効に存在しうるように、内容的あるいは手続的に上位規範に違反する下位規範が妥当することもありうる[210]。その場合、上位規範は、それに適合する下位規範のみならず、それに違反する下位規範を定立することを機関に授権しているのである[211]。通常、法律に違反する判決もまた、それが上級審や再審によって覆されるなど、法的な手続によってその効力を否定されるまでのあいだ、有効なものとみなされるであろう。その場合、法律は、裁判所に、法律違反の判決を下す権限を付与していると言える。さらに、法に定められた手続が尽くされたのちも、法律規定に抵触する判決の効力が否定されないならば、その判決は、法律に反する内容を持つにもかかわらず、有効であり続ける[212]。その結果、法律の側が、判決の内容に合わせて改正されることによって、その抵触が取り除かれることもある。すなわち、裁判官の裁量による法の動態的解釈を通じて、法状態が確定的に変更されてゆく可能性もありうる、ということとなる。

国際裁判の万能性を主張したラウターパクトも、法秩序の段階構造を根拠として司法による法定立の可能性を強調する。経験の教えるところでは、裁判所は、「形式的に現行法の圏内にとどまること、あるいは、法の一般原則・衡平・公序を適用して現行法を度外視すること」によって、目立たない仕方で、しばしば法を実質的に変更している[213]。そのような裁判による法定立 judicial law-making は、むしろ、一般的な現象といえる。なぜなら、裁判所は、単に法を事実に適用する機関ではなく、個別的な事件に対して法規を創出する機関だからである。

> 必然的に抽象的であらざるを得ない法規則を具体的な事件に適用する際、［裁判所は］自らが受け持つ個別的な事件に対して現実的 actual な法規則を創造する。社会において法を現実に運用するということは、抽象的な法規を段階的に具象化してゆく過程 a process of gradual crystallization である。その過程は、最も基本的で抽象

的な規則群としての憲法に始まり、裁判所の判決や行政当局の裁決・決定、利害関係者の合意による個別的な法的関係の具体的な形成に終わる。司法と立法のあいだの権力分離は、それら両機関と行政権力とのあいだの分離と同様、伝説的なものにすぎない[214]。

このように、ウィーン学派に共有された法秩序の段階的構造論は、立法と司法の相違を相対化することで、裁判による法創造・法変更を正当化する機能を果たしたのである[215]。

国際裁判所が、その裁量の範囲内において法定立を行うことができる、という場合、その裁量的判断は自由な決定であるのかが問題となる。言い換えるなら、裁判官の裁量的判断において「正解」は存在するのか、という問題である。ケルゼンによれば、裁判における法の解釈において唯一の「正解」を導くような法律学的な基準は存在しない。上位規範によって授権された機関が下位規範を定立する場合、その機関は、上位規範によって示された枠内において判断しなければならず、かつ、法秩序全体との関係において整合性を有する解釈を行うことが求められる。しかし、複数の解釈が法律学的に可能と考えられる場合、いずれを選ぶかは、法律学の問題ではなく、価値判断の問題である[216]。つまり、裁判官が正しいと信じる価値原理（社会や解釈共同体において共有されていると裁判官が信じる価値原理と言い換えてもよい）に基づいて判断がなされるのである。

ケルゼンは、授権連関を通じて抽象的規範が具体化される段階構造のひとつの段階として裁判を把握しているのであるから、ただ裁判においてのみ、特殊な法律学的・客観的判断がなされるとは考えない。憲法によって授権された立法府が、法政策的な判断に基づいて法律を定立するのと同様に、裁判所もまた、法政策的判断に基づいて解釈を選び取る。たしかに裁量の幅に差はあるが、その差は相対的なものでしかない。

解釈によって憲法から正しい法律を得ることができないのと同様に、解釈によって法律から正しい判決を得ることはできない[217]。

自由法運動を経験している戦間期の公法学・国際法学において、裁判における「法適用」を、規範を事実に当てはめる客観的・機械的作業とみなす素朴な観念はもはや受け入れられない。しかし、だからといって、ケルゼンのごとき、裁判の極端な相対的把握が抵抗なく受け入れられるわけではない。実定法規そのものから具体的な事件に関する判決を論理的・演繹的に導出することはできないとしても、判決は、裁判官の純然たる恣意の産物ではないはずである。だとすれば、裁判官の裁量の範囲において下された決定にも、正しいものと正しくないものがあるだろう。では、判決の「正しさ」の基準は何であろうか。

カール・シュミットが一九一二年に公表した著作『法律と判決』は、この問題に関する優れた論考である。経験に従えば、実定法規のみを基準として判決が下されるわけではない。むしろ、実定法の規定を度外視して、あるいはその規定に反して、判決が下されることもしばしばである。しかし、だからといって、判決の「正しさ」についての客観的な基準がない、というわけではない、とシュミットは主張する。

決定の「法律適合性 Gesetzmäßigkeit」がもはや、その決定の正しさと一致しない、ということは、客観的な規準を断念し、すべてを裁判官の主観に委ねてしまう、ということを意味しない[218]。

ここにいう判決の「正しさ」とは、法実践における「正しさ」であって、その基準は、法律学において現行法規範を認識する基準とは明確に異なっている[219]。矛盾のない実定法規範の客観的体系を構成する法律学と、具体的事案における適切な決定を求める法実践とは、そもそも異なる営為だからである。

複雑に考えなくとも、法実践は、その概念において、法（科）学 Rechtswissenschaft とは異なる何かである。法学は、矛盾のない自己完結的な規範体系を追究するのに対し、法適用においては、（論理的・心理的に）すべての関心が具体的な個別事件に集中され、そのための正しい決定が見出されなければならない。法規範に関する学問的探究の結果は、法適用にとっては、単なる手段でしかない[220]。

法実践における固有の正しさの基準は、「法的確定性 Rechtsbestimmtheit」に求められる[221]。紛争について、予測可能な形で決定を下すことこそが、法実践に求められる本質的な役割であり、それゆえに、法的確定性は、法実践において「公理 Postulat」なのである。法的確定性から導かれる判決の正しさの基準は、次のように定式化される。

ある裁判官の決定は、その時点において、他の裁判官であっても同様に決定したであろうと認められる場合に、正しい。ここにいう「他の裁判官」とは、現在の法学教育を受けた法曹として経験的に見出されるタイプ Typus を指す[222]。

すなわち、法学専門教育を受けた法曹集団としての裁判官において、法的判断の作法（どのような根拠づけによって何を決定するか）が共有されていることを前提として、その共有された作法に則っていることこそが、正しい判決の基準であるというのである。

これは非常に巧みな基準の設定といえる。なぜ、裁判判決が、先例拘束性のない裁判例における判決文をしばしば引用するのか、ということが、この基準を用いてうまく説明できる。それら裁判例は、拘束力のある先例としてではなく、他の裁判官であっても同様に判断するであろうということの論拠として挙げられるのである[223]。また、このような基準には、それが価値的内容とは独立しているという利点もある。裁判において、裁量的判断において考慮されるべき諸原理・諸価値との適合性という観点から、複数の決定が等しく論証可能であるとしても、なお、法実践独自の「正しさ」の基準によって、「正解」が導かれる。また、裁判官諸個人が、その良心において異なる価値原理を信奉していたとしても、それとは独立に、判決としての「正解」が根拠づけられる。

そして、この基準は、実定法規則を逸脱する判決の「正しさ」の根拠ともなる。すなわち、法規の文言に明白に反する判決であっても、当該具体的事案において「他の裁判官であっても同様に判決を下したであろう」と考えられる場合には、それは判決としては正しいのである。[224] したがって、具体的事件の適切な解決のために現行法を変更するような判決であっても、法実践においてその時点で共有されている作法に基づいて下されたものであれば、それは正しいということになるだろう。

もちろん、「他の裁判官であっても同様の判断を下したであろう」という判断は、無条件に可能であるわけではない。法実践において各人がまったく異なる判断を行ってきた場合（例えば、出身地や身分によって明らかに判断に偏向が見られる場合）には、他の裁判官も同じように判断するか、という基準は機能しない。法実践が、全体として、法的判断の作法を共有している場合にのみ、他の実践者（裁判官）であっても同じように判断したであろう、という判断が可能になる。そのような条件が国際裁判所に備わっているのか、という点が、国際法学において問題とされるべきであろう。とりわけ動態的解釈との関係では、当事国の合意として存在する条約規則を変更する形で判決を下しうるほどに確固とした法的判断の作法が、法曹集団に共有されているか、という困難な問題が提起される。しかし、戦間期の国際法学において、そこまで徹底して問題を考え抜いた形跡は見当たらない。国際裁判によるすべての国際紛争解決の可能性を主張したラウターパクトでさえ、判決の「正しさ」の根拠と基準を綿密に論証しようとはしなかった。

法適用と法制定の相違の相対性を根拠として裁判における自由な（政策的判断による）法創造を主張したケルゼンや、法適用の独自性（「法適用は、法制定とも解釈とも同じではない」[225]）を強調して、裁判実践に即して生じる「正しい」判決の基準を提示しようとしたシュミットに較べれば、ラウターパクトの立場は徹底性を欠く。上に述べたように、一方において、ラウターパクトは、法秩序の段階的構造（法制定と法適用の相対化）を根拠として裁判による法創造を主張する。しかし、他方において、司法裁量を、立法府における政治的判断とは根本的に異なる法的判断だと考えている。[226]

ケルゼンによれば、上位法による授権の範囲内で行使される司法裁量は、客観的法律学の外部にある、価値判断・政策的判断の問題である。すなわち、体系的に解釈された実定法規範の枠内において複数の内容の判決が可能である場合、いずれを選択するかは、機関としての裁判官の政策的な判断に基づく。法律学がなしうるのは、整合的な解釈の可能性（選択肢）とその帰結を客観的に示すことのみだという。[227]

このような、法（もしくは法律学的思考）の役割を限定するケルゼンの思考は、ラウターパクトには受け入れられない。ラウターパクトにとって、裁判における法創造とは、「複数の異なる解釈可能性に直面したとき、司法判断は究極的には政治的行為である」ということを意味しているのではない。[228]このことは、彼の平和構想と関係している。

ラウターパクトは、すべての国際紛争について裁判所が拘束的な解決を与える体制を作り出すことを、「平和の不可欠の条件」とし、その実現に貢献することを国際法学者の主要任務とみなす。[229]つまり、彼によれば、裁判官こそが、すべての国際紛争について、国家に対して拘束的な決定を下すべきなのである。もし国際裁判における判決が、裁判官による政策的・価値的判断に基づいているとすれば、司法判断の固有の意義は失われるのであり、ひいては、それが固有の意義を持つ判断として各主権国家を拘束すべき根拠も薄弱とならざるを得ない。裁判官の政策的・価値的判断が、国家の政策的・価値的判断よりも優越し、その意に反してでも国家を拘束すべき確固たる理由はないからである。もちろん当事者の利己的価値判断に対する第三者的な価値判断の優越を主張することはできるだろう。しかし、それに対抗して、第三者の干渉に対する当事者の政治的判断（自己決定）の優越を主張することも同じく可能である。

すべての国際紛争について裁判官の判断が国家を拘束すべきであり、そのような国際裁判制度（義務的国際裁判制度）を構築すべきであるというために、ラウターパクトの国際法構想においては、裁判官が国際法に基づく最も適切な（すなわち「正しい」）判断を行う、ということが前提とされる。裁判官が国際法に基づいて「正しい」判断を行うとするならば、国際法が国家を拘束している以上、裁判官の判断は、国家を拘束すべきだということになるだろう。

それゆえ、ラウターパクトは、裁判による法創造を正当化する文脈において裁判と立法の区別の相対性を主張しているにもかかわらず、法解釈基準に関する叙述においては、裁判上の判断の特殊性を強調する。

たしかに、裁判における解釈基準の選択は、条文の外部にあるように思われるさまざまな要素によって影響されるであろう。しかし、それらの要素、すなわち正義の考慮、公正と信義誠実の原則、場合によっては、争われている諸利益の衡平な調整などの諸要素は、正当に法に関連しているof legitimate legal relevance。それらの要素は、裁判の機能と、立法者の権力との区別を消し去るものではない[230]。

ラウターパクトによれば、裁判所は、必要とあれば正義や公正・衡平の基準を援用するにもかかわらず、「最も正確なthe most accurate」法解釈を示すべき存在である。「学問的・批判的任務a scientific and critical task」としての解釈の概念は、可能な法解釈の選択肢の中から「最も正確なものを選ぶ」ことが裁判官の業務であることを前提としている。つまり、必要な法的考慮をすべて加味すれば、裁判官は、ただひとつの正しい解釈に到達しうる、ということである[231]。

つまり、ラウターパクトは、一方で、段階的な法秩序における立法と司法の差異の相対性を根拠として、裁判所による法創造の必然を認めつつ、他方では、裁判所が、立法機関とは異なり、唯一の「正しい」法解釈を行うことを任務とすることを強調する。言い換えれば、裁判官は、付託された紛争に関し、法規が明確でない場合にも、唯一の「正しい」法解釈を法創造として行う、ということである。裁判所が法創造を行うにもかかわらず、それが唯一の「正しい」解釈を導くと言いうるためには、裁判所に固有の「正しい」法創造＝法解釈の基準が示されなければならない。

しかしながら、ラウターパクトは、裁判官の判断が「正しい」とみなされるべき根拠や基準を明らかにしていない。本当に裁判官の判断は「正しい」のだろうか。ときに現行法規の修正をも含む国際裁判所裁判官の「法解釈」を、国家の政策担当者はなぜ「正しい」ものとして受け入れるべきなのだろうか。単に裁判官が法律家であることは、その解釈の「正しさ」を保障するものではない。国家にもまた、法律顧問や国内裁判所裁判官らの優れた法律家があって、別様の解釈をなすかもしれないからである。〈国際裁判所が有権的に関連国際法規を解釈しうるから〉という回答は、問いに対する答えとなっていない。裁判官が「正しい」判断に至ると言うとき、ラウターパクトは、〈裁判官の裁量的判断は、その事件について判断する権限を持つゆえに、法的効力のある（その意味で「正しい」）判断として妥当する〉ということを主張しているわけではない。すなわち、裁判官に委ねられた任務において判断されたことが法的に「正しい」、というのではなく、裁判官は法的に「正しい」判断をなすことを任務とする（したがって紛争を裁判所に付託すべし）、というのである。そうである以上、裁判官の判断の「正しさ」がその有権性によって根拠づけられることはない。

ラウターパクトの所論に向けられたストーンの批判は、裁判所による唯一の「正しい」判断の可能性に対する疑義に基づいている。たしかに、裁判所は、法規則が明確でない場合でも、一般的法原則などに依拠して、法的根拠を持った何らかの決定を下すことはできる。しかし、一般的法原則に依拠して、同様に法的根拠を持った別の決定を下すことも可能であろう。そうである以上、裁判所がここで下した決定が、一般的法原則から客観的に導かれる唯一の「正しい」解釈とは言いえない。したがって、一般的法原則に依拠する決定は、法定立的選択である[232]。そうであるなら、国際的紛争の主題となるあらゆる国際法上の問題について、裁判所に法定立を委ねるべきなのか、という問いがただちに立ち上がる。

今日の変動に富む世界において、法を定立する law-creating 責任を、どれほどまでに裁判所に委ねることが賢明なのであろうか。[233]

（4）欠缺なき法体系の動態的限界

国際法の完全性と国際裁判の重要性を強調してやまないラウターパクトもまた、じつは、法定立・法変更を伴うべき紛争解決についてまで裁判所が万能であると考えていたわけではない。言い換えれば、裁判所による法適用＝法創造によっては、倫理的・政治的観点から見て正当に解決されえない動態的紛争が存在することを認めていたのである。すでにみたように、ラウターパクトによれば、裁判所は、必要に応じて一般的法原則や衡平の原理に依拠する体系的な解釈を通じて、すべての国際紛争について、法的に適切な解決を与えることができる。このような体系的解釈は、ときに、目立たないやり方で現行法規を変更するものでさえありうる。とはいえ、法的安定性への配慮が必要とされる以上、具体的適用における法の修正・変更には限界がある。それゆえ、裁判所が国際法の適用によって導く解決が、倫理的もしくは政治的観点からみて受け入れがたい場合があることは否定できない。

一般的法原則の適用により、あるいはより一般的に、司法上の法創造 judicial law-making により、裁判官の裁量は広い射程を有するのだが、だからといって、裁判官が、その司法的義務によってやむを得ず、（法的には非難されるべきではないものの）倫理的・政治的にみて異論の余地があり、正義（裁判）justice を通じて平和を達成するという法の究極的な目的を達成しえない判決を下す可能性がすべて排除されるわけではない。[234]

法的にみて「正しい」判決が倫理的・政治的にきわめて不当とならざるを得ない場合、法が変更されるべきこととなるのだが、ラウターパクトの所論においては、そのような法変更が必要な紛争の解決についても、裁判への付託が否定されるのではなく、むしろ裁判所が重要な役割を果たすことが期待される。

第一に、通常の裁判官による法適用＝法創造の限界を越えて法が変更されるべき場合であっても、当事国は、望ましい形で法を変更するために裁判所を利用することができる。例えば、紛争当事国は、紛争事項を規制すべき新たな望ましい法規範を提案する権限を裁判所に与えるよう、合意することができる。また、望ましい法規範を定立する交渉の基礎として、現行法に基づく判決を利用するよう、当事国が合意することも可能である。さらには、当事国間の合意によって裁判準則自体を拡張し、「衡平と善」に基づく立法的判断を行うことを裁判所に授権してもよい[235]。

第二に、裁判所を利用する法変更について紛争当事国が合意していない場合であっても、裁判所の職権により、法の変更を勧告できるよう裁判所規程を改正することをラウターパクトは提案する。連盟規約一九条は、法変更を勧奨する権限を総会に認めているが、この制度は、十分に機能していない。国際平和の維持という観点から、連盟理事会を中心とする政治的機関が、裁判所の勧告に基づいて、現行法を変更もしくは停止する手続を構築すべきだという[236]。

このように、ラウターパクトは、法変更によって解決されるべき動態的紛争について、法の実質的無欠缺性（実質的完全性）が限界を有することを認めつつ、その場合においてもなお、法の変更手続の中に裁判所を介在させることを主張しているのである。

国際司法に関する対極的な主張からは意外に思われるであろうが、法体系が実質的な意味において無欠缺であると論じている点、および、法変更を伴うべき動態的紛争解決についてその無欠缺性の（政治的）限界が存すると考えている点において、モーゲンソーとラウターパクトは一致している。すでにみたように、モーゲンソーは、あらゆる紛争について、裁判所が、「一般的に適用可能な規範」に基づいて実質的な解決を与えることができると考えている。事件に適用可能な法規則が存在しなくとも、法原則や公正の原理に基づいて、適切な解決を導きうる。一般原則や公正の原理に基づく判断であっても、それは、裁判官の主観的・政策的判断ではない。裁判官は、現行法の採用する原則や価値基準に基づいて規則を定立し、それを具体的事件に適用するからである。すなわち、裁判官は、あらゆる国家間紛争について、実質的な解決を現行法に依拠して決定することができる、という。[237]

ラウターパクトとモーゲンソーの理論的対立を決定づけるのは、現行法に基づく紛争解決が政治的にみて不当な帰結をもたらす場合における裁判所の役割についての見解の相違である。ラウターパクトが、その場合に要請される法変更についても裁判所が重要な役割を果たしうると考えるのに対して、モーゲンソーは、法変更欲求をめぐる緊張と結びついた政治的紛争については、裁判所は判断を下すべきではない主張する。政治的紛争について、その対立の根源である緊張を度外視して、合理的に構成された主張の対立としての「紛争」のみについて解決を与えるなら、かえって国家間の対立を悪化させてしまう。だからといって、あるべき勢力関係について判断することは、「一般的に適用可能な規範」に基づく判断を越え出てしまい、結果として裁判所に対する信頼を損なうことになる。[238]

連盟期の国際法理論という文脈からみれば、モーゲンソーの政治的紛争論は、法体系の実質的無欠缺性をいったん承認したうえで、法変更を伴うべき動態的紛争解決における法体系への依拠の限界を指摘することによって国際司法の限界を主張する議論として位置づけることができる。このような思考自体は、結論を異にするとはいえ、ラウターパクトの理論と同じ土俵のうえで展開されているのである。

4　力と利益の相違

以上の叙述においては、モーゲンソーの政治的紛争論を構成している基本的な考え方、すなわち、動態的紛争や国際裁判の限界、法の無欠缺性についての考え方が、戦間期の国際法学において共有されているものであることを確認してきた。それに対し、この節では、モーゲンソーの政治的紛争論の独自の特徴に焦点を当てたい。

精神分析における「抑圧」の概念を類推して動態的紛争論を構成した点に、モーゲンソーの政治的紛争論の独自の特徴があることはすでに述べたとおりである。[239] ここでは、さらにその点に関する検討を深めてゆく。結論を先取りするなら、フロイトの欲動概念の影響のもとに、非合理的な「力への欲求（権力欲求）」に着目した点が、モーゲンソーの政治的紛争論を、従来の国際法論や国際法批判理論から区別する特質と言える。近代国際法理論においても、[240] 国際法批判理論においても、[241] 主権国家の利己的性格が前提とされてきたが、そこにおいて国家の行動原理とされてきたのは、自己保存を中核とする「利益」の追求である。

「利益」と「力」は異なっている。人は、ときに自己の生命さえも犠牲にして、自己の「力」を示そうとする。それに対し、「利益」を求める者は、そのために命を犠牲にしようとは思わないだろう。死んでしまえば現世の利益をすべて失うこととなり、あらゆる点において「元も子もない」からである。むやみに自己の「力」を実証しようとする者に対して、「そんなことをして何の得（利益）になるのか」と問うことは、その者の蛮勇をいさめることとなる。例えば、メルヴィルの小説『白鯨』において、エイハブ船長は、自己の力を示すためにモビー・ディックを仕留めることに執念を燃やす。その目的のために、彼は、捕鯨船への出資者の利益だけではなく、自己と乗組員の生命を危険にさらすことを何ら厭わない。その船長に対し、利益追求に忠実な一等航海士スターバックは、「商売の道理」を尊重するよう、船長に言い聞かせる。

わたしがここにおりますのは、鯨をとるためでして、船長の復讐に手をかすためではありません。たとえ、あなたの復讐がうまくいったとしても、鯨油にして何バレルになるでしょうか、エイハブ船長？　ナンタケットの市場では、さしたるもうけにはなりませんよ。[242]

獰猛な巨鯨との対決において鯨捕りとしての「力」を示すことに躍起となっているエイハブの非合理な衝動に対して、スターバックは、「利益」という合理的な観点から制約を課そうとしているのである。[243]

「利益」と「力」が異なるものであるという、ごく常識的な理解から出発したとき、まず目を引くのは、そのような理解に適合しないモーゲンソーの定式、すなわち、「力 power として定義される利益 interest」という定式である。したがって、まずこの定式について検討してみよう。

（1）「力として定義される利益」

リアリズムの理論的方法を論じるモーゲンソー『国際政治』（第二版以降）の第一章「国際政治におけるリアリスト理論」においては、「力 power として定義される利益 interest」という言葉が、その方法論上の中心概念を指すものとして用いられている。[244] しかし、「力として定義される利益」とはいったいどういうことであろうか。

国家にとって国益 national interest の実現が中心目的であり、その実現のために力が用いられるのであるとすれば、力が国益という観点から定義されるべきだろう。例えば、〈利益を実現する手段の総和として定義される力〉というように。あるいは、国益追求の結果として実現された国家関係が、国家間の勢力関係を示すというのであれば、やはり、力が利益の観点から定義されることとなる。例えば、〈実現された利益の表現としての力〉というように。ところが、モーゲンソーは、そのような定義を採用せず、逆に、利益が力によって定義される、という。

「力として定義される利益」というモーゲンソーの定式が不可解なものであることは、かつてより指摘されてきた。そもそも、モーゲンソーにおいては、力 power と利益 interest の関係が不明確である。[245] モーゲンソーは、国益の客観的な（行為者または認識者の主観的価値判断とは独立の）内容として「力」の概念を用いているように思われるが、「力」もまた、不確定であいまいな概念であり、実体のない要素（例えば道義的な影響力）も含む漠然とした「力」を測るために、結局、主観的価値判断が入り込まざるを得ないだろう。[246] つまるところ、モーゲンソーは、利益の概念についても、力の概念についても明確な説明を与えていない。あいまいな概念である「力」によって利益を定義したところで、利益の概念は何ら明確化されない。[247] このような批判が、「力として定義される国益」という彼の定式に対して、早い時期から向けられてきた。

「力として定義される国益」という概念を理解する手掛かりは、一見したところ、『国益の擁護 *In Defense of the National Interest*』（一九五一年）に求めうるように思われる。[248] この書物において、モーゲンソーは、アメリカ合衆国の国益が、西半球において「並ぶもののなき支配的勢力 a predominant power without rival」としての地位を維持することであり、したがって、ヨーロッパやアジアにおいて、世界的に支配力を行使しうるような強国が誕生することを阻止するために、勢力維持政策をとることだと述べている。[249]

「アメリカ合衆国の」国益は、西半球における優越性の維持と、ヨーロッパとアジアにおける勢力均衡のほかにはなかった。[250]

すなわち、モーゲンソーは、国際社会における力 power を確保することが、国家の利益 interest であるとみなしている。このような理解に立てば、「国益」は、たしかに「力」の観点から定義されるだろう。

しかし、「国益という問題」と題された一九五八年（初出五二年）の論考[251]においては、かなり内容の異なる叙述が見受けられる。そこにおいては、国益の中核として、国家の自己保存が前面に押し出されるのである。まずモーゲンソーは、国益の概念を二つの要素に区別する。すなわち、①「論理的に要求され、その意味において必然」であり、したがって比較的に不変の要素と、②「状況に応じて決定される可変的な」要素である。このうち、前者、すなわち、必然的な要素こそが、「国益の中核 the hard core of the national interest」であり、この国益の中核を守るために、「すべての政府は、歴史を通じて、特定の基本政策を執り行ってきた」[252]。それゆえにこそ、あらゆる歴史・地域を通じて普遍的に存する国益の必然的要素を基軸として、さまざまな政策担当者の外交を理解することが可能になる、という。[253]

そして、この国益の必然的要素は、政治的統一体（国家）の自己保存をその主要な内容とする。

政治的統一体（例えば国家）が、同一性を保って存続することが、他の統一体に対するその統一体の利益の必然的要素であり、還元不可能な最小限である。[254]

明らかなこととして、国益という基準の下で遂行される外交政策は、いかなるものであっても、国家 nation と呼ばれる物理的・政治的・文化的存在 entity と何らかの関連性を持たざるを得ない。数多くの主権国家が権力 power を求めて相互に競合し、対抗しあっている世界においては、すべての国家の外交政策は、必然的に、その最小限の要請として、自らの存続 survival に関わらざるを得ない。[255]

すなわち、モーゲンソーは、一方において、国益を権力として定義すると述べつつ、他方において、国益の必然的な要素の内容を、自己保存と考える。そして、国家の外交政策の理解にとって意味があるのは、この必然的要素だという。このように、「権力」または「自己保存」として二重に理解された国益概念について、当然、〈はたして力の追求と自己保存の追求は同じものなのか〉という疑問が生じるだろう。

この点につき、モーゲンソー自身が、別の書物において、力への欲求（権力欲求）と自己保存欲求が異なる性質のものであると論じている。一九四六年に出版された『科学的人間 vs. 権力政治 *Scientific Man vs. Power Politics*』の中で、モーゲンソーは、人間の「利己性 selfishness」と「力への欲求 desire for power」とを異なるものとして扱っている。利己性とは、「個人の生存に関わる必要 vital needs」に関係している。すなわち、「個人が生きている特定の自然的・社会条件のもとで生存 survival のための最善のチャンス」を与えてくれるものを得ようとすることこそが、「利己性」の内容である。[256] したがって、ここでいう利己性は、自己保存欲求と言い換えることができる。

モーゲンソーによれば、利己性は、権力欲求とは異なっている。利己性が自己保存欲求である以上、自己の生存が確保されると同時に、それは満たされるからである。権力欲求には、そのような限界がない。

人間の利己性は限界を有する。しかし、人間の力 power への意思には限界がない。なぜなら、人間の生存に関わる必要を満足させることはできるが、その力への欲望を満足させることができるのは、最後の人間が彼の支配の対象となり、彼の上位者も対等者もいなくなり、彼が神のごとくなった場合に限られるからである[257]。

すなわち、個体の生存という客観的条件によって規定され、限定される利己性（自己保存欲求）と、客観的には充足不可能な、無制約の欲望としての権力欲求という、質的な相違をモーゲンソーは指摘していると言えよう。

以上の説明を一言でまとめるなら、モーゲンソーにおいて、一方で、力 power として定義されるところの国益が、他方では、自己保存を中核するものと考えられており、しかも、権力 power 欲求と自己保存欲求は質的に異なる、という。そのような「国益」や「力」の概念を整合的に理解することは、絶望的に困難に思われる[258]。

（2）権力闘争の体系としての初期モーゲンソー理論

モーゲンソーの第二次世界大戦後の著作を貫く「国益」概念と「力」概念、および両概念の関係について検討することは、戦間期の思想的文脈において形成されたモーゲンソーの国際政治学的思考の意義に関する考察である本書の目的ではない。本書の視点から指摘しておくべき重要な事実は、モーゲンソーの「国益 national interest」概念に重大な断絶が存在することである。

多くのモーゲンソー研究者を悩ませてきた「力として定義される利益」という定式は、すでに述べたように、『国際政治』の第一章（「国際政治におけるリアリスト理論」）において論じられているのだが、そもそも、この章およびこの定式は、第二版以降に付け加えられたものであって、一九四八年公刊の『国際政治』初版（以下『初版』）には存在しない。『初版』は、国際政治を「権力闘争 struggle for power」として定義する「政治権力 political power」論[259]を第一章としている。したがって、『初版』に至るまでのモーゲンソーの理論を理解する際には、この「力として定義される利益」という定式をとりあえずは無視してよい。

そのうえであらためて読みなおすなら、『初版』は、勢力配分の現状 status quo を維持しようとする国家と、その現状を変更しようとする国家とのあいだの権力闘争を主軸として体系化されている。[260] そこにおける中心的概念は、間違いなく「力 power」である。

『初版』第一章の冒頭において、モーゲンソーは、「国際政治の最終的（究極的）目標 ultimate aims がなんであれ、力 power が、つねに、その直近の（直接の）目標 the immediate aim である」と述べる。[261] この定式の意味をまず確認しておこう。政策担当者が追求する政治の最終的目標は、安全や自由、民主化、異教徒からの聖地の解放、植民地の獲得など、さまざまでありうる。しかし、国際政治においては、このような最終的目標を実現するために、「力」が用いられ、そのために「力を求める闘争 struggle for power」が生じる。[262] すなわち、さまざまな最終的目標を実現するために、政治的行為者はいかなる場合もまず「力」を求めるという意味において、「力」は、つねに「直近の目標」なのである。

このような意味において「力」は、さまざまな最終的目標と結びつき、その実現を図るために用いられる。したがって、「力」は、自国の安全や領土保全のような限定的な政策に限らず、例えば、十字軍による聖地解放やナチスの東欧支配確立などのような侵略的政策をも支持する性質を有する。それに対し、『初版』においてはごく控えめに用いられる「国益 national interest」という概念には、国家の安全という限定的な目的に即して、国家の権力追求を抑制する機能を果たすことが期待されている。具体的に言えば、『初版』の叙述において、「国益」という語は、おもに、理性的外交において考慮されるべき規範的要素として扱われるのである。その最も特徴的な個所を引用しよう。モーゲンソーは、外交によって平和を保持するために遵守されるべき四つの基本的準則を提示する、という文脈において、次のように述べる。

> 対外政策の諸目的は、国益 national interest の観点から定義されなければならず、適切な力によって支持されなければならない。これは、平和を保持する外交に関する第二の準則である。平和を愛好する国民の国益は、国の安全 national security という観点のみから定義されるのであって、国の安全は、国の領域および諸制度の保全として定義されなければならない。その際、国の安全は、戦争の危険を冒してでも妥協なく外交が擁護しなければならない最低限 irreducible minimum である（強調は引用者による）[263]。

この叙述において、「国益」は、「国の領域および安全の保全」という自己保存の観点から定義されており、このような限定的目的としての国益を基準として、平和を保持するための理性的外交が行われるべきことが説かれているのである[264]。

すなわち、『初版』の叙述には、①「利益」を「力」として定義する定式が存在せず、「力」と「利益」が同一視されていないこと、②「力」のための闘争を主要原理として国際政治が体系化されていること、③「国益」は、自己保存という限定的な目的によって定義されており、したがって、さまざまな目標と結びつく「力」のための闘争を、合理的観点から限定・緩和する役割が期待されていること、という三つの際立った特徴が指摘できる。

「自己保存」の欲求と「力」への欲求を区別することは、モーゲンソーの最初期の著作から見られる特徴である。政治的紛争を論じた『国際司法――その本質と限界』（一九二九年）において、モーゲンソーは、人間が、共同生活において二種類の欲動 Trieb によって支配されていると述べる。ひとつは、自己保存への欲動（Trieb nach Selbsterhaltung）であり、いまひとつは、共同体において重きをなすことへの欲動（Trieb nach Geltung innerhalb der Gemeinschaft）である[265]。また、一九三〇年に書かれた彼の未刊行の草稿「人間の本質における政治的なものの起源について Über die Herkunft des Politischen aus dem Wesen des Menschen」においても、人間の活動を規定する二つの欲動について言及がなされる。すなわち、自己の存在に必要な条件を確保しようとする「自己保存の欲動 Selbsterhaltungstrieb」と、自己の持つ力を他者に対して実証しようとする「自己実現の欲動 Bewährungstrieb」である。[266] 政治的領域を構成するところの「力への欲求」、すなわち「他者に対する力」への欲求が、「自己実現の欲動」に含まれることはすでに指摘されている。[267] さらに、これら二つの欲求は、『科学的人間 vs. 権力政治』（一九四六年）において、「利己性 selfishness」および「力への欲求 desire for power」と言い換えられている。[268] さきに述べたように、ここでいう「利己性」が、個体の生存上の必要を満たす欲求であり、したがって、個体の生存という客観的な限定に服する欲求であるのに対し、「力への欲求」には、およそ制約がない。[269]

二つの欲動のうち、モーゲンソーの政治的紛争論において重要な役割を果たすのは、共同体において重きをなすことへの欲動、すなわち権力欲求である。人間によって運営される国家もまた、人間に共通するこの欲動に駆り立てられている。それゆえ、新興国家は、国際社会において自己の国力に見合うだけの勢力を得ようとし、勢力配分の現状を変更することを図る。これが、国家間に「緊張」を生み出す。しかし、国際社会の支配的イデオロギーは、実力によって勢力配分を変更することを禁じているため、国家の勢力拡大欲求はひとまず抑圧されざるを得ない。そうして「緊張」は国際関係の表面から遠ざけられ、潜在的な層に押しとどめられる。しかし、その欲求は消滅するわけではなく、何らかの機会に別のものに仮託することによって自己を表現しようとする。その表現、すなわち、「緊張」が仮託されることによって強度の対立を含むこととなった「紛争」こそが、モーゲンソーの言う「政治的紛争」なのである。[270] また、現状を変更しようとする国家と、現状を維持しようとする国家との権力闘争 struggle for power が、『国際政治』における基本的視軸であることはすでに述べたとおりである。

要するに、連盟期の政治的紛争論（一九二九年）から『国際政治』初版（一九四八年）に至るまでのモーゲンソーの理論には、①「力」への欲求（共同体において重きをなすことへの欲動、もしくは「力」を求める苦闘 struggle for power）を基軸とした構成、②「力」への欲求と自己保存欲求の区別、③自己保存欲求（およびそれを主内容とする「利己性 selfishness」や「国益 national interest」）の限定的性格、という三つの特質がみられる。

（3）合理的な自己保存欲求と非合理的な権力欲求

以上に見てきたように、戦間期から戦後最初期にかけてのモーゲンソーの思想には、人間行動（および人間によって遂行される国家行動）を規定する原理として、権力欲求の系列（「共同体において重きをなすことへの欲動」・「力への欲求」・「権力闘争」）と、自己保存の系列（「自己保存欲求」・「利己性」・「国益」）という二種類が存在する。この二種類の系列が、フロイトの「性欲動 Sexualtriebe」と「自我欲動 Ichtriebe」という概念に由来することがすでに指摘されている[271]。

フロイトは、『精神分析入門』（一九一七年[272]）や「快原理の彼岸」（一九二〇年[273]）において、人間の心的生活を根源的に規定する要素としての「性欲動」と「自我欲動」に関する分析を行った。フロイトの言う「性欲動」とは、快を獲得し不快を避けようとする快原理 Lustprinzip に忠実に従う欲動であり[274]、「リビード Libido」というよく知られた概念と密接に関係している。「リビード」とは、「性欲動が発現される際の力のこと」を指す[275]。それに対し、「自我欲動」は、自己保存欲動を中心とする欲動であり、自己を防御する現実的必要性に従うという意味において、現実原理 Realitätsprinzip の影響を受ける。つまり快原理（性欲動）が、個体の生存にとって役に立たず、むしろそれを危険にさらすのに対し、自我欲動は、自己の保存という現実的観点から性欲動を抑える役割を果たす[276]。

フロイトにおいても、モーゲンソーと同様に、自己保存欲動は、合理的な制御の下に置くことが比較的容易な欲動と考えられている。自己保存欲動は、個体の生存に必要な現実的・客観的条件によって、規制されざるを得ないからである。

自己保存欲動およびそれと繋がっているすべてのものは、より簡単に教育されます。逼迫 Not に追随し、現実からの指示に従って発達を調整することを早くから学びます。これは分かりやすいことです。というのも、この欲動は、自分が必要とする対象を他のやり方では手に入れられないからです。こうした対象なしでは個体は滅ばざるを得ません。性欲動の教育は、より困難です。……性欲動はたいていの人間において、影響を受け付けないわがままという性格、すなわち私たちが「聞き分けの悪さ［ものわかりの悪さ］Unverständigkeit」と呼ぶものを、何らかの点で生涯にわたって主張し続けます。[277]

フロイトの「性欲動」概念とモーゲンソーの「権力欲求」概念とのあいだに類似性があるか、という問題については、異論の余地があるだろう。しかし、ここでは、「性欲動」・「権力欲求」が、いずれも自己保存欲動から区別される欲動であり、かつ、いずれも自己保存欲動に較べて制御の難しい非合理的な性格を有していると考えられていることだけを確認しておく。

モーゲンソーの政治的紛争論の特徴を知る上で非常に重要なのは、彼の理論が、フロイトの神経症に関する理論と同様に、自己保存欲動よりも不合理な欲動の「抑圧」を、その分析の中心に置いている点である。フロイトにおいて、性欲動に由来するリビードが抑圧された結果、そのリビードが、もともとの性欲動とは一見したところ無関係の対象と結びつくことによって、神経症の症状が形成されると考えられている。[278] すでに見たように、モーゲンソーにおいても、政治的紛争とは、伸張した自らの勢力に相応しい地位を求める新興国の現状変更欲求が、武力による現状変更を認めない支配的イデオロギーによって抑圧され、その結果、必ずしも勢力関係と実質的な関連を持たない紛争に結びつくことによって形成されるものである。[279]

抑圧された不合理な欲動が、自らを抑圧するものと妥協・協力することによって現象を作り出す、という構造においても、フロイトの神経症論とモーゲンソーの政治的紛争論は共通している。フロイトにおいて、性欲動が自我欲動の抵抗を受けて抑圧されたのち、それらの「不和に陥った二つの力が、症状において再び合流し、いわば症状形成という妥協を通して和解する」と言われる。[280] つまり、症状は、「これら双方から支持されている」[281] のであり、「正反対の二つの意義をそなえたかたちで巧みに選びとられた両義的なもの[282]」なのである。このような両義性を、モーゲンソーのいう政治的紛争も持っている。国家間に「緊張」を引き起こす現状変更欲求は、支配的イデオロギーによる抑圧を受けて潜在化したのち、支配的イデオロギーを利用する形で自らを表現する。すなわち、支配的イデオロギーによって形成された「価値・規範体系」を用いて、自らを合理的な主張として構成するのである。こうして、その対立の実質的強度を「緊張」から受け取っているにもかかわらず、一般的に適用可能な規範によって合理的に根拠づけられた主張の対立（すなわち「紛争」）として表現される「政治的紛争」が出現する。[283]

フロイトの影響の下に、モーゲンソーが、自己保存欲求とは区別されるところの、自己保存欲求よりも不合理で厄介な欲求を、人間行動・国家行動の原動力とみなして議論を構成していることは、その理論の独自性を知るうえで重要である。なぜなら、近代的な秩序構想の主流は、自己保存欲求を自明かつ最小限の前提として理論を構成してきたからである。言うまでもなく、ホッブズの『リヴァイアサン』において、力の及ぶ限りあらゆるものをわがものとすることが許される「戦争」状態を脱する動機となるのは、「死への恐怖」という情念である。[284] 善悪に関する客観的な基準の存在しない[285]ホッブズの自然状態においてさえ、自己保存欲求を根拠として、理性は「自然の権利」と「自然の法」を客観的なものとして構成する。[286]

この点で、モーゲンソーとホッブズとが明白に異なっていることは、すでに知られている。モーゲンソーの思想形成に関する画期的な著作を記したフライは、権力欲求を基軸とするモーゲンソーの思考が、自己保存欲求を基軸とする初期近代の合理的秩序思考、すなわち、「ホッブズやスピノザによって支持された近代合理主義的な権力理論における自己保存についての打算的考慮 calculus of self-preservation」から断絶していることを適切に指摘する。[287] フロイトとモーゲンソーの関連を指摘したシュットもまた、「モーゲンソーの人間論を、ホッブズ的な生存の論理の観点から解釈してはならない」と述べる。[288] すなわち、人間行動を規定する欲動という観点から見たとき、モーゲンソーは「ホッブズ的伝統」を継承していない。

このことが、モーゲンソーの国際政治学的思考において有する意義は何であるか。モーゲンソーが、自己保存欲求と区別された、より不合理な欲求を国家行動の主要な動因とみなしていることは、その国際秩序構想にどのような影響を及ぼしているか。明白なこととして、自己保存欲求を国家の主要な行動原理としていない以上、自己保存に関する打算的考慮を根拠として国家行動や国際関係を合理的に説明するという方法を採用することが不可能となる。このことが、従来の国際法批判論との断絶を示している。

第2章および第3章では、国家の利己的性向を根拠として国際法の限界を唱えたラッソンとエリヒ・カウフマンについて検討した。両者の議論は、国際法を、それぞれに自己利益を追求する諸国家が作り出す勢力関係の表現とみなしている。それゆえ、勢力関係が歴史的に変動した場合、それは、従来の勢力関係に基づく国際法と乖離してゆくと考えられる。[289] 変動する勢力関係と国際法の status quo との乖離を根拠として国際法による規律の限界を主張した点において、ラッソンとカウフマンの理論は、モーゲンソーの先駆をなす。

しかし、国家の行動原理に着目した場合、モーゲンソーの理論は、ラッソンやカウフマンと明らかに異なっている。後二者は、自己保存を中核とする自己利益の追求を、国際秩序の基本原理としているからである。[290] 自己利益追求を原理とする国際秩序構想においては、諸国家は、力の限り利益を追求するのであって、力そのものを追求するのではない。むしろ、国家の利益に関する冷徹な打算は、権力そのものを追求しかねない為政者の不合理な情念を制約する役割を果たすはずである。

ラッソンによれば、相互依存状況において繁栄を求めるためには、平和的な国際関係の維持こそが国家の利益に資するのであるから、国家は、打算的合理性に基づいて、平和的条約関係を維持しようとする。[291] したがって、国家は、死活的な利益の保全と矛盾しない限り、他国への義務を誠実に果たすことを、その自己利益を根拠として、選び取る。すなわち、「本質的な国家利益の領域においては、誠実が支配することができるし、またそうすべきである」[292]。誠実な国家間関係が乱されるのは、むしろ、「国家の意思を代表する人間が、本質的な国家利益を自分自身の欲望に置き換え、国家の打算的な利己主義ではなく、自分自身の不誠実と悪性に基づいて振る舞う」場合だとされる。[293]

国家が、その発展目標を達成してゆくならば、それに伴って、いっそう、その真の利益と真の打算的合理性が、為政者たちの振る舞いにおいて表現されるようになり、それによって、国家間関係における誠実がますます一般化し、国際法の諸規則がますます内容豊かで実効的なものとなるだろう。[294]

国際法の完成について語りうるのは、いつの日か国家間関係を法的もしくは倫理的に秩序づけることができるだろう、という意味ではなく、平和的な共存を要求する真の諸国家の利益が従来よりもいっそう擁護され、正当な自己利益に根拠づけられた誠実と相互性の関係がいっそう拡充され、確固としたものとされる、という意味においてである。[295]

このようにラッソンにおいては、利己的な本性を有する国家が正しく発展するなら、その打算的合理性 Klugheit が、為政者個人の不合理な欲動を抑え込み、それによって、可能な限り国際法の尊重される平和な国際関係が実現すると考えられている。

具体的状況において、何が国家の利益に資するものであるか、という判断は、政治的賢慮に属する問題であり、その基準を、あらかじめ法規範によって規定しておくことはできない。それゆえ、国家利益に関する判断は、あらかじめ定められた合理的な規範による規制になじまない、という意味において、非合理的である。その意味においてのみ、カウフマンは、国家利益に関する政治的判断を「非合理的」と呼んでいる。[296] しかし、国家の存続という客観的な目的によって規定された打算的 klug な判断という点において、その政治的判断は、合理的な性質を持つことを見逃してはならない。だからこそ、カウフマンにおいてもまた、国家は、相互依存状況における自己利益の実現について合理的に判断するゆえに、短絡的な欲望にかられて、国際法上の義務を無視することはない、と考えられるのである。[297]

以上のように、ラッソンやカウフマンにおいて、自己保存を中核とする自己利益の追求という原理によって、国際関係が合理的に構成されている。このような合理的構成は、自己保存欲求とは区別された不合理な権力欲求を原理とするモーゲンソーにおいては、不可能である。自己利益に関する打算的合理性によれば、死活的な利益が賭けられている場合のみ、平和的関係から得られる利益を危機にさらしてでも、他者との紛争を戦い抜くという判断がなされる。しかし、モーゲンソーの政治的紛争論においては、そのような考え方は取られていない。

すでにみたように、モーゲンソーにおいて、権力配分をめぐる国家間の強度の対立は、国家の存立や勢力の維持という死活的な利益に実質的に関わる紛争においてのみ表現されるのではない。むしろ、潜在的に存在する国家間の「緊張」が、ささいな利益にのみ関わる紛争に自己の表現を見出し、それを政治的に激化させる可能性がつねに存在している。[298] 権力を求める国家は、ごくつまらない利益をめぐる紛争についてさえ、それを権力闘争の象徴として、妥協を許さずに戦い抜くことがありうるのである。このような国家行動は、明白に、自己利益に関する打算的合理性から逸脱している。

以上の説明により、権力欲求という非合理で厄介な欲求を国家行動の原理とみなすところに、モーゲンソーの政治的紛争論の特質があることが、明らかになったであろう。では、このようなモーゲンソーの理論は、いわゆる国家理性の伝統との関係において、どのように位置づけられるだろうか。[299] この問いに応えることは容易ではない。何をもって国家理性論と呼ぶべきかが、必ずしも明確ではないからである。国家の自己保存を中核とする国家利益を実現するための合理的判断をもって「国家理性」とみなすならば、モーゲンソーの所論は、そこから断絶する。例えば、ユストゥス・リプシウス（一五四七—一六〇六）は、「国家全体の安全」を意味する「共通善 bonum publicum」を実現するための合理的な任務の遂行を君主の役割とみなし、そのために必要とされる場合には、法と正義から逸脱することをも是としている。[300] このような国家の自己保存に根拠づけられた合理主義的な国家理性論が、非合理な権力欲求に基づく国家行動を不可避とみなすモーゲンソーの政治的紛争論と相容れないことは明白であろう。

しかし、人間の非合理的な権力欲求を包含する国家理性論もある。一九二四年に刊行されたフリードリヒ・マイネッケの『近代史における国家理性の理念』[301]においては、国家理性に基づく行為には、「権力欲動 Machttrieb」に進んで従う側面がある、と言われる[302]。マイネッケによれば、権力欲動とは、空腹や愛とならんで「最も暴力的、最も根本的、最も実効的な人間の欲動」であると同時に、「単なる身体的な欲求の満足を越え出てゆく」という性格を持つ[303]。

権力の渇望は、原始人的欲動、あるいは、おそらく獣的な欲動である。それは、外的な障壁にぶつかるまで、盲目的に周囲に手を伸ばす。少なくとも人間に関して言えば、この欲動の対象は、生存と繁栄にとって直接に必要とされるものに限定されない[304]。

もちろん、このような、自己保存のための必要を越え出てゆく、非合理で過剰な欲求としての「権力欲動」が、マイネッケの言う国家理性のすべてではない。むしろ、国家理性もまた「理性」である以上、合理的なものであるはずである。すなわち、「その時々において、国家の存在にとって最高の状態に到達するために、国家は何をしなければならないか」ということを検討し[305]、目的合理的な観点から、国家の政策担当者の非合理的な権力欲動を制約することこそが、国家理性の主要な任務だというべきであろう。客観的な情勢判断に基づいて国家的利益を冷徹に追求するためには、権力欲求のような個人の主観的情動は抑制されなければならないからである。

……国家理性は、なによりもまず、政治的行為における高度の合理性と合目的性を要求する。政治家が、そのために自己陶冶と人間的な自己改造に取り組むこと、自らを制御すること、自己の情動や個人的な好悪を抑え、国家の福利という客観的な任務に邁進することを国家理性は求める。政治家は、また、客観的な国家利益を冷徹かつ合理的に算定し、そこに感情的なものを一切つけ加えないよう、努めねばならない[306]。

しかし、国家理性が、いかに目的合理的観点から、国家の政治活動を担う政治家の非合理的な感情の抑制を求めるとしても、その権力欲求をすべて排することはできない。政治家もまた、権力欲動に駆られた「血と肉からなる人間」であり[307]、国家の運営に際して、その政治家個人の権力欲動が不可欠の動因として働かなければならないからである[308]。国家は権力を必要とする[309]。そして、国家の維持・発展のための権力の必要性と、政治家個人の権力欲動とは、現実の政治においては、明確に区別しうるわけではない[310]。秩序維持と安全保障を任務とする国家は、権力的行為を必要とし、その権力的行為は、現実においては、しばしば、政治家個人の権力欲動によって担われる。すなわち、国家理性は、国家の利益と国民の福祉を実現するために、権力的行為の必要を認め、その必要を充足するために、政治家個人の権力欲動を、その駆動力として用いるのである。必要とあらば、国家理性は、国家の存立を維持するために、法規を度外視して権力が発動されることさえ認める。

ところが、国家理性の駆動力として、国家的な必要性を満たすために解放された権力欲動は、それ自体が自己目的化し、過剰に増大して国家理性そのものを破壊してしまう傾向を持つ。それが、マイネッケにおける、国家理性の悲劇的性格である。

そもそも国家理性が正確に用いられているところでは、自由に解放された権力は、法的な手段によっては確保されえない国家の生存の必要を、実力 Gewalt を用いて実現するための、単なる手段とされるはずである。しかし、この手段は、いったん法の束縛から解放されると、それ自身が自己目的化し、必要という限界を越え出るように国家を仕向ける危険がある。そうすると、権力政治の過剰 die Exzesse der Machtpolitik が出現し、非合理なものが合理的なものを覆いつくす[311]。

名古屋大学編

名古屋大学の歴史 1871～2019［上］

A5判・284頁・2700円

「名大」に歴史あり――。どのように生まれ、変化してきたのか。教育・研究・大学生活・キャンパスの変遷を、組織の沿革とともに一望できる大学史。上巻では、一八七一年の「創基」から、帝国大学の時代、新制大学としての出発を経て、一九八〇年代までの歩みをたどる。写真多数。

978-4-8158-1063-4

名古屋大学編

名古屋大学の歴史 1871～2019［下］

A5判・320頁・2700円

一九九〇年代以降、大きな変化を遂げた「名大」。その複雑な全体像を初めて描き出す。大学改革とは何だったのか。なぜノーベル賞受賞者が続出したのか。大学はどこへ向かうのか。下巻では、教育・研究体制の大改革から、国立大学法人化を経て、「東海国立大学機構」設立までを跡づける。

978-4-8158-1064-1

岡本隆司著

明代とは何か
―「危機」の世界史と東アジア―

A5判・324頁・4500円

現代中国の原型をかたちづくるとともに、東アジア史の転機ともなった明代。世界的危機の狭間で展開した財政経済や社会集団のありようを、室町期や大航海時代との連動もふまえて彩り豊かに描くとともに、民間から朝廷まで全体を貫く構造を鋭くとらえ、新たな時代像を提示する。

978-4-8158-1086-3

佐藤彰一著

フランク史Ⅱ　メロヴィング朝の模索

A5判・536頁・7200円

「軍閥王」が建設した「自由なる民」の王国は、度重なる分裂と統合を経て何を欧州にもたらしたのか。第一人者による初の本格的通史の第二巻。本巻では世界史の新局面のなか、初代王の征服と受洗から司教座・貴族・宮廷権力の形成まで、海を跨いだ交流を視野にダイナミックに描く。

978-4-8158-1094-8

ニコル・ルメートル著　佐藤彰一／持田智子訳

村の公証人
―近世フランスの家政書を読む―

A5判・380頁・5800円

勤勉な農夫、貪欲な高利貸し、病を癒す魔術師――。公証人テラード一族の家長たちは、宗教戦争を経て訪れたあらたな時代を記録する。彼らが生きた物質的・精神的世界とその変容を、農村から都市にひろがる人々の繋がりとともに活写しながら、公証人が持つ「書くこと」の力に迫る。

978-4-8158-1089-4

東栄一郎著　飯島真里子他訳

帝国のフロンティアをもとめて

—日本人の環太平洋移動と入植者植民地主義—

A5判・430頁・5400円

環太平洋の各地へと展開した日本人移植民の知られざる相互関係を、入植者植民地主義の概念を用いて把握。移民排斥を受けた日系アメリカ人によって帝国内外へ移転された人流、知識、技術、イデオロギーの衝撃を初めて捉え、見過ごされたグローバルな帝国の連鎖を浮かび上がらせる。

978-4-8158-1092-

サラ・ロレンツィーニ著　三須拓也／山本健訳

グローバル開発史

—もう一つの冷戦—

A5判・384頁・3400円

開発はなぜ、いかにしてなされたのか。米・ソ・欧・中の対抗関係を軸にした実践と、国際機関や私的アクターの国境をこえた活動を描き出し、旧植民地・途上国との相克も視野に、二〇世紀初頭の「開発」の誕生から冷戦後までの、無数の思惑が交錯する歴史を初めてトータルに把握する。

978-4-8158-1090-0

ロバート・スキデルスキー著　鍋島直樹訳

経済学のどこが問題なのか

A5判・288頁・3600円

モヤモヤしている人のために——。「科学」の地位を得るために、経済学は様々な数学やモデルを使ってきた。しかし、それらは本当に有効なのか。現実から離れた想定によって視野を狭めているのではないか。スタンダードな経済学の考え方を再検討し、今後に向けての処方箋を示す。

978-4-8158-1088-7

井上正夫著

東アジア国際通貨と中世日本

—宋銭と為替からみた経済史—

A5判・584頁・8000円

新たな貨幣・金融史——。宋・遼・金・元・明・日本・朝鮮など、東アジア各地に流通した宋銭は、それぞれの政権の思惑を超え、為替や紙幣を誘発しつつ、経済・社会・政治を大きく動かしていった。文献と考古学的知見を踏まえた丹念な検証により、従来の見方を一新する画期的労作。

978-4-8158-1061-0

阿部武司著

日本綿業史

—徳川期から日中開戦まで—

A5判・692頁・7200円

明治の産業革命をリードし瞬く間に世界市場を制覇した日本綿紡績・織物業の競争力の源泉とは。近代的大紡績企業と、近世から続く農村織物産地や流通を担う問屋・商社などの連携による成長過程を初めて解明、衰退に向かう戦後も視野に、巨大産業の興隆を圧倒的な密度とスケールで描く。

978-4-8158-1059-7

中屋信彦著

中国国有企業の政治経済学

―改革と持続―

A5判・368頁・6300円

非効率なはずの企業群はなぜ成長できたのか。グローバル企業ランキングを席捲し、存在感を示し続ける国有企業が、市場経済への適応と共産党支配を両立すべく実施した改革の成果を、腐敗などの副作用も含め解明、「普通の」資本主義体制に抗いながら発展する中国経済の実像に迫る。

978-4-8158-1095-5

榎本　修著

ローヤリングの考え方

―法律相談・受任から交渉・ADRまで―

A5判・332頁・3200円

ネットに法情報があふれるこの時代、弁護士に求められる能力とは何か――。依頼者の「納得」に欠かせない弁護士実務の基礎的技能を、その「考え方」から丁寧に説明した決定版。全場面で役立つ実践的スキルとともに、経験則をこえて成長のための道標を体系的に示す。

978-4-8158-1093-1

呉羽真／伊勢田哲治編

宇宙開発をみんなで議論しよう

A5判・256頁・2700円

有人宇宙探査の新たな計画、商業化、軍事化、新興国の台頭……近年、宇宙開発は大きく転換しつつある。市民がそこに関わる必要性をわかりやすく説き、そのための基礎知識や科学技術コミュニケーションの手法、議論のスキルを提供する初めての本。

978-4-8158-1091-7

松本敏郎／野老山貴行著

みんなのＦｏｒｔｒａｎ

―基礎から発展まで―

A5判・244頁・3200円

プログラミング言語Ｆｏｒｔｒａｎは、現代的な進歩を遂げながら、過去の膨大なライブラリも利用できるという利点を持つ。本書はコンピュータ操作の初歩から始め、並列計算・C言語との連携など、最新の規格も含めて解説する。初心者から第一線の科学者・エンジニアまで役立つ一冊。

978-4-8158-1087-0

小会は今年創立40周年を迎え、品切れ本10点の一斉増刷を行うとともに、新装復刊シリーズをスタートさせました。

▼**創立40周年記念増刷**　『ロシア原初年代記』、『ペトラルカ カンツォニエーレ』、『アリオスト 狂えるオルランド』、佐藤彰一著『修道院と農民』、羽賀祥二著『史蹟論』、宮紀子著『モンゴル時代の出版文化』他（計10点）

▼**リ・アーカイヴ叢書**（新装復刊シリーズ）安藤隆穂著『フランス啓蒙思想の展開』、橋川文三著／筒井清忠編・解説『昭和ナショナリズムの諸相』、森際康友編『知識という環境』、米山優著『モナドロジーの美学』、早川操著『デューイの探究教育哲学』、高橋文子著『詩人たちのルネッサンス』、佐々木雄太著『三〇年代イギリス外交戦略』他（計15点）

マイネッケの『国家理性の理念』において論じられているところの、自己保存と権力欲動の関係には、モーゲンソーとの類似性が見てとれる。すなわち、①自己保存を中核とする自己利益の追求と、権力欲動とが区別されていること、②権力欲動が、自己保存への欲求に較べて、非合理で厄介なものとみなされていること、③自己保存を中核とする国家的利益に関する合理的判断が、非合理な権力欲動を規制し、抑制する機能を果たすと考えられていること、④合理的な判断に基づいて権力欲動を規制し尽くすことはできないと想定されていることが、いずれも一九二〇年代ドイツにおいて公表されたマイネッケの国家理性論とモーゲンソーの政治的紛争論に共通する重要な特徴である。

（4）「力として定義される利益」という定式の由来について

秩序構想という視点から見れば、自己保存欲求と権力欲求とは根源的に異なる。自己保存欲求は、限定的であり、計算可能性と予測可能性を導く。自己保存欲求は、個体の生存が確保されたところで満足する。自己保存を求める者については、少なくとも自己の生存を破壊するようなことは行わない、という予測が成り立つ。すべての者が、自己保存欲求に従うという前提をとるなら、相互の行為についての予測と計算が可能になる。それに対し、権力欲求は、そのような限定・予測・計算を許さない。飽くことなく人は権力を追求する。死をもってしても力を示そうとする者について、その行為を予測することは難しい。すべての行為者が、そのような権力欲求に駆られていると考えるなら、打算的理性を前提として秩序を構想することは不可能であろう。

したがって、初期のモーゲンソーが、国際秩序を構想するにあたって、限定的で合理的な自己保存欲求の系列と、過剰で非合理な権力欲求の系列を区別したことに不思議はない。むしろ問題となるのは、モーゲンソー自身が、このような区別と矛盾する定式を、のちに導入していることである。すでに述べたように、モーゲンソーは『国際政治』第二版（一九五四年）において、「力によって定義される利益 interest defined in terms of power」あるいは「力として定義される利益 interest defined as power」という定式を導入した。モーゲンソー自身が述べているように「利益」の中核が自己保存であるとすれば、[312]「力として定義される利益」という定式は、自己保存欲求の系列と権力欲求の系列を区別してきた彼自身の従前の立場と整合しない。なぜ、いかなる経緯で、このような不整合をもたらす定式が導入されたのだろうか。

この興味深い問題は、戦間期ヨーロッパの知的背景を持ちながらも、戦後のアメリカ合衆国の学界において地位を築いてゆくこととなるモーゲンソーの活動全体との関連で検討されなければならず、残念ながら本書の射程を越える。ここでは、彼の著作内容から得られる推測を示すにとどめる。

『国際政治』の初版と第二版のあいだに、『国益の擁護 *In Defense of the National Interest*』（一九五一年）が出版されている。そして、『国益の擁護』の叙述のあり方は、『国際政治』初版（以下『初版』）と大きく異なっている。すなわち、『初版』と『国益の擁護』を比較したとき、「力（権力）」・「利益」・「道義」という要素の秩序論的配置に根本的な変化が見られるのである。『初版』において、国際関係における国家の行動原理は「権力」闘争 struggle for power であり、「道義」と「利益（国益）」は、それを制約する要素として位置づけられている。それに対し、『国益の擁護』において、問題とされているのは、道義的目標を追求する十字軍的情熱 crusading fervor であり、ウィルソン以降のアメリカ合衆国の対外政策を誤らせてきたそのような「道義」志向を、「力」と「利益」に関する冷徹な判断によって制約・修正することが目指される。すなわち、秩序構想として比較したとき、国家行動の非合理な要素と、それを制約する合理的要素の内容が、『初版』と『国益の擁護』とでは入れ替わっている。

『初版』において、モーゲンソーは、第四部「国際的な力の制限——勢力均衡」の中で、国際的な権力闘争を制約する方法として、力によって力を制するやり方、すなわち勢力均衡について批判的・懐疑的に検討したのち、[313]第五部一四章では、「力 power」を制約する要素として「国際道義 international morality」を論じている。政治家や外交官が自国の権力目的を追求するに際して、その行動を制約する「絶対的な障壁」として「道義的規則」が機能することがあるという。[314] また、『初版』第二九章「外交の将来」では、「国益」は、すでに述べたとおり、[315] 理性的外交において考慮されるべき規範的要素として位置づけられている。国家の安全という限定的な観点から国益を定義すること、他国も同様の国益を有している点を考慮すること、死活的ではない国益については進んで妥協をすることが、外交には求められる。[316] すなわち、国家の安全として限定的に定義された国益という観点によって、国家間の権力闘争を制約し、妥協による平和維持の可能性を高めるべきだというのである。

もちろん「国際道義」によって権力闘争を抑え込むことができるとは考えられていない。モーゲンソーは、「権力の渇望に対する倫理的制限」の意義を否定する見解を批判しているものの、[317] とりわけ二〇世紀の世界については、「国際道義」に非常に限定的な役割しか期待していない。普遍主義的な世界観そのものが対立している状況において、国際道義は、権力闘争を抑制する役割よりも、むしろ、イデオロギーとしてそれを激化させる役割を担わされるからである。「国際道義」を扱う『初版』第一四章で論じられる主題は、古典的外交において「普遍的道義規則 universal moral rules」として諸国家の権力闘争を規制してきた「国際道義」が、第一次世界大戦ののち、「普遍性を主張する各人各説の道義規則 particular ones claiming universality」[318] へと再編されてゆくという没落の過程である。

近代ヨーロッパにおいて共有されていた「国際道義」により、政治的殺人が差し控えられ、文民保護や捕虜待遇などの人道的慣習規則が形成された。[319] このような国際道義の社会的基礎となったのは、ヨーロッパ諸国の君主および貴族的支配層の人的なつながりの上に成立していた文化的一体性・共通性であった。[320] ところが、民主的に統制された行政機構によって外交政策が担われるようになると、このような一体性が消滅し、「国際道義」は、その基盤を失う。[321] そうして各国の外交政策を制約する実効的能力を失った「国際道義」は、二〇世紀には、むしろ、各国が重視する特定の価値に普遍性の外観を偽装するための道具となり、各国の外交上の要求をイデオロギー的に正当化する役割を担わされるようになる。[322] そのために、今日においては、「国際道義」は、権力闘争を抑制する体系としてはさしたる任務を果たすことはできず[323]、むしろ、権力闘争を無用に激化させてしまう機能を果たす[324]、という。『国益の擁護』においては、この没落した「道義」の非合理的性格が前面に押し出されることによって、「力」と「道義」の秩序論的配置が入れ替わる。ウィルソン的ユートピア主義を批判する中で、モーゲンソーが強調するのは、自国の信奉する「道義」を普遍的に実現しようとする「十字軍」的情熱によって、国家間の対立を無用に激化させる非合理的な政策が採用される、という点である。このような非合理な「道義」志向を制約する役割が、「力」に関する冷徹な認識と「利益」の合理的な計算に求められる。

二〇世紀前半のアメリカ合衆国におけるユートピア主義的外交政策に対する批判を主眼とする『国益の擁護』において、批判の主要な対象となるのは、道義的原理によって主導される外交政策である。道義的観点から、善悪の対立軸を用いて国際関係を理解しようとする者は、権力闘争としての国際政治の実質を見誤る。権力闘争という観点から見たとき、アメリカ合衆国にとって重要なのは、「西半球における優越性の維持と、ヨーロッパとアジアにおける勢力の均衡」である[325]。すなわち、西半球におけるアメリカ合衆国の優越的地位を脅かすようなグローバルな超大国が成立することを阻止するために、ヨーロッパやアジアにおいて諸勢力の均衡を図ることが、アメリカ合衆国の国際政治上の原則でなければならない。道義的観点にとらわれる者は、戦後世界における米ソの対立を、善（民主主義）と悪（共産主義）の道義的対決として理解する[326]ことで、アメリカが真に必要とする国際的政策を見失う。

そもそも、権力闘争という観点から見た場合、問題なのは、ロシアの勢力拡大欲求（「帝国主義」）であって、共産主義そのものではない。たとえロシアが、共産主義ではなく、かつてのようにキリスト教の擁護者というイデオロギーを掲げてヨーロッパやアジアにおいて勢力を確立しつつあるのだとしても、やはり、アメリカ合衆国にとって、それは座視するに堪えない事態である[327]。当時のヨーロッパにおいて、アメリカが阻止しなければならないのは、米ソ対立について西ヨーロッパ（とりわけドイツ）が局外中立の立場をとることである。この点、ソ連は、ドイツの中立をあがなうために、東ドイツの共産主義者を見捨ててドイツ統一を承認することを躊躇しないであろう。その現実が、イデオロギー対立に目を奪われた道義主義者たちには見えていない[328]。また、アジアにおいて、アメリカ合衆国は、共産主義との対決を重視するあまり、中華人民共和国を支援してソ連と対抗させる可能性を検討することを怠った[329]。その結果、「未開発の天然資源に富み、国民としての誇りと使命感という新鮮な精神に充ち溢れた、世界最多の人口を持つ国民」が、「ロシア帝国主義」の同盟国となることを、みすみす許してしまった、という[330]。

モーゲンソーにとって、国際的政策決定における道義主義は、単に、権力闘争という国際関係の現実を見誤らせるだけではなく、過剰な干渉政策や戦争の自己目的化、戦争手段の残虐化をもたらし、世界を非人道的なものとしてしまう危険性を有している。道義の追求による人道性の破壊という逆説は、カール・シュミットを連想させるが[331]、モーゲンソーが『国益の擁護』において繰り返し主張していることでもある。

権力闘争の観点から見るなら、戦争は、敵対的な権力欲求を抑え込んで自国に有利な勢力の均衡を確立するための手段といえる。その意味で、戦争は、政治の手段なのである。しかし、道義的な観点から、善と悪との対立として国際関係を捉えた場合、悪の破壊という道義的な意義が戦争に与えられる。そこでは、戦争は、武力によって敵に妥協を強いる手段ではなく、敵を無条件降伏に追い込み、それによって悪を打倒する道義的な行為を意味する[332]。すなわち、自国に有利な勢力関係を他国に認めさせるために戦争が手段として用いられるのではなく、戦争における勝利そのものが、道義的に価値あるものとして追求されるのである。このとき、戦争は自己目的化する、という[333]。

そして、悪を根絶して善なる世界を確立しようとする十字軍的精神は、政治の手段としての戦争に課されてきたさまざまな制約を振り落とし、あらゆる手段を用いて戦争の勝利を目指すだろう。つまり、かつての十字軍や宗教戦争のように、戦争が残虐化するのである。

「政治における十字軍的精神という道義的疾患」が蔓延するなら、……そのような政治的な道義化の時代には、ひとつの、あるいはひと続きの政治的世界大戦が引き起こされるだろう。そのとき、狂信的な政治的宗教は、さほど道義主義的ではなくて政治的思考が強かった時代には考えられなかったような、あらゆる忌まわしい行為を正当化するだろう。かつて、そのような行為のために、来世を信じる狂信的な宗教が、便利な口実とされたことがあった[334]。

さらに、道義主義は、外交的妥協を通じた勢力関係の安定化にとって、決定的な障害となる。権力闘争という観点から見た場合、国際政治において平和的状態を維持するために重要なのは、交渉・取引・相互的譲歩・和解を通じて、国家間の勢力バランスを調整してゆく作業としての外交である。しかし、道義的観点から見れば、悪と取引し、悪に譲歩することは、善の体現者には許されざる非行とみなされる。悪との戦いにおいて、善は、圧倒的な力によって勝利すべき使命を負う[335]。善悪を基準として国際関係を理解する道義主義者にとって、「交渉は、悪の諸力に屈すること、自ら悪徳に染まることに等しい」。「妥協は、宥和 appeasement と同義である」。「自国の支配権を限定し、他国の支配権を承認することを意味する勢力圏協定は、弱さと悪徳の両方を表現している[336]」。このような考え方によるなら、外交による平和維持の可能性は切り詰められてしまうだろう。

また、善を遍く実現しようとする使命感と、善なる力が全能であるという信仰は、政治的勢力関係を度外視した、過剰な干渉政策に結びつく。「世界中で、正しきこと right が優越し、善きこと good が行われるように配慮する義務」がアメリカ合衆国に課されているという使命感によって、見境のない干渉主義が生み出されてきた、という[337]。

以上のように、『国益の擁護』の叙述において、国家を不合理な行動に駆り立て、非妥協的態度と過剰な干渉政策に導く原因は、権力欲求にではなく、道義主義的情念に求められている。そして、そのような過剰で不合理な行動への衝動として働く道義主義を抑制する要素として、「力」と「利益」の考慮が説かれる。権力闘争という国際政治の現実におけるアメリカ合衆国の国益を認識することによって、道義的情念に支配された非合理な外交政策から脱却することができる、というのである。西半球における優位を維持するための条件として、アジア・ヨーロッパにおいて勢力均衡を確立することこそが、アメリカの国益であると知るなら、そのために不必要な過剰な敵対行為や干渉政策は、理性的外交からは排除されるであろう。

ここにおいて「力（権力）」「利益（国益）」「道義」の秩序論的配置が転換していることが、「力として定義される利益」という定式の導入にとって、おそらく、決定的な意味を持つ。『国際司法——その本質と限界』（一九二九年）から『国際政治（初版）』（一九四八年）にかけての初期モーゲンソー理論において、国家を過剰な敵対的行為に駆り立てる要素は、権力欲求であった。権力を渇望する諸国家がもたらす非合理的な権力闘争の現実を理性的に制御するための（必ずしも頼りにならない）要素として、「国際道義」や「国益」についての検討がなされていた。このような秩序構想において、国家の存続や安全という限定的目的に関連づけられる「国益」は、「権力」闘争を制約するものとして位置づけられるのであるから、「権力」と対抗的に理解される。したがって、「国益」は「権力（力）」への欲求から明確に区別される。

それに対し、『国益の擁護』（一九五一年）においては、各国の特殊的欲求に普遍的外装を与えるイデオロギーとしての「国際道義」こそが、国家の過剰な攻撃性と干渉政策の主要な原因とみなされる。ここでは、国家を非合理な行動に駆り立てる「道義」主義を制限するために、「権力」闘争のもとにおける「国益」に関する醒めた判断が要請されるのである。図式的に言えば、〈国家を非合理な行動に駆り立てる要素〉と〈それを制約する要素〉の配置が、初期モーゲンソーにおいては〈権力〉対〈道義・国益〉という対抗関係になっているのに対し、『国益の擁護』においては〈道義〉対〈権力・国益〉という対抗関係に転換されている。それゆえ、『国益の擁護』における秩序構想では、「権力」と「利益（国益）」が、いずれも「道義主義」の非合理性を制約するものの側に置かれ、両者を機能的な等価物として理解する条件が整えられている。
すでに述べたように、『国益の擁護』では、アメリカ合衆国の国益が、西半球において「並ぶものなき支配的勢力 power」としての地位を維持すること、言い換えれば、アジアやヨーロッパにおいてグローバルに影響力を及ぼしうるような勢力が形成されないようにすることとされる。[338] すなわち、アメリカの国益は、「力 power」という観点から定義されている。とはいえ、『国益の擁護』には、「力として定義される利益 interest defined as power」あるいは「力によって定義される利益 interest defined in terms of power」という定式はまだ用いられていない。管見によれば、この定式を最初に用いたのは、『国益の擁護』そのものではなく、ロバート・W・タッカーの手による『国益の擁護』の書評（一九五二年）のようである。タッカーは、『国益の擁護』における議論の核心を紹介する文脈で、「[モーゲンソーによれば、] 利益は、あるいは国益は、力によって定義されなければならない Interests, or national interests must be defined in terms of power」という定式を示した。[339]
おそらくそれを採り入れる形で、モーゲンソーは「力によって定義される利益」という定式を『国際政治（第二版）』（一九五四年）に導入する。ところが、「力」「利益」「道義」に関する秩序論的配置の転換を前提とするこのような定式が導入されたにもかかわらず、『初版』の叙述は、第二版以降もほぼ手つかずのまま維持されている。また、第二版出版以降も、初期のモーゲンソー理論を特徴づけていた限定的な国益概念を採用する著作が公刊されている。[340] つまり、モーゲンソー自身が、秩序論的配置の転換について、十分な説明と配慮を行っていないのである。このことが、モーゲンソーの「権力」概念に関する理解を混乱させてきた。
従来から、モーゲンソーのいう「権力闘争」概念には、記述的側面と規範的側面が不用意に混在していることが問題とされている。『国際政治（初版）』第一章に見られるように、モーゲンソーは、権力闘争を、国際政治を支配する事実的原理とみなす。他方で、『国益の擁護』に見られるように、彼は、国家が、道義ではなく、権力の観点から定義された国益を追求すべきことを説く。国際政治の現実がつねに権力闘争である、ということは、国際政治において権力を渇望すべきことを意味しない[341]。あるいは、極端な言い方をすれば、もし国家の対外政策が権力を追求するという事実がすでに存在するなら、「道義」ではなく「権力として定義された利益」を追求する政策をとるべきだ、などという規範的主張をあえて提起する必要はないはずである[342]。

異質な側面を混在させるモーゲンソーの所論を整理するため、高柳先男は、モーゲンソーの国際政治理論を説明するにあたって、その記述的側面と規範的側面を区別して叙述している。すなわち、①権力欲求を持った人間に担われる国際政治は、必然的に権力闘争である、という「国際政治の存在論的解釈」と、②対外政策は、道義的目的の追求ではなく、権力として定義された国益の追求を指針として遂行されるべきである、という「国際政治における規範論」を区別する[343]。このような区別は、上に述べた「力」「利益」「道義」に関する秩序論的配置の転換と重ね合わせることによって、よりよく理解されるだろう。

〈国家を非合理な行動に駆り立てる要素〉と〈それを制約する要素〉の配置が、〈権力〉対〈道義・国益〉という対抗関係となっている局面においては、権力闘争を規制する役割を期待される「道義」・「国益」の規範的性格が強調され、それに対して、権力闘争については、規制される対象としての事実という性格が前面に押し出される。それに対し、〈道義〉対〈権力・国益〉という対抗関係を基軸として論じられる局面においては、「権力」には、「国益」とともに、非合理的な「道義」主義的政策を制約・修正すべき役割が期待され、その規範的性格が強調されることとなる。

このように、〈権力〉対〈道義・国益〉という対抗関係において議論されている層と、〈道義〉対〈権力・国益〉という対抗関係において議論されている層が合わさって戦後のモーゲンソーの国際政治理論を形づくっている。したがって、「力（権力）」や「国益」の概念を無理に統一的・整合的なものとして構成するのではなく、不整合を含む複合的構造の中に位置づけて理解すべきだろう。

5　国際政治学と左派

（1）左派とのつながり

すでに第1章で明らかにしたように、古典的な国際法学との対照における国際政治学的思考の特質は、法を勢力関係の表現とみなし、勢力関係の変動に従って、法の status quo と勢力関係との乖離をめぐる対立が生じると考える点にある。さらに、本章においてこれまで述べてきたように、モーゲンソーは、新興勢力による法変更要求によって生じる動態的紛争に関する考察を通じて政治的紛争論を構成し、status quo の維持と変更をめぐる国家間対立を基軸とする国際政治学の基本思考を形成した。

国際政治学的思考の基礎となっているところの、法を勢力関係の表現とみなす考え方は、明白に、マルクス主義的思考と親和的である。モーゲンソーがその思考を形成した戦間期において、マルクスの影響を受けた左派は、法を含む社会的制度が、その時代に支配的な生産関係を基盤としており、したがって、その生産関係において支配的な地位にある階級の利益を表現するものであると考える傾向にあった[344]。

法が、支配的階級（ブルジョワジー）の利益を表現するものであると考える左派は、「ブルジョワ・イデオロギー」に対する批判を通じて現行法の権威を失墜させようとした[345]。資本主義的な生産関係に組み込まれ、その労働秩序に服することを余儀なくされている労働者について、そのような社会的に強制された労働を、平等な個人の自由な意思に基づくものであるかのように構成する「ブルジョワ法学」に対する批判は、左派的イデオロギー批判の中心と言える[346]。このようなイデオロギー批判からの直接的な影響が、モーゲンソーの著作にも明白に見出される。彼は、政治権力を軽視する思想傾向の起源を論じる中で、次のように言う。

貴族的統治を打倒したのち、中産階級は、間接的支配のシステムを発展させた。彼らは、貴族支配に特徴的な、支配階級と被支配階級という伝統的な区別や、あからさまな暴力による軍事的手段を、経済的な従属という見えない鎖に置き換えた。この経済的なシステムは、一見したところ平等主義的な法規則のネットワークを通じて作動し、それが、権力関係の存在を覆い隠した。一九世紀は、この法化された諸関係の政治的性質を見抜けなかった。[347]

ここでは、国際関係を左右する政治的権力関係を見抜くことのできない思考が、平等主義的な法制度の背後にある階級的支配関係を見抜くことのできない思考と同種のものと考えられている。言い換えるなら、国際関係を実質的に決定している政治的権力闘争に目を向けるべきことを唱えるモーゲンソーの主張は、法制度のイデオロギー性を見破ってその階級支配的性格を明らかにすることを目指すイデオロギー批判と、類似の役割を果たすものと考えられているのである。

モーゲンソーの思想形成における左派的思考の影響は、その個人史からも推察される。モーゲンソーは、その博士論文執筆・公表の時期に重なる一九二八年から三一年のあいだ、フランクフルトの弁護士フーゴ・ジンツハイマーの下で、Referendar（試補見習）として働いている。[348]両者の関係は深く、[349]モーゲンソーは、「ジンツハイマー学派」の一員に数えられることもある。[350]ジンツハイマーは、労働協約を中心とする労働法制度の確立に貢献した労働法学者であり、[351]一九一九年には、国民議会議員（社会民主党所属）としてヴァイマル憲法起草にも深く関わった。[352]ジンツハイマーとのつながりを通じて、モーゲンソーが、フランクフルト社会研究所に属する若いマルクス主義者たちと交際を持ったことはよく知られている。[353]

したがって、モーゲンソーと左派との思想的なつながりがすでに指摘されていることについては、何の不思議もない。モーゲンソーに関する伝記的研究において、ジンツハイマーとその周囲の人々が彼の価値観に与えた影響が強調されている。[354] また、ジンツハイマーやその周辺の左派知識人の思考とモーゲンソーの思考の関連性を示し、ヴァイマル時代の左派の思想的系譜のうえに、モーゲンソーのリアリズムを理解することもすでに試みられている。[355]

それゆえ、左派的思考が、ジンツハイマーとその人脈を介してモーゲンソーに影響を与えていることを示すだけでは何の新しさもなく、そのために一節を設ける必要はない。にもかかわらず、ここで、ジンツハイマーとモーゲンソーの思想的関係を検討する理由は、二つある。ひとつは、日本の労働法学界において蓄積されてきたジンツハイマー研究の成果を活かすことである。日本の労働法学者たちは、二〇世紀を通じ、非常な熱意を持ってジンツハイマーに関する研究を行ってきた。[356] そのきわめて水準の高い研究成果が、これまで、モーゲンソー研究にはまったく活用されてこなかったことは、思想史研究における大きな損失というべきである。もうひとつの理由は、伝記的・個人史的な影響を正当に理解することである。モーゲンソーの個人史的な思想形成という側面のみに焦点を当てるなら、ジンツハイマーを介する左派の影響を過度に強調してしまう恐れがある。そうすると、思想史的な文脈をかえって見失う。モーゲンソーの国際政治学的思考を特徴づける思考は、一八七〇年代以来、アドルフ・ラッソンやエリヒ・カウフマンによって受け継がれてきた観念論的な国際法論の系譜の上に、理解されるべきものでもある。[357] そのような大きな思想史的文脈を踏まえたうえで、個人史的な思想の影響関係を理解しなければならない。

なお、国際政治学的思考と左派的思考の関係を考察するにあたって、「左派」という言葉の意味を明確にしておく。戦間期ヨーロッパ思想に焦点を当てる本書では、「左派」とは、自由な商品市場および労働市場・自由貿易・自由な資本移動を基軸とする自由主義的秩序において生じる深刻な社会問題を、公的制度の革新的な（つまり復古的でない）変更によって解消しようとする政治思想のことを指す。急進的であるか漸進的であるかは問わない。今日では、漸進的革新派を「リベラル」と呼ぶことも多いようだが、それでは、戦間期において重要な意味を持っていた自由主義的秩序編成との緊張関係が不明瞭になるため、ここではあえて、「左派」という、やや古めかしい用語を用いている。

（2）ジンツハイマーの労働法思想

ジンツハイマーは、労働法学の確立を通じて、対等かつ自由な人格間の合意を基軸として法律関係を構成する近代法思想の克服を目指した。その手掛かりとなるのは、「従属労働 abhängige Arbeit」という概念である。労働関係において、労働者は、自由人であるにもかかわらず、他者によって自由に使用される地位に置かれる。労働者は、使用者の命令に従って働き、自己の働きによって生み出される成果が使用者に帰属することを甘受しなければならない。このような他者の処分権力の下に置かれた労働を「従属労働」と呼ぶ[358]。

自由人がなぜこのような従属的な関係に入るのか。生産手段を持たない者は、そうせざるを得ないからである。労働が有用な生産物を生み出すためには、適当な生産手段と結びつかなければならない。そのような生産手段を有しない労働者は、生産手段を所有する使用者の処分権力の下に自らを置くことによってのみ、生産過程に参加し、その生存を確保することができる[359]。労働者と使用者の関係は、近代法においては、自由な人格間の自由な契約として構成される。しかし、そのような構成は、現実の人間を従属労働へと強制する社会構造を度外視している。

「労働契約の自由」とは、せいぜい、被用者が、自由な使用に供されるところの「生産手段の」所有者を選ぶ自由にすぎない[360]。

現実の従属的関係において労働関係を捉えなおそうとするジンツハイマーの試みは、もちろん、マルクス主義から影響を強く受けている。とはいえ、その系譜をマルクス主義にのみ求めることは誤りである。近代法的な労働契約観を再構成するという問題関心は、マルクス主義以外の社会政策的立場にも共有されていた。そのなかでも、オットー・フォン・ギールケ（一八四一―一九二一）による労働関係の法的再構成は、ジンツハイマーの従属労働論の土台となったと言われている。[361]

ギールケは、すでに、その『ドイツ・ゲノッセンシャフト法』第一巻（一八六八年）において、近代的企業を、人的な支配・保護関係を伴う組織体としての「ヘルシャフト団体 Herrschaftsverband」として性格づけ、[362]『ドイツ私法』第一巻（一八九五年）において、ヘルシャフト団体としての性格づけを根拠として、企業の使用者と労働者の関係を単に債権法的に構成することを批判している。[363]そのような批判を基礎とする労働関係の再構成の試みは、一九一四年に公表された「雇傭契約の起源」に関する論文[364]に最も明確に表現される。それゆえ、ここでは「雇傭契約の起源」論文に即してギールケの議論を紹介しよう。この論文の最初の一文が、ギールケの執筆意図を明確に示している。

現代法における「雇傭契約」は、……もはや、ローマ法の「locatio conductio operarum」との本質的近縁性をなんら示していない。[365]

自由人が、労働監督の下で賃金労働を行い、しかも、その成果物がすべて他人（雇主）に帰属する、という近代的な雇傭関係を、ローマ法の概念によって構成することは、そもそも、非常に困難である。[366]にもかかわらず、ギールケによれば、ロマニストたちは、賃貸借に由来するローマ法の概念（locatio conductio operarum）を転用して、雇傭契約を法的に構成した。いわば、労働者は、賃金を対価として、自己の労働を貸し出すのである。このような構成は、自由主義と個人主義が支配的であった一九世紀の法思想に親和的であった。雇傭契約を、「労働と賃金の交換を目的とする債務契約」とみなし、自由な人格間の対等な債権・債務関係として把握することになるからである。[367]

このようなローマ法の転用による債権法的な構成によっては、雇傭関係に内在する人的な支配・従属関係を適切に把握しえない、というのが、ギールケの問題関心である。むしろ、雇傭契約の系譜は、ゲルマン法上の「誠実勤務契約 Treudienstvertrag」に求められるべきだと彼は主張する。

ドイツの雇傭契約は、むしろ、人法 Personenrecht に起源を有する。その前身をなしたものは誠実勤務契約であった。その最古の形態は従士と主君の契約であり、それがフランク時代以降、托身 Kommendation として、さまざまの形態をとって現れることになった。[368]

誠実勤務契約は、契約締結者を、相互に、支配者 Herr と奉仕者 Diener という人法的 personrechtlich 関係に立たしめる。支配者には、保護監督権 Munt が付与され、それによって、命令および規律の権力が認められる。しかし、それと同時に、支配者には、保護と代表が求められる。奉仕者は、誠実勤務契約によって、継続的な自由の制限に服し、それによって、服従と奉仕が義務づけられる。しかし、それと同時に、奉仕者は、保護と代表に対する権利を獲得する。[369]

このようなギールケの主張が、今日の法制史学の見地から見て適切かどうかはここでは問わない。[370] むしろ、支配・服従関係の設定を基軸とする誠実勤務契約の系譜の上に雇傭契約を置く、という主張の実践的意義を考えてみたい。第一に、それによって、労働における支配・従属関係が可視化される。誠実勤務契約は、支配者と奉仕者という人的・身分的な関係を設定するものである。その系譜に置かれる雇傭契約もまた、この支配・服従関係を引き継いでいる。すなわち、雇傭契約により、雇主は、使用人に対して人的な支配権力を得るのである。[371] このように構成することで、雇傭関係を自由な人格間の対等な債権・債務関係とみなす法的構成においては見えにくくなっていた支配関係が、雇傭契約の中心に据えられることとなる。第二に、使用人に対する雇主の保護義務が一般的に根拠づけられる。ギールケによれば、誠実勤務契約によって設定された命令権力には、保護義務が伴う。それと同様に、雇傭契約によって雇主が行使する人格的な支配権力にも、使用人に対する保護義務が伴う、ということとなる。すなわち、労働関係において、使用者が、単なる給与支払債務にとどまらず、労働者の健康や福祉に関する包括的な配慮義務を負うことを一般的に根拠づける、という意義を有するのである。[372] 第三に、雇傭関係の継続的性格が一般的に根拠づけられる。誠実勤務契約は、支配者と奉仕者とのあいだに、継続的な人法的・身分的結合を作り出す。[373] このような身分的要素は、雇傭契約に関しても考慮され、その終了に関するさまざまな規制に反映される。[374]

このように、ギールケの雇傭契約起源論には、債権法的構成によっては見失われる労働関係の支配・従属的性格を明確化し、そのことによって、労働者保護法制を一般的に根拠づけるという志向がみられる。ジンツハイマーの「従属労働」論は、このようなギールケの関心と共鳴しつつ、その影響下において形成されたものである。

ジンツハイマーがとくに問題にするのは、労働条件の決定について労働者の意思が影響力を持たない、という労働関係の実態である。使用者と労働者のあいだの自由意思に基づく契約として労働関係を法的に構成するのが一般的であるが、実態においては、労働者の意思はそこに反映されていない。賃金をはじめとする労働条件は、使用者が一方的にこれを決定している。[375] また、労働者は、労働現場において、その立ち振る舞い方も含めて、使用者の指揮監督権の下に置かれる。[376] 使用者には、労働環境について配慮する義務があるものの、その義務の実質的内容は、使用者の大幅な裁量に委ねられている。[377] このような実態を見るなら、労働関係の内容は、使用者によって一方的に決定されているのであって、労働者はその決定に参加していない。

労働者の契約意思は、労働関係を発生させるということに尽きており、それを越えて、労働関係の内容を構成するという効力は持たない。[378]

使用者によって労働関係の内容が決定される以上、労働者と使用者のあいだの労働契約は、給付と反対給付からなる相互的関係のみならず、一方が他方を支配する関係を作り出す。[379] このような支配・従属関係という実態を前提に、ジンツハイマーは、労働協約を中心とする労働法制を構築することを目指した。

労働者は、個別的な労働契約によっては、労働関係の内容決定に参加できない。その実態を前提に、労働者の意思を労働関係に現実に反映させるためには、集団的な交渉と合意が重視されなければならない。それが、ジンツハイマーの基本的な考え方である。「個人がその対抗勢力によって脅かされ、これに独力で立ち向かうにはあまりにも自己が無力であると感じるとき」には、相互の扶助によって集団が形成される[380]。そのような集団に法的な承認と保護を与えることで、集団間の交渉と合意を基礎とする秩序が形成される[381]。すなわち、労働者団体と使用者団体の交渉と合意を通じて労働関係の内容が決定されることにより、使用者が一方的に決定する支配・従属的労働関係から、自律的かつ共同的な労働関係への転換が行われる、というのである[382]。

したがって、ジンツハイマーの労働法論の中心には、労働協約が置かれる[383]。個別の労働契約に優越する強い法的効力（不可変的効力[384]や一般的効力[385]）を労働協約に認めることで、個別的労働契約に依拠していては従属に陥ってしまう労働関係を、労使の対等な協力によって形成される自律的・共同的関係に変えてゆくことが目指される。

労働協約の法的性質を論じるに際して、ジンツハイマーが「共同意思定立 Vereinbarung」概念を掲げていることは特筆に値する。前章で検討したように、共同意思定立概念は、国家間の合意である条約の客観法的性質を論証するために、トリーペルによって援用されたことで、国際法学においてもよく知られている[386]。トリーペルと同様、ジンツハイマーも、共同意思定立としての集団間の合意が、単なる法律行為（契約）としての効力を持つのではなく、客観法を定立する効力を有することを強調している[387]。すなわち、労働者団体と使用者団体とのあいだの合意である労働協約は、単に二つの団体の相互的な権利・義務関係を規定するのではなく、労働者と使用者からなる労働関係秩序全体について客観的な法規を定立するものと考えられる[388]。

共同意思定立を援用する文脈において、ジンツハイマーは、客観法を定立する集団間合意の典型例として、国際条約に言及している[389]。そして、集団間の合意が、その集団の構成員に及ぼす効力に関する問題が、国際法と労働法に共通の問題として取り上げられる。国際法学において、国家の締結した条約が、個々の国民（個人や団体）にどのような効力を持つか、という問題が存在する。国際法と国内法の二元論をとるトリーペルのような立場によれば、国際条約が規制するのは、国家間の法的関係のみであって、それが個人や団体について規律を及ぼすためには、国内法への変形を必要とする。それに対し、国際条約が、個々の国民の法律関係に直接に規律を及ぼす可能性を認める考え方もある。条約に関するこのような問題と類似の問題が、労働協約についても存在するとジンツハイマーは言う。すなわち、労働者団体と使用者団体が締結した労働協約は、個々の使用者と労働者がそれに従って個別的労働契約を締結することを通じて個別の労働関係を間接的に規律するのか、あるいは、協約に違反する労働契約の内容を無効とし、修正することによって、個別的労働関係を直接的に規律しうるのか、という問題である。もちろん、ジンツハイマーは、不可変的効力をはじめとする、労働協約による直接的規律の承認を求める。[390]

このようにジンツハイマーは、国際条約と労働協約が類似の性質をもつと考えている。彼の理解では、労働協約は、集団間の合意によって客観的な法秩序を形成するものとして、国際条約と労働協約が類似の性質をもつと考えている。彼の理解では、労働協約は、実力をもって対峙する集団と集団が、平和的な秩序を打ち立てるために締結する合意なのであって、それゆえ、中世の諸身分のあいだの平和契約 Landfriedens-vertrag の系譜に属する。[391] 国際条約(とりわけ講和条約)の果たす重要な役割もまた、実力をもって対峙する国家間に平和的秩序を打ち立てることである以上、ジンツハイマーがそこに労働協約と類似の構造を見出すのは当然であろう。諸身分間の合意や労働協約、国際条約を、客観法を定立する集団間の合意として統一的に把握してゆくジンツハイマーの法思想は、国家と他の団体を質的に異ならないものとみなすギールケの多元主義的な秩序構想を継承している。[392]

(3) ジンツハイマーの労働法論とモーゲンソーの政治的紛争論

次に、ジンツハイマーの労働法論とモーゲンソーの国際秩序構想の共通点を検討する。労働法学者と国際政治学者の思想的関係を検討するというのは、一見したところ、突拍子もないことに思われるかもしれない。しかし、ヴァイマル共和国期のドイツという文脈においては、労働法学と政治学とのあいだに関連性を見出すことは、それほど意外なことではない。

ヴァイマル憲法体制下において、労使関係は、最重要の政治的問題であった。一九一八年一一月三日のキール軍港における水兵反乱以降、各地に労兵評議会が成立する中で、急進派は、ソヴィエト型の社会主義革命を目指した。そのような急進派に対抗する形で成立したヴァイマル共和国において、労働者階級の支持をつなぎとめるために、矢継ぎ早に重要な労働法制が整備されてゆく。同年一一月一五日には、団結権の承認・労働協約による労働条件の決定・八時間労働などを規定する「中央労働共同体協定」が、有力な労働組合と使用者団体の合意によって成立した。[393] また、一二月二三日には、労働協約の不可変的効力などを定めた労働協約令が制定される。[394] そして翌年八月に制定されたヴァイマル憲法には、「労働力は、ライヒの特別の保護を受ける」（一五七条一項）、「労働条件および経済的条件を維持し促進するために団体を結成する自由は、何人に対しても、そしてすべての職業に対して、保障されている」（一五九条）、「現場労働者 Arbeiter および職員 Angestellte は、企業者と共同して、対等に、賃金および労働条件の規律、ならびに生産力の全体的・経済的発展に参与する権限を有する。双方の組織およびそれら組織間の協定は、これを承認する」（一六五条一項）というような、労働者の地位に関する特別の規定が含まれている。ドイツ労働法思想史を研究する西谷敏の言葉を借りれば、

ワイマール体制の歴史的性格からして、その体系において労働法がきわめて重要な地位を占めることとなったのは当然であったといえよう。第一次世界大戦以前には、いまだ独立の一分科としてさえ承認されていなかった労働法は、一挙に法体系の中心に押し上げられ、共和国の運命を左右しかねない、すぐれて政治的な意義を付与されたのである。[395]

政治的に重要な意義を持った労働法学が、政治に関心を持つ若い法律家を惹きつけたのは自然なことであろう。ジンツハイマーの門下からは、モーゲンソーのほかにも、アメリカ合衆国にわたって政治学者となるパウル・フレンケル（一八九八―一九七五）や、『ビヒモス――ナチズムの構造と実際』の著者として日本でもよく知られている[396]

フランツ・ノイマン（一九〇〇―五四）が育っている。ノイマンが、著名な国際法学者であったカール・シュトルップ（一八八六―一九四〇）とジンツハイマーに師事して法律学を研究し、やがて、アメリカにわたって政治学者となったことは、モーゲンソーの経歴が決して特異ではないことを示す。[397]モーゲンソーは、『国際行政法』[398]の著者として知られるカール・ノイマイヤー（一八六九―一九四一）[399]のもとで国際法の研究を開始し、[400]シュトルップとジンツハイマーに師事して博士論文を書き上げたのち、[401]アメリカにわたって国際政治学者となった。

では、モーゲンソーは、ジンツハイマーからどのような思想的な影響を受けているのだろうか。両者の学説を対照することで、それを推測してみよう。ジンツハイマーの労働法学説とモーゲンソーの国際秩序構想を比較したとき、共通する特徴として、(i)社会に存在するさまざまな力との関係において法規則が果たす現実的機能を分析する法社会学への関心、(ii)社会変動に伴う法の変更への関心、(iii)法変更を伴う紛争解決手続への関心が見出される。以下、順に検討する。

(i) 法社会学への関心

ジンツハイマーをはじめとする左派人脈との交際によって、モーゲンソーが法社会学的な関心を強めるようになったことはすでに指摘されている。伝記的研究を行ったフライによれば、「［ジンツハイマーの下で働いていた］時期に、モーゲンソー自身の学問的関心は、純粋な国際法から法の社会学へ、つまり、厳密な法規範から、それら規範の土台となり動因となる社会的諸力へと、徐々に移行していった[402]」という。ここでは、このフライの指摘を、法思想史の観点から掘り下げてみよう。

すでに見たように、ジンツハイマーは、自由な人格間の対等な合意として構成された労働契約が、人間生活の実態においては、支配・従属関係を設定するものであることを明らかにするために、「従属労働」という概念を唱えた。ジンツハイマーによれば、このような労働関係の把握は、近代的な「市民法 das bürgerliche Recht」に対するイデオロギー批判という消極的意義とともに、現実の社会的諸力の下で法規則が現実に果たす機能を認識する法社会学的方法の遂行としての積極的意義を有する。

ジンツハイマーによれば、近代市民法は、自由で自律的な個人の意思を基礎として法を構成する。それゆえ、市民法は、人間を抽象的な個人としてのみ把握し、それぞれの個人の具体的な人間生活の実態を度外視する。[403]それに対し、労働法は、人間をその生存の実態において把握する。すなわち、生産手段を所有しない現実の労働者が、従属的な社会関係の下に置かれた存在である以上、労働法は、抽象的な意味で自由な人間としてではなく、現実において従属している人間として、彼らを認識するのである。[404]

労働法の任務は、……市民法の任務とは異なる。市民法は、すべての人間にとって同一であるところの人間の本質を頼みとして、人間の現実を無視する。労働法は、人間の本質を離れて、まさに人間の現実の中に、それ自身を作り上げる基礎を見出す。[405]

市民法は、その存在形式において、自由を本質とする人間を前提とする。労働法の存在秩序においては、人間は、従属的人間とみなされる。[406]

ジンツハイマーは、所有権や契約などの法制度を、抽象的な規範群として理解するのではなく、具体的な社会的諸力の活動の中における現実的な機能として把握することの必要性を説く。発達した資本主義社会において、生産手段の所有こそが、最も社会的に意味のある所有である。[407]生産手段を所有する者は、それを所有しない者を生産過程の中に労働力として吸引し、そして、組織化された生産過程において労働力を支配管理する権力を手にする。[408]すなわち、所有権は、労働契約を介して、人間の人間に対する支配権を作り出すものとして機能するのである。

このような、法制度の社会的機能を認識しようとする自己の立場を、ジンツハイマーは、オーストリアの社会主義者カール・レンナー（一八七〇―一九五〇）の法社会学を継承するものとみなしている。[409] レンナーは、その一九〇四年の論文「法制度の社会的機能[410]」において、具体的な社会関係の中で法制度がいかなる機能を果たすのかを分析すること、そして、かかる法制度の社会的機能を社会関係の変動と関連づけて動態的に把握することを試みている。この論文で具体的に検討されているのは所有権である。所有権というひとつの法制度が、手工業的生産から資本主義的生産へと生産関係が変動することに伴って、まったく異なる機能を果たすようになる、という。[411]

レンナーからジンツハイマーに引き継がれた方法的関心、すなわち、社会的諸力の実態の中で法制度の実際的役割を分析し、社会的諸関係の変動との関連において法制度の社会的機能を動態的に把握しようとする法社会学的関心は、モーゲンソーの方法、とりわけ国際法学者として活動していたころの彼の学的方法に通じている。彼の政治的紛争論が、紛争解決における現行法の役割を、現実の国家間の勢力関係の変動と関連づけて把握しようとするものであったことは、前に述べたとおりである。[412] そして、一九四〇年までに公表された彼の国際法に関するいくつかの論文にも、国際法の「社会的機能」に迫ろうとする志向が見出される。その志向が最も明確に表現されているのは、「実証主義・機能主義・国際法」（一九四〇年）であろう。[413]

この論文において、モーゲンソーは、支配的学説としての「実証主義」を批判し、より現実的な国際法学の方法として「機能主義 functionalism」を提唱する。ここで批判される実証主義とは、倫理などの非法律的規範が法律学に混入することを拒絶し、国家によって制定された実定法諸規範を論理的に一貫した解釈体系として構成することを志向する学問的潮流のことを指す。[414] 実定法諸規範を自己完結的 self-sufficient な解釈体系として構成することを目指す実証主義の試みはすでに破綻している、というのが、モーゲンソーの見立てである。[415] なにより、そのような方法によっては、国際法規範が現実に機能するところの「社会学的文脈」を学問的に把握することができず、したがって、規範の現実的な意義と役割を正当に認識することができない。

政治的・経済的・社会的な力や利益などの「社会学的な」（すなわち非法律学的な）文脈を把握することの必要性

は、法社会学派に属することを自任するモーゲンソーにとっては自明のものと考えられている。［国際法の諸規則は、］経済的利益・社会的緊張・権力への渇望という社会学的文脈の中で検討されなければならない。それこそが、国際的な舞台における原動力であり、国際法による規制の対象となる素材をなすところの、現実的な状況を生じせしめるものであるのだから。[417]

モーゲンソーにとっては自明のもの[416]

また、モーゲンソーによれば、とりわけ国際関係において、法規とその社会学的文脈とは特別のつながりを持つ。国際関係において、政治情勢がそれぞれ特殊的・一回的なものであるゆえ、国際法規範は、それぞれに固有の特殊な文脈において成立しているということができる。[418] そして、その固有の文脈が変動を被るなら、同じ国際法規が、まったく異なった機能を果たすようになる、という。[419] 規範命題の体系化に専心する実証主義は、このような国際法規とそれに固有の社会的・政治的文脈との関係を、研究の対象として取り上げてこなかった。

国際法の実証主義学説は、国際法規則とその社会学的文脈とのあいだの、この特殊な関係を完全に無視してきた。実証主義は、形式的かつ概念的解釈という高度に洗練された実証主義的方法を、図式的に、国際法の領域に移植したのである。[420]

国際法規範とその社会学的文脈との関係の把握を通じて、国際法規範の実際的な内容と作用を理解することを目指す学問的方法として、モーゲンソーは、「機能主義国際法理論」[421]を提唱する。この理論は、社会的諸力と国際法とのあいだに機能的関係があることを認め、社会的諸力の変動と法変動の関係を探究する。[422] これは、機能主義的国際法学が、国際的な勢力変動に伴う国際法の変更という問題、さらには、勢力変動に伴う法変更を求める新興勢力と、法の status quo の維持を求める旧勢力との対立という問題を、その学問的課題として引き受けることを意味する。[423] もちろん、このような対立は、若きモーゲンソーが、かつて『国際司法——その本質と限界』（一九二九年）において取り組んだ問題であり[424]、かつ、やがて『国際政治』（一九四八年）によって国際政治学者として成功することとなる壮年期のモーゲンソーが、権力闘争の基本的対抗軸とみなすものである[425]。

法規範が特定の社会学的文脈と結びついて機能しているとすれば、その文脈が根本的に変動したとき、法規範の社会的機能は、まったく異なったものとなるか[426]、あるいは、そもそも機能そのものが失われる[427]。文脈の変動に伴う国際法規範の機能変化に関する事例研究として、モーゲンソーは「欧州における中立の復活」（一九三九年[428]）を著している。この論文では、諸国家の政治的利害関係の変動により、集団安全保障に関する連盟規約の諸条項の果たす機能が変化してきたことが、中立政策の復活と関連づけて分析されている。あるいは、別の論文では、逆に、社会的諸力の関係が変わらないゆえに、新しい国際法の制定が、必ずしも現実的な法関係に変更をもたらさない、という現象について、ロカルノ条約を事例として分析している[429]。

(ii) 社会変動に伴う法変更への関心

日々変動する社会的諸力との関係において法規範の機能を把握しようとするならば、当然、それら諸力からなる社会的現実が変動した場合に、法はそれに対応していかに変更されるのか、という問いが生じる。モーゲンソーの政治的紛争論は、この問いに関するひとつの考察と言ってよい。すでに繰り返し述べてきたように、安定性を重視する法の静態的な性質により、変動する国家間の勢力関係と、国際法の status quo とのあいだに乖離が生じ、それが、生成しつつある勢力関係に即した法の変更を求める新興勢力と、status quo を維持しようとする旧勢力とのあいだに緊張をもたらす。その緊張と結びついた紛争が、政治的紛争である。すなわち、政治的紛争論は、社会的諸力の変動と法の変更とのあいだの関係を分析するものと言える。

カール・レンナーの『法制度の社会的機能』においては、社会変動に伴う法の変更という問題は扱われていないが、それは、レンナーが、研究の射程をあえて限定したからにほかならない。同書の序章において、レンナーは、

①ひとつの法制度が、法規範それ自体としては変更されないままに、社会的・経済的諸関係の変動に伴って、その機能において変更されることはあるか、という問いと、②社会的・経済的諸関係の変動は、いかなる仕方で、法規範それ自体の変更を生じせしめるか、という問いを立て、研究の対象を①に限ることを明言している[430]。

それに対し、ジンツハイマーの労働協約論においては、社会変動と法変更の関係が論じられる。というより、彼の労働協約論そのものが、社会変動に伴っていかに法が変更されるべきか、という問いに対する答えなのである。

社会の実態と法規範との関係を学問的に探究しようとするジンツハイマーは、社会の変動によって、社会と法規範とのあいだに乖離が生じ、そのことが、法の変更をめぐる対立を呼び起こすことを明確に意識している。ジンツハイマーによれば、「社会的技術 soziale Technik」としての国家法は、社会の発展を受け入れてゆくことで、そこに法律としての一般的な妥当性を与え、国民の社会発展の統一性を確保してゆくものなのだが、法の静態的性質のために、法と社会の「矛盾」が生じてしまうこともある[431]。その矛盾が、旧来の支配的勢力と新興勢力とのあいだの、法をめぐる争いの原因となる。

> 国家法が、つねに社会の発展について行けるわけではない。社会が多種多様な仕方で変化してゆくのに対し、国家法は、型にはまっていて融通がきかない。社会発展が急速であればそれだけ、この矛盾は強く感じられる。そうすると、法という形式において、過去の社会勢力 gesellschaftliche Mächte が、現在の社会勢力に対して闘争を行う[432]。

このような社会と法の矛盾を解消するために、議会による立法、あるいは、裁判官による裁量、行政府による命令に頼ることはいずれも適切ではない、とジンツハイマーは考える。多種多様な社会変動に対してすべて法律によって対応しようとすれば、法規の過剰な煩雑化を招く[433]。また、少なくとも現行の法学専門教育を受けた職業裁判官は、社会全体を見渡して多様な利害を適切に考量する能力を持たない[434]。さらに、法規命令によって対応しようとすれば、官僚支配の強化や議会権限との抵触という問題を引き起こさざるを得ない[435]。

法と社会の矛盾を解決するために、ジンツハイマーは、「法における社会的自己決定の理念 die Idee der sozialen Selbstbestimmung im Recht」を提唱する。すなわち、「自由に組織された社会的諸力が、直接かつ計画的に客観法を定立し、それを自律的に運用する」というのである。自発的に組織された労働者団体と使用者団体の交渉と合意によって定立され、運用される労働協約とは、まさしくそのような社会的自己決定の理念に基づいている[436]。国家は、当事者団体の社会的自己決定による法定立を尊重し、労働協約に、単なる私的当事者間の法律行為としての効力ではなく、労働関係秩序において当事者団体によって定立された客観法としての効力を承認する[437]。

労働協約は、ストライキやロックアウトなどの実力を行使しうる社会的力を有する二つの集団のあいだの交渉と合意によって締結される。それゆえ、それは、労働者団体と使用者団体とのあいだの勢力関係を反映せざるを得ない。その労働協約を通じて、社会的勢力関係の変動に柔軟に対応する法の変更を平和的に達成することが、ジンツハイマーの労働法秩序構想の中心なのである[438]。

(iii) 法変更を伴う紛争解決手続への関心

社会的自己決定の理念を掲げるジンツハイマーにとって、法の変更をめぐって異なる勢力間に生じた紛争は、当該勢力を代表する団体のあいだの合意により新たな法が定立されることによって、解消されるべきである。しかし、当事者間の交渉のみによって、そのような合意に到達できない場合がある。その際、紛争を裁判所において、現行法の適用によって解決するのは望ましくない。争われているのが、権利侵害や義務違反ではなく、望ましい権利・義務関係の設定である以上、現行の権利・義務関係に基づいて、その紛争を解決することはできないからである。したがって、ジンツハイマーは、労使間の合意に到達できない場合の紛争解決手続として、調停 Schlichtung[439] を重視する。調停機関は、当事者集団間の協約の締結を支援することを任務とし、当事者の合意を成立させるように努めなければならない[440]。調停は、集団間の合意を通じた法の定立・変更によって紛争を解決することを目指すものであるから、当然、法の適用によって紛争を解決する裁判とは、その性質を異にしている。

調停することと判決を下すことは異なる。調停は権利侵害を前提としない。それは、現行法を適用するのではなく、新しい法を作り出す[441]

ヴァイマル共和国の労使紛争解決手続において、調停機関の尽力によってもなお労使が合意に達しない場合、仲裁法廷が裁定 Schiedsspruch を下す。「両当事者の利益を正しく考量したうえで、その規則が公正に適い、経済的・社会的理由からその実施が要請される場合」には、その裁定は、拘束力を持つものとして宣言される[442]。ジンツハイマーは、労働協約の成立について国家利益が存することを理由に、この強制仲裁制度を支持した[443]。すなわち、現行法の解釈・適用によってではなく、社会的観点から適切と考えられる形での法変更・法創出によって、第三者的機関が紛争を拘束的に解決する仕組みの必要性を、ジンツハイマーは訴えていたのである。

このような法の変更を伴う手続によって紛争を解決することの必要性は、モーゲンソーの主張するところでもある。そもそも、国際裁判の限界を論じるモーゲンソーの政治的紛争論が主張されたのは、包括的な平和的紛争解決の仕組みを構築しようとする戦間期の平和構想という文脈の下であった。すなわち、それは、現行法の適用によってではなく、法の変更によって国家間の緊張を緩和させうる手続の必要性を主張するものなのである[444]。

すでにみたように、労使紛争において調停手続が優先されるという事実は、当時の国際法学にとっても重要な意義を有していた。平和的紛争解決手続における裁判の役割を限定的に捉えようとする国際法学者たちは、司法制度・強制執行制度の完備された国内法秩序においてさえ、集団的紛争について司法的な解決が回避されることを強調し、それを、国際的な平面における調停的手続の必要性の根拠とした。法変更をめぐる動態的紛争は、現行法の変更をも視野に入れた手続によってのみ、解決しうるというのである[445]。

モーゲンソーもまた、そのような包括的紛争解決手続の整備を目的とする国際裁判批判に即して研究を遂行していたことは、『国際司法――その本質と限界』の末尾を読めばわかる。そこには、現行法の適用による裁判的紛争解決に拘泥するのではなく、法の平和的変更をも伴う包括的な「司法 Rechtspflege」制度を整備することによって、平和で安定的な国際法秩序を作り出すべきだというモーゲンソーの展望が、やや回りくどい表現で記されている。

大部分において静態的で、status quo の維持に奉仕する国際法の諸規範を、発展およびその発展から生じるところの諸国家の勢力関係に法的表現を与える諸規範によって補完し、緊張を除去する……という方向に進むことを、理論の諸原理は妨げるわけではない[446]。

国際法が、その新しい形態において、今日のように、いかなる変更も防止するという実行不可能な任務を自らに課すのではなく、暴力的・超法的手段による変更を防止することのみを目指すなら、そのとき初めて、司法諸機関 Rechtspflegeorgane のみによって平和を保障する機能が果たされるための基盤が生じる[447]。

国際的な勢力関係の変動に適切な表現を与えるような法制度を案出し、それによって元来静態的である国際法に動態的性格を持たせることができるなら、勢力関係と法の乖離を適切に調整し、政治的紛争にも実効的な解決を与えうるような包括的紛争解決の仕組みを作り出すことができる、とモーゲンソーは考えていた。

その際、国内法秩序における動態的紛争解決の仕組みとしての労使紛争解決の手続が、ひとつのモデル（またはアナロジー）として想定されているようである。モーゲンソーは、動態的紛争についても合理的な観点から調整と判断を行いうるような国際紛争解決手続の必要性を説く文脈において、国内法秩序においてさえ平和維持のために調停制度が用いられることを指摘している。

国内法秩序でさえ、裁判組織のみによってではなく、なによりも、少なくとも相対的に正当で、すべての者に等しく妥当する諸規範に基づいて、市民間の紛争を調停することによって、平和を守るのである[448]。このようなモーゲンソーの叙述は、ジンツハイマーとの関係を考え併せるなら、労使紛争に関する調停を念頭に置くものと理解するのが適当だろう。

(4) 個人史的文脈の位置

以上において、ジンツハイマーの労働法思想との共通性に焦点を当てて、連盟期モーゲンソーの国際秩序構想と左派の法思想との関係を検討してきた。両者には、①社会的諸力との関係における法の現実的な機能に着目して、従来の法律学に依る抽象的法把握を批判する点、②社会において勢力関係が変動することによって社会的実態と法とのあいだに乖離・矛盾が生じ、そこから法の変更に関わる対立が生まれると考える点、③法の変更を求める新興勢力と法の status quo を維持しようとする旧勢力の対立を解決するためには、現行法の適用による解決手続(裁判)ではなく、法の変更による解決を与えることのできる手続が必要だと考えている点において、明白な共通性が見出される。

ジンツハイマーとの強い個人的つながりを考慮するなら、このような共通性は、偶然の産物ではなく、ジンツハイマーの影響の下でモーゲンソーの国際秩序構想が形成されたことを示していると理解すべきだろう。そして、戦間期のモーゲンソーが重視した status quo の維持と変更をめぐる対立が、のちに『国際政治』において論じられる権力闘争論の中核を占めるということを考え合わせれば、モーゲンソーの国際政治学的思考の形成において、ジンツハイマーらを介して、左派的思考が影響を与えたといってよい。

ただし、そのような理解には留保が必要である。第一に、ジンツハイマーとの個人的なつながりを通じて、モーゲンソーによって、左派的思考が戦間期の国際秩序論に持ち込まれた、と考えるのは適切ではない。法の変更をめぐって集団間において争われる「動態的紛争」という点に着目して、労使紛争と国際紛争とを類比的に把握することは、戦間期の国際秩序思想において、何ら珍しいことではなかった。すでにみたように、モーゲンソーの政治的紛争論に先立って、シントラーやブライアリが、労使紛争のアナロジーを援用して、国際裁判の限界と法の変更を伴う紛争解決手続の必要性を主張している[449]。

第二に、法の変更を求める新興勢力とstatus quoの維持を求める旧勢力とのあいだの対立という考え方は、すでに一九世紀後半から二〇世紀初めに、観念論的傾向を持つ法理論家によって国際秩序思想に持ち込まれている。第2章において検討したように、一九世紀ドイツの法哲学者アドルフ・ラッソンは、一八七一年の著作（『国際法の原理と将来』）において、条約体制が国家間の勢力関係を表現していると考えたうえで、勢力関係の変動によって、それに対応する条約の変更を求める新興勢力と、status quoの維持に利益を見出す旧勢力とのあいだに対立が生じる、という見方を示している[450]。また、二〇世紀ドイツの公法学者エリヒ・カウフマンは、その著作『国際法の本質と事情変更原則』（一九一一年）において、締結時に存在した勢力状況・利益状況の変動によって条約の本質的な規定が締約国の自己保存権と両立しなくなった場合には、事情変更原則により、条約の拘束力が否定されると主張している[451]。このような主張は、勢力関係の変動によって、法と勢力関係とのあいだに乖離が生じた場合に、法の適用ではなく、法の変更（現行法の不適用）によって解決がなされるべきことを説くものである[452]。

すなわち、動態的紛争論や労使紛争のアナロジーが国際秩序論に持ち込まれた複数の経路のうちのひとつにすぎないという点を留保したうえで、モーゲンソーに対してジンツハイマーが与えた影響が理解されなければならない。

おわりに

本章では、連盟期の思想的文脈におけるモーゲンソーの国際秩序構想の意義、とりわけその政治的紛争論の意義を理解するために多様な視点からの検討を行ってきた。彼の最初の著作『国際司法――その本質と限界』（一九二九年）のテーマは、「政治的紛争」論である。そして、政治的紛争とは、国際紛争解決手続という観点から見た国際紛争の性質のひとつである。それゆえ、この著作の意義を理解するためには、一九二〇年代において、なぜ紛争解決手続という観点から紛争の性質が論じられたのか、ということを理解しなければならない。

「法律的紛争」・「非法律的紛争」・「政治的紛争」などの紛争の性質区別（種別）は、連盟期において、盛んに論じられた問題であった。その理由は、当時の平和構想の特質に求められる。連盟規約からジュネーヴ議定書（一九二四年）、ロカルノ諸条約（一九二五年）において実現が目指された平和構想は、包括的な平和的紛争解決手続の構築を中核とするものであった。すなわち、すべての紛争を、適切な紛争解決手続に割り振り、それぞれに適切な解決を与えることによって、平和を維持することを目指す構想である。包括的な紛争解決手続が実効的に機能するためには、それぞれの紛争の性質を検討し、その性質に適切に対応する手続に付託することが求められる。したがって、紛争の種別論には、当時の平和構想において、きわめて重要な意義が認められていた（第1節（1）（2）参照）。

裁判への付託によって解決されるべき「法律的紛争」と、それ以外の「非法律的紛争」の性質区別に関し、連盟期の通説的見解は、「主観的基準」を採用する。すなわち、紛争当事国が、それぞれの主張を国際法に根拠づけているか否かによって、法律的紛争と非法律的紛争を区別するのである。この立場において、非法律的紛争は、しばしば、当事国が、法に根拠づけられない利益の実現を、法の変更によって実現することを求める紛争として理解される。その場合、非法律的紛争を、法の変更をめぐる動態的紛争とみなすこととなる（第1節（2）参照）。

モーゲンソーの政治的紛争論も、動態的紛争という観点から紛争の性質区別を行う点において、当時の通説的種別論のひとつのヴァリエイションと位置づけることができる。ただし、彼は、「紛争」と「緊張」という、フロイトの精神分析から着想を得た概念を用いることで、主観的基準説とはまったく異なる構成の理論を組み上げている。〈非法律的紛争は、紛争当事国がその主張を法に根拠づけていないゆえに、法の適用によって解決されるべきではない〉という主観的基準説の議論は、モーゲンソーの容れるところではない。

モーゲンソーによれば、国際関係において顕在化する「紛争」において、当事者の主張は、つねに合理的に定式化されている。そのような合理的な主張の対立は、現行法規そのものの適用によって解決できない場合であっても、現行法から導かれる原理や価値基準（「一般的に適用可能な規範」）を用いて解決することができる。したがって、すべての紛争について、現行法の体系的解釈を通じて解決を与えることは可能である（この点は、ラウターパクトの国際法論と一致する。第3節参照）。ところが、国家間に強度の対立をもたらすのは、そのような、合理的に定式化された主張の相違そのものではない。勢力関係の変動を通じて、新しい勢力に対応する法状態を実現しようとする新興勢力と、法状態の status quo を維持しようとする旧勢力とのあいだに「緊張」が生じ、それが、強度の対立を生む。この緊張は、非合理的な権力欲求に基づくものであるから、合理的に構成された規範によって解決することはできない。この「緊張」が結びつくことによって強度の対立を伴うこととなった「紛争」が、モーゲンソーの言う「政治的紛争」である。「政治的紛争」も、「紛争」である以上、現行法の体系的解釈によってそれに解決を与えることができるが、そうしたところで、「政治的紛争」に強度を与えているところの「緊張」を解消することはできない。それどころか、現行法に基づいて「紛争」を解決することによって、かえって、その背景にある「緊張」を先鋭化し、対立を激化させてしまうかもしれない。それゆえ、政治的紛争は、裁判によって解決されるべきではない（第2節（1）参照）。

「緊張」が非合理的であるのは、「緊張」を引き起こす「権力欲求」が非合理的だからである。そして、このような非合理的な「権力欲求」を国家行動の根源的動因とみなすところにも、モーゲンソーの構想の独自性がある。ヴァッテルのような古典的な国際法論から、ラッソンやカウフマンのような国際法懐疑論に至るまで、近代的な国際秩序構想においては、自己保存欲求が国家行動の根源的動因と考えられてきた。ところが、モーゲンソーは、自己保存欲求を中核とする自己利益欲求から明確に区別されるところの「権力欲求」が、国家行動を規定していると考えた。自己保存欲求が、客観的限界を伴う合理的な側面を有するのに対し、権力欲求はきわめて非合理的である。人は、自己の生存が確保されてもなお権力を渇望し、また、自己の生命を危険にさらしてもなお権力を示そうとする。近代の秩序思想が、自己保存欲求を、否定しがたい最小限の前提とみなし、それを出発点として合理的に秩序を構成したのに対し、モーゲンソーは、そのような最小限の前提を不確かなものとすることで、合理主義的な秩序構成を揺るがしたのである（第4節（3）参照）。

法の背後にある勢力関係への関心、あるいは、勢力関係の変動によって生じる勢力関係と法との乖離、およびその乖離に起因する勢力間の対立への関心という、モーゲンソーの国際秩序構想の特徴は、労働法学や法社会学において示される左派の法理論的関心と明白に共通している。モーゲンソーの理論そのものが、労働法学者ジンツハイマーを介して、左派思想の影響下に形成されたという側面もある。戦間期のモーゲンソーの国際法論は、社会的諸力との関係において作用する法の実際的な機能に注目した左派法思想の理論的関心と共鳴しつつ、抽象的な法規範の論理的・体系的解釈に専心する実証主義を克服し、国際法学の方法を刷新することを目指したものと言えるだろう（第5節（3）参照）。

政治的紛争論をはじめとする戦間期モーゲンソーの国際秩序論は、従来の法律学・国際法学に対する根源的な批判を含んでいるが、それは、あくまでも法律学・国際法学の枠内で遂行されている批判であることを見誤ってはならない。彼は、国際法学を否定しようとしたのではなく、それを、より現実的なものとして刷新しようとしたのだ。国際法が現実に平和の維持に貢献するためには、現実の社会的文脈における国際法の役割と機能を認識しなければならない。法と社会的諸力との関係を認識し、そのことによって、法の適用によって解決されえない紛争の存在が明らかになるなら、当然、国際法学は、そのような紛争の解決に相応しい手続を作り出すべく努力すべきだということとなるだろう。

モーゲンソーの政治的紛争論は、平和的紛争解決手続の限界を示してそれを批判することを志向しているのではなく、裁判の限界を示すことで、真に包括的な平和的紛争解決手続を構築することを志向している。そして、このような志向は、モーゲンソーの孤立した願望ではなく、当時の批判的国際法学に広く共有された関心なのである。国際裁判の限界を説いた当時の紛争種別論の主流は、裁判と裁判以外のさまざまな手続を組み合わせて、包括的な紛争解決手続を作り出すことを目指していた（第1節（2）・第2節（2）参照）。

最後に、若きモーゲンソーの国際法観を明確に示している記事を紹介して、本章を締めくくることとしよう。『国際司法――その本質と限界』の出版と同じ一九二九年、彼は、「ドイツの国際法政策の創出者としてのシュトレーゼマン[453]」という短い評論を公表している。これは、一九二三年からドイツ外務大臣を務め、国際協調を重視する「シュトレーゼマン外交」を推進した政治家グスタフ・シュトレーゼマン（一八七八―一九二九）に関する追悼文であるが、その政治思想や外交についての客観的分析というより、モーゲンソー自身が理想とする外交のあり方を示す点において意義がある。この評論の中で、モーゲンソーは、あるべき外交の姿やそこにおける国際法の役割を、シュトレーゼマンの演説や事績に託す形で、きわめて率直に語っている。

この評論の表題に掲げられている「国際法政策 Völkerrechtspolitik」という概念は、〈国際法に関する政策〉ではなく、〈国際法に依拠する対外政策〉を意味する。すなわち、力に依拠する対外政策である「権力政策 Machtpolitik」と対照される意味での「国際法政策」ということである。第一次世界大戦後の外交において、強力な軍事力を持たないドイツは、その対外政策目的を実現するために国際法に依拠せざるを得ない[454]。そのような状況の中で、自覚的に「国際法政策」を推進した政治家として、モーゲンソーはシュトレーゼマンを高く評価している。モーゲンソーによれば、シュトレーゼマンの「国際法政策」とは、便宜的に国際法を援用して対外政策の正当化を図る、という機会主義的な政策ではなく、「対外政策の手段として国際法および国際法制度の機能を原則的に肯定する」という原理に基づく政策である[455]。シュトレーゼマンは、ヨーロッパが生きのこるためには、平和が必要であり、平和が維持されるためには国際法に依らなければならない、との信念を持っていたという。

［シュトレーゼマン］は、ヨーロッパがひとつの生きた統一体であると考えていた。……文化的・政治的意味におけるヨーロッパの存立が、ヨーロッパ諸国のあいだの平和の維持にかかっていること、この平和が、資本主義の時代に戦争と平和を現実に決するところの経済大国間の相互了解を前提としていること、そして、平和が、国際法という技術的手段を用いてのみ維持されうることを、彼は洞察していた。というより、そう信じていた[456]。

ただし、シュトレーゼマンは、国際法規範を定立すれば、それで政治的現実を変えられると考えていたわけではない、とモーゲンソーは言う[457]。国際法規範そのものに現実を変える力があるという考え方は、国際法規範を現実の勢力関係の表現と考えるモーゲンソーにとっては、根本的に誤ったものである。それゆえ、定立された理想主義的な国際法規範の遵守を確保することのみによって平和を維持しようとする政策を、彼が評価するはずがない。そのような政策は、国際法規範の背景となっている政治的現実に目を閉ざし、日々変動する勢力関係への対応を困難にしてしまうからである。

国際法は、その現在のあり方においては、静態的な性質を有する。すなわち、それは、特定の歴史的時点において存在する国家間関係を固定化することができるが、この状態の変動に対して、平和的・組織的なやり方で、法的な表現を与えるための十分な手段を欠いている。それゆえ、国際法政策が、現在のあり方における国際法を機械的かつ非生産的に受け入れるとすれば、それは、status quo の政治であり、したがって、非歴史的である[458]。

真に平和の維持に資する国際法政策は、変動する政治的現実に法的な表現を与え、柔軟にそれに対応することのできる国際法制度をつくることを目指さなければならない。そうすることで初めて、武力による現状の変更を防止することができるからである。

法秩序の安定性、そして、平和を維持するというその機能の充足は、法秩序が、政治的現実の変更に対して、その都度、法的な表現を与える能力を有するかどうか、すなわち、生きた現実の発展に追いつくことのできない現行法秩序を暴力的に矯正することのないように、柔軟な適応能力のある規範の体系を整備することができるかどうかにかかっている[459]。

モーゲンソーによれば、シュトレーゼマンは、変動する現実に法的な表現を与える必要性を認識していた。不戦条約の締結にあたっても、単に戦争を違法化する国際法規範を制定すれば平和が維持されると考えていたのではなく、それに加えて、変動する国家間関係に対応して法を適切に変更することによって対立を解消する方法が確立されなければならない、と訴えていたのである。モーゲンソーは、国際連盟におけるシュトレーゼマンの演説から、次のような言葉を引用する。

戦争の放棄に必ず随伴すべきものとして、諸国家のあいだに現に存在する利益対立、および、いま生じつつある利益対立を、平和的で公正な方法で解決することができる手段を見つけ出さねばならない。諸国家の生活は生きもののごとく lebendig 発展しているゆえ、命令的に義務づけるだけでは除去できない対立がいく度でも生じるだろう。この生きもののごとき発展に応じて法が形成される場合にのみ、そのような対立を平和的に克服することができる。それこそが、戦争違法化条約が新たに各国政府に与えた課題である。この条約が現実にそれ相応のものとなるべきだとすれば、すなわち、新しい時代を導くのだとすれば、この課題が解決されなければならない[460]。

このように、モーゲンソーは、シュトレーゼマン追悼記事において、①国際法規範と政治的現実との関係に目を向けるべきこと、②政治的現実の変動に伴って、法を変更する必要があること、③法の変更によって国家間の対立を解消しうるような動態的国際法制度を構築する必要があることを強調している。この評論の中で直截に示された彼の国際法観は、本章の全体を通じて、『国際司法——その本質と限界』を中心とする学問的業績をもとに分析してきた彼の国際秩序構想の特徴と、完全に一致している。

モーゲンソーは、包括的な紛争解決手続を整備することを目指す平和構想を前提としたうえで、国際法と現実の勢力関係を学問的な分析の対象とすることによって、より現実に即した国際法学の形成を志向したのであり、そのことによって、実効的に平和を維持しうる国際法制度の構築に貢献しようとしたのである。そして、そのような試みの中から、status quo の維持を求める旧勢力（「現状維持政策」）とその変更を求める新興勢力（「帝国主義」）の対立という、『国際政治』の基本的視軸が生み出される。その意味において、国際政治学的思考は、国際法学の刷新を求める批判的思考の中から生成したのである。

第5章　イギリスにおける動態的国際秩序思考

――ブライアリとカー――

はじめに

これまでの叙述においては、ドイツ語圏を中心とする国際法思想における動態的秩序構想を取り扱ってきた。とりわけ、第4章では、勢力関係の変動に伴い、国際法の status quo と勢力状況とのあいだに乖離が生じた場合に、法の変更をめぐる国家間対立が生じ、それが裁判による紛争解決の限界をなす、という動態的紛争論について、モーゲンソーの政治的紛争論を主な素材として検討した。それを通じ、法の基盤としての政治的諸関係への考察を包含する動態的国際法構想という文脈の中で、当時の最新の学問である労働法学の影響を受けつつ、国際政治学的思考が形づくられていったことを明らかにした。そのような視角が、モーゲンソーと並んで国際政治学の創始者に数えられるE・H・カーの思想にも当てはまることを確認するのが、本章の目的である。

すでに折に触れて述べてきたとおり、動態的紛争論は、必ずしもドイツ語圏に限られた考え方ではなく、イギリスのブライアリやウィリアムズも明確に動態的紛争論に親和的な議論を展開している(1)。そのようなイギリスの動態的紛争論は、大陸の議論から隔絶して論じられたわけではなく、英・独の思想の相互的な影響関係も存在したようである。とくに、ドイツ語圏の国際法学において動態的紛争論を主導していたシントラー[2]と、戦間期のイギリスを代表する国際法学者のひとりであるブライアリとは、互いの思想を高く評価し合っていた。

ブライアリの著書『国際法の展望』(一九四四年[3])のドイツ語訳が、一九四七年にチューリヒで出版された際[4]、シントラーがそこに序文を寄せている。シントラーは、社会的諸関係における法の現実的機能を認識しようとする法社会学的関心を共有している点において、ブライアリに共感を示し、その業績を高く評価する。すなわち、「条約と慣習に表現された実定法」を記述し、体系化することにのみとらわれて、法がいかに機能しているかを顧みない実証主義的方法とは異なり、ブライアリは、「ときに法の作用を促進し、ときに阻害するところの、法の外部にある多様な社会的諸力を認識すること」を重視している、というのである[5]。また、ブライアリが、変動してゆく社会的諸関係に法規を適応させる必要から、国際法における「平和的変更」という難問に取り組んでいることにも肯定的な言及がなされている[6]。

すでに一九二〇年代より、シントラーは、ブライアリの論文に注目していた。十分な実力を持った集団どうしが望ましい法的関係の設定をめぐって争う点において、労使紛争と国際紛争を類比的に把握する論文「生成する法――国際法と労働法における紛争と紛争解決についての考察」(一九二七年[7])の最初の頁で、ブライアリ「国際法の欠点 The shortcomings of international law」(一九二四年)が引用されている。また、一九三三年にシントラーが行ったハーグ国際法アカデミー講義録においても、国際紛争解決における国際裁判所の役割の限界を論じる文脈において、ブライアリの論文[8]が引用されている[9]。

ブライアリの側も、彼の国際法観の重要な特徴のひとつについて、シントラーの論に依拠する。そのことはすでにラウターパクトによって指摘されている。ブライアリは、その主要著作……法の射程の限界を強調するブライアリが特別の注意を向けていた点がある。

のほとんどすべてにおいてその見解に繰り返し言及しており、そこから決して離れなかったように見える。それは次のような見解である。国際共同体の構成員は、国家社会を構成する多数の個人に較べれば、きわめて限定されている。その事実を考慮するなら、国際法の内容は、必然的に、一般的諸原則に関する事項に限定されざるを得ない。国内において、法は、同様の性質を持つ多数の個人を統制する。そこでは、全体として、類似が相違よりも優勢であるため、法は相違を度外視しうる。国際社会においては、「すべての国家はユニーク」であり、諸国家が共通に有する性質ではなく、諸国家にとって特有の状勢や利害が強調されざるを得ない。

ブライアリは、このようなテーゼを提示するにあたってオリジナリティを主張するわけではない。この点に関して、ブライアリは、とりわけシントラー教授の著作に依拠していることをしばしば認めている[10]。

ブライアリは、現行法の適用による紛争解決手続としての国際裁判の限界や、法の変更を伴う紛争解決手続の必要性を主張する際に、国内法秩序のアナロジーを介して裁判中心主義が国際法に持ち込まれることを遮断するための根拠として、国際法と国内法とではその社会学的な条件が根本的に異なっていることを強調しており、その文脈において、シントラーのハーグ講義「国際法の社会学的・心理学的諸要素の研究[11]」を援用する。ラウターパクトの指摘にもあるように、〈無数の個人を主要な規制対象とする国内法と異なり、限られた数の国家を主要な規制対象とする国際法においては、それぞれの国家の個性 individualité が重要な意義を有する〉、というシントラーの主張[12]に、ブライアリはとくに強く依拠している。

最も特徴的なのは、一九三六年の論文「国際社会における法の支配[13]」におけるブライアリの議論であろう。これは、国際社会における「法の支配」の可能性の検討という文脈において、国際裁判や国際法の法典化の意義を論じる重要な論文だが、そこにおいて、同時代の国際法学者として唯一引用されているのが、シントラーなのである。

この論文の眼目は、国内法における「法の支配」を国際法に移入しようという企てを阻止することにある。すなわち、〈一般的に適用可能な法規範を整備・体系化し、その規範を適用する裁判によって紛争を解決することを通じて平和的秩序を維持する〉という国際秩序構想が批判されるのである。その根拠として、シントラーの法社会学的分析が援用される。無数の個人を主要な規制対象とする国内法において、各人に特有の属性は考慮されず、一般的に適用可能な法規範によって、すべての主体が規制を受けるのに対し、ごく限られた数の国家を主要な規制対象とする国際法においては、むしろ、各国家の固有の属性が重視され、一般的に適用可能な規範の地位は低くなる、という。[14] このことの帰結として、第一に、すべての国家に妥当する統一的な国際法規範体系を構築する企てとしての「法典化 codification」の意義が疑わしいものとなり、[15] 第二に、一般的法規範の適用によって紛争を解決する国際裁判の限界が強く意識されることとなる。

動態的紛争論を検討してきた本書の関心からは、第二の点が説明されなければならない。ブライアリによれば、国家の個性が重視される国際社会において特に重要なのは、紛争を、その特有の事情を十分に考慮しつつ解決することである。そして、特有の事情を持った紛争を、裁判手続によって適切に解決することは難しい、という。[16] ブライアリは、国際裁判の限界を示すために、国内においても、大規模な団体間の利益対立については裁判による解決が行われないことを指摘する。[17] これは、すでに述べたように、労使紛争を念頭に置いた叙述である。[18] ここで、シントラーもまた、労使紛争と国際紛争を類比的に把握していたことが想起されるべきであろう。[19]

労使紛争と国際紛争との類比性を強調するシントラーの企図は、現行の権利・義務関係を変更し、新たな望ましい関係を構築することによって紛争を解決する手続の必要性を説くことにあった。労使調停のような「規範の創出と変更に適した手続」を欠いていることが、国際法の問題であり、その設立こそが課題だというのである。[20] シントラーのこの問題関心に、ブライアリも完全に共鳴している。ブライアリもまた、集団間紛争に類比されるべき国際紛争の解決が裁判には適さないことを述べた後、法の平和的変更を伴う紛争解決に言及する。第一に、「適用不能と為りたる条約の再審議または継続の結果世界の平和を危殆ならしむべき国際状態の審議」を加盟国に勧告する総会の権限を定めた連盟規約一九条を、問題の正しい認識を示すものとして評価し、第二に、連盟規約一五条に定められた連盟理事会（または総会）による紛争の審査を通じて、国際法の平和的変更を伴う紛争解決が行われる可能性への期待を述べる。[21]とくに、正当な利益を考慮して法を変更する手続としての可能性を連盟理事会による政治的調停の中に見出す第二の点は、ブライアリの平和構想を理解する上で重要である。

……規約一五条の下での理事会もしくは総会の報告は、必ずしも現行の法的権利に基づくのではなく、正当な根拠を持つ reasonable 当事国の利益の点において現行の権利を変更することによって紛争を解決する手段となりうる。[22]

以上のように、国際紛争の現実的・社会学的背景を考察することを通じて、国際裁判の限界を指摘し、法の変更を伴う解決手続の必要性を論じる点において、ブライアリは、国際法における法社会学的考察の必要性を説くシントラーと明白に共鳴しており、ひいては、モーゲンソーの政治的紛争論とも関心を共有している。とはいえ、現実の社会関係という文脈を重視するブライアリの立場は、論理的に構築された法社会学理論に基づくのではなく、むしろ、「国家とは、われわれが生活する世界における事実である」[23]という常識的直観に由来すると考えられる。国家が事実として存在する以上、その性質を知るには、事実としての国家の行動を観察するべきだというのである。[24]

ブライアリの観察によれば、諸国家は、通常考えられている以上に国際法を遵守するが、そこには限界がある。一方で、国家機関は、たいていの場合、国際法に従って外交問題や国際紛争を処理しようとするのであって、国家が国際法を無視するのが常態であると考えることは、「グロテスクな事実の歪曲」である。[25]しかし、他方で、「高度に政治的な問題が国家間に生じた場合には、諸国家は、自らの政策を決定するにあたって法が最終的な判断を下すことを依然として許さない」という。[26]ブライアリの国際裁判限界論・平和的変更論は、このような経験に基づく直観に根拠を持つのであって、シントラーやモーゲンソーのきわめて理論的・思弁的な議論とは異なっている。その点は、イギリスにおける動態的国際法論の特徴として留意すべきであろう。
以下では、国際秩序の動態的把握に基づいて平和的変更論を展開したブライアリの国際法構想を概観したのち、それが、一九三〇年代における平和的変更論の流行を生み出しつつ、いかにカーの国際政治学的思考につながってゆくかを検討する。

1　ブライアリの国際法構想

(1) 国際関係における法の領域

上に述べたように、事実的・社会的諸関係において法規範が実際にどのように機能しているかに目を向け、そこから、法の限界について考察するという関心を、ブライアリは、シントラーやモーゲンソーらドイツ語圏における批判的国際法理論家と共有している。そして、このような関心は、あらゆる紛争を平和的に解決する仕組みをつくることによって平和的な国際法秩序を構築しようとする当時の構想に密接に関連する。[27] すなわち、国際関係における法の限界についての探究は、現行法の適用による紛争解決としての裁判の限界についての探究に関わっており、さらには、現行法の適用によらない紛争解決手続、とりわけ法の変更を伴う紛争解決手続（法の平和的変更手続）の必要性の論証に結びつく。

そのような全体的文脈を理解しなければ、ブライアリの個々の議論の意味を把握することは困難である。例えば、ブライアリの主権批判は、このような文脈においてのみ、正当に理解することができる。ラウターパクトは、「優越する法的義務に服しない最高の意思としての主権の概念の妥当性」を否定したことを、国際法学に対するブライアリの「貢献」のひとつとして挙げている。ブライアリは、そのような主権概念が「国際法の概念そのものと矛盾する」と主張した、という。[28] その指摘自体は誤りではないが、この主権批判の理解には注意が必要である。〈客観的な国際法の解釈・適用によってすべての紛争を解決する国際裁判制度の確立〉という平和構想を主張していたラウターパクトの立場[29]からすれば、第三者的機関による国際法の解釈にとって障害となる「主権」ドグマを否定することは、紛争の司法的解決制度の完成を妨げる理論的障壁を取り除き、国際社会における法の支配の確立を推進する営為とみなされる。[30] しかし、法変更の問題を重視し、国際裁判の限界を主張していたブライアリが、ラウターパクトと同様の意味において主権批判論を展開していたはずはない。ブライアリの主権批判の意味は、私たちにとっては馴染み深いラウターパクト流の主権批判とはまったく異なっており、それがブライアリの議論の理解を難しくしている。

「優越する法的義務に服しない最高の意思としての主権の概念」を批判する立場として私たちが想起するのは、〈一般的に妥当する客観的法規範によって国家の政治的判断が制限される〉という主張であろう。諸国家に一般的に妥当する客観的法規範の法律学的解釈によって、諸国家の政治的・恣意的判断に基づく利己的欲求を制約することこそが、通例では、法に優越する国家意思としての「絶対的主権概念」を批判する議論の中心的意味だからである。[31] すなわち、主権批判には、多くの場合、〈法による政治の制限〉が期待されているのである。ところが、ブライアリの主権批判は、むしろ〈政治による法の制限〉を志向している。

特徴的な議論として、ブライアリのオックスフォード大学教授就任講演[32]における主権批判を見てみよう。彼は、教科書的な意味での主権概念が、事実に反することを論証するために、二つの例を挙げている。ひとつは、領域主権から導かれる領域処分権についての批判である。「主権の領域的側面」として、主権国家は、「他国の利益を考慮することなく、自国の領域を処分する」権利を持つと言われる。「しかし、実行において、そのような権利がほとんど行使しえないことは周知 notorious である」。[33]

一八六七年のオランダは、ルクセンブルクをナポレオン三世に売却できないと知った。また、デンマークが、合衆国以外の買い手に西インド諸島を売却できるはずがなかったことは確実である。[34]

ここでブライアリが指摘しているのは、領域主権から派生する法原則としてすべての国家に認められているはずの領域処分権が、実際には、政治的利害によって狭く制約されている、ということである。[35] つまり、〈政治的利害に基づく国家の判断が、実際には、一般的に適用される法原則によって制限されている〉ということではなく、〈一般的に適用される（と言われている）法原則が、実際には、政治的利害の判断によって制限されている〉ということが主張される。

二つ目の例は、領域内における排他的管轄権である。領域主権の帰結として、国家は、その領域内のすべての人とモノについて管轄権を有すると言われるが、ブライアリによれば、このような原則もまた、事実においては、決して一般的に適用されているわけではない。むしろ、領域内における人やモノの取り扱いに対して他国が強い関心を示すのは、よくあることだという。[36]

キューバの統治がスペインのみに関わる問題であると合衆国は認めなかった。イギリスは、南アフリカの外国人問題が、南アフリカ共和国政府の見解のみによって左右されるような問題だとはみなさなかった。オーストリアはセルビアの国内問題に無関心であろうとはしなかった。そして、少数民族問題に関し、諸国家が、主権国家の独立という伝統的・絶対主義的理論に従うことを確実に拒否する状況が、現代の国際社会の性質から生じるのだという否定しがたい事実に対し、さきの講和諸条約は、マイノリティ保護条項において、遅ればせながら、なおきわめて不完全な法的承認を与えた。[37]

ここでも、形式的法原則としては主権国家に一般的に認められているはずの領域における排他的・包括的管轄権が、現実の政治的状況によって制約されていることが指摘されているのは明らかである。

一言でいえば、ブライアリの主権批判は、法実証主義における〈政治の度外視〉に対して向けられたものである。[38] 主権を有する諸国家が、合意を通じて構築する権利・義務関係として理解される形式的国際法構想においては、具体的・個別的状況における政治的利害への視座が失われている。状況の個別性や政治性を強調するブライアリの批判は、そのような〈政治の度外視〉を克服し、政治的要素を正当に取りこんだ法理論を構成することを志向するものなのである。このような批判が、どのような国際秩序構想を土台としているかを理解するためには、議論の全体を見渡す必要がある。

さきのオックスフォード大学教授就任演説は、国際法の「弱点」を「実効的な制裁を欠いていること」とみなす考え方への懐疑から始まる。[39]「国際法の弱点にはより深い原因があるのだが、国際法を強制的に執行する手段を備える必要性ばかりが強調されることで、かえってその原因が不明瞭なものとなってきた」。[40] このように述べることにより、ブライアリは、集団安全保障制度などの強制手段の強化のみを志向する平和構想から、明確に一線を画す。

そもそも、「頻繁に破られても罰せられないから、現在の国際法は弱い、という前提」に事実誤認がある、とブライアリは言う。[41] 平時における国際法が、国内法に較べて、とくに頻繁に破られるということはない。ただ、例外的な国際法違反が世間の耳目を引くだけにすぎない。[42] 国際法の問題は、それが遵守されないということではなく、国際法の規制に委ねられていない領域が、現実の国際関係において、非常に広く存在しているということである。諸国家は、国際的な事務を処理する場合、かなり誠実に国際法を遵守するものの、戦争を引き起こしかねないような重要な利害が関わる場合、その判断を国際法に委ねようとはしない。[43]

ブライアリによれば、政治的に重要な利害が関わる問題について諸国家が国際法に従おうとしないのは、法が本来、果たすべき機能を国際法が果たしていないからである。法は、一方で、社会に安定性をもたらさなければならないが、他方で、変動する現実世界に応じて変化する必要がある。しかしながら、「国際法は、大部分において、この二面的機能のうちの一面をなおざりにしてきた。それは、国際社会の発展に十分に対応することなく、安定化を目指してきたのである」[44]。国際法がこのような静態的な性格を持っているために、変動してゆく国際社会に合わせて法を変更するには、従来、違法な illegal、あるいは、法の枠外にある extra-legal 方法に依らざるを得なかった[45]。国際関係において国家が法に低い地位しか与えないのも、国際法学者が「事情変更」や「自己保存権」のような「本質的に法律学的ではない理論」を導入するのも、結局は、国際社会の変化に応じて生じる国家の正当な利益を国際法が適切に汲み取ることができないからである[46]。

したがって、ブライアリにとっての最重要課題は、国際社会の変動に合わせて法規範を変更することを可能とする動態的な国際法体系の構築である。そのためには、国際法の基本的公理について再考する必要があると彼は考える[47]。そして、再考されるべき基本公理として、「条約の拘束力」とともに、「主権概念」が挙げられる。条約の拘束力が再考されるべきなのは、もちろん、国際社会の変動に合わせて条約規定を改廃しうるよう、「条約の拘束力」に関する硬直的・静態的な理論を是正する必要があるからである[48]。つまり、「主権概念」に対するブライアリの批判は、「条約の拘束力」に対する批判と同じ目的において、すなわち、変動する国際社会に対応すべき国家の正当な利益を反映して法を変更しうるような理論を構成するという目的において、遂行されている。それゆえにこそ、上でみたように、彼の主権批判は、静態的に把握されてきた国際法原則の限界を指摘する主張として、すなわち、〈一般的に適用される（と言われている）法原則が、実際には、政治的利害の判断によって制限されている〉という主張として構成されるのである。

国家の死活的な利害に合わせて法を変更しうるような動態的な国際法の体系を構築するためには、法変更の根拠たりうる正当な利益の主張を、自己中心的な利益要求から区別することが不可欠である。ブライアリは、法律学において、そのような区別が可能だと考える。

いずれにせよ、正しさ right に関する諸国のあいだの良識 common sense によって保護に値するとみなされる国益と、無節操な反社会的国家主義にすぎない国益とのあいだの法律学的な区別を定式化することが、不可能な任務であるはずがない。法が、法的手段によって前者を実現することを認めたとすれば、後者は、ずっと容易に対処しうる問題となるだろう[49]。

すなわち、ブライアリは、「合法／違法」基準とは異なる「正当／不当」基準を国際法学の中に導入すべきことを主張している。そのことによって、社会変動の中で生じる正当な利益主張に基づく法変更が、illegal もしくは extra-legal な方法によって遂行されるのではなく、法に則って実現されるような国際法体系を作り出そうとする。言い換えれば、法的思考の領域を、現行法規との適合性の判断という狭い限定から解放し、現行法規の変更を正当化しうるような利益の判断にまで拡張しようとしている。そのことを通じて初めて、諸国家が、重要性の低い外交実務の処理だけではなく、高度に政治的な問題の解決についても、その決定を法に委ねるようになり、国際関係における法の領域が拡張すると考えるからである。

（2）平和的変更論に対する評価

ブライアリの国際法構想の中心は、国際社会の変動に合わせて法規範を変更することのできる動態的な国際法体系の構築に置かれている。彼の主権批判や実証主義批判は、そのような構想の中に位置づけられて初めて十分に理解できる。

しかしながら、このようなブライアリ解釈は必ずしも一般的ではない。「ブライアリの国際法に対する貢献」と題された小論においてブライアリの国際法思想の意義を検討したラウターパクトは、むしろ、ブライアリの国際法論における「平和的変更」論の意義をできる限り小さく見せようと努めているようにみえる。ラウターパクトは、ブライアリの主権批判や実証主義批判を高く評価する一方で、ブライアリが「平和的変更の問題を過度に強調したこと」を「判断の誤り」とみなす。ラウターパクトによれば、ブライアリ自身が、最終的にはその説を改め、平和的変更論の誤りを認めたという。[50] あたかも、主権批判や実証主義批判などの不朽の理論的功績に較べて、国際裁判の役割に対する懐疑を伴う平和的変更論は、最終的に本人自ら撤回せざるを得なかった判断ミスにすぎないかのような評価である。しかし、そのような評価は、国際裁判を中心とする国際法構想を一貫して唱えていたラウターパクト自身の見解を反映した歪曲を含んでおり、[51] ブライアリの議論の正確な理解とは言い難い。

たしかに、第二次世界大戦が勃発したのちに公表された『国際法の展望』(一九四二年)では、宥和政策と結びつけて考えられやすい平和的変更論に対して距離を置く姿勢を、ブライアリは強く打ち出している。ブライアリによる平和的変更論批判の骨子は次のようなものである。

第一に、平和的変更は、しばしば、十分な根拠を持つ正当な要求に応じた法の変更ではなく、不正な要求を求める強者への宥和に陥ってしまう。政治的強者の要求に譲歩する政治的便宜 expediency が国際関係においてときに必要とされるとしても、法の変更は、あくまでも正当な要求に応じて行われるべきであって、単なる強者への宥和 appeasement の手段であってはならないはずだ。にもかかわらず、われわれは、正当性と政治的便宜を混同し、「実際には強者に宥和を与えているにすぎない場合にも、正義 justice を促進しているものとして」自らを欺く傾向にある。それゆえにこそ、ナチス・ドイツに対する宥和であった一九三八年ミュンヘン協定を、多くの人々が自らの良心に対して擁護できたのである。[52]

第二に、多様な利害が複雑に絡み合った現実の問題について、唯一の正しい解決策などあるはずもなく、ひとつの正当な要求に応じて現行法を修正したとしても、そのことが、別の、十分に根拠を持つ不満を呼び起こしてしまう。例えば、ポーランド・ドイツ国境問題について、すべての正当な要求を満足させるような解決は不可能である。[53]

ドイツのプロパガンダの成功によってわれわれの多くが「ポーランド回廊」と呼ぶようになった地帯によって東プロイセンが他のドイツ領域から切り離されたことを、われわれは、「不正 unjust」と言うかもしれない。しかし、ポーランドの海へのアクセスを遮断し、人種的・心情的にドイツ人ではない多くの人々をドイツに残すような代替案を採用していたとすれば、そのような解決はもっと「正当 just」だったのだろうか。[54]

第三に、法の平和的変更は戦争の回避には必ずしも結びつかない。そもそも、国家は、十分に根拠のある正当な要求を実現するために戦争に訴えるわけではない。それゆえ、仮に、正当な要求に応じて法を変更しうる完璧な手続を整備したとしても、それによって戦争を未然に防ぐことのできる見込みは乏しい。

ほとんどの戦争において、その主張の正当性は、自分自身だけを欺く欺瞞として、あるいは、プロパガンダのために悪徳が美徳に対して便宜的に表明する賛辞としてはともかく、それ以外のものとしては、侵略者の考慮にはまったく入っていない。仮に、例えば、さきの［第一次］世界大戦後に、きわめて見事に整備された変更の仕組みが作り出され、それが、戦間期において明らかになった不正を修正する機能を完璧に果たし続けてきたとしても、それらの戦争のひとつをも防がなかったであろう。[55]

いずれの点も、一九三〇年代に多くの論者によっていささか安直に論じられた平和的変更論（後述）に対する痛烈な批判であり、同時に、ブライアリ自らの過去の説についての反省を含んでいる。しかし、このような批判と反省を行っているにもかかわらず、国際社会の変動に合わせて法規範を変更することのできる動態的な国際法の構想を、ブライアリが一貫して維持し続けていることは、確認しておく必要がある。そのことは、『国際法の展望』で展開される他の記述、とりわけ、「死活的利益 vital interest」を論じた第四章や国際紛争を論じた第八章の記述を読めば明らかである。

すでにみたように、ブライアリによれば、国家は、たいていの場合、国際法を遵守して外交問題を処理するのだが、戦争を生じかねないような重要な利害が関わる問題に関しては、その解決を国際法に委ねようとはしない[56]。つまり、死活的利益は、国際法に基づく国際紛争解決の限界を規定してきた重要な問題なのである。したがって、国際法秩序について真剣に考察しようとする者は、これを軽んじてはならない、という。

死活的利益は、真正の問題である。それは、たんに、死活的利益というものがあたかも存在しないかのごとく国際法の将来構想を立てることが怠惰であるというだけではなく、死活的利益を度外視することが（たとえそれが可能であったとしても）誤りだからである[57]。

高度に政治的な問題にも対応しうるような国際法秩序、言い換えれば、諸国家が高度に政治的な問題についてもその解決を委ねようと考えるような国際法秩序を構築するためには、諸国家の正当な死活的利益に満足を与えることのできる仕組みが、国際法体系の中に取り入れられなければならない[58]。ただし、国際裁判にそのような役割を期待することは難しい、というのが、ブライアリの基本的な考え方である。国内法秩序において、個人の死活的利益に関する問題が裁判所によって解決されているからといって、それをそのまま国際法に類推してはならない。その理由として挙げられるのは、従来からブライアリが繰り返してきた議論である。第一に、無数の個人を規制対象とする国内法において、諸個人の固有の事情が考慮されないのに対し、相互に大きく異なる少数の国家を規制対象とする国際法においては、国家それぞれの固有の事情や利害が尊重されざるを得ない[59]。第二に、国内法秩序においても、労使間紛争のような集団間の紛争は、一般的法規範の適用によって解決されるわけではなく、固有の事情を考慮した解決が図られる[60]。

国家に固有の死活的利害に十分な考慮を払うためには、一般的法規範の適用によって紛争を解決する裁判手続は適当ではない。「死活的利益が、純粋に法律学的なアプローチによってうまく処理できると考えることは、致命的な誤りである」[61]。国家の死活的利害に関する問題に関しては、当該国家の固有の事情に関する政治的考慮が必要となり、したがって、政治的要素が法体系に組み込まれることが不可避となる。

そのような展望によれば、国際法体系において強力な政治的要素が存続することになる、という点について、法の純粋性に固執する者 legal purist は、異議を申し立てるだろう。しかし、そのような混和は、国際法体系が取り扱わなければならない存在物 entity〔＝国家〕の性質のゆえに、不可避なのである[62]。

裁判に付託されることが適当でない紛争についてのブライアリの理解は、「非法律的紛争」に関する同時代の支配的学説と比べて、とくに変わったところはない。ブライアリによれば、紛争の内容という観点からみて、裁判不可能な紛争というものは存在しない。紛争において提起された請求が法によって根拠づけられているか否かを判断することは常に可能だからである[63]。したがって、紛争当事者が望むならば、すべての紛争について裁判が可能であるはずだ[64]。しかし、当事国が法の適用による解決を望んでいないような性質の紛争については、裁判による付託は、不適切ということになる。

問題は、裁判所が紛争について判断できない、ということではなく、両当事者もしくは一方の当事者が、そうすることを望まない、ということである。当事者の争いは、相互の法的権利にまったく関わらないということもありうる。それらの権利は、裁判所による判断を待つまでもなくすでに分かっているのだが、当事者の一方がその権利に不満であり、自らに有利なように権利が変更されるべきだと考えるゆえに、紛争が生じているということもある[65]。

すなわち、ブライアリは、裁判に付託されるべき紛争とそうでない紛争の区別を、紛争当事者が法の適用による解決を求めているか否か、という主観的基準に求めている。戦間期において、裁判に付すべき「法律的紛争」と付すべきでない「非法律的紛争」の区別に関し、このような「主観的基準説」が通説であったことは、すでにみたとおりである。[66]

前に述べたように、ブライアリによれば、死活的利害に関する問題について、諸国家は、その解決を国際法に委ねようとしない。それゆえ、死活的利害に関わる紛争について、紛争当事国は、それを法の適用によって解決することを望まない。そのような紛争は、裁判に付されるべきでない紛争ということになる。死活的利害をめぐって国家どうしが争っている紛争については、一般的法規範の適用によってではなく、個別的な状況に対する政治的考慮に応じて、法的権利義務関係を動かして解決することが必要となる。それは、国内において、労使集団間の紛争が、しばしば現行の法的権利・義務関係を動かすことによって解決されなければならないのと同様である。

例えば、領域に関する紛争は、その領域がB国ではなくA国に属していると法が宣言したとしても、必ずしも解決されるわけではない。それは、労働賃金に関する紛争が、要求されている賃金が現行の協定に適っているか否かを宣言することによっては必ずしも解決されないのと同様である。そのような場合に、現行法に基づいて判断を下したとしても、紛争が、法の平面ではなく、利益の平面において存続し続けるのは確実である。[67]

このように、平和的変更論に対する痛烈な批判を述べる『国際法の展望』（一九四二年）においても、なお、ブライアリは、死活的利益に関わる高度に政治的な紛争は、法の適用によってではなく、法の変更を伴い得るやり方で解決されるべきだと考えている。すなわち、一九四二年にブライアリが批判し、否定したのは、現状不満国の欲求に応じて法を変更すればそれだけで戦争が回避しうると主張した楽観的な平和的変更論であり、[68]平和的変更の必要性そのものではない。

とはいえ、平和的変更に関する議論の力点に変化がないわけではない。初期のブライアリの所論と比較すれば、『国際法の展望』における議論では、集団安全保障が重視されるようになっている。例えば、「国際法の欠点」（一九二四年）では、実効的制裁の欠如を主要な国際法の弱点と考えてはならない、ということが主張されるのに対し、『国際法の展望』では、むしろ、平和的変更が機能する前提として、集団安全保障制度が確立されるべきことが強調される。[70] 平和的変更が、現状に不満を持った政治的強国への単なる宥和に陥らないためには、根拠のない不当な変更要求を阻止するだけの力を持った国際的安全保障が必要だからである。[69]

ブライアリは、一九四二年においても、国際機関を介して平和的変更が行われることに期待をかけている。その構想の中心は（詳しくは論じられていないものの）連盟理事会を通じた政治的調停に置かれているようである。一九三〇年代に平和的変更のための手続としてしばしば提唱された国際衡平裁判所の設立[71]については、ブライアリは賛同しない。裁判官に法変更の権限を与えることは適切ではないからである。法の適用によって紛争を解決する国際裁判所裁判官の判断は、客観的基準としての法規範の解釈に根拠を持つゆえに権威を持つ。したがって、政治的な考慮の下に法規範を変更するような判断を裁判官に委ねることは、その権威の基盤を掘り崩すゆえに適当でない。[72] また、連盟規約一九条に規定された総会の法変更勧告権限を強化し、それに拘束力を与えるという提案にも懐疑的である。そのような提案は、国際連盟に連邦としての性格を与えると言っているに等しく、現実性がないからである。[73] 現実的には、連盟理事会が、一五条の審査手続などを通じて望ましい法変更を勧告し、それを受け入れるよう当事国を説得してゆく、というようなやり方しかない、という。[74] このような考え方は特異なものではない。前章でみたように、戦間期には、連盟理事会がその政治力を用いて紛争当事国を説得し、それによって包括的に紛争を解決する、という平和構想が唱えられていた。[75]

なお、ラウターパクトは、ブライアリが、第二次世界大戦後には完全に平和的変更論を捨て去ったかのように論評している[76]が、これについても留保が必要である。たしかにブライアリによる一九四六年の講演「国際法――その進歩のいくつかの条件[77]」には、平和的変更によっては戦争を防止できないことを理由として、その意義を明確に否定しているようにみえる個所がある。

戦間期には、平和的変更の問題について、あまりにも多くのことが語られてきたように思う。私見によれば、それは喫緊の問題ではない。それが喫緊の問題とみなされたことの基礎には、〈現行法によって支持されない場合でも諸国家がその正当な要求の満足を得られる正式の手続を欠いていることが、戦争の存続を正当化するとは言えないまでも、少なくとも部分的にはそれを説明する〉という前提がある。しかし、戦争の歴史には、戦争が存続していることについてのこのような説明を正当化するものは、ほとんど見当たらない(78)。

しかし、第二次世界大戦後において、ブライアリの動態的国際法の構想が根本的に修正されたわけではない。むしろ、この一九四六年の講演において展開されている議論のほとんどは、戦間期を通じてブライアリが繰り返し主張してきた内容である。すなわち、国家は、二次的重要性しか持たない事項については国際法による統制を受け入れるが、死活的利益が関わる問題についてはそうしない(79)。国内の労使紛争を見ればわかるように、集団間の紛争は、そもそも裁判による解決になじみにくい(80)。それぞれの国家の固有の事情を考慮すべき国際紛争については、一般的規範の適用による解決が難しい(81)、という。

そのようなブライアリの「持論」によって裁判による紛争解決の限界が指摘され、政治的考慮を伴いつつ法を修正・発展させてゆく必要性が説かれるのだが、この講演では、平和的紛争解決手続ではなく、国際協力の延長にある国際的行政組織に対して期待がかけられている。「法システムが実効的なものとなるためには、より広い社会的組織のシステムの一部となる必要がある(82)」というのである。ブライアリの用いる比喩に従えば、法は政治的身体body politicの手足なのであって、そこから切り離された形では機能しえない(83)。それゆえ、いかに十全の国際法規範体系を整備し、それを適用する裁判所を設立して高度な法システムを構築したとしても、それが政治的身体から切り離されたシステムにとどまるなら、国際的な秩序を生み出すことはできない。包括的な行政を担う国際的政治組織の構築によってのみ、国際裁判の限界から生じる問題を解決することができる、という。

われわれは、国際裁判所や国際法諸規則の改善・拡充を差し迫って必要としているわけではない。われわれが必要とするのは包括的な組織である。そこでは、法は、切り離された手足ではなくなり、国際的な政治的身体に結合された構成要素となる。その場合にのみ、「裁判可能な」問題と「裁判不可能な」問題を区別する基準、言い換えれば、法の領域に入るべき争点と、それ以外の調整手段を必要とする争点を区別する基準を見出そうとする試みによって、目下のところ、明確にされるというより分かりにくくされている問題を解決する糸口をつかむことができると私は考える(84)。

以上に明らかにしたように、ブライアリは、国際社会の変動に伴って法を変更する動態的国際法の構想を一貫して維持している。すなわち、宥和政策への反省や連盟の失敗という経験から、平和的紛争解決手続の改革案という狭い意味での平和的変更論については批判的な姿勢を強めてゆくものの、国際社会の政治的実情に合わせて国際法を修正・変更してゆく国際的な仕組みを構築するという、広い意味での平和的変更論を捨て去ったことはない。

2 連盟体制末期における平和的変更論

ブライアリが、一貫して動態的国際法の構想を維持していたにもかかわらず、晩年に、(狭い意味での)平和的変更論への批判を強めてゆくのは、平和的変更の必要性を訴えた彼の当初の主張が、世の人々に受け入れられなかったからではない。むしろ、一九三〇年代の後半、法の変更を伴う平和的紛争解決手続の設立を求める平和的変更論は、一世を風靡する。動態的紛争解決という問題設定を通じてブライアリが若き日より主張してきた平和的変更論は、連盟末期において最も影響力を持った議論のひとつに数えられる。一九三九年に平和的変更に関する諸議論を包括的に検討する論考を公表した国際法学者ヨーゼフ・クンツは、その冒頭において次のように言っている。

おそらく、修正 revision の問題、すなわち……「平和的変更」の問題ほど、今日、重要な役割を果たしている国際法上の問題は、他にはないだろう(85)。

これは学問的世界に限ったことではない。むしろ現実の世界において、一九三〇年代の危機が深まってゆく中で破局的な戦争を避けようと試みる人々は、平和的変更に最後の望みを託したのである。とりわけ、制裁の実施にあたってはイギリスが主要な負担を担わざるを得ない状況の中で、そのような負担を望まないイギリスの政策担当者は、平和的変更による平和と安全の維持を企図した。一九三五年九月一一日の国際連盟総会において、イギリス外相サミュエル・ホーアは、平和的変更を主軸とする安全保障に連盟が取り組むべきことを唱えた。

集団安全保障とは、それが集団的な手段による平和の組織化と戦争の予防を意味するなら、その完全な形態においては、単純な概念ではなく、複合的な概念である。それは、一般に制裁と呼ばれているものよりも広い意味を持つ。……その基礎は、……戦争に至りうる紛争を規約に定められた手続に従って平和的解決手段に付し、規約に反して紛争解決のために戦争に訴えない、という一連の基本的な義務である(86)。

平和的紛争解決に重点を置く集団安全保障には、二つの主要な条件がある、とホーアは言う。ひとつには、加盟国がその軍備を必要最小限にまで削減するということであり、もうひとつは、平和にとって危険をもたらすような諸条件を、連盟の仕組みを通じて修正する可能性を開くことである(87)。後者の平和的変更の必要性を、ホーアは強調する。単に戦争を禁止し、戦争に対する制裁を取り決めるだけでは不十分であり、「国際的な諸力の自然な活動を調整するための、武力行使以外の何らかの手段が見出されなければならない(88)」。「世界は静態的ではない。したがって、ときおり、変更が加えられなければならない(89)」。

このホーアの演説は大きな反響を呼び起こした。[90] 翌日(九月一二日)の『タイムズ』紙は、演説の全文を掲載したうえで、「英国の政策に関する歴史的な宣言」(一二面)、「重大な演説 a momentous speech」(一三面)、「政府のみならず、国全体の見解を表明」(一三面)と評価するなど、ほぼ手放しの賛辞を述べる。連盟による平和の維持を重視しつつ、軍事力行使の負担を回避するという点において、イギリス世論は平和的変更論に強い支持を示した。

イタリア・エチオピア紛争の解決に失敗することで連盟が安全保障における実質的な意義を失ったのちにも、外交の場において、平和的変更への期待が消えたわけではなかった。盧溝橋事件の後の一九三七年七月一六日、米国務長官コーデル・ハルが、平和的変更に関する両義的な評価を含む声明を出した際、[91] その返答として、いくつかの国家から、平和的変更の必要性を強調するコメントが寄せられた。例えば、南アフリカ連邦首相は、不当な内容を持つ条約の修正要求が、条約の神聖に優越すべきことを強調している。[92] オランダ首相は、「確立された諸権利」を尊重すると同時に、「国際的領域における新しい諸力」に対して留意を払うべきこと、そして、国際的な制度を変更すべきことを訴える。[93] カナダ外相は、「変更を求める緊急の必要 imperative need for change」があると指摘し、平等な取り扱いを妨げる障壁や硬直性を修正する合意を目指すべきだと述べる。[94] ブルガリア外相とハンガリー外相は、平和諸条約によって課せられた不利な状況が修正されることを求める。[95]

政治的実践における平和的変更への期待は、それに対する強い学問的関心を呼び起こす。戦争違法化や制裁(集団安全保障)が平和構想の中心であり、それゆえ「政治的紛争」論や動態的紛争の解決についての関心が低かった米国の国際法学界でさえ、一九三〇年代には平和的変更論が盛んに論じられたことは、すでに従来の研究によって指摘されているとおりである。[96] もともと動態的紛争の解決について関心の高かった[97]連盟諸国の国際法学において、法の変更による紛争解決を目指す「平和的変更」が議論の焦点となるのは当然といえよう。

一九三四年から三五年にかけて国際連盟の協力の下で開催された国際問題に関する大規模な研究者の会合(International Studies Conference)[98] は、平和的変更に対する当時の学問的雰囲気をよく伝えている。国際関係における危機を反映して、会合のテーマは「集団安全保障」とされたが、各国・各研究機関の研究者から寄せられた意見において「平和的変更」に関する議論が大きな比重を占めていた。このテーマの総括報告者（モーリス・ブールカン）は、平和的変更に関する議論を次のようにまとめている。

集団的安全保障に関していかなる見解を採るにせよ、そこには、武力不行使の原則が必ず伴わなければならない[99]。しかし、そのためには、武力の行使を単に禁止するだけでは十分でない。従来の国際関係においては、現状を変更する手段として武力が用いられてきたのであるから、武力行使の禁止には、平和的に現状を変更する手段が設立されなければならない。

暴力はそれ自体が目的であるわけではない。それは目的に対する手段なのだ。もしこの手段を抑圧し、国際的実践から廃絶することを企図するなら、必ず、それを他の手段と置き換えなければならない。そして、ここでいう他の手段とは、集団安全保障の体系においては、平和的な手段でしかありえない[100]。

各国・各研究機関から寄せられた見解は、この平和的変更の問題に「決定的重要性 decisive importance」を認めており、かつ、「武力の行使に代わる平和的な方法を組織することが必要である、という原則自体については、全員一致の合意があるように見える」という[101]。

そして、ここでも、動態的紛争解決に重要な位置が与えられている。総括報告者は、国際紛争を、現行法の適用に関する紛争と、現行法の修正に関する紛争とに区別し、前者を国際裁判（仲裁を含む）に委ねるべきだとする一方、後者について裁判とは別の方法が検討されるべきことを指摘する[102]。そして、戦争を回避するためには、現行法の修正に関する紛争の平和的解決こそが重要な意味を持つ、という。

たしかに、諸国家が、自らの権利が侵害されたと主張することで、武力に訴えることもある。しかし、現実には、その根拠causesにおいても効果においても、戦争は、status quoに仕える強制の手段というより、転覆もしくは変革の力として現れる。戦争が違法化されているとすれば、いかなるものがこの機能を果たすのか。この任務を果たすために、いかなる平和的手段が、戦争手段に代わりうるのか[103]。

現行法の変更に関わる紛争を正面から受け止めて平和的に解決するためには、場合によって現行法を修正する権限を有する動態的な紛争解決手段が必要となる。そのような手段について、批判的・消極的な意見も提出されているのだが、むしろ、目を引くのは、動態的な紛争解決手段の導入を積極的に支持する学者たちのそうそうたる顔ぶれである[104]。それを一瞥するだけでも、平和的変更論が、ヴェルサイユ体制の転覆を企てる国家の御用理論でも、特殊な状況においてのみ活躍できたエキセントリックな学者の理論でもないことがわかる。

フランスから出された意見書は、戦間期フランス国際法学界の重鎮であるルイ・ル・フュール（一八七〇―一九四三）とアルベール・ド・ラ・プラデル（一八七一―一九五五）が共同で執筆している。そこでは、「合意は拘束するpacta sunt servanda」という規則が国際法の本質的原則のひとつであることが確認される一方で、状況の変化に応じて法もまた変動すべきことが強調される。「法は生活の規則であるがゆえに、法は、生活に反することはできず、生活に適合し続けることができるよう、生活とともに進化しなければならない」というのである[105]。そして、法の平和的変更の役割を果たしうるよう連盟総会を改革することが提案される。当事国が法の適用による解決を望んでいない場合には、国際連盟総会が、現行法規則にとらわれることなく、「現在の状況や、正義と経済的必要性のみを根拠として」問題を解決すべきである。そのためには、全会一致原則を改正して、特別多数決による決議を可能とし、一国一票原則を改正して、人口を考慮した加重投票制度を導入することにより、総会の機動性を確保しなければならない、という[106]。

オーストリアの意見書を執筆したのは、ドイツ語圏を代表する国際法学者として第二次世界大戦後もながく活躍したアルフレート・フェアドロスである。彼は、司法裁判所とは別に、当事国の請求に基づいて現状を変更することを任務とする修正裁判所 Court of Revision を設立すべきだと主張する。[107] 欧州統合論において機能主義の提唱者としてよく知られているデイヴィッド・ミトラニー（一八八八―一九七五）も意見書を提出している。そこでも、平和的変更の必要性が唱えられている。それが武力行使禁止のための不可欠の前提だというのである。

長期にわたって暴力の禁止がうまくいったのは、それが、平和的変更のための積極的規定をも含むシステムのうちの消極的な側面でしかなかった場合のみである。この議論は、むしろ、より強い力を持って、国際社会に当てはまる。[108]

それゆえ、変化する状況に合わせて法規範を変更する手段を欠くことが国際連盟の欠陥であると考え、それを補うために連盟規約一九条を拡充することを提案する。[109]

国際政治学において英国学派の創設者とみなされているチャールズ・マニング（一八九四―一九七八）もまた、平和的変更論の支持者である。厳格な法の適用がかえって平和を脅かす場合がある、という。

条約の神聖性を厳格に主張しすぎることが、今日の世界における状勢不安 insecurity の原因のひとつである、ということはありうる。現実主義者 realist であれば分かっているとおり、条約が常に尊重されないとしても、その条約がすでに尊重に値しなくなっていることが、その部分的な原因となっている場合もある。[110]

マニングは、「現実主義者」として、現状に不満を有する勢力が十分な実力を有する場合には、平和を維持するために厳格な法適用を犠牲にしなければならないこともある、と主張する。[111]

平和的変更の必要性を主張する多くの議論を受けて、次回の会合のテーマは、「平和的変更」とされることとなった。そこでマニングは、その準備も兼ねて、一九三七年に、自らが所属するＬＳＥ（London School of Economics）において「平和的変更」をテーマとする連続講演を企画し、その成果を同年に論文集『平和的変更』として出版する[112]。執筆者であるトインビーやマニングと親交のあったカーはこの本を読んでおり[113]、その内容を『危機の二十年』でも参照している。そして、この論文集において、平和的変更論に対して批判的・悲観的な論文[114]を掲載したラウターパクトが、『危機の二十年』において徹底的に批判されることとなる（後述）。

以上に見てきたように、平和的変更論は、連盟末期の国際法論や国際秩序構想において強い影響力を持っていた。つまり、当時において、特定の社会的諸関係の状態を前提として法が機能するという理解が一般的であり、社会的諸関係の変動によって生じる動態的紛争については、国際法の適用によって解決するのではなく、国際法の変更によって解決する必要がある、と考えられていたのである。このような法の限界を強く意識する思考は、法の万能性を信奉する「リーガリズム」と対極にある。カーの『危機の二十年』は、リーガリズムが支配する国際法論・国際関係論に対する孤独な異議申し立てとしてではなく、むしろ、動態的紛争論や平和的変更論に表現されるような、戦間期国際法論に内在する反リーガリズムの思想傾向と共鳴しつつ、世に問われたのである。

3　カーの国際秩序構想

（1）国際法学から継承された国際法の限界論

カーの『危機の二十年』において、国際法の限界が鋭く指摘されている。しかし、その指摘は、国際法学に対して外部から向けられた独創的な批判というより、戦間期国際法学の内部において、動態的紛争の観点から行われてきた批判を繰り返すものである。

カーは、「一般的・抽象的原理」によって具体的問題を解決しようとする「合理主義」が国際領域に移植されたことが、連盟における根本的な問題だという批判を展開している[115]。一般的・抽象的規範の適用によって国際問題を解決しようとするのが国際法学であるという通俗的見解を前提にすれば、このようなカーの批判は、国際法のあり方全体に向けられたもののように見えるだろう。しかしそのような理解は明白に誤っている。そのことはカーの批判内容を詳しく見ればすぐわかる。

カーは、構成員の数が少ない国際社会においては個別的・具体的な事情が強く考慮されなければならないことを理由として、一般的・抽象的原理に基づく問題解決の限界を主張している。個別的事情を度外視して一般原理を適用する「標準化」は、「多かれ少なかれ、すでに認められているタイプに合致する数百万の匿名の個人からなる共同体においては比較的容易」だが、「規模や勢力、政治的・経済的・文化的発展において大きく異なる六十の名の知れた国家に当てはめるなら、限りない紛糾を引き起こす」というのである[116]。すでにみたように、これとまったく同じ主張が、戦間期の代表的な国際法学者であるシントラーやブライアリによってすでに繰り返し行われていた[117]。すなわち、カーは、国際法学における批判的主張を継承したにすぎない。

同じことは、カーの国際裁判批判にも当てはまる。カーによれば、法は「政治社会の関数 a function of political society」[118]とみなされる。つまり、法が、政治よりも倫理的に優れたものとして、上から政治的現実を規制するのではなく[119]、特定の権力や利益を反映する政治的秩序と密接に連関しつつ、それを基盤として機能している、というのである[120]。

政治と法は、解き難く絡み合っている。……法は、政治と同様に、倫理 ethics と権力 power の出会う場なのである[121]。

法は抽象的なものではない。法が依拠する政治的基盤や、法が奉仕する政治的利益を度外視して法を理解することはできない[122]。

逆に言えば、そのような基盤が共有されていないところでは、法は十全に機能しえない。そこに法による紛争解決の限界があるということになるのだが[123]、このような議論もまた、国際法学において目新しいものではない。一八七〇年代以来、同様の議論が繰り返されてきたことはすでにみたとおりである[124]。

さらに、カーは、国際法の適用による紛争解決の限界を論じるにあたって、戦間期国際法学において盛んに論じられてきた問題枠組みを利用する。すなわち、紛争の裁判可能性 justiciability という問いである[125]。国際裁判によって解決可能な（すなわち裁判可能な justiciable）紛争と、それが不可能な紛争との区別について、カーはシニカルな立場をとっているように見える。彼によれば、そのような区別の客観的な基準など存在しない[126]。したがって、紛争が、国際裁判によって解決されるべきか否かの区別は、紛争当事国が現行法の適用に基づく解決を望んでいるか、現行法の変更による解決を望んでいるか、という主観的な態度の相違に求められることになる。

現行の法的権利に基づく請求から生じる「法律的」紛争と、現行の法的権利の変更を求める請求から生じる「政治的」紛争の……完全に有効な区別が存在する。しかしながら、この区別は、紛争自体の性質ではなく、請求者がその救済を法的な手続に求めているか、政治的な手続に求めているか、という問いに依拠する[127]。

裁判によって解決されるべき紛争の識別基準に対するこのようなカーの懐疑的姿勢は、国際法学全体に対する批判と誤解されるかもしれない。しかし、すでにみたように、「法律的紛争」と「非法律的紛争（政治的紛争）」の区別についての当時の国際法学におけるいわば通説は、紛争当事国の態度を基準とする主観的基準説であった[128]。ここでも、カーは、国際法学を外から批判しているのではなく、国際法学の内部における議論を繰り返しているにすぎない。

カーによれば、国内紛争であれ国際紛争であれ、紛争当事者が、現行法の適用による解決を求める場合よりも、現行法の変更を求める場合のほうが、「より深刻で危険」である。「革命や戦争は、現行の法的権利に関する紛争よりもむしろ、それらの権利を変更する願望から生じる傾向にある」からだ[129]。そうだとすれば、戦争につながる重大な国際紛争は、政治的紛争である場合が多く、国際裁判による解決に適さない、ということになる。そこから、カーは、法を変更する紛争解決の必要性へと議論をつないでゆく。

国家間の重大利益に関する紛争が、しばしば法の変更をめぐる紛争であり、したがって、裁判による解決に適さない、という議論が、カーの独創ではなく、むしろ戦間期の動態的紛争論における「定番」ともいうべきものであることは、ここで繰り返すまでもない[130]。国際法学者ブライアリが一九二五年に記している次のような叙述を、カーの『危機の二十年』にそのまま移し換えたとしても、それほど違和感なく収まるだろう。

国際法が、しばしば十全の根拠をもつ重大な国益を保護していないことから、合法性を度外視して政策が断行されることとなる。……諸国家の重要利益のほとんどは、とりわけ、その安全保障や経済生活に関わる利益は、この規制されていない国際関係領域に属する。

ある国家が、しばしばそうする正当な理由があって、その法的な権利ではないもの、その法的地位を変更することによってのみ得られると分かっているものを請求している場合、その請求に関する決定を法的決定に委ねるべきだと提案することは無駄である[131]。

以上にみてきたように、カーの国際法批判論・国際裁判限界論は、国際法学の中で主張されてきた批判的学説を継承したものであって、戦間期の国際法学を批判・否定するものでは決してない。

（2）平和的変更論

カーの『危機の二十年』では、制裁・戦争違法化・国際裁判など、連盟期に提唱された平和構想が逐一、批判・否定されているのだが、ひとつだけ、明確に肯定されている平和構想がある。すなわち、平和的変更論である。『危機の二十年』の叙述は、さまざまなユートピア主義的平和構想を批判し尽くしたのち、最後に、平和的変更論に望みをかける、という構造になっている。

カーによれば、現状を維持しようとする勢力と現状を変更しようとする勢力との厳しい政治的対立を平和的に解決する手段としては、法を適用する裁判ではなく、法の変更を伴う手続が有望である。国内においてさえ、「持てる者」（現状維持勢力）と「持たざる者」（現状変更勢力）のあいだの厳しい集団的対立である労使紛争については、現行労働契約上の権利・義務に準拠する裁判によってではなく、むしろ、それらの権利・義務の変更を伴う手続（労働協約の制度化や労使紛争の調停）を通じて解決が図られてきた。そのような労使紛争解決の仕組みをカーは高く評価する。

> 多くの国では、ストライキという武器に頼る最終的な権利は放棄されなかったとはいえ、そのような仕組みが長年にわたって機能し、目覚ましい成功を収めてきた。

そして、その仕組みを国際社会に準用することを提案する。

> もし、これを国際関係に類推適用しうるなら、次のように期待してもよいだろう。すなわち、ひとたび不満足勢力が平和的交渉（実力行使の威嚇がまず間違いなく先行するのだが）によってその不満を救済する可能性に気づくなら、何らかのかたちで「平和的変更」の正規の手続が徐々に打ち立てられ、それが不満足国家の信頼を勝ち取るだろう。そして、ひとたび、そのような仕組みが承認されるなら、調停が当然のことと考えられるよ

うになり、実力の威嚇は、形式的には決して放棄されないにしても、もっと後景に退くであろう[132]。

平和的変更を伴う国際紛争解決の仕組みを設立するという提案自体がなされるのは、『危機の二十年』の（結論を除く）実質的な最終章である第一三章に限られる。しかし、この著作の叙述全体において、平和的変更論に対する否定的見解の根拠を論破することが試みられている点には留意が必要である。例えば、前節で言及したマニング編『平和的変更』（一九三七年）をみると、そこでは、平和的変更論に対して、二つの類型の否定的見解が述べられている。それらをここでは〈自由貿易による平和〉論と〈司法による平和〉論と呼ぶことにする。『危機の二十年』は、その前半において〈自由貿易による平和〉論を否定したのち、後半において〈司法による平和〉論を否定し、最後に、平和的変更論を提示している。その意味において、書物全体として、平和的変更の弁証論という性格を持つ。

〈自由貿易による平和〉論とは、植民地獲得や自足的経済圏の確立をめぐる争いを、自由貿易体制の構築によって経済的に無意味なものとし、それによって平和を達成しようという思想である。平和的変更論の素材として論じられた主要テーマのひとつは、領域の再配分、すなわち、植民地をわずかしか持たない勢力と広大な植民地を保有する勢力とのあいだの支配領域の再調整であった。自由貿易論の観点からすれば、このような問題設定そのものが間違っている。貿易に対する障壁が撤廃され、商品が自由に流通するようになれば、いかなる国の植民地であっても、あらゆる国の企業が同じ条件で商品を売ることができるようになり、また、いかなる国の植民地の資源であっても、あらゆる国の産業が同じ条件で買い付けることができるようになる。そうなったとき、植民地を政治的に支配していることは、行政費用の支出を強いる負担にすぎず、なんら経済的利益ではない。そうだとすれば、植民地を獲得する経済的動機はなくなるだろう。すなわち、植民地をめぐる対立を解決するための、経済学的に正しい方法は、植民地の再配分ではなく、自由貿易の実現だということになる。

上記の『平和的変更』において「領域主権の経済学」について検討した経済学者ライオネル・ロビンズは、典型的な〈自由貿易による平和〉論の立場をとる。ロビンズによれば、資源の獲得や投資先の確保のために広大な領域を国家が保有すべきであるという議論は、謬見にすぎない。価格と品質が同じ商品であるなら、他国から輸入しようが、国内の他地域から調達しようが、産業にとっては同じことである（「他の国 country からの買い付けは、他の郡 county からの買い付けとなんら変わらない」）。また、契約の遵守が強制され、最低限の安全が維持されている地域であるなら、それが外国領域であるか、自国領域であるかは、投資家にとって重要ではない[133]。したがって、自由貿易を前提とする限り、広大な植民地を領有することの経済的利点は乏しい。たしかに、共通の法制度や共通の言語が使用されるということの利点があるかもしれない。しかし、広大な植民地を領有することによって生じる莫大な統治費用によって、その利益は容易に相殺されてしまうだろう[134]。

とはいうものの、差別的な貿易制限が行われるという前提をとるなら、広大な植民地の領有には経済的な意味があるということは、ロビンズも認めている。仮にイギリスが植民地をドイツに譲り渡したとして、ドイツがその植民地における外国貿易を厳しく制限するなら、イギリスの産業はその植民地との経済取引から排除され、大きな損失を被るだろう。すなわち、他国による排他的貿易制限を阻止するという点では、広大な植民地を保有しておく経済的な意味がある[135]。

ドイツや日本の立場から考えるなら、他国の広大な支配領域において経済活動から自国民が排除されていることが問題なのであり、その根本的原因は、自国が植民地支配の分け前に十分にあずかっていないことではなく、他国の支配領域において差別的な制限が存在することである。したがって、自由貿易体制の確立によって問題が解消されるべきだということになる。

もし「現状満足国家」が制限主義的慣行を行わないなら、そのとき、「現状不満足国家」の主張の経済的根拠は弱くなる。しかし、もし制限主義的慣行が一般的に行われるなら、不満国にも言い分があり、それに答えることは非常に難しい。問題の根本は、領域の不平等ではなく、差別が横行していることである。[136]

セオドア・グレゴリーもまた、経済学の立場から、平和的変更論の実質的な論拠を否定している。例えば、〈過剰な人口を持つ国家はその移住先としての領域を獲得すべきである〉という議論に対しては、先進国の人口増加率が低いことや、低開発地域への大量の移住が現実的ではないことを根拠として反駁する。[137]〈高度に産業化した国家はその製品輸出市場として植民地を得るべきである〉という議論については、植民地住民の購買力の過大評価を指摘する。統計からみて、仮にドイツにその旧植民地を返還したとしても、ドイツの輸出額が急激に伸びることはない、というのである。[138]〈原材料の供給地として植民地を確保する必要がある〉という議論に対しては、通貨の問題を領域の問題に還元してはならない、と反論する。ドイツやイタリアが望むだけの原料を輸入できないのは、それに必要な支払い手段(通貨)を持たないからである。それゆえ、原材料供給地を自国の支配領域に組み込むことで、通貨の問題を解決しようという主張がなされる。しかし、ドイツからの輸入品を購入するためにドイツ・マルクを用いる必要があるなら、他国の植民地であってもマルクの受け取りを拒絶するはずはない。ドイツからの輸入に対する制限が、マルクの必要性を低下させ、その支払い手段としての価値を低下させる、ということが問題なのである。つまり、ここでも、真の問題は、領域的支配の有無や通貨の相違ではなく、むしろ、差別的な貿易制限にある。[139]グレゴリーによれば、関税譲許と門戸開放という自由貿易政策こそが必要とされているのであって、経済的根拠の乏しい領域拡大要求に応じて平和的変更の検討に無駄な労力を費やすべきではない。[140]

経済学的な考察によって平和的変更論を批判する〈自由貿易による平和〉論はそれなりの説得力を持つ。しかし、その前提には、自由貿易によってすべての国の大多数の国民が利益を享受しうるという前提がある。もし自由貿易体制の確立・維持によって、到底甘受できないような深刻な打撃を受ける国家があるとすれば、それらの国家が貿易を制限して自足的経済圏 Autarky の確立を目指すのは当然の行動であり、それゆえ、〈自由貿易による平和〉は、単なるユートピア主義的な絵空事ということになる。カーの批判は、まさにその点を突く。『危機の二十年』の前半、とりわけ第二部において、「利益調和 harmony of interests」論が、誤った秩序思想として繰り返し批判されている。カーによれば、一九世紀の自由放任主義の下で支配的であった利益調和論とは、「個人は、自己自身の利益を追求し、共同体の利益を追求することによって、共同体の利益を増進することによって、自己自身の利益を増進する」という思想である。[141] このような思想は、第一次世界大戦のころにはすでに時代遅れのものとなりつつあったのだが、おもにアメリカ合衆国の影響の下で、第一次大戦後の国際関係に再び持ち込まれた、という。[142] とりわけ、規制によって制限されない自由な経済取引を通じて各国の利益と世界全体の利益が調和的に実現すると主張する自由貿易論は、国際関係における利益調和論の典型である。そして、自由貿易論を信奉する経済専門家たちは、経済的ナショナリズムを推進する政治家を、自国にとっても世界全体にとっても不利益な政策をとる愚か者とみなす。[143]

経済専門家は、概して自由放任主義に支配されており、世界全体の経済利益が存在していると仮定したうえで、これが各個別国家の利益と一致しているという前提をとることで満足している。[144]

利益の衝突をあたかも存在しないものと仮想するユートピア主義的な秩序思想は、リアリスト的観点から批判される。その中心は、利益調和論に対するイデオロギー批判である。すなわち、利益調和論には、支配的集団に利益をもたらす現状を正当化し、擁護する機能がある、というのである。例えば、一九世紀の自由放任政策を支えた利益調和論は、秩序の現状 status quo において大きな利益を得ている支配階級のイデオロギーであった。

繁栄する特権的階級が利益調和論の仮定をとることは当然である。その階級の構成員は、共同体において支配的な発言力を持ち、それゆえ、当然に、共同体の利益を自らの利益と同一視する傾向がある。このような同一視により、支配的集団の利益を攻撃する人はみな、全共同体の共通利益を攻撃しているのだという非難を浴びせられるのであり、しかもこうした攻撃をすれば、その攻撃者は、より高次の自分自身の利益を攻撃していると言われるのである。こうして利益調和説は、特権集団がその支配的地位を正当化し保持するために、彼ら自らが大真面目に援用する巧妙な道義装置として働く(145)。

国際関係に適用された利益調和論としての自由貿易論もまた、このような支配集団のイデオロギーとしての性格を持つ。例えば、世界貿易において圧倒的な優位性を誇っていた一九世紀のイギリスでは、自由貿易こそがイギリスの利益であり、かつ、世界全体の利益であるという理解が支配的であった。そこでは、「保護貿易諸国は利己的に世界全体の繁栄を損なっているばかりか、愚かにも彼ら自身の繁栄をも害している」という主張がなされていた、という(146)。

戦間期においても、自由貿易論を根拠として、経済的ナショナリズムが批判された。現実には経済強国も、かつて、その産業発展過程において保護主義的な政策を採ったことがあるにもかかわらず、経済専門家たちは、自由貿易政策をすべての国家にとって望ましいものとみなし、「自足的経済圏を目指す傾向 autarkic tendencies」を批判した(147)。カーは、このようなユートピア主義的観点からの批判が、じつは、経済大国の利益を表現するものであり、経済的に弱い立場にある国家の苦難を度外視していることを示すために、ユーゴスラヴィア外相マリンコヴィッチの演説を引用している。

マリンコヴィッチは、自由な経済取引に対する障壁をなくせば経済的均衡がひとりでに達成されるという自由貿易論に対し、経済的均衡が達成される過程において生じる「最も弱い者の犠牲」が、政治的には甘受しえない問題を生じさせると主張する。たしかに、自由貿易政策を正しく実行すれば、ユーゴスラヴィアの農業は国際競争力をもつことができるかもしれない。しかし、そのためにはユーゴスラヴィアに、農地の規模に比してわずかな人口しか持たないカナダやアルゼンチンと同じ条件を作り出す必要がある。「われわれは自らの同胞を射殺して犠牲にすることはできない。けれども、彼らは飢餓のために死ぬだろう。そうなれば、結局、同じことだ」[148]。カーは、マリンコヴィッチの演説内容に同調し、自由貿易体制の確立によって各国の利益を調和的に実現できるという主張を、小国の苦難を無視した経済強国のイデオロギーとして一蹴する。

イギリスやアメリカが貿易障壁の撤廃に利益を有するからといって、それがユーゴスラヴィアやコロンビアの利益でもあると考えるのは謬見 fallacy である。国際貿易は弱体化するだろう。ヨーロッパあるいは世界の経済的利益は、全体として損傷を受けるだろう。しかし、ユーゴスラヴィアやコロンビアは、ヨーロッパないし世界が繁栄する一方で自国が衛星国の地位に貶められる体制の下にいた時よりも、裕福になるだろう[149]。

貿易障壁の撤廃によって諸国間の利害衝突を取り除こうとする〈自由貿易による平和〉論は、こうして否定される。

次に〈司法による平和〉論を取り上げよう。マニング編『平和的変更』において「法的側面」の検討を担当したハーシュ・ラウターパクトは、法制度として平和的変更手続を導入することが非現実的であると強調している。法制度としての平和的変更手続とは、「影響を受ける国家の同意を必要とせずに、法の平和的変更を行う手続」と理解される。それはすなわち、国際立法である。国際立法は、「世界政府」を前提としてのみ可能である、という[150]。

戦間期の平和的変更論は、連盟理事会における政治的調停という構想に典型的にみられるように、しばしば、政治的圧力を通じて関係国の同意を調達することを念頭に置いているゆえ、このようなラウターパクトの議論が、即座に平和的変更論全体に対する批判となっているわけではない。しかし、国際紛争解決における国際裁判の役割を絶対視するラウターパクトの平和構想全体の中に位置づけた場合、この消極的議論は、〈司法による平和〉論に基づく平和的変更論批判として理解される。ラウターパクトは、主要な法体系によって承認されている国内法の一般原則の類推 analogy などを駆使して、国際法を欠缺のない規範体系として構成し、その適用を通じてあらゆる国際紛争を解決する裁判手続を構築する、という構想を描いていた。(151) このような包括的な国際司法の構想であっても、国際立法ほどには野心的ではない。つまり、平和的変更を非現実的な国際立法の一種とみなすことによって、ラウターパクトは、より現実的な対案である〈司法による平和〉の優位性を示そうとしたのである。

国際法規範の適用によってあらゆる重大な国際紛争を解決するという平和構想が、『危機の二十年』の後半、とりわけ第四部において徹底的に批判されているのはすでにみたとおりであるから、ここでは繰り返さない。ただ、カーの次のような言葉が、明白にラウターパクトへの当てこすりになっていることを指摘しておくにとどめる。

国家共同体 national community において価値があると証明されてきた法規則や法制度が、類推によって、国際法に導入されるべきであるかどうか。それを決める根拠となりうるような法原則は存在しない。唯一正当な基準は、国際共同体 international community における政治的発展の現段階が、当該の規則や制度の導入を正当化するほどになっているかどうか、ということである。(152)

法を政治社会の関数 function として理解するカーからしてみれば、国際共同体における政治的条件を考慮することなく、国家法の原則や制度をそこに類推して、裁判による包括的紛争解決手続を作り出そうとするラウターパクトの平和構想は、現実を度外視したユートピア主義とみなされる。ただし、このようなカーの立場から批判されるのは、戦間期国際法学において決して主流とはいえないラウターパクトの裁判中心主義的紛争解決論だけであって、決して国際法学一般ではない。戦間期の国際法学において、動態的紛争論や法の平和的変更論などの裁判限界論が強い影響力を有しており、そのような考え方とカーは、むしろ親和的なのだということを、いま一度確認しておく。

以上に見てきたように、カーの『危機の二十年』において、法の平和的変更は、単に第一三章において直接に取り上げられているだけではなく、平和的変更論に対する批判論の根拠をあらかじめ否定しておくという形で、著作全体にわたって、間接的に弁証されているのである。

(3) リアリスト／ユートピアン、革新派／保守派

自由貿易論を大国のイデオロギーとみなし、法を政治社会の関数とみなすカーの『危機の二十年』において、リアリスト／ユートピアンが、革新派／保守派のいずれと親和的であるかをここで確認しておこう。これは、国際政治学的思考の持つ政治的傾きを理解する上でも重要な作業である。

カーは、『危機の二十年』第二章で、ユートピアンとリアリストの対立に照応するものとして、知識人と官僚[153]、および、左派と右派[154]の対立を挙げる。そして「急進派 the radical は必然的にユートピアンであり、保守派はリアリストである」と断定している[155]。このような叙述からは、リアリストが保守派に、ユートピアンが革新派に位置づけられるという印象を受けるだろう。そのような印象は、たしかに、〈理想主義的だが非現実的な革新的知識人〉という通俗的観念には即している。

しかし、このような通俗的な位置づけに固執したまま『危機の二十年』を読み進むなら、読者はひどい混乱に陥るだろう。すでに指摘されていることだが[156]、『危機の二十年』の第三章以下の叙述においては、ユートピアンとリアリストとは、それぞれ、革新派と保守派とに対応していない。むしろ、イデオロギー批判を重んじるカーの叙述において、ユートピアニズムが、status quo のイデオロギーとしての保守的機能を果たし、そのイデオロギー性を見破るリアリズムが、status quo を打ち砕く革新的性格を持つことが強調されている。

カーによれば、利益衝突という現実を度外視するユートピアニズムの代表的思想としての利益調和論は、「自分たちの利益と共同体全体の利益が一致するのだと主張して自らの優位を守ろうとする支配集団のイデオロギー」と

しての役割を果たす[157]。そして、利益調和論の派生的表現としての自由貿易論[158]や国際主義[159]もまた、それを提唱する勢力の利益を擁護するものである。さらに、平和が世界共通の利益であるというユートピア的平和主義は、「status quo の維持を望む国家とその変更を望む国家との利益の根本的相違」を覆い隠す[160]。ユートピア的な国際的連帯や世界統合の主張は、「統合された世界を統制するという期待を持ちうる支配的諸国家」から発せられる、という[161]。

このようなユートピア的諸言説のイデオロギー性を暴くことこそが、リアリストの役割だとカーは言う。

国際政治において一般的に援用される抽象的原則（と言われるもの）が持つ現実的基盤を暴くことが、ユートピアニズムに対するリアリズムの告発のうちで、最も容赦のない、最も説得的な部分である[162]。

そして、自由貿易論や平和主義などの一般的・抽象的原則が、じつは支配的勢力の利益と政策に即したイデオロギーであることを見破るリアリスト的思考の典型は、マルクスの影響の下に形づくられた知識社会学なのである[163]。

このような抽象的な原則の現実的基盤を暴くという左派的イデオロギー批判が、カーにおいて、その国際法批判に直接につながっている。そもそも、カーも述べているとおり、「法はなんらかの定まった倫理的規準を反映しているのではなく、特定の時代における特定の国家の支配集団の政策と利益を反映する」という思考を生み出したのは、マルクス主義である[164]。この思考が国際法に向けられたとき、「それは誰の法なのか」と問うリアリスト的思考、すなわち、「法が依拠する政治的基盤や、それが仕える政治的利益」を確かめようとする国際政治学的思考が必然的に現れる[165]。

『危機の二十年』の第一一章において、カーは、条約がその締約国の勢力関係を反映したものであり、status quo を維持しようとする勢力の道具としての性格を持つことを指摘した後、次のように言う。

保守派が自らを法と秩序の支持者と規定し、急進派を平和の攪乱者として、そして、法の敵として非難するのは、どこにおいてもまったくもって自然なことである[166]。

ここで、ユートピア的な抽象的原則に基づいて status quo の恒久化を図る者たちが「保守派」に属し、それら原則のイデオロギー的性格を見破って status quo の変革を要求するリアリストが「急進派」に属することは明らかであろう。このような対応関係は、『危機の二十年』第二章において示唆された対応関係と明らかにねじれている。カー自身が、この対応関係のねじれをどこまで意識していたかはよくわからない。しかし、カーを読む者は、それを意識しておくべきである。

（4）労働法のアナロジーとしての『危機の二十年』

国際法学の動態的紛争論において、集団的紛争の解決のために作り出された労働法の体系がしばしば参照されてきたことはすでに論じた[167]。カー自身の平和的変更論（『危機の二十年』第一三章）においても、すでにみたとおり、現状満足国と現状不満国との対立を和解させるために、労使紛争解決の仕組みが類比的に用いられるべきことが説かれている[168]。『危機の二十年』を読み通せば、それ以外にも、労使関係と国際関係との類比がいたるところに見出される。

資本と労働の関係と同様、国際関係においても自由放任主義は経済的強者の楽園である（第四章[169]）。

……プロレタリアートによる階級闘争 class-war の威嚇は、「最小限の共通利益を絶えず強調することで階級間の利益衝突を隠ぺいしようとする特権階級の感傷的で不誠実な努力に対する、当然のシニカルな反応」である。それとまったく同じように、現状不満国の戦争挑発もまた、平和にこそ共通利益があるという満足国家の感傷的で不誠実な決まり文句に対する「当然のシニカルな反応」であった（第五章[170]）。

同じ問題であっても、孤立した少数の個人が引き起こしたものと、強力でよく組織された労働組合が引き起こしたものとでは、政治的事実としては同じではない。イギリスと日本とのあいだに起こる問題と、イギリスとニカラグアとのあいだの問題とは、外形的に同じであったとしても、実際にはまったく異なっている（第八章）[171]。ある取引は、それが法に適えば、道義的なものとなるわけではない。生活に必要な賃金に満たない給料しか労働者に支払わないことは、その賃金が、労働者によって署名された契約によって取り決められ、法的に有効であるからといって、道義的であるわけではない。一八七一年のドイツによるフランス領土の併合と、一九一九年に連合国によるドイツ領域の併合は、道義的であったかもしれないし、そうでなかったかもしれない。しかし、敗戦国によって署名された条約によって規定されており、国際法上有効であるという事実によって、それらの併合が道義的なものとされるわけではない（第一〇章）[172]。

このような労使関係の類比が多用されるのは、偶然や気まぐれではない。なぜなら『危機の二十年』において示された国際秩序構想は、全体として労働法のアナロジー（類比）という構成をとっているからである。以下ではその点を説明する。

まず、労働法の秩序構想をカーの叙述に即して再構成してみよう。自由主義が支配的であった一九世紀イギリスにおいて、すなわち、カーが「自由放任の楽園 The paradise of laissez-faire」と呼ぶ社会において、個人の利益追求が全体の利益を増大させることが前提とされ、国家による規制や干渉をできる限り排して、自由な利益追求が個人に認められるべきだと考えられた[173]。そのような秩序構想の下で、労働組合は、個人の自由な取引（雇傭契約の締結）を阻害するものとして厳しく弾圧される[174]。利益を追求する個人間の合意としての労働契約の誠実な遵守が労働者に求められたのである。そして、実力と威嚇によって労働条件の変更を勝ち取ろうとする争議行為は、「イギリスの製造業者の繁栄を害することで、イギリス全体の繁栄を害し、それゆえ、労働者自身の繁栄を害する」ものとして非難された[175]。

しかし、利益の調和というユートピア的思考に支えられた自由放任政策の下で、現実には、労働者は従属的地位に立たされ、窮状に陥っていた[176]。それゆえ、労働者階級は、やがて、自由放任政策を排して社会政策の確立を目指すようになる。そのような労働者の運動を理論的に支えたのが、権力的関係の表現として法を理解するリアリスト的・マルクス主義的見解である[177]。自由放任主義に基づく諸法制が、一九世紀における支配的階級の利益を表現するものにすぎないとすれば、いまや十分な力を蓄えた労働者階級が、実力をもってその変更を要求することは十分に理のあることであろう。

組織的実力によって支えられた労働運動によって革命の危機が生じ、それを回避するために国家は、階級間の利害を調整する紛争解決手続を作り出さざるを得なくなった。それが、労使間の集団的合意と労使紛争の調停手続を中心とする労働法の体系である。カーは、労使紛争解決手続を、現状維持勢力と現状変更勢力の対立と妥協の中で作り出されてきた平和的変更手続として理解している。

一九世紀後半および二〇世紀前半、大半の国家における「持たざる者」は、一連のストライキと交渉によって彼等の地位を着実に改善していった。また「持てる者」は、正義感によってであれ、あるいは拒絶した場合の革命への恐怖によってであれ、争点を実力のテストにかけるよりも、むしろ相手に譲歩した。このプロセスを踏むことによって、結局のところ、労使双方は紛争をいろいろな形の調停・仲裁に進んで委ねるようになり、こうして「平和的変更」の正規のシステムのようなものが作り出されたのである[178]。

このような労使関係に関する議論が、『危機の二十年』において、そのまま国際関係に当てはめられている。すなわち、利益調和論を中心とするユートピア的イデオロギーが支配する状況にはじまり、それに対するリアリスト的批判を経て、勢力関係の変動に伴う平和的変更の仕組みを構築するに至る、という議論の構造が、国際秩序論にも見出されるのである。

すでに述べたように、カーによれば、戦間期において、一九世紀的な予定調和論が国際関係に適用され、ユートピア的国際秩序思想が影響力を持った。その代表例として自由貿易論や国際主義がある。それらの思想は、現行体制下における利害対立を隠ぺいし、その体制を存続させることに資する点において、支配的勢力の利益を擁護するイデオロギーとしての性格をもっていた[179]。

リアリスト的思考は、一九世紀の自由放任政策のイデオロギーを見破ったと同様に、戦間期の国際関係におけるイデオロギーを見破るという役割を果たす[180]。自由貿易論・国際主義・平和主義など、国際政治において援用されるユートピア的な原則の現実的基盤を暴くことこそが、リアリスト的思考の最重要部分なのである[181]。

このようなリアリストの批判は、国際法にも向けられる。現行の条約は、条約締結時の勢力関係を反映したものである。したがって、条約の遵守を絶対的に要求することは、その基盤となる勢力関係の永続化を図ることにほかならない[182]。そうであるなら、現行条約体制下において不利な地位に立つ諸国家がやがて十分な力を蓄えたとき、status quo を不満として、その改廃を求めることは当然である。

力 power の要素は、あらゆる政治的な条約に内在する。そのような条約の内容は、締約国の強弱関係を何らかの程度において反映している。強い国家は、弱い国家とのあいだで締結された条約の拘束性を維持し続けようとする。弱い国家は、力のあり方が変わり、自らがその義務を拒絶または修正しうるほどに強くなったと感じるや否や、強い国家とのあいだで締結した条約を破棄しようとする[183]。

そこから現状維持勢力と現状変更勢力の強度の対立が生じる。現行法体制の維持を求める旧勢力(「現状満足国」)と、その変更を求める新興勢力(「現状不満足国」)の対立は、現行法の適用によっては解決できない。むしろ、新興勢力は、法を実力で変更することを志向することがあり、それが戦争を引き起こしてきた。一九一四年以前の伝統的な国際法は、「現行国際秩序を変更する目的で戦争に訴えることを違法として非難していなかった」のである。[184]連盟体制において、現行法を変更する目的で戦争に訴えることは違法であるとカーは認識している。[185]しかし、それが、連盟体制の欠陥でもある。戦争による法変更を禁止する一方で、平和的に法を変更する手段を準備していないからである。

伝統的方法を違法として退け、しかもそれに代わる実効的な選択肢を用意しなかったことによって、現代国際法は、以前の国際法にも、またあらゆる文明国の国内法にもとうていみられないほどにまで、現行秩序の防御壁となってしまった。[186]

一九世紀の国内法が、ストライキを禁止することによって労働運動を抑え込むことができなかったように、単に実力行使を禁止するだけでは、十分に力を持った現状不満勢力を抑え込むことはできない。法の status quo の変更を求める労働運動が革命に至ることを回避するために、法的権利・義務関係の変更を伴う紛争解決の仕組みが導入されたのと同様に、国際関係において現状満足国と現状不満国との国際的対立が戦争に至ることを回避するためには、法の平和的変更手続が作り出される必要がある。

「平和的変更」の問題とは、国内政治にあっては、革命を経ずに必要かつ望ましい変更をいかに実現するかということであり、国際政治においては、戦争を経ずにこうした変更をいかに実現するかということなのである。[187]

一言でいえば、労使間の階級対立に対して、契約の自由や法の支配という自由主義的なプロジェクトを推し進めるのではなく、むしろ法的権利・義務関係を変更しつつ集団間の和解を調達する解決手続を生み出した労働法制の経験を生かし、現状満足国と現状不満足国の国際的対立を、自由貿易や条約の神聖性という自由主義的原則によってではなく、政治的力に配慮した平和的変更手続によって解決すべきことをカーは説いたのである。

おわりに

本章では、ブライアリとカーという、戦間期イギリスを代表する国際秩序理論家の思想を検討した。それによって明らかになったのは、オックスフォード大学で国際法を担当していたブライアリの思想と、国際政治学の礎を築いたカーの思想の並行性・類似性である。両者ともに、法規範が有効に機能しうる政治的・社会的基盤を重視すべきことを主張していた。また、法の基盤をなす政治的・社会的諸関係の変動に応じて法もまた変動するということも、両者がともに強調している。そして、法の status quo の変更をめぐって生じる政治的紛争については、国際裁判による解決が不可能であるという点についても一致している。それゆえ、両者ともに、政治的・社会的諸関係の変動に応じて法を変更する平和的手続の構築が必要だと考えている。さらには、そのような法の平和的変更の仕組みを構想するにあたって、国内における労使紛争解決手続を参照するという点でも、共通する。

このようなブライアリとカーの国際秩序構想は、孤立していたわけではない。ブライアリの国際法思想は、モーゲンソーを生み出したドイツ語圏の国際法学における動態的紛争論・国際裁判限界論と明白に共鳴している。また、カーやブライアリの国際秩序構想の中核をなす平和的変更論は、一九三〇年代における流行思想でもあり、政治的実践においても、学界においても、多くの論者によって熱心に論じられたものである。

以上のような検討から得られる結論は明白である。すなわち、イギリスにおいても、国際政治学的思考は、国際法学における批判的思考を継承する形で形成された、ということである。戦間期ヨーロッパの国際法学においては、ウィルソン的理想主義が支配的であったわけでも、戦争違法化論が平和構想を主導していたわけでも、ユートピア的リーガリズムが蔓延していたわけでもない。むしろ、動態的紛争論に代表されるような、国際法規範の役割に関する批判的・懐疑的な見方が、国際法学の内部において有力に提唱されており、国際裁判の限界を前提とする平和構想が論じられていた。そして、そのような批判的な国際法理論を継承する形で、カーは、国際政治学的思考を形成したのである。

終章

本書が明らかにした中心命題を要約すれば次のようになる。二〇世紀前半の国際法学において、法を勢力関係の表現とみなし、勢力関係の変動に伴って法の変更をめぐる重大な国家間対立が生じることを重視した動態的な国際法理論が、大きな影響力を持っていた。それは特に、国際紛争の裁判可能性という当時の重要な実践的問題において、紛争の性質論として論じられていた。そして、そのような動態的国際法理論の問題関心を正面から引き受けることによって、status quo の維持を求める勢力とその変更を求める勢力との対立を基軸として国際関係を把握するモーゲンソーやカーの国際政治学的思考が成立する。すなわち、国際政治学的思考は、ユートピア主義的に法の万能を信じる国際法学を外側から批判することによって形成されたのではなく、危機の時代において法の限界を真剣に考察する国際法学の思索の中から生まれ出たのである。

各章において論証された事柄はそれぞれの結論部に示してあるが、ここで全体を通して論じられた主要な問題について整理しておこう。

第一の問題は、国際政治学的思考の特質である。〈独立の主権国家が、それぞれに自国の国益を自律的に追求しつつも、勢力均衡の仕組みを通じて、それなりに安定した国際秩序を実現しうる〉という秩序構想は、戦間期において成立した国際政治学的思考の特質ではない。それは、むしろ、自由な個体の中核的自己利益（自己保存）を基盤として秩序を構想した合理主義的・自由主義的思考に親和的なのであって、一八世紀・一九世紀の古典的な国際法学の秩序構想の中に見出される考え方である（第1章1節および2節）。相対する自律的諸力が相互の抑制によって安定した状態を作り出すという「力の均衡」思想もまた、近代ヨーロッパにおける秩序構想のひとつの典型といえる。(1) 戦間期にその思想を形成したモーゲンソーやカーは、むしろ、そのような合理主義的・自由主義的思考に批判的な態度を取っている。

モーゲンソーは、フロイトの影響の下に、自己保存を中核とする自己利益への欲求から明確に区別されるところの、非合理で制御の難しい権力欲求を基軸として国際関係を論じる（第4章4節（3））。また、彼の主著である『国際政治』では、勢力均衡の問題点の指摘に重点が置かれており、勢力均衡に対するきわめて消極的な評価がなされている（第1章「おわりに」）。同様に、カーもまた勢力均衡による自己利益追求の調和を信じていない。彼の『危機の二十年』においては、「利益調和論」が、誤った秩序構想として繰り返し批判されている。これは、〈自律的な個体が、その自己利益を追求することを通じて共同体の利益を実現し、安定した秩序を作り出す〉という自由主義的秩序構想への批判である（第5章3節（2））。このような批判は、主権国家がその国益追求を通じて相互に抑制しあい、安定的な国際秩序を作り出すという勢力均衡思想に対しても当てはまるであろう。したがって、『危機の二十年』において勢力均衡がまったく論じられていないことは、カーが勢力均衡を否定的に評価していることを意味していると理解してよい（第1章「おわりに」）。

戦間期に形成されたモーゲンソーやカーの国際政治学的思考の特質は、法を勢力関係の表現とみなし、勢力関係の変動に伴って、法の現状の変更をめぐる深刻な国家間対立が生じると考える点にある（第1章3節）。このような秩序構想においては、status quo の維持を図る勢力と、その変更を求める勢力とのあいだに、現行法の適用によって解決できない対立が生まれると考えられる。そのような対立の下では、法や倫理が、それぞれの勢力のイデオロギーとして利用されるだけではなく、「あるべき勢力均衡」という観念自体もまた、それぞれの代表する勢力関係のイデオロギーとして、対立を緩和して秩序を安定させるどころか、むしろ、対立を激化して秩序を動揺させるものとして機能することとなる（第1章「おわりに」）。

第二に、このような特質を持った国際政治学的思考の思想史的位置づけが論じられた。〈国際法は、一定の勢力関係を前提に成立しており、勢力関係の変動に伴って法の変更をめぐる対立が不可避的に生じる。そして、この法の変更をめぐる国家間対立は、国際法の適用によって解決できない〉。このような動態的紛争の考え方が発展したのは、国際法学の内部においてである。一八七〇年に観念論的法哲学者アドルフ・ラッソンによって提唱された動態的国際法論（第2章）は、二〇世紀初頭、観念論的傾向の強い公法・国際法学者エリヒ・カウフマンによって国際法解釈論・国際法理論の中に取り入れられた。そもそも、国際法諸規範が歴史的な形成物であることを認める以上、歴史的現実が変動してゆくに際していかに国際法規範が変更されるべきか、という問題関心が不可避的に生じる。国際法を国内法と同様の実定法規範体系として構成することを目指す一九世紀後半の実証主義的国際法理論が、その問題に正面から取り組むことを避けていたのに対し、カウフマンは、事情変更原則という解釈論上の原則を手掛かりとして、国際法における法変動の問題を正面から検討し、国際法秩序の独自の構造を明らかにすることを試みた（第3章）。戦間期になると、国際紛争の裁判可能性の問題と関連づけられて、動態的な国際法論は、強い影響力を持つようになる。

法の変更をめぐる動態的紛争は法の適用による解決になじまない、という考え方からすれば、そのような紛争は、法の適用による紛争解決手続である国際裁判ではなく、別種の手続によって解決されるべきだということになる。すなわち、動態的紛争は、「非法律的紛争」もしくは「政治的紛争」として性格づけられ、その裁判可能性が否定される。このように、動態的紛争を根拠として国際紛争解決における裁判の役割、ひいては国際法規範の役割を限定的に捉える考え方は、戦間期における非常に有力な見解のひとつと言ってよく、一九三〇年代に流行した

「平和的変更論」もまた、そのような見解の一種として位置づけられる（第4章1節（2）、2節（1）、第5章1節、2節）。

このような動態的な国際法論を引き継ぐかたちで、モーゲンソーやカーの国際政治学的思考が形成された。彼らは、古い勢力関係に根拠を持つ status quo の維持を求める国家と、勢力関係の変動に対応して status quo の変更を求める国家との対立を、国際関係の主軸に置き、そのような対立の解決について国際法や国際裁判が果たしうる役割をきわめて限定的なものとみなした（第4章2節（1）、第5章3節（1））。そして、勢力状況の変動を考慮して法そのものを変更しうるような紛争解決手続の構築を目指したのである（第4章「おわりに」、第5章3節（2））。

第三に、動態的国際法論の国際法思想史上の位置づけと関連して、実証主義国際法学の思想史上の位置づけの見直しが行われた。人格間の合意の法的拘束力（pacta sunt servanda）を自明視する理性法の伝統と異なり、人格間合意を法律行為として位置づけるドイツ法実証主義においては、国家間の合意は、それが人格間の合意であるというだけでは法的拘束力のあるものとはみなしえない。それゆえ、人格間合意を主軸としてきた国際法規範の法的効力に関する基礎理論を再構築する必要に迫られた。その結果、生み出されたのが、イェリネックの自己拘束論や、トリーペルの共同意思定立論という、きわめて技巧的な法理論である（第3章5節（1））。

動態的国際法論もまた、同様の問題状況の中から生み出された。自然法的に仮構された理性的国家人格の合意ではなく、現実の国家間の合意が国際法を定立するとすれば、その法的な効力の現実的な基盤が問われなければならない。すなわち、各国家が、その合意を法的に拘束力のあるものとして受け入れる現実的基礎とは何であるかが問題となる。そのような現実的基礎とは、合意が取り結ばれた時点での勢力関係や利益状況であろう。そうであるなら、勢力関係の変動に伴って、合意が現実的基礎を失う。そのような状況を、カウフマンは「事情変更原則」を手掛かりとして分析し、国際法を動態的に把握する理論を構築しようとした（第3章4節（2）、5節（2）、6節）。

実証主義国際法学と動態的国際法論の方法的な相違は、政治状況や社会的勢力などの「非法律学的要素」への態度にある。法実証主義は、政治学的・社会学的要素を排除して、実定法素材を閉じた体系として構成することに専心する傾向を持った。実定法規範からなる自足的体系という実証主義的構想を発展させることで、ケルゼンは、授権の連関によって具体化されてゆくSollenの体系として国際法を構成し（第3章5節（1）ⅳ）、ラウターパクトは、体系的に構成された国際法規範の解釈によってすべての紛争について法的な解決をもたらすという「実質的完全性」の理論を練り上げた（第4章3節（2））。それに対し、動態的国際法理論は、政治的要素や社会的諸力の関係に強い関心を持ち、それらを積極的に国際法学に取り入れようとした。すなわち、実定法規範群を閉じた体系として構成することを主題とする実証主義的方法に真っ向から反対したのである。このように理解すれば、モーゲンソーが、反実証主義の系譜に位置づけられることは明白であろう。

ただし、モーゲンソーが、実証主義に由来する法規範体系概念を否定しているわけではないことに注意しなければならない。むしろ、彼は、ラウターパクト流の「実質的完全性」の概念を受け入れている。〈裁判官は、現行法規範群を体系的に解釈することを通じてあらゆる紛争に現行法に基づく解決を与えることができる〉というのは、ラウターパクトだけではなく、モーゲンソーの立場でもある。裁判官は、直接に適用可能な規範が存在しない事案についても、現行国際法体系の採用する法原則や価値原理に準拠して適用規範を定立することにより、現行法に基づく判断を下すことができる、というのである（第4章1節（2））。モーゲンソー『国際司法――その本質と限界』は、このような実証主義的な法体系概念を受容しつつ、それでもなお、動態的紛争については裁判の限界が存在するということを証明しようとした著作である（第4章2節（1））。

第四に、戦間期における動態的国際法論の意義を検討することを通じて、戦間期の国際法学についての理解を修正すべきことが論じられた。連盟の下では多様な平和構想が試みられたのであって、戦争の違法化のみが支配的であったわけではない。国家間の紛争を解決する実効的な仕組みを整備することによって戦争の原因を取り除くことや、大国によって構成される連盟理事会が、事案の性質に即して柔軟に紛争解決案を提案し、その政治的影響力を背景として当事国に受諾させるという、政治的調停の仕組みを発展させることなどが、有力な平和構想として提唱されていた（第4章1節（1））。

実効的な紛争解決手続の整備を目指す平和構想においては、紛争の性質が問題となる。すなわち、いかなる性質を持った紛争が国際裁判による解決に適しているか、裁判による解決に適さない紛争についてはいかなる解決手続を準備するべきか、という問題が、理論的かつ実践的に意義あるものとして論じられたのである（第4章1節（2））。そして、そのような問題を検討する中で、国際法の適用による紛争解決手続としての国際裁判の限界が繰り返し論じられ、国際紛争解決における政治的要素の重要性や、勢力関係の変動に伴う平和的法変更の必要性が、国際法学上の問題として議論された（第4章1節（2）、2節（1）、3節（4）、第5章「はじめに」、1節、2節）。

第五に、このような、政治的要素や勢力関係を重視する戦間期国際法学の傾向は、法思想史上いかに位置づけられるか、という問題がある。この問題を考えるにあたっては、二〇世紀初めの国内法において、現行の権利・義務関係を変更する仕組みを作り出すことによって集団間の対立を緩和するという考え方が重要視されていたことを想起しなければならない。すなわち、労働法の生成・発展のことである。

一九世紀終わりから二〇世紀初頭に発展する労働法は、激化する労使間の階級闘争を緩和するための制度である。そこでは、十分な実力を持った労使の集団が、現行の権利・義務関係の変更をめぐって対立していることが前提とされている。それゆえ、厳格に法を遵守して、現行の労働契約に規定された権利・義務を適用するのではなく、むしろ、労使の勢力関係の変動を背景としつつ、それら権利・義務を変更することによって対立を緩和し、紛争を解決することが目指される。すなわち、厳しい階級対立の中で、暴力的・革命的な法変更を回避するために、平和的に法を変更する仕組みとして、労使団体間の労働協約や労働調停が制度化されていったのである。

法の変更をめぐる国家間の厳しい対立状況を緩和し、動態的紛争を解決する仕組みを構築しようとする戦間期の国際法学者たちは、このような労働法の経験に着目し、その成果を国際法にも生かすべく、労使紛争解決への強い関心を示している（第4章2節（2））。そして、そのような動態的な国際法学の関心を引き継ぐモーゲンソーやカーの議論にも、労働法思想との関連がはっきりと見てとれる。モーゲンソーは、「ドイツ労働法の父」とも言うべきジンツハイマーに師事しており、法の社会的基盤を問うその研究方法において、理論的にも強い影響を受けている（第4章5節（3））。また、予定調和論を根拠とする自由放任主義のイデオロギー的性格を批判して、勢力間の対立を法の変更によって緩和することを説くカーの『危機の二十年』の全体的構成は、労働法のアナロジーと呼ぶべきものとなっている（第5章3節（4））。

勢力変動の中での法の役割を捉え直そうとした戦間期の動態的国際法論やそれを受け継いだ国際政治学的思考は、労働法の生成・発展に表現される当時の法的思考、すなわち、社会的諸力の厳しい対立の中で生じる法変動を法秩序の中に取り込んでいこうとする法思考の、ひとつのヴァリエイションといってよいだろう。

このような国際政治学的思考と労働法との関連という視点から、第六の問題が派生する。すなわち、国際政治学的思考の持つ政治的傾向という問題である。そもそも、法を勢力関係の表現とみなす思考や、社会的勢力関係の変動に伴って法が変化するという視角は、左派的な思考に親和的である。法を、支配的な社会的力のイデオロギーとみなし、それゆえに社会的諸力の変動とともに法もまた変更されてゆくという思考は、リアリスト的であるとともに、きわめて左派的であると言ってよい。その意味では、カーだけではなく、モーゲンソーの思想もまた、左派的な思考ときわめて親和的なのである。このことは、モーゲンソーが左派的な労働法学者に師事していたという事実の理解を容易にする（第4章5節、第5章3節（3））。

本書は、動態的国際法論を中心として、戦後の国際法学においてはほとんど忘れられていた戦間期国際法学の思想世界を再構成した。以上の六つの問題は、いずれもそのような視角をとることによって初めて把握可能となり、議論可能となったものといえる。これらの問題を論じることで、本書は、戦間期国際法学の意義、戦間期に生まれた国際政治学的思考の意義、そして、国際法学と国際政治学的思考の関係を、根底から問い直したのである。

本書では、戦後を原則として取り扱っていないゆえに、次のような問いが当然に発せられるだろう。ここで検討された動態的国際法論は、戦後の国際法学において、いかなる意義を持ったのか。それが戦後において重視されなかったとすれば、その理由は何か。本書の射程を越えるゆえに、これらの問いに全面的に答えることはできない。しかし、その答えの一端は、すでに本書において論じられたことから導き出すことができる。すなわち、戦間期と戦後とでは、議論の前提となっている平和構想が異なる、ということである。

戦後の国際法学において、戦間期の動態的紛争論につながる国際裁判限界論がまったく論じられてこなかったわけではない。例えば、国際司法裁判所に付託された「ニカラグア事件」(管轄権：一九八四年一一月二六日、本案：一九八六年六月二七日)において、政治的性質を根拠とする紛争の裁判可能性の限界が問題となった。〈当該紛争は、その性質上、安全保障理事会を中心とする政治的機関において取り扱われるべきであって、裁判所の判断に委ねられるべきではない〉とアメリカ合衆国が主張したのである。裁判所は、〈政治的紛争は政治的機関にのみ付託すべきである〉という考え方を否定し、そのような紛争に含まれる法律的問題について判断を下すという考え方を採用した。(2)「アメリカ大使館人質事件」(本案：一九八〇年五月二四日)や「漁業管轄事件」(管轄権：一九七三年二月二日、本案：一九七四年七月二五日)の判決も併せてこの問題を検討した杉原高嶺は、国際司法裁判所の立場を以下の三つの命題にまとめている。(3)

①およそどのような紛争もつねに法的側面と政治的側面を併せ持つ。
②裁判所が関与するのは、当事国が提起する紛争の法的側面のみであって、政治的側面ないし政治的要因は司法的考慮の対象外にある。
③特定の事件において、その法的問題が提起されたときは、それが裁判管轄権内にあるかぎり、裁判所はそれについて司法判断を下す責務がある。

杉原も言うとおり、このような考え方は、動態的紛争を理由とする裁判可能性の限界論を否定するものと理解できる。[4] しかし、ここで注目すべきなのは、問題に対する裁判所の立場よりも、この問題そのものの位置づけである。政治的紛争という問題は、ここでは平和構想の中心を占める問題としてではなく、むしろ、裁判所の管轄権の範囲に関わる訴訟法上の問題に限定して論じられている。それはもはや、国際法秩序のあり方を左右する包括的な問題ではなく、むしろ、国際司法裁判所制度を運用していくうえで解決されるべき技術的問題とされているのである。

戦後においても、平和的紛争解決手続のあり方という広い視角から、政治的紛争が論じられることもある。例えば、宮野洋一は、現実の国家間の対立を解消するために、裁判や調停などの「紛争処理手続」[5] がいかなる役割を果たしうるか、という観点から、「紛争処理」の体系の再検討を行うことを試みており、その文脈において、「複線構造論」に着目する。「複線構造論」とは、「当事者が国際法を基準に争う法律的紛争に対しては、国際法の適用によって紛争を処理する『静的処理手段』が適当であるのに対し、法の変更を求める要求に対しては政治的判断により法を動かす（変更する）『動的処理手段』が適切である」という考え方のことである。[6] このような考え方は、高野雄一の説[7] に由来し、さらには、祖川武夫を介して、モーゲンソーの動態的紛争論につながっている。[8]

にもかかわらず、動態的紛争論を基盤とする「複線構造論」が、戦間期のような位置を戦後の国際法学において占めてきたとは言い難い。それは、あくまでも紛争の平和的解決という限られた領域における批判的議論として論じられているのであって、戦間期のように、平和構想の中核を担うものとして位置づけられているわけではない。

なぜか。それは、平和構想における紛争の平和的解決手続の位置づけが、国際連盟期と国際連合期とでは、異なっているからである。第4章で述べたとおり、国際連盟の最盛期である一九二〇年代においては、実効的かつ包括的な紛争解決手続の仕組みを構築することによってあらゆる国家間紛争に解決を与え、それを通じて戦争の原因を取り除く、という平和構想が有力であった。それゆえ、ジュネーヴ議定書では、一方的付託によって（すなわち両当事国の合意を必要とせず）始動する包括的な紛争解決手続の仕組みを整備し、あらゆる紛争を、その性質に応じてさまざまな手続に割り振ってゆくことで、すべての紛争に拘束的な解決を与えることが目指された（第4章1節（1）(iii) 参照）。ジュネーブ議定書は発効しなかったけれども、紛争をその性質に応じて異なった手続に割り振るべきだという平和構想自体は、戦間期を通じて強い影響力を持っていた（第4章1節（2）、2節（2）、第5章2節参照）。このような平和構想の下では、それぞれの紛争がいかなる性質を持つのか、その性質に応じてどのような手続に付託されるべきなのか、という問いが、最重要の意義を持つこととなる。

それに対し、国際連合における平和構想の中心は、武力行使禁止原則と集団安全保障である。国際連合憲章下では、平和的紛争解決手続の選択が当事国の合意に委ねられており、したがって、当事国は、合意を成立させないことによって手続を始動させない自由を有する（第4章1節（1）(iii) 参照）。そこには、紛争の性質に応じて、それを適切な手続に割り振っていくという発想はない。そのかわりに、いかなる性質の紛争であれ、それを武力によって解決することが禁じられ、それに違反した場合には、国際的な強制措置の対象となりうる。

このような平和構想の変化は、当然、国際裁判研究の内容にも影響を及ぼした。戦間期においては、実効的に国際紛争を解決する仕組みを整備するという平和構想の下で、そのような仕組みの中で国際裁判がいかに位置づけられるのかが問題となり、それに伴って、裁判が引き受けるべき紛争の性質が論じられた。それに対し、戦後は、安全保障理事会を中心とする平和構想の下で、平和維持における裁判所の位置づけがあいまいになり、そこから切り離して、国際裁判自体の制度や手続の解明に焦点が当てられるようになった。この点につき、杉原高嶺は、次のように述べる。

戦前と戦後の裁判研究を通覧していえることは、戦前の研究では、紛争の解決手続における裁判の制度的位置づけに重点が置かれたのに対し、戦後の研究は、裁判制度（とくに国際司法裁判所制度）の中身の研究、つまり、裁判管轄権や訴訟手続といった、いわば訴訟法の研究に向けられていったことである。[9] 裁判研究が、平和構想や紛争解決体系の全体から切り離され、裁判所そのものの制度に重点を置くようになったとすれば、紛争の裁判可能性という問題も、おのずと、平和構想や紛争解決の仕組みにおける裁判の位置づけという観点ではなく、国際裁判所の管轄権という観点から論じられるようになる。

したがって、戦間期において紛争の性質論（紛争の裁判可能性論）を主要な領域として論じられた動態的国際法論は、武力行使禁止と集団安全保障を中心とする国際連合憲章の平和構想の下では、その中心的な位置を失ったように思われる。とはいえ、平和的な秩序を維持するためには、勢力関係の変動などの現実社会の状況の変化に応じて、法を変更してゆく必要がある、というその根源的な問題関心そのものは、平和構想の変化にもかかわらず、その意義を失っていないだろう。では今日の国際法学は、そのような問題関心を、いずれの領域において表現しているのであろうか。戦間期の関心を引き継ぎ、大国を中心とする政治的機関の活動の中に法の変更を伴う紛争解決を見出そうとする試み[10]は、平和構想としての動態的紛争論の今日的な可能性を示しているのだろうか。あるいは、締約国会議の活動によって法を補充してゆく枠組み条約という新たな制度に、状況に応じて柔軟に法的義務内容を変更する仕組みを見出す考え方[11]は、冷戦後の世界における動態的国際法論の新しい領野を切り拓きつつあるのだろうか。これらの問いは、今後の検討課題として残される。

あとがき

カール・シュミットは、その国際連盟論（一九二四年・二六年）において、連盟を、「現にある占有状態の正当化 die Legitimierung des bestehenden Besitzstandes」の企てとみなした。〈戦争を通じて実力によって事実的に決せられた領域配分を、もはや実力によっては動かせない、法によって保護された「占有」として確定しようとする体制〉という性格を連盟に与えているのである。このような理解は、当時の現実的な法律家にとっては、特異なものではないだろう。そして、かかる認識を出発点とするなら、現実的な法律家が次に目指すのは、「現にある占有」を、実力によらずして動かす法的手続を整備することであろう。事実的な支配状態としての「現にある占有」は、法により保護されているとしても、必ずしも正義と合致するわけではなく、決して不変ではありえない。したがって、占有を動かす手続なくして、占有の保障を維持することは不可能である。

シュミット自身は、そのような占有の変更に不可欠な原理を持たないものとして、連盟を突き放した。しかし、あくまでも国際連盟に期待をかけ、その体制の中で「現にある占有」を平和的に変更する仕組みを作り出そうとした人々もいた。本書は、そのような国際法学者たちについての研究である。また、このような占有の平和的変更を模索する試みの中から、古典的な国際政治学的思考の核心が生成したことを検証しようとするものでもある。その意味では、本書は、国際法学と国際政治学との思想的な関係を、その初発において捉えることを目指している。

そもそも、本書が書かれることとなった直接のきっかけは、『国際政治哲学』（ナカニシヤ出版、二〇一一年）という書物にある。編者のひとりである小田川大典先生より、国際法思想と国際政治思想の関係について書くように依頼を受けた私は、「国際政治哲学を学ぶ人のための国際法思想入門」という副題を付けた小さな章を執筆することとなった。その中で、古典的国際政治学的思考と戦間期国際法学の共通性について、従来から考えていたことを書き記した。幸いにして、この本は多くの読者を得て、私の章についても、何人かの方から好意的な感想をいただいたのだが、そのことがかえって私を後悔させた。重大な内容を、あまりにも簡単に書いてしまったことは明らかであった。そこで、著者としての責任を果たすために、学問的に批判可能な水準で論じ直すべく、本書のもととなる研究を開始したのである。

この本を出版するにあたっては、お世話になった多くの方々に感謝と敬意を表しなければならない。まず本書は、日本の国際法学の特質を形づくってきたひとつの伝統に対するオマージュである。私は、この研究を通じて、祖川武夫先生・田畑茂二郎先生・石本泰雄先生・藤田久一先生・松井芳郎先生・大沼保昭先生・小畑郁先生をはじめとする先人たちが、「法と力」の問題に取り組むことで紡いできた理論的伝統に――「左派リアリズム」とも呼ばれるべき日本国際法学の伝統に――明確な思想史的な位置づけを与えたかったのだ。そして、このような関心は、酒井哲哉先生との、断片的だが私にとっては重要な、意見の交換の中で形成されたことも付言しておきたい。

この研究について、東京大学より博士（法学）の学位を授与していただくにあたっては、中川淳司先生・森肇志先生・寺谷広司先生にお世話になった。審査の過程で、的確で厳しいコメントを下さった石川健治先生と藤原帰一先生にも心から感謝している。

これまでの研究生活の中で、ドイツ公法学について手ほどきをして下さった高田篤先生、折に触れて熱意をこめて激励して下さった石黒一憲先生、私の話を面白がって聞いて下さった長尾龍一先生、後輩の論文への温かいコメントを欠かさず下さった森田章夫先生・山本良先生、私の研究生活の充実のためにご配慮いただいてきた関西大学の佐藤やよひ先生・孝忠延夫先生・小泉良幸先生にも、この場を借りてお礼を申し上げたい。また、研究仲間である齋藤民徒氏・豊田哲也氏・川副令氏・福島涼史氏・加藤陽氏によって示される友情が私の研究にとって何よりの支えとなっていることも、とくに記しておく。

大学の紀要に掲載していた私の論文を読んで、出版を勧めて下さった名古屋大学出版会の橘宗吾氏、細やかな編集の労をとって下さった同出版会の三原大地氏にも、お礼を申し上げる。

学部学生時代からの恩師であり、大学院の指導教官であり、関西大学では同僚として接していただいた故藤田久一先生に出版を報告できないことを本当に残念に思う。もはや苦労話を聞いていただくわけにもいかず、ただ黙して、ご冥福をお祈りするよりほかない。

最後に私事をお許しいただきたい。結婚のとき、最初の書物を妻に献じることを約束した。けれども、怠惰な私は、その約束を半分しか果たせない。

本書は、妻みゆきと、私たちの三人の子どもたちに、捧げられる。

二〇一八年七月

西　平等

《著者略歴》

西《にし》　平《たいら》等

1972年　兵庫県に生まれる
1995年　東京大学法学部卒業
2000年　東京大学大学院法学政治学研究科博士課程単位取得退学
　　　　東京大学社会科学研究所助手などを経て
現　在　関西大学法学部教授，博士（法学）
著　書　『グローバル・ヘルス法』（名古屋大学出版会，2022年）
　　　　『国際立法の最前線』（共著，有信堂，2009年）
　　　　『国際政治哲学』（共著，ナカニシヤ出版，2011年）
　　　　『ウェストファリア史観を脱構築する』（共著，ナカニシヤ出版，2016年）他

法と力

2018年 9月 10日　初版第1刷発行
2023年 1月 20日　初版第2刷発行

定価はカバーに
表示しています

著　者　西　平　等

発行者　西　澤　泰　彦

発行所　一般財団法人　名古屋大学出版会
〒464-0814　名古屋市千種区不老町1 名古屋大学構内
電話(052)781-5027 / FAX(052)781-0697

印刷・製本　亜細亜印刷㈱　ISBN978-4-8158-0919-5

乱丁・落丁はお取替えいたします。

索　引

ア　行

カ　行

サ 行

タ　行

ナ　行

ハ 行

マ 行

ヤ　行

ラ　行

参考文献

引用した学術論文・学術文献に限る。その他の資料については，各引用箇所において注で出典を示してある。

日本語文献

明石欽司「バインケルスフークの国際法理論――『ユース・ゲンティウム』概念と方法を中心として」『国際法外交雑誌』第 97 巻 5 号（1998 年）

――――「『18 世紀』及び『19 世紀』における国際法観念――『勢力均衡』を題材として(1)～(3)」『法学研究（慶應義塾大学）』第 87 巻 6 号～8 号（2014 年）

浅田正彦「安保理決議 1540 と国際立法」『国際問題』No. 547（2005 年）

――――編著『国際法（第 2 版）』（東信堂，2013 年）

飯田洋介「ビスマルクとルクセンブルク問題」『史学研究』第 281 号（2013 年）

位田隆一「『ソフトロー』とは何か（1）（2）」『法学論叢（京都大学）』117 巻 5 号・6 号（1985 年）

大畠英樹「モーゲンソーのナショナル・インタレスト理論」『国際政治』第 20 号（1962 年）

――――「モーゲンソーのナショナル・インタレスト理論の諸問題」『国際政治』第 36 号（1968 年）

――――「現実主義」有賀貞ほか編『国際政治の理論（講座国際政治 1）』（東京大学出版会，1989 年）

大沼邦博「労働者の団結と『営業の自由』――初期団結禁止法の歴史的性格に関連して」『関西大学法学論集』第 38 巻 1 号（1988 年）

大沼保昭『戦争責任論序説――「平和に対する罪」の形成過程におけるイデオロギー性と拘束性』（東京大学出版会，1975 年）

――――編『戦争と平和の法（補正版）――フーゴー・グロティウスにおける戦争，平和，正義』（東信堂，1995 年）

勝本正晃『民法に於ける事情変更の原則』（有斐閣，1926 年）

加藤陽「国際機構の法的拘束力を有する決定による政治的紛争の解決（1）（2）」『法学論叢（京都大学）』第 165 巻 2 号・5 号（2009 年）

川副令「J. L. ブライアリの戦時国際法論――その歴史的位相と思想的立脚点」中川淳司・寺谷広司編『国際法学の地平――歴史・理論・実証』（東信堂，2008 年）

喜多康夫「ハーシュ・ローターパクトの国際法の完全性再考」『帝京法学』第 24 巻 2 号（2006 年）

北村一郎「私法上の契約と『意思自律の原理』」『岩波講座 基本法学 4――契約』（岩波書店，1983 年）

久保敬治『ある法学者の人生――フーゴ・ジンツハイマー』（三省堂，1986 年）

――――『フーゴ・ジンツハイマーとドイツ労働法』（信山社，1998 年）

栗城壽夫『19 世紀ドイツ憲法理論の研究』（信山社，1997 年）

栗原良子「ドイツ革命と『ドイツ工業中央労働共同体』（1）」『法学論叢（京都大学）』第 91 巻 3 号（1972 年）

ケルゼン，ハンス［長尾龍一訳］『ハンス・ケルゼン自伝』（慈学社，2007 年）
小寺彰・岩沢雄司・森田章夫編著『講義国際法』（有斐閣，2004 年）
後藤清『労働協約理論史』（有斐閣，1935 年）
木庭顕『ローマ法案内——現代の法律家のために』（羽鳥書店，2010 年）
酒井啓亘・寺谷広司・西村弓・濵本正太郎『国際法』（有斐閣，2011 年）
坂本尚繁「枠組条約の規範発展の機能——その意義と限界」『国際法研究』第 1 号（2013 年）
篠原梓「慣習国際法の形成における国連総会決議の意義」『国際法外交雑誌』第 88 巻 1 号（1989 年）
篠原初枝『戦争の法から平和の法へ——戦間期のアメリカ国際法学者』（東京大学出版会，2003 年）
柴田明穂「締約国会議における国際法定立活動」『世界法年報』第 25 号（2006 年）
シュトライス，ミヒャエル編［佐々木有司・柳原正治訳］『17・18 世紀の国家思想家たち——帝国公（国）法論・政治学・自然法論』（木鐸社，1995 年）
末川博「雇傭契約発展の史的考察——ギールケ『雇傭契約の起源』に就て」『民法に於ける特殊問題の研究』第 2 巻（弘文堂，1925 年）
杉原高嶺『国際裁判の研究』（有斐閣，1985 年）
————『国際司法裁判所制度』（有斐閣，1996 年）
————「国際裁判の機能的制約論の展開——政治的紛争論の検証」『国際法外交雑誌』第 96 巻 4・5 号合併号（1997 年）
————『国際法学講義』（有斐閣，2008 年）
祖川武夫「国際調停の性格について」『国際法と戦争違法化——その論理構造と歴史性（祖川武夫論文集）』（信山社，2004 年，初出：1944 年）
田岡良一「法律紛争と非法律紛争の区別——ラウターパハト説と其批判（1）（2）」『法学（東北大学）』第 7 巻 6 号・7 号（1938 年）
————『国際法学大綱（上）（下）』（巖松堂書店，1934 年，1939 年）
————『国際法 III』（有斐閣，1959 年）
高田敏「シュタールにおける法治国の概念」『法哲学年報』（1963 年）
高野雄一「外交関係条約と司法的紛争解決条項」高野雄一『国際社会と法』（東信堂，1999 年）［初出：森川俊孝ほか編『紛争の平和的解決と国際法』（北樹出版，1981 年）］
高橋広次『ケルゼン法学の方法と構造（新装版）』（九州大学出版会，1996 年）
高柳先男「H・J・モーゲンソーの国際政治理論——国際政治への〈現実主義〉的アプローチの一類型」『法学新報（中央大学）』第 76 巻 3/4/5 号（1969 年）
立作太郎「法律及び政治的紛争に関して（上）（下）」『国際知識』第 5 巻 7 号・8 号（1925 年）
田畑茂二郎「国際裁判に於ける政治的紛争除外について——その現実的意味の考察」『法学論叢（京都大学）』第 33 巻 5 号（1935 年）
————『国家主権と国際法（法律学体系・第二部・法学理論篇 156）』（日本評論社，1950 年）
————『国際法（第 2 版）』（岩波書店，1966 年）
————『国際法 I（法律学全集 55）（新版）』（有斐閣，1973 年）
————『国際法新講（上）（下）』（東信堂，1990 年，1991 年）
テイラー，A. J. P.［吉田輝夫訳］『第二次世界大戦の起源』（講談社，2011 年）

トゥキュディデス［藤縄謙三訳］『歴史 1』（京都大学学術出版会，2000 年）
長尾龍一『ケルゼン研究 I』（信山社，1999 年）
西平等「ヴァッテルの国際法秩序構想における意思概念の意義」『社会科学研究（東京大学社会科学研究所）』第 53 巻 4 号（2002 年）
――――「ドイツ反実証主義者の知的伝統――祖川武夫国際法学の歴史的位置に関する試論」『関西大学法学論集』第 55 巻 1 号（2005 年）
――――「戦争概念の転換とは何か――20 世紀の欧州国際法理論家たちの戦争と平和の法」『国際法外交雑誌』第 104 巻 4 号（2006 年）
――――「実証主義者ラウターパクト――国際法学説における実証主義の意義の適切な理解のために」坂元茂樹編『国際立法の最前線（藤田久一先生古稀記念）』（有信堂，2009 年）
――――「国際秩序の法的構想――国際政治哲学を学ぶ人のための国際法思想入門」小田川大典・五野井郁夫・高橋良輔編『国際政治哲学』（ナカニシヤ出版，2011 年）
――――「『ポスト・ウェストファリア』の理論家としてのモーゲンソー」山下範久・安高啓朗・芝崎厚士編『ウェストファリア史観を脱構築する――歴史記述として国際関係論』（ナカニシヤ出版，2016 年）
――――「連盟期国際法学における社会法モデル」『世界法年報』第 36 号（2017 年）
西谷敏『ドイツ労働法思想史論――集団的労働法における個人・団体・国家』（日本評論社，1987 年）
ノイマン，フランツ［岡本友孝・小野英祐・加藤栄一訳］『ビヒモス――ナチズムの構造と実際』（みすず書房，1963 年）
原田慶吉『ローマ法（改訂）』（有斐閣，1955 年）
平野義太郎『民法に於けるローマ思想とゲルマン思想』（有斐閣，1924 年）
藤田久一『国際法講義』第 2 巻（東京大学出版会，1994 年）
――――『国連法』（東京大学出版会，1998 年）
――――『国際法講義』第 1 巻［第 2 版］（東京大学出版会，2010 年）
松井芳郎・佐分晴夫・坂元茂樹・小畑郁・松田竹男・田中則夫・岡田泉・薬師寺公夫『国際法（第 5 版）』（有斐閣，2007 年）
三牧聖子『戦争違法化運動の時代――「危機の 20 年」のアメリカ国際関係思想』（名古屋大学出版会，2014 年）
宮崎茂樹「ブルンチュリ」国際法学会編『国際関係法辞典』（三省堂，1995 年）
宮下豊『ハンス・J・モーゲンソーの国際政治思想』（大学教育出版，2012 年）
宮野洋一「国際法学と紛争処理の体系」国際法学会編『紛争の解決（日本と国際法の 100 年第 9 巻）』（三省堂，2001 年）
村上淳一『ゲルマン法史における自由と誠実』（東京大学出版会，1980 年）
村瀬信也「現代国際法における法源論の動揺」『立教法学』第 25 号（1985 年）
メタル，ルドルフ・アラダール［井口大介・原秀男訳］『ハンス・ケルゼン』（成文堂，1971 年）
森肇志『自衛権の基層――国連憲章に至る歴史的展開』（東京大学出版会，2009 年）
安井郁「制限的国際法優位の多元的構成――ヴァルツ学説の研究」安井郁『国際法と弁証法』（法政大学出版局，1970 年）
柳原正治『ヴォルフの国際法理論』（有斐閣，1998 年）

柳原正治・森川幸一・兼原敦子編『プラクティス国際法講義（第2版）』（信山社，2010年）
山内進『新ストア主義の国家哲学――ユストゥス・リプシウスと初期近代ヨーロッパ』（千倉書房，1985年）
山本草二「国際行政法の存立基盤」『国際法外交雑誌』第67巻5号（1969年）
――――「国際環境協力の法的枠組みの特質」『ジュリスト』第1015号（1993年）
――――『国際法（新版）』（有斐閣，1994年）
山本良「国連総会決議の法的効果」『国際法外交雑誌』第88巻1号（1989年）
横田喜三郎『国際判例研究I』（有斐閣，1933年）
――――「法的紛争の概念（1）～(6)」『国際法外交雑誌』第38巻1号～6号（1939年）
我妻栄「資本主義的生産組織に於ける所有権の作用――資本主義と私法の研究への一寄与としてカルネルの所論（1）～(3)」『法学協会雑誌』第45巻3号～5号（1927年）

外国語文献

Andres, I., "Stahl, Friedrich Julius", *herausgegeben von* Michael Stolleis, *Juristen, ein biographisches Lexikon von der Antike bis zum 20. Jahrhundert*, C. H. Beck, 2001
Angermann, Erich, "Mohl, Robert v.", *Neue Deutsche Biographie*, Duncker & Humblot, 1994, Bd. 17
Baker, P. J. Noel, *The Geneva Protocol for the Pacific Settlement of International Disputes*, P. S. King & Son, 1925
Bergbohm, Karl (Carl), *Staatsverträge und Gesetze als Quellen des Völkerrechts*, C. Mattiesen, 1877
――――, *Jurisprudenz und Rechtsphilosophie*, Bd. 1, Duncker Humblot, 1892
Bernstorff, Jochen von, *Der Glaube an das universale Recht, zur Völkerrechtstheorie Hans Kelsens und seiner Schüler*, Nomos, 2001
Bluntschli, Johann Caspar , *Das moderne Völkerrecht der civilisirten Staten*, 2. Aufl., C. H. Beck, 1872
Bourquin, Maurice, "General report on the preparatory memoranda submitted to the General Study Conference in 1935", Maurice Bourquin ed., *Collective Security : A Record of the Seventh and Eighth Studies Conferences*, Paris, 1936
Brierly, James Leslie, *The Outlook for International Law*, The Clarendon Press, 1944
――――, übertragen von Albert Wyler, *Die Zukunft des Völkerrechts*, Europa Verlag, 1947
――――, *Law of Nations*, 4th ed., The Clarendon Press, 1949
――――, "The shortcomings of international law", *The Basis of Obligation in International Law and Other Papers*, The Clarendon Press, 1958 [reprinted 1959]
――――, "The judicial settlement of international disputes", *The Basis of Obligation in International Law and Other Papers*, The Clarendon Press, 1958 [reprinted 1959]
――――, "The essential nature of international disputes", *The Basis of Obligation in International Law and Other Papers*, The Clarendon Press, 1958 [reprinted 1959]
――――, "The advisory opinion of the Permanent Court on the customs régime between Germany and Austria", *The Basis of Obligation in International Law and Other Papers*, The Clarendon Press, 1958 [reprinted 1959]
――――, "The rule of law in international society", *The Basis of Obligation in International Law and Other Papers*, The Clarendon Press, 1958 [reprinted 1959]
――――, "International law : Some conditions of its progress", *The Basis of Obligation in*

International Law and Other Papers, The Clarendon Press, 1958
Brownlie, Ian, *International Law and the Use of Force by States*, Oxford University Press, 1963
———, *Principles of Public International Law*, 6th ed., Oxford University Press, 2003
Bull, Hedley, *The Anarchical Society*, 2nd ed., Columbia University Press, 1995：ブル［臼杵英一訳］『国際社会論――アナーキカル・ソサイエティ』（岩波書店，2000 年）
Carr, Edward Hallett, *The Twenty Years' Crisis 1919-1939*, 2nd ed., MacMillan, 1946：カー［原彬久訳］『危機の二十年――理想と現実』（岩波書店，2011 年）
Castberg, Frede, traduction de M. R. B. Skylstad, "La compétence des tribunaux internationaux", *Revue de droit international et de législation comparée*, troisième série, t. 6, 1925
Conwell-Evans, T. P., *The League Council in Action : A Study of the Methods Employed by the Council of the League of Nations to Prevent War and to Settle International Disputes*, Oxford University Press, 1929
Cot, Jean-Pierre et Alain Pellet, *La Charte des Nations Unies : Commentaire article par article*, Economica, 1991
Degenhardt, Frank, *Zwischen Machtstaat und Völkerbund. Erich Kaufmann (1880-1972)*, Nomos, 2008
Dolzer, Rudolf and Christoph Schreuer, *Principles of International Investment Law*, 2nd ed., Oxford University Press, 2012
Engels, Friedrich, *Die Entwicklung des Sozialismus von der Utopie zur Wissenschaft*, *Karl Marx Friedrich Engels Werke*, Bd. 19, Diez Verlag, 1962：エンゲルス［寺沢恒信・村田陽一訳］「空想から科学への社会主義の発展」『マルクス＝エンゲルス全集』第 19 巻（大月書店，1968 年）
Frei, Christoph, *Hans J. Morgenthau : An Intellectual Biography*, Louisiana State University Press, 2001
Freud, Sigmund, *Vorlesungen zur Einführung in die Psychoanalyse*, *Gesammelte Werke*, 11. Bd., 5. Aufl. 1969, S. Fischer Verlag：フロイト［高田珠樹・新宮一成・須藤訓任・道籏泰三訳］『精神分析入門講義』『フロイト全集』第 15 巻（岩波書店，2012 年）
———, "Jenseits des Lustprinzips", *Gesammelte Werke*, 13. Bd., 6. Aufl. 1969, S. Fischer Verlag：フロイト［須藤訓任訳］「快原理の彼岸」『フロイト全集』第 17 巻（岩波書店，2006 年）
Garner, James W., "The Geneva Protocol for the Pacific Settlement of International Disputes", *The American Journal of International Law*, vol. 19, no. 1, 1925
Gierke, Otto von, *Das deutsche Genossenschaftsrecht*, 1. Bd., Weidmann, 1868
———, *Deutsches Privatrecht*, 1. Bd., Duncker & Humblot, 1895
———, "Die Wurzeln des Dienstvertrages", *Festschrift für Heinrich Brunner zum fünfzigjährigen Doktorjubiläum am 8. April 1914*, Duncker & Humblot, 1914
Gregory, T. E., "The economic bases of revisionism", C. A. W. Manning ed., *Peaceful Change : An International Problem*, Macmillan, 1937
Grotius, Hugo, *De iure belli ac pacis libri tres*, Amsterdam, 1646, James Brown Scott ed., *Classics of International Law*, William S. Hein & Co., 1995
Hall, William Edward, *International Law*, The Clarendon Press, 1880
Haslam, Jonathan, *The Vices of Integrity : E. H. Carr 1892-1982*, Verso, 2000：ハスラム［角田史

幸・川口良・中島理暁訳]『誠実という悪徳——E・H・カー 1892-1982』(現代思潮新社, 2007年)
Heffter, August Wilhelm, *Das Europäische Völkerrecht der Gegenwart*, 2. Ausgabe, E. H. Schroeder, 1848, 5. Ausgabe, E. H. Schroeder, 1867
Hill, David Jayne, "The second assembly of the League of Nations", *American Journal of International Law*, vol. 16, no. 1, 1922
Hobbes, Thomas, *Leviathan*, revised student edition, ed. by Richard Tuck, Cambridge University Press：ホッブズ[水田洋訳]『リヴァイアサン』第1巻第36刷(岩波書店, 2005年)
Huber, Max, "Beiträge zur Kenntnis der soziologischen Grundlagen des Völkerrechts und der Staatengesellschaft", *Jahrbuch des Öffentlichen Rechts*, Bd. 4, 1910
Hudson, Manley O., *The World Court 1921-1931 : A Handbook of the Permanent Court of International Justice*, World Peace Foundation, 1931
————, *The Permanent Court of Justice 1920-1942*, Macmillan, 1942
Jellinek, Georg, *Die rechtliche Natur der Staatenverträge*, Alfred Hödler, 1880
————, *Allgemeine Staatslehre*, 3. Aufl., Max Gehlen, 1966：イェリネク[芦部信喜ほか訳]『一般国家学』(学陽書房, 1974年)
Jones, Charles, *E. H. Carr and International Relations*, Cambridge University Press, 1998
Jütersonke, Oliver, *Morgenthau, Law and Realism*, Cambridge University Press, 2012
Kahn-Freund, Otto, "Hugo Sinzheimer (1875-1914)", herausgegeben von Otto Kahn-Freund und Thilo Ramm, *Arbeitsrecht und Rechtssoziologie : Gesammelte Aufsätze und Reden*, Bd. 2, Otto Brenner Stiftung, 1976
Kaltenborn von Stachau, Carl, *Kritik des Völkerrechts nach dem jetzigen Standpunkte der Wissenschaft*, Gustav Mayer, 1847
Kaufmann, Erich, *Das Wesen des Völkerrechts und die clausula rebus sic stantibus*, J. C. B. Mohr, 1911
————, *Kritik der neukantischen Rechtsphilosophie. Eine Betrachtung über die Beziehungen zwischen Philosophie und Rechtswissenschaft*, Tübingen, 1921
————, "Friedrich Julius Stahl als Rechtsphilosoph des monarchischen Prinzipes", *Gesammelte Schriften*, 3. Bd., Otto Schwartz, 1960
————,"Problem der internationalen Gerichtsbarkeit" (1932), *Erich Kaufmann Gesammelte Schriften*, 3. Bd, Otto Schwartz, 1960
Kelsen, Hans, *Hauptprobleme der Staatsrechtslehre, entwickelt aus der Lehre vom Rechtssatze*, J. C. B. Mohr, 1911
————, *Über Grenzen zwischen juristischer und soziologischer Methode*, J. C. B. Mohr, 1911：ケルゼン[森田寛二訳]「法学的方法と社会学的方法の差異について」『ハンス・ケルゼン著作集IV 法学論』(慈学社, 2009年)
————, *Das Problem der Souveränität und die Theorie des Völkerrechts*, J. C. B. Mohr, 1920
————, *Hauptprobleme der Staatsrechtslehre*, 2. Aufl., J. C. B. Mohr, 1923
————, *Allgemeine Staatslehre*, Julius Springer, 1925：ケルゼン[清宮四郎訳]『一般国家学』(岩波書店, 1971年)
————, *Die philosophischen Grundlagen der Naturrechtslehre und des Rechtspositivismus*, Rolf Heise, 1928：ケルゼン[黒田覚訳]「自然法論と法実証主義の哲学的基礎」『ハンス・ケ

ルゼン著作集 III』（慈学社，2010 年）
———, *Reine Rechtslehre*, Franz Deuticke, 1934：ケルゼン［横田喜三郎訳］『純粋法学』（岩波書店，1935 年）
———, *General Theory of Law and State*, Harvard University Press, 1945：ケルゼン［尾吹善人訳］『法と国家の一般理論』（木鐸社，1991 年）
———, *The Law of the United Nations : A Critical Analysis of Its Fundamental Problem*, Frederick A. Praeger, 1950, reprinted by the Law Book Exchange, 2005
———, *Reine Rechtslehre*, 2. Aufl., Franz Deuticke, 1960：ケルゼン［長尾龍一訳］『純粋法学（第 2 版）』（岩波書店，2014 年）
Khan, Daniel-Erasmus, “Schindler, Dietrich”, *Neue deutsche Biographie*, Bd. 22, 2005
Klüber, Jean Louis, *Droit des gens modern de l'Europe*, tome 1, J. G. Cotta, 1819
Klüber, Johann Ludwig, *Europäisches Völkerrecht*, 2. Ausgabe, Julius Groos, 1847
Köbler, Ralf, *Die „clausula rebus sic stantibus“ als allgemeiner Rechtsgrundsatz*, J. C. B. Mohr, 1991
Korb, Axel-Johannes, *Kelsens Kritiker*, Mohr Siebeck, 2010
Koskenniemi, Martti, *The Gentle Civilizer of Nations : The Rise and Fall of International Law 1870–1960*, Cambridge University Press, 2002
Kunz, Josef, “The problem of revision in international law (“Peaceful Change”)”, *American Journal of International Law*, vol. 33, 1939
Laband, Paul, *Das Staatsrecht des Deutschen Reiches*, 5. neubearb. Aufl. Bd. I, 1911
Lasson, Adolf, *Princip und Zukunft des Völkerrechts*, Wilhelm Hertz, 1871
———, *System der Rechtsphilosophie*, J. Guttentag, 1882
Lauterpacht, Elihu, *The Life of Hersch Lauterpacht*, Cambridge University Press, 2010
Lauterpacht, Hersch, *The Function of Law in the International Community*, The Clarendon Press, 1933
———, “The legal aspect”, C. A. W. Manning ed., *Peaceful Change : An International Problem*, Macmillan, 1937
———, “Brierly's contribution to international law”, Brierly, *The Basis of Obligation in International Law and Other Papers*, The Clarendon Press, 1958 [reprinted 1959]
———, “Restrictive interpretation and the principle of effectiveness in the interpretation of treaties”, *Hersch Lauterpacht Collected Papers*, vol. 4, Cambridge University Press, 2009
———, “The absence of an international legislature and the compulsory jurisdiction of international tribunals”, *Hersch Lauterpacht Collected Papers*, vol. 5, Cambridge University Press, 2009
Le Fur, Louis and de Geouffre de La Pradelle, “The revision of treaties”, Maurice Bourquin ed., *Collective Security : A Record of the Seventh and Eighth Studies Conferences*, Paris, 1936
Liermann, Hans, “Kaufmann, Erich”, *Neue Deutsche Biographie*, Duncker & Humblot, 1977, Bd. 11
Manning, C. A. W., “The elements of collective security”, Maurice Bourquin ed., *Collective Security : A Record of the Seventh and Eighth Studies Conferences*, Paris, 1936
———, ed., *Peaceful Change : An International Problem*, Macmillan, 1937
Martens, Georg Friedrich de, *Précis du droit des gens modern de l'europe*, nouvelle édition, revue, accompagnée des notes de Pinheiro-Ferreira, tome 1, 1858
Meinecke, Friedrich, *Die Idee der Staatsräson in der neueren Geschichte*, R. Oldenbourg Verlag, 1960
Miller, David Hunter, *The Geneva Protocol*, The Macmillan Company, 1925

Mitrany, David, "Peaceful Change and Article 19 of the Covenant", Maurice Bourquin ed., *Collective Security : A Record of the Seventh and Eighth Studies Conferences*, Paris, 1936
Mohl, Robert von, *Die Geschichte und Literatur der Staatswissenschaften*, Bd. 1, Ferdinand Enke, 1855
Morgenthau, Hans, *Die internationale Rechtspflege, ihr Wesen und ihre Grenzen*, Robert Noske, 1929
———, "Stresemann als Schöpfer der deutschen Völkerrechtspolitik", *Die Justiz*, Jg. 5, H. 3, 1929
———, "Theorie des sanctions internationales", *Revue de droit international et de législation comparée*, vol. 16, 1935
———, "Resurrection of Neutrality in Europe", *The American Political Science Review*, vol. 33, no. 3, 1939
———, "Positivism, Functionalism, and International Law", *American Journal of International Law*, vol. 34, 1940
———, *Scientific Man vs. Power Politics*, The University of Chicago Press, 1946, reprinted by Midway Reprint, 1974：モーゲンソー［星野昭吉・高木有訳］『科学的人間と権力政治』（作品社，2018 年）
———, *Politics among Nations*, 1st ed., 4th printing, Alfred A. Knopf, 1950
———, *In Defense of the National Interest*, Alfred A. Knopf, 1951：モーゲンソー［鈴木成高・湯川宏訳］『世界政治と国家理性』（創文社，1954 年）
———, *Dilemmas of Politics*, The University of Chicago Press, 1958
———, *Politics among Nations*, 4th ed., 1967：モーゲンソー［原彬久監訳］『国際政治（上）（中）（下）』（岩波書店，2013 年）
———, "Fragment of an intellectual autobiography : 1904-1932", Kenneth Thompson and Robert J. Myers ed., *Truth and Tragedy : A Tribute to Hans J. Morgenthau*, Transaction Books, 1984
Mosler, Hermann, "Erich Kaufmann zum Gedächtnis", *Zeitschrift für ausländisches öffentliches Recht und Völkerrecht*, vol. 32, 1972
Neumeyer, Karl, *Internationales Verwaltungsrecht*, 4 Bde., J. Schweitzer Verlag（Arthur Sellier）/ Verlag für Recht & Gesellschaft, 1910-1936
Nippold, Otfried, *Der völkerrechtliche Vertrag, seine Stellung im Rechtssystem und seine Bedeutung für das internationale Recht*, K. J. Wyss, 1894
Nussbaum, Arthur, *A Concise History of the Law of Nations*, revised edition, Macmillan, 1954
Nye, Jr., Joseph S., *Understanding International Conflicts*, 5th ed., Pearson Education, 2005
Oppenheim, Lassa, *International Law*, vol. 1, Longmans, Green, and Co., 1905
———, ed. by H. Lauterpacht, *International Law*, vol. 2, 7th ed., Longmans Geeen and Co., 1952
Partsch, Karl Josef, "Der Rechtsberater des Auswärtigen Amtes 1950-1958, Erinnerungsblatt zum 90. Geburtstag von Erich Kaufmann", *Zeitschrift für ausländisches öffentliches Recht und Völkerrecht*, vol. 30, 1970
Pfaff, Leopold, "Die Clausel : Rebus sic stantibus in der Doctrin und der österreichischen Gesetzgebung", *Festschrift zum siebzigsten Geburtstage Sr. Excellenz Dr. Joseph Unger*, J. G. Cotta, 1898
Pfoertner, Helga, *Mit der Geschichte leben*, Bd. 2, Literareon im Herbert Utz Verlag, 2003
Ray, Jean, *Commentaire du pacte de la Société des Nations selon la politique et la jurisprudence des organs de la Société*, Recueil Sirey, 1930
Renner, Karl (Josef Karner), "Die soziale Funktion der Rechtsinstitute", herausgegeben von Max

Adler und Rudolf Hilferding, *Marx-Studien, Blätter zur Theorie und Politik des wissenschaftlichen Sozialismus*, 1. Bd., Bläschke & Ducke, 1904：カルネル［後藤清訳］『法律制度（特に所有権）の社会的機能』（叢文閣，1928 年）

Rennert, Klaus, *Die „geisteswissenschaftliche Richtung“ in der Staatsrechtslehre der Weimarer Republik*, Duncker & Humblot, 1987

Robbins, L. C., “The economics of territorial sovereignty”, C. A. W. Manning ed., *Peaceful Change : An International Problem*, Macmillan, 1937

Rosenau, James N., “National interest”, *International Encyclopedia of the Social Sciences*, vol. 11, 1968

Rutgers, “Memorandum on articles 10, 11, and 16 of the Covenant”, *League of Nations Official Journal*, May 1928

Scheuerman, William E., “Realism and the left : the case of Hans J. Morgenthau”, *Review of International Studies*, vol. 34, 2008

Schindler, Dietrich, “Werdende Rechte : Betrachtungen über Streitigkeiten und Streiterledigung im Völkerrecht und Arbeitsrecht”, *Festgabe für Fritz Fleiner zum 60. Geburtstag*, J. C. B. Mohr, 1927

———, “Contribution à l'étude des facteurs sociologiques et psychologiques de droit international”, *Recueil des cours, Académie de droit international de La Haye*, 1933 IV

———, *Die Schiedsgerichtsbarkeit seit 1914 : Entwicklung und heutiger Stand*, W. Kohlhammer, 1938

Schindler, Dietrich, “Max Huber : His Life”, *The European Journal of International Law*, vol. 18, no. 1, 2007

Schmitt, Carl, *Gesetz und Urteil : Eine Untersuchung zum Problem der Rechtspraxis*, Otto Liebmann, 1912

———, *Der Begriff des Politischen*, 7. Aufl. (5. Nachdruck der Ausgabe von 1963), Duncker & Humblot, 2002：シュミット［田中浩・原田武雄訳］『政治的なものの概念』（未来社，1970 年）

Schuett, Robert, “Freudian roots of political realism : the importance of Sigmund Freud to Hans J. Morgenthau's theory of international power politics”, *History of the Human Sciences*, vol. 20, no. 4, 2007

Sinzheimer, Hugo, *Grundzüge des Arbeitsrechts*, 2. Aufl., Gustav Fischer, 1927：ジンツハイマー［楢崎二郎・蓼沼謙一訳］『労働法原理（第 2 版）』（東京大学出版会，1971 年）

———, “Das Problem des Menschen im Recht (1933)”, herausgegeben von Otto Kahn-Freund und Thilo Ramm, *Arbeitsrecht und Rechtssoziologie : Gesammelte Aufsätze und Reden*, Bd. 2, Otto Brenner Stiftung, 1976

———, *Der korporative Arbeitsnormenvertrag : eine privatrechtliche Untersuchung*, 2. Aufl., Duncker & Humblot, 1977

———, *Arbeitstarifgesetz : Die Idee der sozialen Selbstbestimmung im Recht*, 2. Aufl. (Unveränderter Nachdruck der ersten Auflage von 1916), 1977

Stahl, Friedrich Julius, *Die Philosophie des Rechts*, 3. Aufl., 2. Bd., 1. Ableilung, J. C. B. Mohr, 1854

Stahl, Leo, *Die sogenannte clausula rebus sic stantibus im BGB*, Ph. C. W. Schmidt, 1909

Stammler, Rudorf, *Das Recht der Schuldverhältnisse in seinen allgemeinen Lehren*, Guttentag, 1897

Stintzing, Roderich von und Ernst Landsberg, *Geschichte der deutschen Rechtswissenschaft*, 3. Abteilung 2. Halbband, R. Oldenbourg, 1910

Stolleis, Michael, *Geschichte des öffentlichen Rechts in Deutschland*, 2. Bd., 3. Bd., C. H. Beck, 1992, 1999

————, "Mohl, Robert von", *herausgegeben von* Michael Stolleis, *Juristen, ein biographisches Lexikon von der Antike bis zum 20. Jahrhundert*, C. H. Beck, 2001

Stone, Julius, "*Non liquet* and the function of law in the international community", *British Yearbook of International Law*, vol. 35, 1959

————, *Legal Controls of International Conflict : Treatise on the Dynamics of Disputes- and War-Law*, 2nd impression, Rinehart & Company, 1959

Strisower, Leo, *Der Krieg und die Völkerrechtsordnung*, Manzsche Verlags- und Universitäts-Buchhandlung, 1919

Strupp, Karl, *Legal Machinery for Peaceful Change*, Constable & Co., 1937

Teichmann, "Kaltenborn", *Allgemeine Deutsche Biographie*, 5. Bd., Duncker & Humblot, 1882

Thier, Andreas, "Nippold, Otfried", *Neue Deutsche Biographie*, Duncker & Humblot, 1999, Bd. 19

Treitschke, Heinrich von, herausgegeben von Max Cornicelius, *Politik. Vorlesungen gahalten an der Universität zu Berlin von Heinrich von Treitschke*, 4. Aufl., 2. Bd., Hirzel, 1918

Trendelenburg, Adolf, *Lücken im Völkerrecht*, Hirzel, 1870

Triepel, Heinrich, *Völkerrecht und Landesrecht*, C. L. Hirschfeld, 1899

Tucker, Robert W., "Professor Morgenthau's theory of political 'realism'", *The American Political Science Rreview*, vol. 46, no. 1, 1952

Van Dyke, Vernon, "Values and interests", *The American Political Science Review*, vol. 56, no. 3, 1962

Vattel, Emer de, *Le droit des gens ou principes de la loi naturelle appliqués à la conduite et aux affaires des nations et des souverains*, 1758

————, "Essai sur le fondement du droit naturel et sur le premier principe de l'obligation où se trouvent les homes d'en observer les lois", *in* Vattel, M. P. Pradier-Fodéré ed., *Le droit des gens*, 1863

Verdross, Alfred, *Die Einheit des rechtlichen Weltbildes auf Grundlage der Völkerrechtsverfassung*, J. C. B. Mohr, 1923

————, "Règles générales du droit international de la paix", *Recueil des cours, Académie de droit international de La Haye*, 1929-V

————, "Plan for the organization of peace : observation on the French proposals of November 14th, 1932", Maurice Bourquin ed., *Collective Security : A Record of the Seventh and Eighth Studies Conferences*, Paris, 1936

Waldhoff, Christian, "Neumeyer, Karl", *Neue Deutsche Biographie*, Bd. 19, 1998

Walz, Gustav Adolf, *Wesen des Völkerrechts und Kritik der Völkerrechtsleugner*, W. Kohlhammer, 1930

Webster, Andrew, " 'Absolutely irresponsible amateurs' : The Temporary Mixed Commission on Armaments, 1921-1924", *Australian Journal of Politics and History*, vol. 54, no. 3, 2008

Wehberg, Hans, "Restrictive Clauses in International Arbitration Treaties," *American Journal of International Law*, vol. 7, 1913

———, “Le Protocol de Genève”, *Recueil des cours*, 1925-II, Librairie Hachette

Wheaton, Henry, *Elements of International Law*, Carey, Lea & Blanchard, 1836

Wieacker, Franz, *Privatrechtsgeschichte der Neuzeit unter besonderer Berücksichtigung der deutschen Entwicklung*, 2. Aufl., Vandenhoeck u. Ruprecht, 1996

Wight, Martin, *International Theory, the Three Traditions*, Holmes & Meier, 1992

Wilhelm, Walter, *Zur juristischen Methodenlehre im 19. Jahrhundert : Die Herkunft der Methode Paul Labands aus der Privatrechtswissenschaft*, Vittorio Klostermann, 1958

Williams, Bruce, *State Security and the League of Nations*, The Johns Hopkins Press, 1927

Williams, John Fischer, *Chapters on Current Law and League of Nations*, Longmans, Green & Co., 1929

———, “Justiciable and other disputes”, *American Journal of International Law*, vol. 26, 1932

注

序　章

（１）Arthur Nussbaum, *A Concise History of the Law of Nations*, revised ed., Macmillan, 1954, p. 135. ヌスバウムは，17 世紀後半から 18 世紀にかけての国際法学説を，哲学的思惟に依拠する「自然法論者 naturalists」と，条約と慣習を重視する「（前期・後期）実証主義者 positivists」に区別して叙述し（pp. 147-185），19 世紀については，オースティン John Austin の法＝主権者命令説や，イェリネック Georg Jellinek の自己拘束説，トリーペル Heinrich Triepel の共同意思定立 Vereinbarung 説をおもに取り上げつつ，「実証主義の最盛期 the great era of positivism」と位置づけている（pp. 232-236)。

日本における国際法史研究に大きな影響を残した田畑茂二郎が，自然法論における「法内容的」主権概念と 19 世紀における絶対的主権概念を対照した際にも，自然法論と実証主義との対比がその下敷きとなっている。田畑によれば，18 世紀までの自然法論における主権概念が，国際法による拘束を前提としていたのに対し，ヘーゲルの影響の下に成立した 19 世紀ドイツ公法学の下で，イェリネックらによって，「自己の意思に基づかずしては一般に他の拘束を受けない」とする絶対的な国家主権概念が形成された，という（田畑茂二郎『国家主権と国際法（法律学体系・第二部・法学理論篇 156)』（日本評論社，1950 年）32，38，50 頁)。この議論は，田畑茂二郎『国際法新講（上)』（東信堂，1990 年）100 頁に受け継がれている。

日本の国際法思想史研究において，自然法論と実証主義という対抗軸にきわめて重要な位置が与えられてきた。例えば，大沼保昭は，そのグロティウス研究の意義について次のように述べる。「……法実証主義は，実定法を批判する高次の基準を否定する以上，対象に埋没せざるをえず，当該法秩序の総体に対する批判の視点をもちえないため，その法秩序に奉仕するトータルなイデオロギー性を帯びる傾向が強い。そこに実証主義批判としての自然法復活の道が開かれる。しかし，実証主義を批判するには，単なる回帰で不十分なことはあきらかである。われわれがグロティウスを批判的に読むことのひとつの意義は，まさにこの視点からする思想史の再検討にある」（大沼保昭編『戦争と平和の法〔補正版〕』（東信堂，1995 年）81 頁)。実定法の記述を志向する実証主義に対する批判的関心から自然法思想の意義を探索するという姿勢は，日本の代表的な国際法思想史研究に共通してみられる。柳原正治『ヴォルフの国際法理論』（有斐閣，1998 年）は，従来の国際法研究が，「現に存する諸制度を，その背景にある思想をまったく考慮せずに無批判に受容し記述していく」という「実証主義」に支配されてきたという認識の下で，「国際法理論がどこまで現実批判，現状変革の思想に貫かれ，現実に対する歯止めとしての役割を果たし得るのかを見極めること」を主要な関心として掲げる（4 頁)。そのような関心の下で，柳原は，ヴォルフの意思国際法概念を詳細に検討し，それが，「実定法的側面」と「自然法的側面」の「微妙なバランスの上に成り立つ法として構想されていた」ことを明らかにしている（163 頁)。明石欽司のバインケルスフーク研究においても，従来，実証主義者とされてきたバインケルスフークが，実際には「理性」の要素を重視し

ていることが強調される（明石欽司「バインケルスフークの国際法理論——『ユース・ゲンティウム』概念と方法を中心として」『国際法外交雑誌』第 97 巻 5 号（1998 年）1-28 頁）。

（2）田畑茂二郎『国際法（第 2 版）』（岩波書店，1966 年）360-361 頁。

（3）同上 363-364 頁。

（4）同上 379-380 頁。

（5）小寺彰・岩沢雄司・森田章夫編著『講義国際法』（有斐閣，2004 年）436-439 頁；松井芳郎・佐分晴夫・坂元茂樹・小畑郁・松田竹男・田中則夫・岡田泉・薬師寺公夫『国際法（第 5 版）』（有斐閣，2007 年）283-287 頁；杉原高嶺『国際法学講義』（有斐閣，2008 年）29-32 頁；柳原正治・森川幸一・兼原敦子『プラクティス国際法講義（第 2 版）』（信山社，2010 年）368-371 頁；酒井啓亘・寺谷広司・西村弓・濵本正太郎『国際法』（有斐閣，2011 年）508-515 頁；浅田正彦編著『国際法（第 2 版）』（東信堂，2013 年）408-414 頁。

（6）西平等「戦争概念の転換とは何か——20 世紀の欧州国際法理論家たちの戦争と平和の法」『国際法外交雑誌』第 104 巻 4 号（2006 年）81-89 頁。

（7）第 4 章 1 節（2）。

（8）立作太郎「法律及び政治的紛争に関して（上）（下）」『国際知識』第 5 巻 7 号・8 号（1925 年）；田畑茂二郎「国際裁判に於ける政治的紛争除外について——その現実的意味の考察」『法学論叢（京都大学）』第 33 巻 5 号（1935 年）；田岡良一「法律紛争と非法律紛争の区別——ラウターパハト説と其批判（1）（2）」『法学（東北大学）』第 7 巻 6 号・7 号（1938 年）；横田喜三郎「法的紛争の概念（1）～（6）」『国際法外交雑誌』第 38 巻 1 号～6 号（1939 年）；祖川武夫「国際調停の性格について」『国際法と戦争違法化——その論理構造と歴史性（祖川武夫論文集）』（信山社，2004 年，初出：1944 年）。

（9）西平等「実証主義者ラウターパクト——国際法学説における実証主義の意義の適切な理解のために」坂元茂樹編『国際立法の最前線（藤田久一先生古稀記念）』（有信堂，2009 年）84-90 頁。

（10）第 3 章 6 節（2）参照。

（11）第 4 章 2 節参照。

（12）「反実証主義者 Antipositivisten」の一員としてのエリヒ・カウフマンの位置づけについて，Michael Stolleis, *Geschichte des öffentlichen Rechts in Deutschland*, 3. Bd., C. H. Beck, 1999, pp. 175-176 を参照。モーゲンソーが「反実証主義者」であった点について，西，前掲論文（注 9）76-84 頁を参照。

（13）Franz Wieacker, *Privatrechtsgeschichte der Neuzeit unter besonderer Berücksichtigung der deutschen Entwicklung*, 2. Aufl., 1996, p. 433.

（14）*Ibid*., p. 436.

（15）Walter Wilhelm, *Zur juristischen Methodenlehre im 19. Jahrhundert : Die Herkunft der Methode Paul Labands aus der Privatrechtswissenschaft*, Vittorio Klostermann, 1958, p. 135 ; Michael Stolleis, *Geschichte des öffentlichen Rechts in Deutschland*, 2. Bd., C. H. Beck, 1992, pp. 331-344；栗城壽夫『19 世紀ドイツ憲法理論の研究』（信山社，1997 年）479-482 頁，507-515 頁。

（16）Hans Kelsen, *Über Grenzen zwischen juristischer und soziologischer Methode*, J. C. B. Mohr, 1911, pp. 1-15；ケルゼン［森田寛二訳］「法学的方法と社会学的方法の差異について」

『ハンス・ケルゼン著作集 IV 法学論』(慈学社，2009 年) 14-22 頁。

(17) ただし，現実的な諸関係との適合性をかなりの程度まで失った法規範がその妥当性を否定される，というきわめて限定的な意味では法律学の対象となる (Hans Kelsen, *Reine Rechtslehre*, Franz Deuticke, 1934, p. 80；ケルゼン［横田喜三郎訳］『純粋法学』(岩波書店，1935 年) 111-112 頁)。

(18) *Ibid.*, pp. 80-81. (邦訳 112-113 頁)

(19) 第 4 章 1 節 (1) (ii) 参照。

(20) 大沼保昭『戦争責任論序説』(東京大学出版会，1975 年)；篠原初枝『戦争の法から平和の法へ』(東京大学出版会，2003 年)；森肇志『自衛権の基層』(東京大学出版会，2009 年)；三牧聖子『戦争違法化運動の時代』(名古屋大学出版会，2014 年)。

(21) 第 4 章 1 節 (2) および 2 節 (2) 参照。

(22) 第 4 章 2 節 (1) 参照。

(23) 第 4 章 2 節 (2)，5 節 (3)，第 5 章 3 節 (4) 参照。

(24) Christoph Frei, *Hans J. Morgenthau : An Intellectual Biography*, Louisiana State University Press, 2001, pp. 115-120.

(25) Martti Koskenniemi, *The Gentle Civilizer of Nations : The Rise and Fall of International Law 1870-1960*, Cambridge University Press, 2002, pp. 459-465.

(26) Oliver Jütersonke, *Morgenthau, Law and Realism*, Cambridge University Press, 2012, pp. 37-74.

(27) 宮下豊『ハンス・J・モーゲンソーの国際政治思想』(大学教育出版，2012 年) 22-34 頁。

(28)「それは，国家主権の概念の論理的な帰結であり，そのような概念は，……実証主義国際法において表現されてきた」(Jütersonke, *op. cit.* n. 26, p. 46)。

(29) 杉原高嶺『国際裁判の研究』(有斐閣，1985 年) 203 頁。

第 1 章　国際政治学的思考の特質

(1) Edward Hallett Carr, *The Twenty Years' Crisis 1919-1939*, 2nd ed., MacMillan, 1946, pp. 63-65；カー［原彬久訳］『危機の二十年』(岩波書店，2011 年) 134-138 頁。

(2) Hedley Bull, *The Anarchical Society*, 2nd ed., Columbia University Press, 1995, pp. 23-26；ブル［臼杵英一訳］『国際社会論』(岩波書店，2000 年) 32-35 頁。

(3) Hans Morgenthau, *Dilemmas of Politics*, The University of Chicago Press, 1958, pp. 54-55.

(4) Carr, *op. cit.* n. 1.

(5)「リアリズム」を軸とする国際秩序思想の類型化が，国際政治学の体系の顕著な特徴と言ってもよいだろう。例えば，「リアリスト (ホッブズ) 的伝統」「普遍主義 (カント) 的伝統」「国際主義 (グロティウス) 的伝統」(Bull, *op. cit.* n. 2)，「リアリスト」「合理主義」「革命主義」(Martin Wight, *International Theory, the Three Traditions*, Holmes & Meier, 1992)，「リアリスト」「リベラル」「コンストラクティヴィスト」(Joseph S. Nye, Jr., *Understanding International Conflicts*, 5th ed., Pearson Education, 2005) など。

(6) Hans Morgenthau, *Die internationale Rechtspflege, ihr Wesen und ihre Grenzen*, Robert Noske, 1929.

(7) 法理論的観点から見れば，この書物の趣旨は，法を欠缺のない体系として構成することによってすべての紛争に法的解決を与えようとするラーバント Paul Laband の法律学的

方法（ドイツ法実証主義）への批判である。参照：西平等「実証主義者ラウターパクト——国際法学説における実証主義の意義の適切な理解のために」坂元茂樹編『国際立法の最前線』（有信堂，2009 年）75–84 頁。

（8）Carr, *op. cit.* n. 1, chap. 12, 13.（邦訳第 12 章・13 章）

（9）Morgenthau, *op. cit.* n. 3, p. 54.

（10）Hans Morgenthau, *Politics among Nations*, 4th ed., 1967, p. 5.

（11）本章 2 節参照。なお，モーゲンソーにおける「力」と「利益」の関係に関する詳細な検討は，第 4 章 4 節で行う。

（12）大畠英樹「モーゲンソーのナショナル・インタレスト理論」『国際政治』第 20 号（1962 年）104 頁；同「現実主義」有賀貞ほか編『国際政治の理論（講座国際政治 1）』（東京大学出版会，1989 年）176–177 頁。

（13）Morgenthau, *op. cit.* n. 3, pp. 65–66.

（14）*Ibid.*, p. 66.

（15）*Ibid.*

（16）*Ibid.*, p. 69.

（17）Emer de Vattel, *Le droit des gens ou principes de la loi naturelle appliqués à la conduite et aux affaires des nations et des souverains*, 1758.

（18）本書で展開されるヴァッテル解釈について，詳細は，西平等「ヴァッテルの国際法秩序構想における意思概念の意義」『社会科学研究』第 53 巻 4 号（2002 年）171–214 頁を参照のこと。

（19）Vattel, “Essai sur le fondement du droit naturel et sur le premier principe de l’obligation où se trouvent les homes d’en observer les lois”, *in* Vattel, M. P. Pradier-Fodéré ed., *Le droit des gens*, 1863, §20（以下，引用文中の［　］は引用者による補足である）.

（20）*Ibid.*, §21.

（21）*Ibid.*

（22）「自然法とは，単に人として考察されるところの，人の義務に関する一般的な理論であり，言い換えれば，人にとって本性的に何が善であり何が悪であるか，人は何を為すべきで，何を為すべきでないかを教える学知 science である」（*ibid.*, §3）。

（23）「自然法の基礎とは，自然法の規則や命令を引き出す源泉であり，それらの規則や命令がなぜそのようなものであるということの根拠となるものがそこに見出されるところの原理であると理解するなら，その基礎は，人および事物一般の本質と本性においてのみ，探求することができる」（*ibid.*, §6）。

（24）*Ibid.*, §23.

（25）「各個人は，自己自身の効用を，一般的・始発的な動機 le motif general et premier とする。その動機は，個人が受け取る義務を生じせしめる。それは，個人の決定に関する不断の原理であり，その原理に反する行動を個人にとらせることができると言い張るとしたら，それは愚かであろう。しかし，社会は個人にとって有益かつ必要であり，かかる社会は，その構成員全員によって遵守される法規あるいは一般的規則なくしては存続できないゆえに，個人は，自己の効用の観点から，それらの規則を遵守する義務を負う」（*ibid.*, §24）。

（26）Vattel, *op. cit.* n. 17, Préliminaires, §4.

（27）*Ibid.*, liv. 1, chap. 2, §14–15.

(28)「人間にふさわしい生活をおくるためには，人間は，その同類からの援助を絶対に必要とする。そのように［自然は］人間を作った」（*ibid*., Préface, xviii）。

(29) *Ibid*., Préliminaires, §10.

(30) *Ibid*., Préliminaires, §13.

(31) *Ibid*., Préliminaires, §16.

(32) 詳細は，西，前掲論文（注 18）190–196 頁を参照。

(33) Vattel, *op. cit*. n. 17, liv. 2, chap. 9, §116–119.

(34) *Ibid*., Préliminaires, §4–5.

(35) *Ibid*., liv. 2, chap. 9, §120.

(36) *Ibid*., liv. 1, chap. 2, §17.

(37) *Ibid*., liv. 1, chap. 2, §14–15.

(38) 同盟や外交や国際法，国際組織などについての各論的記述の中では，「国益」という概念を用いた説明がなされるが，国際政治の一般原理としては，もっぱら「力」という概念が用いられている。

(39) Hans Morgenthau, *Politics among Nations*, 1st ed., 4th printing, Alfred A. Knopf, 1950, p. 13.

(40) *Ibid*., pp. 21–22.

(41) *Ibid*., p. 125.

(42) *Ibid*., p. 126.

(43) *Ibid*., p. 161.

(44) Vattel, *op. cit*. n. 17, liv. 3, chap. 3, §47. なお，18 世紀・19 世紀の古典的国際法学において勢力均衡論が広く論じられていたことは，すでに明石欽司が明らかにしている（明石欽司「『18 世紀』及び『19 世紀』における国際法観念――『勢力均衡』を題材として (1)～(3)」『法学研究（慶應義塾大学）』第 87 巻 6 号～8 号（2014 年））。そこでは，勢力均衡の意義を肯定するものから否定するものまで，多数の議論が簡潔に紹介され，分類される。ここでは，勢力均衡を基本原理とみなす秩序思考がすでに古典的国際法学においても存在していたことを示すのが目的であるから，勢力均衡肯定論に的を絞って紹介する。

(45)「近代国家システムの安定性への信頼は，……勢力均衡からではなく，勢力均衡と近代国家システムのいずれもが依拠するところの，知的で道義的性質を持った数々の要素から引き出される」（Morgenthau, *op. cit*. n. 39, pp. 162–163）。「勢力均衡が，対立する諸力の力学的な相互作用を通じて，諸国家の力の渇望に制限を課す前提として，競合する諸国家は，まず，勢力均衡のシステムを，その努力の共通の枠組みとして受け入れることによって，自らに制約を課さなければならなかった。諸国家は，二つの天秤皿における重量の配分の変更をいかに強く渇望したとしても，いわば黙契によって，争いの結果がどうであれ，そののちにも，二つの天秤皿が存続し続けること（いわば勢力均衡それ自体の『現状維持』）に同意しなければならなかったのである」（*ibid*., p. 164）。

(46) Vattel, *op. cit*. n. 17, liv. 3, chap. 3, §48.

(47) *Ibid*., liv. 3, chap. 3, §49.

(48) *Ibid*., liv. 3, chap. 3, §46. 他国が強大化してゆくことを無策のまま傍観することについて，ヴァッテルは，「そのような熟慮を欠いた無頓着な態度 l'imprudente nonchalance は，このような重大な問題については，許されるものではない」と言う。

(49) August Wilhelm Heffter, *Das Europäische Völkerrecht der Gegenwart*, 2. Ausgabe, E. H.

Schroeder, 1848, p. 7.

(50) Vattel, *op. cit.* n. 17, liv. 3, chap. 3, §42.

(51) *Ibid.*, liv. 3, chap. 3, §43.

(52) *Ibid.*, liv. 3, chap. 3, §44.

(53) *Ibid.*, liv. 3, chap. 3, §42.

(54) *Ibid.*

(55) 例えば，強大化する国家が，野心や支配欲求を示すなら，即座に他国はその国家に安全の保証を求めることができ，それが拒否されれば，武力に訴えてよい（*ibid.*, liv. 3, chap. 3, §44）。

(56) *Ibid.*

(57)「もし，そのような圧倒的な力を持つ国家が，ごく些細な不正を他国に対して行うことによって，不正で野心的な性向を現すなら，すべての国家はその機会を利用することができる。すなわち，被害国と連合することによって武力を糾合し，そうすることで，野心ある者を抑え込んで，たやすく隣国を抑圧することや，隣国を常に怯えさせることのないようにするのである」（*ibid.*, liv. 3, chap. 3, §45）。

(58) *Ibid.*

(59) 明石，前掲論文（2）（注 44）2-6 頁。明石によれば，グロティウスやプーフェンドルフ，ヴォルフは，ヴァッテルと同じく，この問いに否定的に答えている。

(60) Georg Friedrich de Martens, *Précis du droit des gens modern de l'europe*, nouvelle édition, revue, accompagnée des notes de Pinheiro-Ferreira, tome 1, 1858, liv. IV, chap. 1, Des droits des nations relatifs au maintien de leur sûreté et de leur indépendance.

(61) *Ibid.*, liv. IV, chap. 1, §117.

(62) *Ibid.*, liv. IV, chap. 1, §119.

(63) *Ibid.*, liv. IV, chap. 1, §120.

(64) *Ibid.*

(65) *Ibid.*, §121.

(66)「[勢力均衡 équilibre politique は，] 純粋に外交的もしくは政治的な観念であり，非常に漠然としていて，単に，打算的な感覚に根拠づけられているにすぎない。したがって，そこには，国際法の法源としての本質的な特質が欠けている」（J. L. Klüber, *Droit des gens modern de l'Europe*, tome 1, J. G. Cotta, 1819, §5）。

(67) *Ibid.*, §42.

(68)「『支配や勢力拡大，優位性，普遍君主国を目的とする，あらゆる他国の不正な行いに対抗する権利を，各国は有している』と，クリューバー氏は認めている。ところが，他国の振る舞いが正当であるか不正であるかという問題について，国家が自らの見識に従う権利を否定できない。したがって，ある国家が，勢力均衡を維持するためにそのような勢力拡大に対抗することに利益を見出す場合には，その国が対抗せねばならないと考えているところの国家の振る舞いが不正であると容易に確信するであろうということは，想像に難くない。そう考えるなら，クリューバー氏と私の見解の相違は，実践というよりもむしろ理論におけるものである」（Martens, *op. cit.* n. 60, §121, note (b)）。

(69) Bull, *op. cit.* n. 2, p. 104.（邦訳 135-136 頁）

(70) Morgenthau, *op. cit.* n. 39, p. 22.

(71) *Ibid.*, p. 34.

(72) モーゲンソーは，国際関係における権力闘争の基本的な発現形態として，「現状維持策」と「帝国主義政策」のほか，「威信政策 policy of prestige」を挙げている。しかし，「地位の誇示 prestige は，力の維持や獲得とは異なり，めったにそれ自体が目的となることはない。むしろ，威信政策は，現状維持政策や帝国主義政策がその目的を達成するために用いる手段のひとつであることがしばしばである」(*ibid*., p. 50)。すなわち，威信政策は，国際政治における独立の政策目的というよりは，現状維持政策と帝国主義政策との対立において用いられる手段としての政策であり，その意味では，二次的な性格を持つ。

(73)「status quo を支持する諸国家と，それに反対する諸国家とに，このように区別することは，第一次世界大戦後の時期に特有のものでは決してない。周知のように，それは，国際政治の基本的なパターンである。そのようなものとして，歴史のすべての時期において，この区別は繰り返されている。現状維持諸国と帝国主義諸国とのあいだの敵対を通じて，それは，歴史過程のダイナミクスを提供する。この敵対は，妥協もしくは戦争によって解消される」(*ibid*., p. 332)。

(74) *Ibid*., p. 342.

(75) Morgenthau, *op. cit*. n. 3, p. 52.

(76) *Ibid*., p. 52.

(77) Carr, *op. cit*. n. 1, p. 79.（邦訳 165 頁）外国語原書からの引用は，著者の翻訳によるが，適宜，従来の翻訳を参照させていただいた（以下同じ。従来の翻訳を引用する場合には，原書を示さず，当該翻訳書のみを明記する)。

(78) *Ibid*., pp. 80–81.（邦訳 166–168 頁）

(79) *Ibid*., pp. 81–82.（邦訳 168–169 頁）

(80) *Ibid*., pp. 82–83.（邦訳 169–171 頁）

(81) *Ibid*., pp. 86.（邦訳 176 頁）

(82) *Ibid*., p. 178.（邦訳 342 頁）

(83) *Ibid*., p. 179.（邦訳 344 頁）

(84) *Ibid*.（邦訳 343 頁）

(85) Morgenthau, *op. cit*. n. 39, p. 342.

(86) Carr, *op. cit*. n. 1, pp. 179–180.（邦訳 345 頁）

(87) ただし，単純化したモデルであるため，動態的に勢力関係を把握する思考が，実際のモーゲンソーらの主張よりも誇張されることとなる点には注意してほしい。

(88) このことは，モーゲンソーにおいては，おもに，国際裁判の限界の問題として論じられている。「裁判は，現行法に基づいて紛争に決定を下す。現行法は，原告と被告にとっての共通の基盤を提供する。双方とも，現行法が彼らの申し立てを支持し，現行法が彼らの味方であると主張する。そして，双方が，裁判所に，その現行法に基づいて事件を裁くことを求める。事実に関する問題を別とすれば，原告と被告が裁判所に判断を求めるところの紛争は，それぞれの請求について現行法が持つ意義に関わっており，ただ，それが原告と被告によって異なるやり方で解釈されているのである。［改行省略］国際裁判所であれ，国内裁判所であれ，およそ裁判所が取り扱わなければならない基本的問題とは，そのようなものである。国際裁判所が現実に処理すべき事件のほとんどすべては，そのような性質を持つ。しかし，死活的な紛争において国家が国家に対して提示し，それゆえ，戦争の危険を伴う問題は，そのようなものではない。適切にも『政治的』と呼

ばれ，すべての主要な戦争を引き起こすような国際紛争において，賭けられているのは，何が法であるか，ではなく，何が法であるべきか，なのである。ここにおける問題は，双方から（少なくとも訴訟という目的の範囲で）正当と認められた現行法の解釈ではなく，変更要求の前に立たされている現行法の正当性なのである」（Morgenthau, *op. cit.* n. 39, p. 342）。

(89) 現状 status quo の保持を図る政策のイデオロギーとして，「恒久平和」や「国際法」が用いられ，その変更を図る政策のイデオロギーとして，「正義の要請に対応する高次の法」が援用されることについて，*ibid.*, pp. 63-65 を参照。

(90) 共通の勢力均衡システムを受け入れるという「道義的なコンセンサス moral consensus」が，勢力配分の変更を求める「帝国主義」の権力欲求を制限し，勢力均衡による安定的な秩序を可能とする，とモーゲンソーは述べている（*ibid.*, pp. 164-165）。「そのようなコンセンサスがもはや存在しないところ，あるいは，それが弱まって確信が持てなくなったところでは，……勢力均衡は，国際的な安定と諸国の独立を維持するという，その機能を果たすことができない」（p. 165）。

(91)「status quo を維持することが，言葉の正しい意味における勢力均衡に固有の傾向である」（*ibid.*, p. 158）。

(92) モーゲンソーは，勢力均衡のイデオロギー的性格について強調している。勢力均衡は，現状を維持しようとする勢力，およびそれを変更しようとする勢力のいずれの側からも，イデオロギーとして主張されるという（*ibid.*, p. 67, pp. 157-159）。

(93) Carr, *op. cit.* n. 1, p. 42.（邦訳 97-98 頁）

(94) 西平等「国際秩序の法的構想――国際政治哲学を学ぶ人のための国際法思想入門」小田川大典・五野井郁夫・高橋良輔編『国際政治哲学』（ナカニシヤ出版，2011 年）276 頁。

(95) Morgenthau, *op. cit.* n. 39, p. 131.

(96) *Ibid.*, chapter XII.

第 2 章　国際法懐疑論によって提起された問題

(1) Adolf Lasson, *Princip und Zukunft des Völkerrechts*, Wilhelm Hertz, 1871, p. 55.

(2) 田畑茂二郎『国際法と国家主権』（日本評論社，1950 年）39-40 頁。

(3) Michael Stolleis, *Geschichte des öffentlichen Rechts in Deutschland*, 2. Bd., C. H. Beck, 1992, p. 133, p. 424.

(4) ただし，いわゆる「ラッソン版」ヘーゲル全集で著名なゲオルク・ラッソン Georg Lasson の父として，その名を知る人もいるだろう。

(5) 田畑茂二郎は，国際法学における国家主権概念の系譜を扱った著作『国家主権と国際法（法律学体系・第二部・法学理論編 156）』（日本評論社，1950 年）において，「国家の絶対主権の観念」に基づいて国際法の法的性質を否定した論者のうちの「最も顕著な例」として，ラッソンを挙げている。田畑によれば，「ネオ・ヘーゲリアン」であるラッソンは，「ヘーゲルに従って，国家の普遍的な性格を強調し，国家をもって，客観的精神の具現したもの，その意味で，自己目的として規定するのであるが，この立場から，ハッキリと国際法が法として認められないことを主張する」（39 頁）。ラッソンの構想において，自己目的である国家は法秩序の下に服することはなく，ただ力のみが国家間関係を決する，ということを田畑は強調している（40 頁）。このラッソン理解は，田畑茂二郎

『国際法』(第 2 版，岩波書店，1966 年，190 頁）や同『国際法 I（法律学全集 55)』(新版，有斐閣，1973 年，316 頁および 317 頁注 8）でも踏襲され，〈ヘーゲルの影響の下に絶対的国家主権概念がドイツ公法学（国際法学）に導入された〉という命題の根拠とされる。

(6) Alfred Verdross, *Die Einheit des rechtlichen Weltbildes auf Grundlage der Völkerrechtsverfassung*, J. C. B. Mohr, 1923, p. 8, n. 3.

(7) Hans Kelsen, *Das Probrem der Souveränität und die Theorie des Völkerrechts*, J. C. B. Mohr, 1920, pp. 196–202.

(8) ヴァルツは，国家社会主義に共鳴し，『国際法秩序と国家社会主義』(*Völkerrechtsordnung und Nationalsozialismus*, Eher, 1942）など，体制を支持する書物を多数あらわした (Michael Stolleis, *Geschichte des öffentlichen Rechts in Deutschland*, 3. Bd., C. H. Beck, 1999, pp. 262–263)。

(9) ヴァルツは，国際法と国内法の関係についての大著（*Völkerrecht und Staatliches Recht*, W. Kohlhammer, 1933）を著しており，それについて安井郁が紹介論文を執筆している (「制限的国際法優位の多元的構成――ヴァルツ学説の研究」安井郁『国際法と弁証法』(法政大学出版局，1970 年）190–263 頁所収，初出は 1934–35 年)。

(10) Gustav Adolf Walz, *Wesen des Völkerrechts und Kritik der Völkerrechtsleugner*, W. Kohlhammer, 1930.

(11) *Ibid*., p. 33.

(12) *Ibid*.

(13) *Ibid*., p. 35.

(14) Adolf Lasson, *System der Rechtsphilosophie*, J. Guttentag, 1882, pp. 394–395.

(15) *Ibid*., p. 395.

(16)「国際法否定論者は，決して，国際法として主張されるところの規範的な諸事象の存在を否定しているわけではなく，ただ，その規範集合の法的性格を否定しているだけである」(Walz, *op. cit*. n. 10, p. 5)。

(17) *Ibid*., p. 34.

(18)「国家は法人であり，個的生命を有する人格ではない。したがって，国家に対して倫理的な要請をなすのは不可能である。国家は，愛を示すことも，厚情を表することも，己を虚しゅうすることも，自己を犠牲とすることもできない。国家は，最も高貴な目的に鑑みて行動をとるのではなく，つねに，ただ，自己自身という限られた目的のみを顧慮して，すなわち，自己の利益のみを顧慮して，行動をとることができる。……国家の自己欲求に適合しないはずの事柄を，倫理的な事柄と勘違いして，それを［国家指導者に対して］要求するなら，非倫理的行為，すなわち，信託された利益を裏切るという背信行為を，国家指導者に要求することになる」(Lasson, *op. cit*. n. 1, pp. 21–22)。「自己保存と内的発展の自然的な諸条件を確保するために，何が国家にとって役に立ち，何を国家が必要とするか，ということを判断できるのは，外国の了解 fremder Verstand ではなく，その国家自身だけである。……国家が，このような自己保存と内的自由の諸条件を，ただ他国の犠牲の上にのみ獲得しうるというとき，いかなるためらいも配慮も無用である」(*ibid*., p. 24)。

(19)「人類は自由であるべく定められている。したがって，さまざまに異なる諸民族を，同一の法規の下に服せしめることは，非理性的である」(*ibid*., p. 9)。「［主権的人格として］

規定された国民の法秩序として，国家は，その外部に存する意思や法規から完全に独立している。さもなければ，民族は，その個性に即した方向に発展し，自己の内的本質に適する法秩序を保持する可能性を，削がれてしまうだろう。つまり，そのとき，国民は自由ではない。……したがって，国家間関係に存在するのは，まったくの無法状態である」（*ibid*., p. 22）。

(20)「すべての国家と，できるだけ多角的に平和的関係に立つことによってのみ，他の国民や国家が達成した成果 Gutes から，正当な利益を引き出すことができる」（*ibid*., p. 42）。

(21) *Ibid*., p. 43.

(22) *Ibid*.

(23) *Ibid*., p. 44.

(24) 相互主義の期待できないところでは，誠実な条約の順守を期待できない（*ibid*., p. 46）。

(25) *Ibid*., p. 44.

(26) *Ibid*., p. 45.

(27) *Ibid*., pp. 46–47.

(28) *Ibid*., p. 45.

(29) *Ibid*., p. 47.

(30) *Ibid*.

(31)「このような緊急の事態がいつ生じたかについては，ただその国家自身だけが判断しうる。他国は，その点について決して判断できない。というのも，他国は，その国の状況や必要性をまったく理解せず，あるいは，その国について偏った見解を抱いているからである」（*ibid*., p. 48）。

(32) *Ibid*., p. 49.

(33) *Ibid*., p. 43.

(34) *Ibid*., p. 50.

(35) *Ibid*., p. 57.

(36)「［多数国間の関係において］すべての国家を脅かす優越的大国に対して，弱小国が共通の利害を有する。すなわち，弱小国は，同盟を結び，共同で大国に対して均衡する勢力を形成する。それら［同盟国］のひとつに対する脅威は，すべてにとっての脅威とされる」（*ibid*., p. 58）。

(37)「比較的小さな国家は，体系全体における勢力均衡にとって，その存在が本質的な利益であるということによってのみ，その存在の権利 Recht auf Existenz を立証することができるであろう」（*ibid*., p. 59）。

(38) *Ibid*., p. 60.

(39) *Ibid*., p. 55.

(40) *Ibid*., p. 62.

(41) *Ibid*., p. 69.

(42) *Ibid*., p. 68.

(43) *Ibid*., p. 72.

(44) 第 1 章「はじめに」参照。

(45) Lasson, *op. cit*. n. 1, p. 14.

(46) ここでいう Subject（Subjekt）とは，「規範的な秩序の下に置かれた者」あるいは「規範的秩序に服する者」という意味である。

(47) *Ibid*., p. 14.

(48) 第 1 章 3 節でみたように，モーゲンソーやカーは，倫理や法のイデオロギー的性格を強調している。

(49) *Ibid*., p. 20.

(50) *Ibid*., p. 21.

(51) *Ibid*., pp. 15-16.

(52) *Ibid*., p. 16.

(53) 例えば，ラッソンは，国家指導者に対して，自己の個人的な意思や利益を離れて，国家の利益を追求する国家意思を認識し，それを執行することを求めている（*ibid*., p. 21)。また，彼は，国家指導者が，真の国家利益ではなく個人的な欲望を追求することによって，不必要な戦争を引き起こしてしまうことに警告を発する（p. 46)。国家理性の打算的合理性を信頼するラッソンにおいては，戦争目的にとって不必要に残虐な行為もまた，国家利益ではなく，人間の野蛮に由来する（p. 77)。そのほか，p. 66，p. 85 も参照。

(54) ラッソンにとって，国家は，自己の長期的な利益を判断しうる合理的 klug な存在であり，切迫した必要のない限りは，戦争を避け，平和を維持することが自らの利益となることを理解している。そして，そのような，自己の利益を求める打算的・合理的な存在であることを，諸国家が相互に了解し合うゆえに，国家の相互関係に予測可能性と信頼が生じ，安定的な秩序の構築が可能となる。「各国は，……他国が，その利益を利己的に追い求めるということだけではなく，その他のことを追い求めないということを知っている。つまり，個別の人間ならば他者の残忍な恣意に対して用意をしておかなければならないのだが，国家は，そのような恣意に対応する必要がない。利益の衝突が生じた場合には，国家は他国の敵対行為に対応する用意をしなければならないが，ただ，その場合だけである。それ以外の場合には，各国は，何よりも平和を必要としており，他のあらゆる国家もまた，同じものを必要としていることを知っている。それゆえ，諸国家は，合理的 klug な存在として相互に承認し合っており，その自己保存にとって切迫した危険が存する非常な緊急状態に至らない場合には，相互にその存在を侵害しないようにしている」(Lasson, *op. cit*. n. 14, pp. 395-396)。

(55)「暗殺，約束の反故，裏切りを好んで用い，残虐に対する恐怖にほかならぬものによって人々を操るところの，このような打算的合理性は，単なる奸計にすぎないのであって，実際には打算的合理性ではなく，むしろその反対物である」(Lasson, *op. cit*. n. 1, p. 17)。

(56) ただし，ラッソンが，国際関係において規範を優越させる秩序思考を「理想主義」や「ユートピアニズム」と呼ばず，そのような秩序思考に利益を見出す政治勢力にちなんで「教皇権至上主義」と名付けていることは，特筆する価値があるだろう。ラッソンにとって，理想は，むしろ，打算的合理性に基づいて行為する国家に存するのであって，優越的倫理によって国家を制約しようとする思考は，興隆しつつある主権的国民国家に対して敵対的な旧来の政治勢力のイデオロギーとみなされるのである。

(57) Lasson, *op. cit*. n. 1, p. 7.

(58) *Ibid*., pp. 7-8.

第 3 章　事情変更原則という視座

(1) Herausgegeben von Max Cornicelius, *Politik. Vorlesungen gahalten an der Universität zu Berlin von Heinrich von Treitschke*, 4. Aufl., 2. Bd., Hirzel, 1918, p. 551.

(2) *Ibid.*, pp. 543–545.

(3) *Ibid.*, p. 547.

(4)「国家に自殺を強いるような要求は，理性的ではありえない」(*ibid.*, p. 550)。

(5) 1880年デミン Demmin に生まれる。ベルリン・ハイデルベルク・ハレ・エアランゲンで法学を学び，1912年にケーニヒスベルク大学教授（1913年に正教授就任）となったのち，ボン大学・ベルリン大学の教授を歴任。ナチスの政権獲得により，「ユダヤ人」として迫害を受けるが，ベルリン郊外（Nikolassee）の自宅で私的にゼミを継続した。1935年にハーグ・アカデミーにて「平和の法に関する一般規則」に関する講義を行う。1939年，オランダ亡命を余儀なくされる。1945年に帰国し，1946年よりミュンヘン大学教授。学問的業績として理論的・哲学的な著作を公刊する一方，政府の法律顧問や国際裁判の代理人として実践的な活動を行ったことでも知られている。ヴァイマル共和国時代には，ドイツと東欧諸国との外交上の法律問題について鑑定人あるいは代理人として関与するなど，条約締結や国際裁判において重要な実践的な役割を果たした。その実績を買われ，戦後のドイツ連邦共和国においても，外務省の法律顧問として活躍した（1950–58年）。略歴については，Hans Liermann, “Kaufmann, Erich”, *Neue Deutsche Biographie*, Duncker & Humblot, 1977, Bd. 11, pp. 349–350，外交実践に関わる経歴については，Karl Josef Partsch, “Der Rechtsberater des Auswärtigen Amtes 1950–1958, Erinnerungsblatt zum 90. Geburtstag von Erich Kaufmann”, *Zeitschrift für ausländisches öffentliches Recht und Völkerrecht*, vol. 30, 1970, pp. 223–236 および Hermann Mosler, “Erich Kaufmann zum Gedächtnis”, *Zeitschrift für ausländisches öffentliches Recht und Völkerrecht*, vol. 32, 1972, pp. 235–238 を参照。

(6) Erich Kaufmann, *Das Wesen des Völkerrechts und die clausula rebus sic stantibus*, J. C. B. Mohr, 1911.

(7) 1849年リガに生まれ，ドルパト Dorpat（現タルトゥ）・ベルリン・ライプツィヒで学ぶ。ドルパト大学・マールブルグ大学で国際法・国家法などを講じたのち，1895年より，ボン大学教授。1885年から97年まで Institut de droit international 準会員。

(8) Carl Bergbohm, *Staatsverträge und Gesetze als Quellen des Völkerrechts*, C. Mattiesen, 1877.

(9) *Ibid.*, pp. 40–41.

(10) *Ibid.*, pp. 42–43. 国際法源として，条約と慣習のほかに，国家制定法を挙げることは，今日の学説状況から見れば特異に思われるだろう。ベルクボームは，個別国家の制定法が，「国際法的な関係に関わり，……法規範の共通の承認を内容として含む」場合に，それを法源とみなしている（p. 43）。言い換えれば，複数の国家が，共通の内容の国際関係規則を国家法として規定している場合，その国内法は，「その国家によって国際法規則が承認されたことの証拠」とみなされる。したがって，当該諸国家について，その規則が国際法として妥当する，という（pp. 104–105）。国家制定法による国際法規範の生成という問題は，今日の学説においては，慣習国際法論に吸収されている。例えば，ブラウンリーは，「慣習の実質的内容を引き出す源泉 material sources of custom」として，外交書簡・政策声明・行政機関の決定と実行・国際裁判および国内裁判判決などと並べて，国内立法を挙げる（Ian Brownlie, *Principles of Public International Law*, 6th ed., Oxford University Press, 2003, p. 6)。山本草二は，ブラウンリーとほぼ同様の要素を，慣習国際法の成立要件である「国家実行」の具体的内容とみなしている（山本草二『国際法（新版)』（有斐閣，1994年）53頁)。慣習国際法の成立要件としての「慣行」とみなされる

べき国家行為の性質について検討した田畑茂二郎は，「国内の立法機関……の行態であっても，各国が，国際的に関連した事項に関して，一貫した方針をとっている場合には，それが慣習国際法の形成に導く要素として認められていることは否定されえない」（田畑茂二郎『国際法 I（新版）』（有斐閣，1973年）92頁）と述べる。

国内立法を，慣習国際法の成立要件である「慣行」の内容として位置づける考え方は，少なくともオッペンハイムにまで遡ることができる。オッペンハイムは，国際法の法源を条約と慣習に限定したうえで，外交上の訓令や，国内判決，国内立法などが，それ自体として法的効力を生じせしめる「法源」ではなく，国際法の新規則の成立に影響を及ぼす「諸要因 factors」にすぎない，という点を強調する。それら「諸要因」は，やがて慣習 custom に結実してゆくような慣行 usages を作り出すこと，あるいは，条約の締結の誘因となることによって，国際法上の新規則の形成に影響を与える場合がある，という（Lassa Oppenheim, *International Law*, vol. 1, Longmans, Green, and Co., 1905, p. 24）。

なお，複数の国内立法の共通性から，国際法規範を導き出した裁判例は，すでに1871年に存在する（The Scotia (1871), *Cases Argued and Adjudged in the Supreme Court of the United States*, reported by John William Wallace, vol. 14, pp. 170–189）。しかし，このスコチア号事件米国最高裁判決は，必ずしも，共通の国内立法を証拠として，慣習国際法規範の成立を認めたわけではない点に注意しなければならない。判決の論理は次のように要約できる。〈諸国の「共通の同意」に基づいて，国際法規範が成立する。多数の国家において共通の規則を内容とする立法が行われたという事実は，その規則が，諸国の「共通の同意」によって，一般的な義務として承認されたことを示す。それゆえ，その規則は，諸国に一般的に妥当する国際法規範として成立している〉。すなわち，判決は，共通の国内立法を，諸国の「共通の同意」の証拠とみなしているのであって，慣習国際法の証拠とみなしているわけではない（そもそも慣習国際法に当たる概念を用いていない）。この判決は，しばしば，共通の立法という事実から国際慣習法規範が導かれた裁判例として紹介される（例：中村道「スコチア号事件」田畑茂二郎・太寿堂鼎編『ケースブック国際法（新版）』（有信堂高文社，1987年）3-5頁）。しかし，このような理解は，国際法の法源を慣習法と条約に限定する20世紀以降の通説的見解に立ち，その理論枠組みを当てはめてこの判決を再解釈するものである。のちの時代の学説発展から距離を置いて判決を読むなら，ベルクボームのような理論枠組みの中で，スコチア号事件を整合的に解釈することも十分に可能といえよう。

(11) ラーバントに代表されるドイツ公法学上の実証主義は，実定法素材のみに依拠して論理的に一貫した法体系を構成することを主眼とする方法論である。したがって，そこでは，従来，法規範の要素として扱われてきたものの中から，真正の実定法素材を選別することが方法論的に重視される。それゆえ，実証主義は，形而上学的思弁や政治的価値判断を法律学の素材から排除する（「すべての歴史的・政治的・哲学的考察は，……具体的な法素材の解釈にとっては，重要性を持たない」（Paul Laband, *Das Staatsrecht des Deutschen Reiches*, 5. neubearb. Aufl., Bd. I, 1911, IX））。しかし，真の実定法素材を確定するためには，それにとどまらず，一見実定法と思われる素材の中から，真の実定法素材を弁別すること（法資料の批判的検討）も必要である。ケルゼンはこれを客観的素材と主観的素材の区別と呼んでいる。ある文書資料が，実定法として扱われるべきことを（主観的に）主張していたとしても，それは必ずしも客観的認識において実定法として取り扱われるとは限らない（Hans Kelsen, *Allgemeine Staatslehre*, Julius Springer, 1925, §23,

pp. 128-129；ケルゼン［清宮四郎訳］『一般国家学』（岩波書店，1971 年）213-214 頁）。例えば，国家としての国際法主体性を持たない事実的団体が，「国家」を名乗って他国との間で「条約」を締結したとしても，その「条約」文書は，客観的には国際法規範として認識されない。この問題は，ケルゼン『純粋法学』においては，より一般的に，「行為の主観的意味と客観的意味の区別」として取り扱われている（Hans Kelsen, *Reine Rechtslehre*, Franz Deuticke, 1934, §3, pp. 3-4；ケルゼン［横田喜三郎訳］『純粋法学』（岩波書店，1935 年）15-16 頁）。法規範を認識するために多様な資料を扱う国際法学において実証主義的方法を遂行する際には，このような法資料の批判的検討が特に重要となる。法源論が，国際法学において特に大きな比重を占めるのはそのためである。近年の国際法学においても，実証的法律学の対象となるべき法素材の確定に関わる問題として，例えば，一般的に遵守されるべき規範を定める国連総会決議（「宣言」）が実定法資料としていかなる意義を有するか（篠原梓「慣習国際法の形成における国連総会決議の意義」『国際法外交雑誌』第 88 巻 1 号（1989 年）65-89 頁；山本良「国連総会決議の法的効果」同 90-121 頁），あるいは，「ソフト・ロー」としての効力を与えることによって，それら規範文書を法律学的認識の中に取り込んでゆくことができるか（村瀬信也「現代国際法における法源論の動揺」『立教法学』第 25 号（1985 年）81-111 頁；位田隆一「『ソフトロー』とは何か（一）（二）」『法学論叢（京都大学）』第 117 巻 5 号（1985 年）1-26 頁，6 号（1985 年）1-21 頁），安全保障理事会決議によって，法的拘束力を持つ個別的措置のみならず，一般的に適用されるべき法規範を定立することは認められるか（浅田正彦「安保理決議 1540 と国際立法」『国際問題』No. 547（2005 年）35-64 頁）などの問いが論じられてきた。

(12) Bergbohm, *op. cit.* n. 8, pp. 79-80.「国内において私人の法律行為が私法の法源ではないのと同様に，諸国家の義務的諸条約もまた客観的な国際法の法源ではありえない」(p. 80)。ただし，法律行為的諸条約から，客観的国際法規の存在を推論する可能性は排除されていない。そのような法律行為的条約規則が，「すべての条約当事国の法的確信に合致する国際法規則の承認 die Anerkennung eines völkerrechtlichen Satzes..., mit dem die rechtliche Ueberzeugung aller Vertragssubjekte übereinstimmt」を表示するものであることが証明されるなら，その規則を内容とする実定国際法規則の存在が認められる（pp. 80-81）。

(13) *Ibid.*, p. 81.

(14) トリーペルの理論については後述（本章 5 節（1）(iii)）。トリーペルは，法律行為としての条約と法制定としての条約を区別するベルクボームの理論を肯定的に評価しつつも，その根拠づけが「不十分」である点を批判している（Heinrich Triepel, *Völkerrecht und Landesrecht*, C. L. Hirschfeld, 1899, pp. 47-48）。

(15) 現実の国家意思の表明を基準として実定法を判別するベルクボームにとって，すべての国家に一様に妥当する実定法という意味での一般国際法は存在しえない。したがって，一般国際法とは，「文明国 die civilisirten Staaten」の全体に妥当するという意味での，相対的な一般性しか持ちえない（Bergbohm, *op. cit.* n. 8, p. 84）。また，「一般条約」と呼ばれる条約は，ほとんどの場合，現実にすべての「文明国」によって同意されているわけではないので，厳密な意味で「一般的」ではなく，ただ，近似的に「一般的」であるにすぎない。ただし，そのような近似的な一般条約が，黙示的受容によって真に一般的な国際法になる可能性は排除されていない（*ibid.*, p. 86）。

(16) *Ibid*., pp. 91-92. ベルクボームによれば，ウェストファリア講和に含まれる，ドイツにおける宗教的党派の地位に関する規定，および領邦君主と皇帝・帝国の関係に関する規定は，たしかに法規を定立するものだが，一般国際法を定立するものとは認められない。

(17) *Ibid*., pp. 92-93.

(18)「個別的な場合に［条約が］成立するのは，個別の国家が，国家の個別意思の支配領域と個別国家の権力範囲を越えて他国の権力領域にまで到達するような利益について，ただ，他国がそれを了承し，それを促進するように，あるいは少なくとも拒絶しないように振る舞う場合にのみ，自国の満足を得られる，という状況においてである」(*ibid*., pp. 77-79)。

(19) 西平等「ヴァッテルの国際法秩序構想における意思概念の意義」『社会科学研究（東京大学社会科学研究所)』第 53 巻 4 号（2002 年）192-194 頁。また，本書第 1 章 1 節も参照。

(20)「［諸国家の］行為原理は，もはや，粗暴で傍若無人の利己主義から発せられるのではない。そして，他国に対する行為は，もはや，一見したところ望ましく思われる利益を獲得することや，近視眼的願望によってもたらされるような短絡的な目的に達することをひたすらに渇望するわけではない。政治的に未発達の国民がやみくもに衝動に身を委ねるのが習いであるのに対し，ヨーロッパ文明の諸国家は，優れた洞察力によって導かれており，たしかにその利益を追求するものの，その利益とは，適切に理解された利益であり，国家の存在が保障され，国力のすべてが自由に発展するために必要な条件をもたらし，それを継続的に確保するものであって，単に，一時的で価値のない利益をもたらすものではない」(Bergbohm, *op. cit*. n. 8, pp. 2-3)。

(21) ただし，普遍主義的に構成された自然法論においても，緊急状態の下では，国家の死活的利益との矛盾を根拠とする法からの逸脱が許容される（ヴァッテルの緊急状態論については第 1 章 1 節を参照)。とはいえ，緊急状態は，静態的な法思考においても想定可能な一時的例外状態であり，利益状況の歴史的変動から生じる法と利益の緊張関係とは区別されるべきだろう。

(22) *Ibid*., pp. 88-89.

(23) *Ibid*., p. 89.

(24) *Ibid*., p. 88.

(25) Georg Jellinek, *Die rechtliche Natur der Staatenverträge*, Alfred Hödler, 1880.

(26) *Ibid*., III-IV.

(27) *Ibid*., pp. 1-2, pp. 6-7.

(28) *Ibid*., p. 2.

(29)「すべての法は，国家という共同体の意思であり，それは，制定法または法慣習という形式において現れる。それゆえ，国家自身に対する法が創出されるのは，ただ，国家が，自らが服従しなければならない規則を，自己自身に与えることができる場合だけである」(*ibid*., p. 5)。

(30)「法治国家理念の全体は，国家権力の行使には法的な限界が存在する，という命題に要約される。ところが，少なくとも近代国家については，公法の領域において，国家権力だけが，法の排他的な創出者であるから，そのような制限は，ただ自己制限 Selbstbeschränkung の結果としてのみ理解されうる」(*ibid*., pp. 19-20)。

(31) *Ibid*., pp. 26-27.

(32) *Ibid*., p. 27.

(33)「国家法と国際法とのあいだの大きな違いは，……国家法の倫理的な保障が国際法のそれより強いということであり，自ら定立した法に義務づけられるという国家権力の意識が，外国に対する国家の任務についてよりも，国民に対する国家の任務について強力だということである。諸国民の倫理的意識が，国際的な義務を無条件に尊重するという水準にまで高まるなら，今日の文明諸国民の国家法が保持しているのと同じ保障を，国際法も持つことになるだろう」(*ibid*., p. 37)。

(34)「国家の意思が，自らに服する個人を法的人格にまで持ちあげ，そのことによって，自己と個人の人格とのあいだに法をもたらすことができるのであれば，自らと同等の人格に対してもそうすることができないのはなぜなのか，理解できない」(*ibid*., p. 47)。

(35)「二つの個人のあいだの法は，おのおのが他方によって権利の担い手として現実に承認されることによって生じる。このことは，すべての理性的個体の相互関係に当てはまり，すなわち，諸国家にも当てはまる」(*ibid*., p. 49)。例えば私法的関係において，各個人が互いに法人格として承認すること，すなわち，「自己の意思が他者の意思によって制限されうること」(*ibid*., p. 48) を承認しあうことによって，契約をはじめとする法的な諸関係が可能となる。私法において，このような私人間の人格の相互承認を国家が命じ，保障している (*ibid*.)。このことは，国家間にも同様に当てはまる。国家は，他国を人格として承認し，国内法と同様に，国家意思が，その相互承認を保障している。

(36) *Ibid*., p. 38.

(37) *Ibid*., pp. 38–39.

(38) *Ibid*., pp. 42–43.

(39) イェリネックによれば，国家の利益とは，国家の理性的目的と同一である (*ibid*., p. 41)。

(40) 言い換えれば，国家は，自らが身を置く国際関係の客観的性質に即して，国家間関係を法的に規律せざるを得ない。それゆえ，国家意思に基づく国際法は，一国の恣意的な決定(「対外国家法」)ではなく，国家関係の本質に理性的に適合する客観的な内容を持った法規とみなされる。「国家間の潜在的な関係は，個人間の関係と同様に，固有の客観的性質を有する。この国家間の生活関係の性質は，国家の性質および目的に根拠づけられている。ある国家が，他国とのそのような生活関係の中に，自由な意思によって入ることにより，その国家は，当該生活関係を規制する客観的要素を自らの意思の中に取り込み，その要素が，自己の意思を自己の意思によって拘束する規範となる」(*ibid*., p. 49)。

(41)「期間についても，妥当領域についても，国家の自己拘束は，絶対的なものではありえない。国家の義務は，すべて，その実質的な側面からみれば，国家目的の充足であるゆえに，それが国家目的を充足させる限りにおいて存続する」(*ibid*., p. 40)。

(42) *Ibid*., p. 39.

(43)「当該法律が規律するように定められているところの客観的諸関係が，変わることなく同じものにとどまっている期間においてのみ，国家の自己拘束は，その国家について，絶対的な拘束力を持つ」(*ibid*., pp. 40–41)。

(44) *Ibid*., pp. 62–64.

(45) 1864 年にヴィースバーデンで生まれ，ベルン・ハレ・テュービンゲン・イェナで法律学を学ぶ。1889 年より 3 年間，東京大学において「お雇い外国人」として国際法を担

当。その後，スイスやドイツにおいて，平和的紛争解決手続の発展や国際社会の組織化を積極的に推進する立場から学問的活動を行った。1920 年より 34 年まで，国際連盟管理下のザール地域において最高裁判所長官を務める。1927 年よりベルン大学教授（国際法）。Andreas Thier, “Nippold, Otfried”, *Neue Deutsche Biographie*, Duncker & Humblot, 1999, Bd. 19, p. 284.

(46) Otfried Nippold, *Der völkerrechtliche Vertrag, seine Stellung im Rechtssystem und seine Bedeutung für das internationale Recht*, K. J. Wyss, 1894.

(47) *Ibid*., III.

(48) *Ibid*., III–IV.

(49) *Ibid*., p. 24.

(50)「諸国家は，その望む wollen ことだけを行う。諸国家は，自らにとって有用であるようにみえる物事，自らの利益に資すると考える物事によってその意思を決する。しかし，このような目的適合的な考慮によって，諸国家は，国際法を望む wollen ようになる」(*ibid*., pp. 25)。

(51) *Ibid*.

(52) 第 2 章 2 節参照。

(53) Nippold, *op. cit*. n. 46, p. 27. 実証主義公法学の原則的な立場として，形式的な意思定立（立法）の際に法定立者が心理的に抱いていた動機などの実質的な諸要因を，法律学の対象としない（例えば，法律制定の際に，各議員が何を実質的な動機として賛成投票を投じたかは，法律学の対象とはならない）。イェリネックが，国際法定立の実質的要因について論じる際には，この問題がすでに法律学の射程を越えるものであることが確認されている（Jellinek, *op. cit*. n. 25, p. 38）。このような原則は，表示された規範的意思のみを法律学の対象とみなし，その意思の実質的な根拠・要因を度外視する実証主義的方法論（*ibid*., pp. 16–17）から派生する。ここでニッポルトが述べている心理的動機と法律学的意思の区別は，やがて，ケルゼンによって，存在 Sein の領域に属する心理学的意思と，当為 Sollen の領域に属する法律学的意思の峻別として理論的に精緻化されることとなる。「心理学における意思とは，自己観察を通じて確定されるべき経験的事実であり，存在の世界に属する。倫理および法律学における意思とは，規範すなわち当為の観点の下で行われる構成であり，人間の現実の精神生活には，それに対応する具体的な事象がなんら存在しない」（Hans Kelsen, *Hauptprobleme der Staatsrechtslehre*, J. C. B. Mohr, 1911, p. 146）。

(54) Jellinek, *op. cit*. n. 25, pp. 38–45.

(55) 1874 年チューリヒに生まれる。ローザンヌ大学・チューリヒ大学・ベルリン大学で法学を学び，1902 年より 21 年までチューリヒ大学教授（国際法・憲法・教会法担当）。1907 年ハーグ平和会議にスイス代表として参加したほか，1914 年以降，スイスの軍および外務省顧問を務める。1921 年より 30 年まで常設国際司法裁判所裁判官（1925–27 年所長）。1928 年から 46 年まで，国際赤十字委員会委員長。パルマス島事件（仲裁裁判）において裁判官を務めたことで，その名をよく知られる。Dietrich Schindler, “Max Huber : His Life”, *The European Journal of International Law*, vol. 18, no. 1, 2007, pp. 81–95 に略歴。

(56) Max Huber, “Beiträge zur Kenntnis der soziologischen Grundlagen des Völkerrechts und der Staatengesellschaft”, *Jahrbuch des Öffentlichen Rechts*, Bd. 4, 1910, pp. 56–134.

(57)「国家法は，……国家において主導的に決定する力を持った集団の権力地位を定式化す

るものである」(*ibid.*, p. 63)。

(58)「すべての法の中で,［国際法が］社会的下部構造に最も密接に結びついており,また結びついていなければならない,ということには,ほとんど疑いがない。というのも,国際法においては,客観的な法秩序が直接に法主体の意思に基づいており,個々の法主体の意思から独立に客観的法秩序を現実化することのできるような組織が欠けているからである」(*ibid.*, p. 62)。

(59) *Ibid.*, pp. 69-70.

(60) *Ibid.*, p. 71.

(61) *Ibid.*

(62)「意思形成が純粋に並行的な過程であったとしても,その産物は,統一的で共同的な意思である。それゆえ,法共同体が生成する」(*ibid.*)。

(63) *Ibid.*, p. 70.

(64) *Ibid.*, p. 71.

(65) *Ibid.*, pp. 82-83.

(66) *Ibid.*, p. 83.

(67) イェリネックについては,本節で後述する。

(68) Heinrich Triepel, *Völkerrecht und Landesrecht*, C. L. Hirschfeld, 1899, p. 89, n. 2.

(69) Grotius, *De iure belli ac pacis libri tres*, reproduction of the edition of 1646, William S. Hein & Co., 1995, lib. 2, cap. 16, XXV.

(70) Emer de Vattel, *Le droit des gens ou principes de la loi naturelle appliqués à la conduite et aux affaires des nations et des souverains*, 1758, liv. 2, chap. 17, §296.

(71) *Ibid.*

(72)「約束について述べたこと［事情変更原則］は,諸法規 loix にも拡張される。事物の特定の状態に結びつけられている法規は,そのような状態においてのみ,実施されうる」(*ibid.*)。

(73)「諸国民のさまざまな条約・慣習の詳細は歴史に属するのであって,国際法の体系には属さない」(*ibid.*, Préface, xxii)。

(74) 本章1節(1)参照。

(75) Jellinek, *op. cit.* n. 25, p. 62.

(76)「過去の国家が,国家の現在と将来を支配する力を持つべきだろうか。もし諸国家が硬直化すれば,その帰結は世界史の死であろう。解消できない拘束性を国家に課そうとする理論があるとすれば,それは,ただ,法の目的と歴史的機能を忘れた理論にすぎない」(*ibid.*, p. 63)。

(77) *Ibid.*, pp. 50-51.

(78) *Ibid.*, p. 63.

(79) 20世紀初期の公法学における観念論的傾向とは,一方において,経験素材を用いた事物の描写にとどまらず,事物の本質そのものを把握して,そこに秩序の基礎を求め,他方において,事物の本質を,普遍の本性に求めず,歴史的に形成された制度の中に見出そうとする思想傾向である。とりわけ,歴史的形成物としての国家の制度的本質を把握し,それを存在的・規範的基礎として秩序理論を構築することを目指した(参照:Klaus Rennert, *Die „geisteswissenschaftliche Richtung" in der Staatsrechtslehre der Weimarer Republik*, Duncker & Humblot, 1987, pp. 62-63, pp. 98-99)。

(80) Erich Kaufmann, *Das Wesen des Völkerrechts und die clausula rebus sic stantibus*, J. C. B. Mohr, 1911.

(81) *Ibid*., pp. 70–71 ; Leopold Pfaff, "Die Clausel : Rebus sic stantibus in der Doctrin und der österreichischen Gesetzgebung", *Festschrift zum siebzigsten Geburtstage Sr. Excellenz Dr. Joseph Unger*, J. G. Cotta, 1898, p. 239.

(82) Ralf Köbler, *Die „clausula rebus sic stantibus" als allgemeiner Rechtsgrundsatz*, J. C. B. Mohr, 1991, pp. 39–41.

(83) *Ibid*., pp. 62–65.

(84) 債権債務関係に関する 19 世紀末の研究書には，次のように記されている。「18 世紀末以来，普通法の支配的学説は，次第に，事情変更原則を一般的に採用することには根拠がない，という見解をとるようになった。普通法の実務もそれに続いた。ザクセン民法典［1863 年公布］も同様にこれに従っている。パンデクテン法に関する近年の教科書では，この問題はほとんど言及されていない」（Rudorf Stammler, *Das Recht der Schuldverhältnisse in seinen allgemeinen Lehren*, Guttentag, 1897, p. 92）。また，Pfaff, *op. cit*. n. 81, p. 275 も参照。邦語文献としては，勝本正晃『民法に於ける事情変更の原則』（有斐閣，1926 年）173–175 頁に同趣旨の記述がある。

(85) 事情変更原則が，19 世紀の国際法学において広く受け入れられていたことは，従来の研究において繰り返し指摘されている。「事情変更の教説は，国際法の文献においては，今日［19 世紀末］においても，より広い承認を受けている」（Pfaff, *op. cit*. n. 81, p. 282）。「19 世紀の国際法においては，事情変更原則は，私法上の事情変更原則と同じ運命をたどらなかった。事情変更原則は，一般原則として，すなわち，黙示的条件の形をとる国際法規範として承認され続けた」（Köbler, *op. cit*. n. 82, p. 74）。「ゲンチリ以来……著述家たちはこの問題［事情変更原則］に取り組んできた。グロティウスとバインケルスフークが熱意のない half-hearted 反論を行ったけれども，事情変更原則は，とりわけ 19 世紀を通じて，一般的な承認を勝ち取った」（Arthur Nussbaum, *A Concise History of Law of Nations*, revised ed., Macmillan, 1954, p. 203）。

(86) Jean Louis Klüber, *Droit des gens moderne de l'Europe*, t. 1, J. G. Cotta, 1819, pp. 259–263 ; Johann Ludwig Klüber, *Europäisches Völkerrecht*, 2. Ausgabe, Julius Groos, 1847, pp. 188–191.「不能」とは，条約上の義務が矛盾に陥る状況を指す。例えば，三つの国家が同盟条約を締結しており，そのうちの二国が相互に戦争状態に入った場合，他の一国が置かれた状況のことである。

(87) A. W. Heffter, *Das europäische Völkerrecht der Gegenwart auf den bisherigen Grundlagen*, 5. Ausgabe, E. H. Schroeder, 1867, pp. 183–185.

(88)「引き受けられた条約上の義務の明示的もしくは黙示的前提・根拠であったところの事実的状態が，時間の経過とともに，その条約上の義務の履行が不自然もしくは無意味となるほどにまで変化した場合，その義務は消滅する」（Johann Caspar Bluntschli, *Das moderne Völkerrecht der civilisirten Staten*, 2. Aufl., C. H. Beck, 1872, §456）。

(89)「契約 contract のいずれの当事者も，契約が締結された時点において意図されていた条件以外の条件に基づいて，その契約の効力を恣意的に変更することはできない。他方で，契約締結時にその義務的効力の黙示的条件を構成していた事柄が本質的に変化した場合には，契約は拘束的でなくなる」（William Edward Hall, *International Law*, The Clarendon Press, 1880, p. 295）。

(90) Köbler, *op. cit.* n. 82, p. 89.

(91) Stammler, *op. cit.* n. 84, pp. 92–93.

(92) Leo Stahl, *Die sogenannte clausula rebus sic stantibus im BGB*, Ph. C. W. Schmidt, 1909.

(93) *Ibid.*, p. 62.

(94) *Ibid.*, p. 63.

(95) *Ibid.*, pp. 62–63.

(96) *Ibid.*, p. 63.

(97) *Ibid.*

(98) Kaufmann, *op. cit.* n. 80, pp. 76–79.

(99)「テロス」という概念は，カウフマンがしばしば引用しているフリードリヒ・シュタールの所論を参考にして理解すべきであろう。シュタールによれば，テロスとは，法によって実現される生活関係に内在する理念である。すなわち，法律行為のテロスとは，当事者が法律行為によって実現しようとする主観的な目的のことではなく，法律行為として実現される生活関係に内在する理念であり，言い換えれば，婚姻や売買などの法律行為そのものの制度目的のことである（Friedrich Julius Stahl, *Die Philosophie des Rechts*, 3. Aufl., 2. Bd., 1. Ableilung, J. C. B. Mohr, 1854, pp. 203–204）。

(100) Kaufmann, *op. cit.* n. 80, p. 110.

(101) カウフマンは，表示された意思を規範的に解釈することを主張しているが，その根拠は，例えばハンス・ケルゼンのように，意思を，法規範に基づいて客観的・法律学的に構成された帰属点として理解しているからではない（本章第 5 節（1）（iv）参照）。カウフマンにおいて，意思は，あくまでも人間の主観から発せられるものと理解される。主観的・恣意的なものとして発せられる意思が，いかにして，客観的・法的に妥当せられるべき内容を持つものとして解釈されるのか，という問題が，カウフマンの意思理論における中心的課題である。生まれながらにして理性的本性を持つ「抽象的個人」を出発点としていた啓蒙的合理主義の時代の意思理論は，個人意思の理性的・客観的性格を前提とすることができた。それに対し，現代においては，現実の中に生きている個人を出発点として，意思理論を組み立てる必要がある（*ibid.*, pp. 94–95）。個人意思は，それ自体としては理性的なものではないが，完全に主観的・恣意的なものではなく，超個人的な法規と関連性を持つ，というのがカウフマンの議論の核心である。法的な価値を承認し，それを個別的な事例において妥当させようとする法的意思には，現実的に意欲されたところの「断片的で不完全な性質」を拡張し，補完する「規範的合法性」が含まれる，という（*ibid.*, pp. 95–96）。このように，そもそも意思が規範と関連づけられているゆえに，意思の解釈によって，意思内容が規範によって補完され，拡張されるのである。

(102) *Ibid.*, pp. 85–86.

(103) *Ibid.*, pp. 205–206.

(104) *Ibid.*, p. 192.

(105)「言うまでもなく，折に触れて生じる共通の利益だけで，それに基づいて締結された条約に確固とした保障を与えることができるわけではないだろう。当然のことながら，むしろ，利益の多数性，それら諸利益の安定性の自覚，個別的な共通性が失われてもまた別の共通性が浮上するという期待などが，対抗的な諸利益を現実に織り合わせ，結びつけていくのである。そして，それゆえに，報復や復仇の見込みの下で，諸国家は，引き継がれてきた拘束から軽率に免れようとはしない」（*ibid.*, pp. 190–191）。

(106)「継続的な共通利益が多数存在しているゆえに，その時々の特殊利益は，現実の生存問題に関わらない限り，その犠牲とされる」(*ibid*., p. 191)。

(107)「国際条約が成立するのは，その条約合意において諸国家が有する利益が十分に強く，その結果として，その他の利益が，それに較べれば些細な価値しか持たないものとして退けられ，犠牲とされることによってである」(*ibid*., p. 198)。

(108) *Ibid*., p. 204.

(109) 私法において，法律行為の類型ごとに別様の事情変更が認められてきたのに対し，国際法においては，そのような条約類型別の区別が認められてこなかったことは，カウフマンにとって，国際法と私法の事情変更原則に関する重要な現象的相違である（*ibid*., pp. 70–71)。

(110) ここでいう「sozial」とは，「一般利益もしくは公共の福祉に資する」という意味である。

(111) Kaufmann, *op. cit*. n. 80, p. 128.

(112) ただし，上下関係法と並列関係法が混在するものとして，連邦国家が挙げられている（*ibid*.)。

(113) 北村一郎「私法上の契約と『意思自律の原理』」『岩波講座 基本法学 4——契約』（岩波書店，1983 年）167 頁，176–178 頁。

(114) ローマ法においては，「裸の合意から義務は生じない」のが原則である。意思自律や私的自治の観念に象徴されるように，近代法において，理性的な人格の意思が自己に関わる法的な義務を自由に設定しうるという思考が強い影響力を有したものの，歴史的に見れば，人格間の合意が，それ自体として法的拘束力を有するという考え方は，決して一般的ではない（大沼保昭「合意」大沼編『戦争と平和の法（補正版)』（東信堂，1995)，281 頁)。それゆえ，イェリネックは，社会契約説を批判する文脈で次のように言う。「契約が拘束力を有するという命題は，自然法にとっては自明のこととされているようであるが，その命題が一般に受け入れられるまでには，いかに長い時間がかかったことか！　しかも，裸の合意が無制約に義務的効力を有する，ということは，今日においてさえ例外なく妥当する命題では決してない」(Georg Jellinek, *Allgemeine Staatslehre*, 3. Aufl., Max Gehlen, p. 216；イェリネク［芦部信喜ほか訳］『一般国家学』（学陽書房，1974 年）166 頁)。

(115) Franz Wieacker, *Privatrechtsgeschichte der Neuzeit unter besonderer Berücksichtigung der deutschen Entwicklung*, 2. Aufl., Vandenhoeck u. Ruprecht, 1996, p. 287.

(116) Grotius, *De jure belli ac pacis*, l. 2, c. XI, I. グロティウスにおける約束の拘束力に関する説明として，大沼，前掲論文（注 114）295–299 頁，グロティウスが論駁の対象としたコナーヌスの合意論については，同論文 288–295 頁を参照。

(117) Grotius, *ibid*., l. 2, c. XIV, IV.

(118)「国民団体 Nations すなわち国家 Etats は政治体であり，人々が協力してその安全と福祉を得んがために結合した団体である。そのような団体は，自己の関心と利害を有し，自ら熟慮し，自ら決断を下す。そうすることで，その団体は法人格となる。その人格は，理解力と固有の意思を保有し，権利と義務を担う能力を持つ」(Emer de Vattel, *Le droit des gens ou principes de la loi naturelle appliqués à la conduite et aux affaires des nations et des souverains*, 1758, liv. 1, préliminaires, § 1–2)。「国民団体 Nations は，本性において自由で独立の人間から構成されている。それら人間は，国家 Sociétés Civiles が設立されるより

前には，自然状態において共生していた。それゆえ，国民団体 Nations すなわち主権国家 Etats souverains は，相互に自然状態に生きる，それだけの数の自由な人格 personnes libres とみなされなければならない」(*ibid*., préliminaires, §4)。

(119) *Ibid*., liv. 2, chap. 12, §163.

(120)「グロティウスは，その国際法を自然法によって基礎づけ，したがって法の一般原則として定式化した。それゆえ，それは，自然法的私法にとっての範型ともなった」(Wieacker, *op. cit*. n. 115, p. 290)。

(121) カウフマンは，その博士論文（*Studien zur Staatslehre des monarchischen Prinzipes*［ハレ大学，1906年］）において，シュタールを大きく取り上げており，その部分は，全集第3巻に収録されている（Erich Kaufmann, "Friedrich Julius Stahl als Rechtsphilosoph des monarchischen Prinzipes", *Gesammelte Schriften*, 3. Bd., Otto Schwartz, 1960, pp. 1–45)。

(122) 19世紀ドイツの代表的な保守主義的法学者。ユダヤ教徒の家庭に生まれるが，のちにプロテスタントに改宗。ヴュルツブルク・ハイデルベルク・エアランゲンで法学を学んだ後，1927年に，ミュンヘンで教授資格取得。エアランゲン・ヴュルツブルクで正教授を務めたのち，1840年，プロイセン王フリードリヒ・ヴィルヘルム4世の希望により，ベルリン大学国家法・教会法・法哲学講座に招聘される（I. Andres, "Stahl, Friedrich Julius", *herausgegeben von* Michael Stolleis, *Juristen, ein biographisches Lexikon von der Antike bis zum 20. Jahrhundert*, C. H. Beck, 2001, pp. 596–597)。シュタールは，シェリングやヘーゲルの哲学の影響の下で，社会契約論的国家論を否定し，キリスト教保守主義に基づく君主原理を主張したが，その一方で，当時の自由主義者の基本的主張である基本権保障・法治国家・国民代表の原理を容認した。それゆえ，「保守立憲主義」の先駆者とみなされる（Michael Stolleis, *Geschichte des öffentlichen Rechts in Deutschland*, 2. Bd., C. H. Beck, 1992, pp. 152–153)。ただし，超越的な権威である神に根拠を持ち，個人に優越する人倫王国として国家を理解するシュタールの法治国家概念は，根源的な価値としての個人の自由に基礎を置く自由主義的な法治国家概念とは異質である。シュタールの法治国家概念については，高田敏「シュタールにおける法治国の概念」『法哲学年報』（1963年）179–190頁を参照。

(123) Friedrich Julius Stahl, *Die Philosophie des Rechts*, 3. Aufl., 2. Bd., 1. Ableilung, J. C. B. Mohr, 1854, p. 416.

(124) *Ibid*., p. 415.

(125) ここで述べたことは，契約理論上の「意思主義 volontarisme」と「諾成主義 consensualisme」の区別に関わる。「諾成主義」とは，法的拘束力を有する契約が，当事者の意思の合致のみによって成立するということであるのに対し，「意思主義」とは，契約の拘束力の根拠を意思自体に求め，それを法律と同平面に置くという思想である（北村，前掲論文（注113）169–170頁)。例えば，法律の規定に基づいて，当事者の合意のみによって契約が法的効力を有すると考えるのであれば，それは「諾成主義」であって，「意思主義」ではない。契約を規制する法律の存在を前提とする現代の私法においては，両者の相違は，それほど重視されないかもしれない。しかし，国際法学においては，この相違は決定的な意味を有する。理性的人格間の合意が，それ自体として法的拘束力の根拠となると考えるのであれば，国家人格間の合意である条約の法的拘束力はそこから直接に論証されうる。しかし，自由な合意の法的拘束力が，合意そのものとは別のもの（例えば議会制定法）によって与えられるのであるとすれば，条約に関しては，即座に，容易

には答えられない次のような問いが発せられることとなる。国家間の合意（条約）の法的拘束力を根拠づけるものはいったい何であるか。

(126) カウフマンは，秩序構想における個人観の変化を，「アウグスティヌスの個人概念」「合理主義の個人概念」「現代的個人主義の個人概念」という三つの類型を用いて説明している。中世に支配的であった「アウグスティヌスの個人概念」において，個人は，肉と欲望にとらわれた罪深い存在であり，自らの力で価値のある生を得る能力を持たない者とみなされる。そこでは，個人は，ただ，神の恩寵によってのみ救済されるのみである。啓蒙期を特徴づける「合理主義の個人概念」においては，個人は，その本性において完全な存在とみなされている。個人は，ただ，不合理な社会的・歴史的現実によって曇らされて，その理性的本性を現すことができていないだけである。それゆえ，人々が，分別と批判的思考を用いるなら，本性の光に照らされて，最良の世界を形成することができる。「現代的個人主義」の観点からすれば，そのような合理主義の個人概念は，現実に生きている個人を捉え損なうものとして批判される。すなわち，合理主義は，抽象的な発展の可能性を個人の本質とみなし，現実に生きている個人のあり方を，偶然的なものとみなしている，という（Kaufmann, *op. cit.* n. 80, pp. 93–94）。合理主義的な個人概念の下では，個人は，生まれながらにして十分な理性を備えた価値の担い手であり，それゆえ，秩序を個人の意思に根拠づけることができた。しかし，不完全で多様な現実の個人を前提とする現代的個人主義においては，もはや個人の意思に秩序を根拠づけることはできない。そこでは，「限りなく多様な諸個人の発展過程を意義あるものとする契機」としての歴史的・具体的共同体，すなわち国家が，秩序の基礎づけにおいて決定的な意味を持つ，という（*ibid.*, pp. 141–142）。

(127) Jellinek, *op. cit.* n. 25, p. 4.

(128) *Ibid.*, p. 1.

(129)「法律学は，ただ，一面において，自然的存在としての国民 Volk を，他面において，組織された統一体（すなわち国家）としての国民 Volk を，法を創出する機関として認識する。前者は，慣習という様式において，国民の構成員 Volksgenossen の行動を規制する規範についての意識を有している。後者は，主権的な全体意思として法を定立し，維持する。法規としての妥当を要求するいかなる命題も，国民 Volk もしくは国家という共同体の意思であることが論証されなければならない」（*ibid.*, p. 2）。

(130) 例えば，広く普及している国際法史概説である Arthur Nussbaum, *A Concise History of Law of Nations*, revised ed., Macmillan, 1954 には，ここで紹介するカルテンボーン，モール，ブルンチュリらに代表されるところの，19 世紀ドイツの自由主義的国際法論に関する記述が欠けている。ただし，近年の研究である Jochen von Bernstorff, *Der Glaube an das universale Recht, zur Völkerrechtstheorie Hans Kelsens und seiner Schüler*, Nomos, 2001 では，近代国際法における「客観原理」の提唱者として，カルテンボーンに重要な位置づけが与えられている（pp. 13–14, 16–18）。また，国際法を発展させた自由主義的精神に着目する Martti Koskenniemi, *The Gentle Civilizer of Nations : The Rise and Fall of International Law 1870–1960*, Cambridge University Press, 2001 においても，そのテーマ設定からみて当然のことだが，それら自由主義的国際法学者への言及がなされている。カルテンボーンとモールについて，自由主義的国際法学の前史において位置が与えられ（pp. 24–27, p. 32），ブルンチュリは，その精神を表現する主要なアクターとして扱われる（pp. 42–47）。

(131) ハレに生まれ，ハレ大学で，法学・国家学・歴史・文献学・哲学を学ぶ。1846年ハレ大学私講師，1852年ケーニヒスベルク大学員外教授（ドイツ法・公法担当），1861年同正教授。1864年よりヘッセン選帝侯の下で外務省に勤務。哲学的素養を背景として，国際法に関する学説史研究を行ったほか，海洋法に関する実証的研究においても知られている（例えば，Carl von Kaltenborn, *Grundsätze des praktischen Europäischen Seerechts, besonders im Privatverkehre, mit Rücksicht auf alle wichtigeren Partikularrechte, namentlich der Norddeutschen Seestaaten, besonders Preussens und der Hansestädte, sowie Hollands, Frankreichs, Spaniens, Englands, Nordamerikas, Dänemarks, Schwedens, Russlands etc.*, 2 Bände, Carl Heymann, 1851）。カルテンボーンの生涯と業績については，Teichmann, "Kaltenborn", *Allgemeine Deutsche Biographie*, 5. Bd., Duncker & Humblot, 1882, pp. 43-45 ; Roderich von Stintzing und Ernst Landsberg, *Geschichte der deutschen Rechtswissenschaft*, 3. Abteilung, 2. Halbband, R. Oldenbourg, 1910, Text pp. 653-655, Note p. 280 を参照。

(132) Carl Kaltenborn von Stachau, *Kritik des Völkerrechts nach dem jetzigen Standpunkte der Wissenschaft*, Gustav Mayer, 1847.

(133) Bernstorff, *op. cit.* n. 130, pp. 13-14.

(134) Kaltenborn, *op. cit.* n. 132, pp. 256-257.

(135) *Ibid.*, p. 256.

(136) *Ibid.*, pp. 262-263.

(137) *Ibid.*, p. 260.

(138) *Ibid.*, pp. 265-266.

(139) ヘーゲルの「対外国家法」論について，*ibid.*, p. 151, p. 153，国際法の本質が国家の自由な意思にあると考えるピュター Johann Stephan Pütter（1725-1807）の国際法論について，*ibid.*, pp. 162-164 を参照。ピュターの生涯や公法理論については，ミヒャエル・シュトライス編［佐々木有司・柳原正治訳］『17・18世紀の国家思想家たち』（木鐸社，1995年）511-548頁。

(140) ロバート・フォン・モールの定式化に従うなら，ピュターが実定国際法を国家意思の合致とみなしたのに対し，カルテンボーンは，実定国際法を，慣習や意思表示によって表現されるところの「欧州国際体制を形成する諸国に共通の法意識 Rechtsbewusstsein」に根拠づけた（Robert von Mohl, *Die Geschichte und Literatur der Staatswissenschaften*, Bd. 1, Ferdinand Enke, 1855, p. 381）。すなわち，ここでは，両者の対立は，自然法論と実定法論の対立ではなく，実定法の概念をめぐる対立として理解されている。ただし，「法意識」を根拠とする歴史法学的な実定法概念は，後にベルクボームらによって，自然法的な思考として批判されるようになる（Karl Bergbohm, *Jurisprudenz und Rechtsphilosophie*, Bd. 1, Duncker Humblot, 1892, pp. 492-502）。

(141) Kaltenborn, *op. cit.* n. 132, pp. 231-234. カルテンボーンは，ここで，共同的な意識 Bewusstsein と共同意思 Gemeinwille を互換的に用いている。それに対し純粋に主観的な意思については，一貫して「恣意 Willkür」という概念が用いられる。

(142) *Ibid.*, pp. 232-235. カルテンボーンによれば，共同体の意識は，法の「内的法源」であり，それを表現する慣習や条約は「外的法源」である。それらが「直接的法源」であるのに対し，慣習の認識・条約の解釈・法原則の確立などを任務とする法律学は，派生的な法源とみなされる。

(143) *Ibid.*, p. 270.

(144) コスケニエミは，「文明世界の法的な意識＝良心 conscience juridique du monde」（フランス語の conscience は，英語の conscience と consciousness にあたる語義を併せ持つ）を表現する国際法の探究こそが，19 世紀後半の欧州における自由主義的国際法学のプロジェクトであったと考えている（Koskenniemi, *op. cit.* n. 130, pp. 47–51）。このような理解は，ドイツ国際法学にも当てはまる。それゆえ，カルテンボーンの国際法論は，文明国の良心に支えられた法意識に国際法を根拠づける 19 世紀ドイツ自由主義の国際法理論の先駆とみなされるべきであろう。そのために，カルテンボーン自身の政治的傾向が保守的であったとされているにもかかわらず（Teichmann, *op. cit.* n. 131, p. 44 ; Stolleis, *op. cit.* n. 122, pp. 327–328），ここでは彼を自由主義的思考の系譜に位置づけている。

(145) テュービンゲンおよびハイデルベルクで法学を学ぶ。1824 年テュービンゲン大学国家法担当員外教授。1827 年同大学国家学部教授。政治活動が原因でヴュルテンベルクの公務員を辞し，1847 年ハイデルベルク大学に移る。フランクフルト国民議会（1848 年）に参加し，法務大臣を務める。48 年の運動の挫折ののちも政治家として活動を続けた。その生涯と業績については，Erich Angermann, "Mohl, Robert v.", *Neue Deutsche Biographie*, Duncker & Humblot, 1994, Bd. 17, pp. 692–694 ; Michael Stolleis, "Mohl, Robert von", *herausgegeben von* Michael Stolleis, *Juristen, ein biographisches Lexikon von der Antike bis zum 20. Jahrhundert*, C. H. Beck, 2001, pp. 447–448 を参照。その公法学史上の位置づけ――とりわけモールの Polizei 概念の意義――については，Stolleis, *op. cit.* n. 122, pp. 258–261 に簡潔な叙述がある。国際法学史上の位置づけとしては，コスケニエミが次のような興味深い評価を行っている。「……1848 年の自由主義の挫折の結果，ドイツの憲法学者の関心は，国際的な改革に向かう。ハンガリーに対するロシアの干渉をみればわかるように，結局のところ，国際的な行動を通じて，反動は進歩を圧殺する。だからこそ，テュービンゲン（のちハイデルベルク）で国家法・行政法を講じる指導的な自由主義的教授であるロバート・フォン・モールは，1850 年代に，科学的な基礎，すなわち国際共同体の理論に基づく国際法の再構成を――カルテンボーンを明示的に援用しつつ――提案した」（Koskenniemi, *op. cit.* n. 130, p. 32）。

(146) Mohl, *op. cit.* n. 140, p. 381.

(147) チューリヒ出身。ベルリン・ボンで学び，1833 年チューリヒ大学ローマ法教授。1848 年よりミュンヘン大学教授，1861 年よりハイデルベルク大学教授を歴任。明治期に日本語にも翻訳された *Allgemeimes Staatsrecht*, 1851/52 など，国法学・国家学に関する書物を多数著す。宮崎茂樹「ブルンチュリ」国際法学会編『国際関係法辞典』（三省堂，1995 年）688–689 頁に簡潔な紹介がある。

(148) J. C. Bluntschli, *Das moderne Völkerrecht der civilisirten Staten als Rechtsbuch dargestellt*, 2. Aufl., C. H. Beck, 1872, § 2.

(149) *Ibid.*, § 4.「人類の法意識」に根拠を持つゆえに，その妥当範囲はキリスト教世界に限定されない（§ 6）。

(150) *Ibid.*, § 5.

(151) *Ibid.*, § 11.

(152) *Ibid.*, § 12.

(153) *Ibid.*, § 14.

(154) *Ibid.*, § 3.

(155) Jellinek, *op. cit.* n. 25, p. 1.

(156)「国家はその意思をつねに変更しうる，という単純な事情によって，自己拘束の主張は通用しないのではないか。国家は憲法適合的な形式においてあらゆることを意欲することができる，という可能性には，国家が，ありうべきいかなる意思内容からも自己を解放しうる，という可能性もまた含まれるのではないか。国家の自己解放こそが，自己拘束を不可能にするのであり，それゆえ，国家権力を主体 Subjekt（法に服する者）として義務づけることは想定しえない，という国家絶対主義の教説が正しいのではないか。［改行省略］このような問いに答えるためには，われわれは，いったん，形式的・法律学的立場を離れ，法の創出に際して国家の意思を導くのはどのような契機であるか，ということを探究しなければならない。というのも，何が法となるべきか，ということの決定は，必然的に，法と国家の実質的な契機に依存するからである」(*ibid.*, pp. 37–38, 強調は引用者による)。また本章第 1 節（2）参照。

(157) *Ibid.*, p. 3, n. 3.

(158) 本章第 1 節（2）参照。

(159) Heinrich Triepel, *Völkerrecht und Landesrecht*, C. L. Hirschfeld, 1899.

(160) 純粋に概念上の問題であるが，訳語について説明しておく。ここで「共同意思定立」という訳語を当てた Vereinbarung は，しばしば，「合同行為」と訳されてきた。しかし，トリーペル自身が，Vereinbarung と Gesamtakt とを概念的に区別すべきことを主張している（*ibid.*, p. 59）以上，Gesamtakt の訳語と考えられる「合同行為」を Vereinbarung に当てはめることは適切ではない。トリーペルにおいて，Vereinbarung とは，複数の人格によって共通の内容の意思が定立されること自体を指す（詳細は後述）。そのように定立された共同意思が，他者との関係において，複数人格の共同の行為として表示される場合にのみ，それは Gesamtakt と呼ばれる。例えば，団体の構成員が，団体の取引行為について共同で意思決定を行うことが Vereinbarung であり，その意思決定に基づいて，複数の構成員が共同して他者との取引を行うことが Gesamtakt である（一人の者が団体を代表して取引を行う場合はそうではない）。別の例を挙げれば，団体の設立の複数の人格が合意することが Vereinbarung であり，その合意を実現する形で，団体設立のために行われる共同行為が Gesamtakt である（*ibid.*, p. 59）。「Vereinbarung が，共通意思・共同意思を形成することに限定されるのに対し，Gesamtakt は，形成された共通意思・共同意思を第三者に対して表示することである」(*ibid.*, p. 60)。したがって，第三者に対して共同で意思を表示することではなく，当事国間に効力を持つ規範を設定することを目的とする行為である条約締結を「合同行為 Gesamtakt」と呼ぶことは，おそらくトリーペルの議論の趣旨に反している。国際法のみに視野を限定する場合には，Vereinbarung を「法定立的合意」と訳すこともできるが，一般的法概念としての Vereinbarung は，法律行為としての性質を持つ場合もあるので，ここでは，法定立的性格を強調することは避けるべきであろう。したがって，意思の合致を意味する vereinbaren の一般的語義からやや離れるが，トリーペルの理論の趣旨に即して「共同意思定立」という訳語を採用する。

(161) Nussbaum, *op. cit.* n. 130, p. 235；藤田久一『国際法講義』第 1 巻［第 2 版］（東京大学出版会，2010 年）16，30–31 頁。ただし，公法学においては，トリーペルは，実定法にとどまらない法的理念の重要性を主張する点において，むしろ実証主義批判者として理解されている（Rennert, *op. cit.* n. 79, pp. 58–59；Michael Stolleis, *Geschichte des öffentlichen Rechts in Deutschland*, 3. Bd., C. H. Beck, 1999, p. 172)。

(162) Triepel, *op. cit.* n. 159, p. 61.

(163) *Ibid.*, p. 7.
(164) *Ibid.*, p. 12.
(165) *Ibid.*, pp. 18–20.
(166) *Ibid.*, pp. 28–29.
(167) "Nur ein zu einer Willenseinheit durch Willenseinigung zusammengeflossener Gemeinwille mehrerer oder vieler Staaten kann die Quelle von Völkerrecht sein" (*ibid.*, p. 32).
(168) *Ibid.*, p. 27.
(169) *Ibid.*, pp. 30–31.
(170) *Ibid.*, p. 37.
(171) 当該商品の所有を移転するという点においては，売り手と買い手は，同じ内容の事象を望んでいると言えるが，自己の行為として何を意欲しているか（sich Verhaltenwollen）という観点から見た場合には，両者の意思は正反対の内容を有する（*ibid.*, p. 40）。
(172)「正反対ではあるが相互に対応するところの，異なった利益を充足するための手段であるということが，契約の特質である」(*ibid.*, p. 43)。
(173) *Ibid.*, p. 45.
(174) 多数決による意思決定手続が定められている場合，少数派については，同一内容の意思が見出されないため，多数派のみによる「共同意思定立」となる（*ibid.*, p. 57）。
(175) *Ibid.*, p. 53.
(176) *Ibid.*, p. 56.
(177) *Ibid.*, pp. 61–62.
(178) *Ibid.*, p. 70.
(179) *Ibid.*, pp. 70–71.
(180) *Ibid.*, p. 71.
(181) *Ibid.*, pp. 71–72.
(182) ケルゼンの意思概念批判については，長尾龍一『ケルゼン研究 I』（信山社，1999 年）180–184 頁に簡潔にして要を得た説明がある。
(183) Kelsen, *op. cit.* n. 53, pp. 123–124.
(184) ケルゼンによれば，法律学的には，「（心理学的に）意欲されているゆえに，その範囲において，法律行為が効力を有する」のではなく，「行為が効力を持つゆえに，その範囲において，行為は意欲されている」と考えられる（*ibid.*, p. 235）。
(185) *Ibid.*, p. 234.
(186) *Ibid.*, p. 250.
(187) *Ibid.*, p. 296.
(188) 念のために補足するが，ここで言おうとしていることは単純明快である。例えば，ひとりの私人が，外国の友人とのあいだで，両国の友好関係を約する文書を作ってそこに署名することと，両国の全権大使が，友好条約案について合意して署名をすることとのあいだに，現象としての差異は存在しない（いずれにおいても，人間が，約束して，紙に名前を書いている）。もちろん，法的にはその意味はまったく異なる。私人とは異なり，全権大使は両国を拘束する条約に署名する法的権限を有しているからである。ところが，その権限は，法によって規定されており，法規範に基づいてのみ認識しうる。したがって，法に基づいてのみ，国家間の合意としての条約を認識することができる。すなわち，法に基づいて，特定の人間の行為が，国家間の合意として構成されるのである。

(189) *Ibid*., p. 294.

(190) Hans Kelsen, *Über Grenzen zwischen juristischer und soziologischer Methode*, J. C. B. Mohr, 1911, pp. 55–58；ケルゼン［森田寛二訳］「法学的方法と社会学的方法の差異について」『ハンス・ケルゼン著作集 IV』（慈学社，2009 年）44–45 頁。

(191) ケルゼンによれば，権利および義務を規定する一群の法規範を統一的に把握するために，法律学的な「人格」の概念が構成される。国家人格もまた，そのような統一的に把握された法規範体系を人格化したものでしかない。権利を主張し，義務を履行する「行為」という観点から人格を認識するとき，具体的な人間の振る舞いを人格に帰属せしめる「意思」の概念が用いられる。例えば，ひとつの人間の振る舞いを内容とする一群の規範が，「自然人格」として法律学的に把握され，その人間の振る舞いが，法規範に従って，その自然人格の意思行為とみなされる。法人格・国家人格についても，このような規範群の人格化と人格への行為の帰属が行われる（参照：Hans Kelsen, *Allgemeine Staatslehre*, Österreichische Staatsdruckerei Wien, 1993［Nachdruck der Auflage von 1925］, pp. 62–73）。

(192)「法論理的意味の憲法」とは，「法 das Recht を創出する機関を定立する」規範を指す。すなわち，それは，実定憲法を含むあらゆる実定法に先立って，実定法を創出する機関を定立する（*ibid*., p. 249）。

(193) ケルゼンは，国際法優位の一元論と国内法優位の一元論を，認識論上は対等な仮説と考えているが，政策的判断として前者を明白に選好している（*ibid*., pp. 130–132）。二元論については，複数の独立した実定法秩序を認めないゆえに，その可能性を否定する（*ibid*., p. 130）。

(194) Hans Kelsen, *Reine Rechtslehre*, 2. Aufl., Franz Deuticke, 1960, pp. 324–325；ケルゼン［長尾龍一訳］『純粋法学（第 2 版）』（岩波書店，2014 年）311–312 頁。

(195)「慣習によって創造された一般国際法規範のひとつは，各国に条約締結によって相互関係を規律することを授権している。慣習法として創造されたこの規範に，条約として創造される国際法規範の妥当根拠が存する」（*ibid*., pp. 222–223（邦訳 209 頁））。

(196)「実質的意味の憲法によって規律される一般法規範の創造は，近代国家法秩序においては『立法』という性格を持つ。憲法は，それを規律するにあたり，一般法規範（法律・命令）の創造を授権された単数または複数の機関を定める」（*ibid*., p. 229（邦訳 215 頁））。

(197) ケルゼンは，立法機関による法制定・司法機関による法適用・行政機関による法執行という伝統的な三分論を否定する。いずれの国家機関が行うことも，上位法規範を適用してその内容を下位法規範として具体化するという意味での，法適用＝法創造である。「裁判所は，その内容が一般的規範によって定められた個別的規範を定立する，というやり方で，一般法規範を適用する。その個別規範には，具体的な制裁（民事的強制執行や刑罰）が規定されている」（*ibid*., p. 242（邦訳 228–229 頁））。

(198)「国家行政と呼ばれる活動の大きな部分は，立法や司法と同様の，法規範の創造＝適用であって，狭義の法機能である」（*ibid*., p. 267（邦訳 253 頁））。

(199)「法秩序は，その支配下にある諸個人に対し，法律行為を法創造要件として定めることによって，立法または慣習によって創造された一般法規範の枠内で，法律行為という仕方で創造される法規範による相互関係の規律を授権する」（*ibid*., pp. 261–262（邦訳 247 頁））。

(200) *Ibid.*, pp. 239–242.（邦訳 225–228 頁）

(201) 法律行為においては，権限ある者として活動した人間にその行為が帰属せしめられることによって，「当事者の意思」が構成され，立法においては，権限ある者として活動した人間ではなく，国家にその行為が帰属せしめられることによって，「国家意思」が構成される。すなわち，法律行為における「自律的人格」の意思や，立法における「主権的国家人格」の意思は，そのイデオロギー的要素を取り除くなら，客観的法規範に基づいて法律学によって構成された概念である。言い換えれば，人格の概念は，多様な法規範が規定する複雑な権利・義務関係を理解しやすくするために用いられる「法学的認識の補助観念」ということになる（Hans Kelsen, *Reine Rechtslehre*, Franz Deuticke, 1934, p. 54；ケルゼン［横田喜三郎訳］『純粋法学』（岩波書店，1935 年）89 頁）。人格概念を客観的法規範から区別し，それを実体化する思考に対するケルゼンのイデオロギー批判については，*ibid.*, § 20–21（邦訳 72–75 頁）を参照。

(202) Kaufmann, *op. cit.* n. 80, p. 62.

(203) *Ibid.*, p. 63.

(204) *Ibid.*, pp. 161–162.

(205) *Ibid.*, p. 163.

(206) *Ibid.*

(207) カウフマンは，ケルゼン批判の書（Erich Kaufmann, *Kritik der neukantischen Rechtsphilosophie. Eine Betrachtung über die Beziehungen zwischen Philosophie und Rechtswissenschaft*, Tübingen, 1921）を著し，論争を引き起こした。Axel-Johannes Korb, *Kelsens Kritiker*, Mohr Siebeck, 2010 は，ケルゼンと同時代の代表的なケルゼン批判論者 7 名のうちのひとりに E. カウフマンの名を挙げる。また，Stolleis, *op. cit.* n. 161, pp. 169–170, p. 176 も参照。

(208) Kaufmann, *op. cit.* n. 80, p. VII.

(209) ウィーン学派における段階的秩序構想や根本規範概念の生成の経緯については，『国法学の主要問題』第 2 版（Hans Kelsen, *Hauptprobleme der Staatsrechtslehre*, 2. Aufl., J. C. B. Mohr, 1923）の序文を参照（『ハンス・ケルゼン著作集 IV』（慈学社，2009）121–143 頁に長尾龍一によるこの序文の翻訳が収められている）。

(210) Kaufmann, *op. cit.* n. 80, pp. 129–130.

(211) *Ibid.*, p. 130.

(212) *Ibid.*, p. 131.

(213) *Ibid.*, p. 134.

(214) *Ibid.*, p. 131.

(215) *Ibid.*

(216) 本章注 126 参照。

(217) *Ibid.*, p. 168. なお，原文は “Es besteht eben überall auf dem Rechtsgebiet eine Hierarchie von in bestimmtem Umfange maßgebendem Willen, die immer zu dieser ihrer Maßgeblichkeit von dem ihnen übergeordneten Willen ermächtigt sind.” であるが，“maßgebendem” を誤字と解し，“maßgebenden” と修正して翻訳した。

(218) *Ibid.*, p. 167.

(219) *Ibid.*, pp. 167–168.

(220) *Ibid.*, p. 168.

(221) *Ibid.*, pp. 139–140.

(222) *Ibid.*, p. 175.

(223) *Ibid.*, p. 177.

(224) Hans Kelsen, *Die philosophischen Grundlagen der Naturrechtslehre und des Rechtspositivismus*, Rolf Heise, 1928, pp. 18–19（ケルゼン［黒田覚訳］「自然法論と法実証主義の哲学的基礎」『ハンス・ケルゼン著作集 III』（慈学社，2010 年）50–52 頁）；Hans Kelsen, *General Theory of Law and State*, Harvard University Press, 1945, pp. 122–123（ケルゼン［尾吹善人訳］『法と国家の一般理論』（木鐸社，1991 年）210–212 頁）；長尾，前掲書（注 182）208 頁；高橋広次『ケルゼン法学の方法と構造（新装版）』（九州大学出版会，1996 年）221–236 頁。なお，念のため付言しておくが，ケルゼンの「動態的」理論と，本書の主題である「動態的」国際法秩序構想とは，まったく異なっている。前者は，一般的・抽象的規範が，有権的機関による適用を通じて，個別化・具体化される過程を「動態」的に認識する理論であるのに対し，後者は，勢力関係の変動に伴う法変動の可能性に注目する点で「動態的」な構想である。

(225) Kaufmann, *op. cit.* n. 80, p. 145.

(226) 国家は包括的な共同体だが，同時に，他の国家との共存関係を必要とする。それゆえ，並列関係秩序が成立する。「[並列関係秩序] は，ただ，主権的な，自らに依って立つ，権力を有する歴史的共同体であり，かつ，共存を必要とするようなもののあいだにおいてのみ，可能である」(*ibid.*, p. 150)。自らに依って立つ理性的存在としての個人を想定する合理主義的な自然権思想においては，自由・独立の個人からなる並立関係秩序を構想することができたが，今日では，国家と国家の関係，もしくは，教会と国家の関係においてのみ，並列関係秩序が可能である，という（*ibid.*, pp. 150–151)。

(227) *Ibid.*, p. 151.

(228)「ここに述べた，具体的な配分の観点を欠く，という国際法の可能性に対する異議は，正義の秩序 Gerechtigkeitsordnung としての法の概念に由来しており，国際法には強制の可能性がない，という，よくありがちな異議とは比べものにならないほど重大である。後者については，国家法における最上位の定言的規則もまた強制不可能であるということを示すことで，簡単に論駁しうる」(*ibid.*, p. 151)。

(229) *Ibid.*, pp. 139–140. 単純化して言えば，最終的な強制権限を持つ者を義務づける規範は，強制されえない。

(230) *Ibid.*, p. 189.

(231)「自らを束縛する能力は個人の特質でもある。しかし，個人は，私的契約のために，自らに権能と保護を与える上位法を必要とする。個体法としての国際法を可能とするのは，自己を義務づける主体としての国家の特殊な性質でしかありえない」(*ibid.*, p. 63)。

(232)「すべての個体法が依拠する根本カテゴリーは，並列的な法構成員としての承認である」(*ibid.*, p. 159)。

(233) *Ibid.*, p. 160. 言うまでもないことだが，法主体間にのみ，法的に効力のある合意が成立する。

(234)「共通の利益は，具体的な意思の合致としての条約に凝縮されなければならない。国際法は並列関係秩序の法であるから，すべての制定された国際法 alles gesetzte Völkerrecht は，条約法として，すなわち，すべての当事国の意思に基づく法としてのみ，考えられうる」(*ibid.*)。

(235) 本章第 4 節（2）参照。

(236) カウフマンは，すべての実定法に先立つ基本権の存在を認める自然法（権）思想に言及したうえで次のように述べる。「自己保存に対する国家の基本権もまた，すべての実定的な国際条約に先立つ。それは，個別国家に固有の権利のうち，条約によって譲渡できない残余部分であり，また，すべての条約による国際法規定の目的および根拠であり，さらには，現行の条約を時代に合わせて変更する各国の要求を表現するものである」（*ibid.*, pp. 193–194）。

(237)「国家が補完を必要とすることが，国際法の根拠であり前提であることには，もちろん，争う余地はない。しかし，そこから，主権原理とは別に，客観的な共同体の原理を打ち立てることはできない。というのも，補完の必要性は，個別国家の必要のことだからである。諸国家は，その必要性から，他国との関係に入り，それによって他国と共通の利益を生み出すけれども，そこで満たされるのは，諸国家自身の生存目的であって，そのような人類全体の生存目的ではない」（*ibid.*, p. 187）。

(238) *Ibid.*, p. 197.

(239) *Ibid.*, p. 198.

(240) *Ibid.*, p. 204.

(241) *Ibid.*, p. 6.

(242) *Ibid.*, p. 146.

(243)「世界史への参加，および世界史における自己主張という観点から計画された正当性秩序 Gerechtigkeitsordnung のみが，各人に『要求』されてよい」（*ibid.*）。

(244)「単なる事実としての『個別性 Einzelheit』は，克服されるべきものである。しかし，個別性は破壊されてしまうわけではなく，一般性を通り抜けることによって，価値のある個性 Individualtät に，すなわち『特殊性 Besonderheit』になる」（*ibid.*, p. 145）。「超個人的なものにおいてのみ，そして，それを経由することによってのみ，個人が現実の個人に，すなわち，単なる個人が真の個人になるのであり，そのような真の個人なくしては，全体を考えることはできない」（*ibid.*）。

(245)「[上下関係秩序は，] 国家共同体が可能なところではどこでも，そして国家共同体が可能である限りにおいて，可能である。国家共同体に服することは，最終的には，個人にとって損失ではなく利益となる。というのも，国家共同体は，個人の諸力を呼び起こし，それを集結し，人間の文化生活の全体的計画へと秩序立て，そうすることで，その計画を世界史の展開の中に組み込んでゆく。このような前提の下においてのみ，公益法 Sozialrecht が要求するところの絶対的な上下関係が倫理的に可能になる」（*ibid.*）。

(246)「対外政策への志向を通じてのみ，『生活財 Lebensgüter』の『配分』にとって必要な観点を実際に得ることができる。ただ対外的な自己主張を目指す力の発展という考えだけが，すべての者に要求可能な目的であり，それによって，国内のどこに特別の保護の必要があり，どこに削減可能な肥大が存するかを決定することができる」（*ibid.*, p. 147）。

(247) *Ibid.*, p. 148.

(248)〈戦争こそが社会的理想である〉というような主張は，今日では，当然のことながら，まともには取り上げられない。しかし，〈対外政策が国内の価値配分の基準となる〉という命題の，弱められたヴァリエイションは，いまなお主張されることがある。例えば，〈我が国の産業の国際競争力を増強するという観点から，税制・労働法制を含めた法制度全般を見直さなければならない〉というような議論が，それである。

(249)「並列関係法は，つねに，すべての当事者の意思と利益の連帯に基づかねばならない。

ひとつの当事者意思ではなく，すべての当事者意思が基準となることが，並列関係法の本質を構成する。したがって，仮に，特定の事件において，ひとつの意思が犠牲にされなければならないことを法規則が要求するならば，その時点で，並列関係法は上下関係法に転化する。すなわち，この時点で，国際法の代わりに国家法が現れるのである」（Kaufmann, *ibid*., p. 179）。

(250) *Ibid*.

(251) それゆえ，デーゲンハートは，カウフマンの戦争観を近代国際法（古典的国際法）の伝統の下にある考え方とみなす（Frank Degenhardt, *Zwischen Machtstaat und Völkerbund. Erich Kaufmann* (*1880–1972*), Nomos, 2008, p. 30）。

(252) 戦争を，武力による権利（法）の実現とみなす考え方は，18–19 世紀の古典的国際法学において広く普及しており，その例を挙げることは容易である。「戦争とは，武力によって権利 droit を追求する状態である」（Vattel, *Le droit des gens ou principes de la loi naturelle, appliqués à la conduit et aux affaires des nations et des souverains*, 1758, livre 3, chapitre 1, §1）。「国家と呼ばれる独立の諸団体は，特別の合意による場合を除いて，共通の仲裁者や裁判官を認めていない。諸国家が支配を受けるところの（あるいは支配を受けると自称するところの）法は，個別の団体［各国家］の国内法に付随するような積極的な制裁を欠いている。したがって，各国家は，他者から被った侵害を矯正するための唯一の手段として，武力に訴える権利を有する。それはつまり，諸個人もまた，国家法に服していないとすれば，そのような矯正手段に訴える権限を有しているということと同様である」（Henry Wheaton, *Elements of International Law*, Carey, Lea & Blanchard, 1836, part 4, chapter 1, §1）。「国家間の敵対的関係は，権利侵害（現実の権利侵害もしくはその脅威）によって生じる」。「自然状態における個々の人間と同様，個々の国家も，緊急時には，現実の権利侵害やその脅威に対し，均衡のとれた暴力に訴える権能を有する。……諸国家に命令を下せる裁判官は存在しないので，各々の国家が，加害に対して自ら暴力を用いる権能，すなわち自助の権能を持つ」（J. L. Klüber, *Europäisches Völkerrecht*, 2. Ausgabe, Julius Groos, 1847, §231–232）。「戦争とは，ひとつの国家権力が，他の国家権力との対立において行う，武装した自救行為である」。「戦争は，原則として，戦争当事者としての国家のあいだの，公的な権利をめぐる法的紛争である」（J. C. Bluntschli, *Das moderne Völkerrecht der civilisirten Staten als Rechtsbuch dargestellt*, 2. Aufl., C. H. Beck, 1872, §510–511）。

(253)「当事国の利益に基づく国際法上の条約は，国家の利益に限界を有する。国家がその力の及ぶ限り国家でありつづける権利，すなわち，国家の自己保存権がその限界である」（Kaufmann, *op. cit*. n. 80, p. 182）。

(254) Degenhardt, *op. cit*. n. 251, pp. 29–30.

(255)「恐るべき暴力を伴う戦争は，決して，自己目的化してはならない。それはつねに，単なる国家の自助であり，国家目的の手段である。それゆえ，戦争の暴力は絶対的ではない。すなわち，戦争の暴力は，法によって制約されており，それがもはや国家目的に資することがないところでは，その限界に達する」（Bluntschli, *op. cit*. n. 252, Einleitung, p. 37）。ブルンチュリは，この著作の中で，非常に詳細な交戦法規のカタログを作成している（§510–741）。

(256) Kaufmann, *op. cit*. n. 80, p. 179.

(257) 戦争を「エクストラリーガルなもの」と捉える考え方について，柳原正治「戦争違法

化と日本」国際法学会編『安全保障（日本と国際法の 100 年第 10 巻)』(三省堂, 2001 年）269, 282-283 頁。

(258) Kaufmann, *op. cit.* n. 80, p. 51. ヘーゲルの影響の下に，法を自由の規則と考えていたカウフマンにとって，自由の領域を創設し，画定することこそが，法の本質であったという点について，Rennert, *op. cit.* n. 79, p. 271 を参照。

(259) Kaufmann, *op. cit.* n. 80, p. 6.

(260) Erich Kaufmann, "Problem der internationalen Gerichtsbarkeit" (1932), *Erich Kaufmann Gesammelte Schriften*, 3. Bd., Otto Schwartz, 1960.

(261) *Ibid.*, p. 310.

(262) *Ibid.*, p. 309.

(263) *Ibid.*, p. 315.

(264) 本章注 101 および注 126 参照。

(265)「現行の法規範の枠内で，それと調和してなされる社会的・政治的諸力の自由な行使によって，おのずと世界の幸福と平和をもたらされると考える者だけが，無欠の国際裁判可能性を実現することによって恒久平和が保障されると信じることができる。この種の自由主義は，人間の共同生活における法の役割を過大評価し，かつ，社会的・政治的諸力の自由な行使が調和的な効果を有すると熱狂的に信じるものだが，このような考え方は，今日ではもはや廃れており，その末期的な姿において存続しているとしても，まともには取り合われていない」(Kaufmann, *ibid.*, p. 309)。

(266)「賢慮・最終的な政治的責任・行為のリスクという問題を，政治家や国家，国民から取り上げることはできない。これらは，結局のところ，すべての人間の共同生活，とりわけ，諸国家と諸国民の政治的生活の有する，法的に不合理な要素であって，法によって取り除くことはできない。この不合理の要素は，法によって意図されているのであり，さらに言えば，法によって保護されている」(*ibid.*, p. 311)。

(267) *Ibid.*, pp. 311-312.

(268)「『不当の ungerechte』共同体的関係もまた，『法的な rechtliche』共同体的関係である。そこでは，すべての当事者が『主体』でありつづけ，誠実と信義が支配し，権利の濫用が禁止される。また，権利の侵害や法の歪曲に際しては，応報的正義の諸原則が妥当する」(*ibid.*, pp. 312-313)。

(269)「その内容において不当であるにもかかわらず，現在も妥当する実定法でありつづけている法がある，ということは，今日のわれわれの国際環境においては，詳しく述べるまでもない」(*ibid.*, p. 312)。1932 年という時代状況からみて，ここで念頭に置かれているのは，ヴェルサイユ体制のことであろう。

(270)「生の闘いのための確たる枠組みを生み出すこと，生の流動性・動態・変転に対して静態的な要素を構築すること，その法則性によって個別意思の恣意性と主観性に客観的な制約を課すことは，法の本質に属する。すなわち，動態に対して自律的，かつ，持続的な法形式が，法の本質に属するのである」(*ibid.*, p. 313)。

(271) *Ibid.*

(272)「法は，その本質においてまず自由であり，そして次に制約である。それゆえ，本質に即した解釈によって，形式を十全に維持したまま，新たな内容のための余地を見出し，それを作り出すことができるだろう」(*ibid.*)。

(273) *Ibid.*

(274)「国家が，正当に，適用不可能となった条約の拘束から免れた場合，何が妥当するのか，という問いに，法規範に基づいて答えることができないのは，当然である。このような問いは，特定の仲裁条約が，仲裁裁判所に，『強制的調停 Zwangsausgleich』によって利益紛争を解決することを認めている限りにおいて，仲裁可能である」(*ibid.*, p. 314)。

(275)「何らかの中小の利益紛争が仲裁裁判所に付託されうるとしても，重大な政治紛争に関しては，それについて決定を下すための法規範がないだけでなく，そこにおける強制的調停をいかなる場合でも執行するという可能性もない」(*ibid.*, p. 315)。

(276) Hans Morgenthau, *Die international Rechtspflege, ihr Wesen und ihre Grenzen*, Robert Noske, 1929.

(277) イェリネックにおいては，いずれも自己拘束に根拠づけられ，トリーペルにおいては，いずれも個別意思に優越する上位意思に基礎を持つものとされる。ケルゼンにおいては，いずれも同一の授権連関の体系の中に位置づけられる。

第 4 章　国際法の限界

(1) Hans Morgenthau, *Politics among Nations*, 1st ed., Alfred A. Knopf, 1948 (4th printing, 1950), p. 344.

(2) *Ibid.*, p. 342.

(3) Hans Morgenthau, *Die internationale Rechtspflege, ihr Wesen und ihre Grenzen*, Robert Noske, 1929.

(4) このような連盟制度に関する認識は，非常に多くの国際法教科書において共有されている。田畑茂二郎『国際法新講（下）』（東信堂，1991 年）183-184 頁，211-213 頁；藤田久一『国際法講義』第 2 巻（東京大学出版会，1994 年）395-396 頁，406 頁；小寺彰・岩沢雄司・森田章夫編著『講義国際法』（有斐閣，2004 年）437-438 頁，443-444 頁；松井芳郎・佐分晴夫・坂元茂樹・小畑郁・松田竹男・田中則夫・岡田泉・薬師寺公夫『国際法（第 5 版）』（有斐閣，2007 年）285 頁，289 頁；杉原高嶺『国際法学講義』（有斐閣，2008 年）600-601 頁；柳原正治・森川幸一・兼原敦子編『プラクティス国際法講義（第 2 版）』（信山社，2010 年）383 頁；酒井啓亘・寺谷広司・西村弓・濵本正太郎『国際法』（有斐閣，2011 年）511 頁，518 頁；浅田正彦編著『国際法（第 2 版）』（東信堂，2013 年）409 頁，423-424 頁。以下では，日本の学界における代表的な見解である田畑茂二郎『国際法新講』の叙述に従って説明する。

(5) 田畑，前掲書（注 4）183 頁。

(6) 同上 185 頁。

(7) 同上 186-188 頁。

(8) 同上 192-193 頁。

(9)「経済的武器に関する総会決議（1921 年 10 月 4 日採択）」。決議の全文は，Jean Ray, *Commentaire du pacte de la Société des Nations selon la politique et la jurisprudence des organs de la Société*, Recueil Sirey, 1930, pp. 515-518 に掲載。藤田久一『国連法』（東京大学出版会，1998 年）48 頁に抄訳あり。

(10)「経済的武器に関する総会決議（1921 年 10 月 4 日採択）」（以下，1921 年総会決議）は，しばしば，連盟における制裁制度の分権性を決定づけたものとして言及される（田畑茂二郎『国際法（第 2 版）』（岩波全書，1966 年）385-386 頁；酒井啓亘ほか，前掲書（注 4）518 頁；杉原高嶺，前掲書（注 4）601 頁；小寺彰ほか，前掲書（注 4）443-444

頁；浅田正彦編，前掲書（注 4）424 頁）。しかし，この決議が採択された経緯とその位置づけに鑑みれば，このような理解には留保が必要であろう。1921 年総会決議は，制裁発動における理事会の役割を見直す趣旨の 16 条改正案と同時に採択されたものであり，本来は，この改正案と一体のものとして解釈されるべきだからである。1921 年の第 2 回総会において，16 条の制裁に際して生じる小国の苦境が問題となった。規約に反して戦争に訴えた国家に対して，即座に戦争状態を認め，通商・金融上の制裁措置をとらなければならないとすれば，小国は違反国とのあいだで政治的・経済的苦境に立たされることとなるからである。そのような事態への配慮により，16 条改正提案が採択された（David Jayne Hill, "The second assembly of the League of Nations", *American Journal of International Law*, vol. 16, no. 1, 1922, p. 63 ; Ray, *op. cit.* n. 9, pp. 513–514）。この改正案において，理事会は，規約に違反する戦争が生じたか否かについて意見を述べ，違反に対して，特定の期日をもって経済的な制裁措置をとるよう勧告するものとされた（*League of Nations Official Journal*, Jan. 1922, pp. 22–23）。すなわち，総会は，制裁措置の発動に際して，理事会が，少なくとも意見と勧告という形において主導的役割を果たすように 16 条を改正することを提案し，それと併せて，1921 年総会決議を採択したのである。このことにより，小国が，理事会の判断・勧告という後ろ盾を得て，制裁発動を決定しやすくするような仕組みを作ろうとしたものと考えられる。同決議第 1 項には，「総会によって採択されたこの決議，および 16条改正の提案は，規約において予定されている形で改正が効力を発するまでのあいだ，16 条の適用に関して，理事会および連盟加盟国に対し，総会が暫定的に勧告する指針 directives を構成する」と規定されている（強調は引用者）。つまり，一見したところ露骨に 16 条の制裁を分権的に運用するという解釈を打ち出しているようにみえる 1921 年総会決議は，制裁発動に際して理事会に一定の主導的役割を期待する 16 条改正案と一体で，「指針」を構成しているのである。なお，この改正案は，加盟国の同意を得られず，結局，法的効力を持たないままに終わった。改正が実現しない場合において，改正を前提としていた「指針」がいかなる意義を持つか，という問題にはここでは立ち入らない（参照：Ray, *op. cit.* n. 9, pp. 518–519）。「指針」のうち，分権的運用に関わる部分だけが権威的解釈として受け入れられていった可能性も十分にありうる（参照：Rutgers, "Memorandum on articles 10, 11, and 16 of the Covenant", *League of Nations Official Journal*, May 1928, p. 679）。

(11) 田畑，前掲書（注 4）211–212 頁。

(12) 同上 214 頁。

(13) 同上 212–213 頁。

(14) 同上 217 頁。「一応」と言われるのは，軍事力提供のための特別協定や軍事参謀委員会など，安全保障理事会主導の軍事的措置のために必要な制度が実現されなかったためである。

(15) Ian Brownlie, *International Law and the Use of Force by States*, Oxford University Press, 1963, p. 67.

(16) *Ibid.*, p. 57.

(17) ジュネーヴ議定書については後述。ロカルノ諸条約の中核的条約である 5 か国間の「相互保障条約（Treaty of Mutual Guarantee, October 16, 1925）」第 2 条においては，たしかに，ドイツとベルギー，ドイツとフランスが，相互に武力に訴えないことを約束しており，その点が，「戦争違法化」の先駆として評価される（田畑，前掲書（注 4）186

頁；Brownlie, *op. cit.* n. 15, pp. 70–71)。しかし，他方で，同条約第 3 条は，紛争を「平和的手段によって解決する」義務を定め，「相互の権利に関わる紛争」を司法的判断に，それ以外の紛争については調停委員会に付託すべきことを規定している（*League of Nations Treaty Series*, No. 1292)。さらに，ロカルノ会議においては，相互保障条約と同時に，2 国間（ドイツ・ベルギー間，ドイツ・フランス間，ドイツ・ポーランド間，ドイツ・チェコスロバキア間）の仲裁諸条約が締結され，平和的紛争解決手続の詳細が定められた（*ibid.*, No. 1293, 1294, 1295, 1296)。それらロカルノ諸条約によって定められた地域的体制は，いわゆる「法律的紛争」を国際裁判（仲裁または常設国際司法裁判所）によって，「政治的紛争」を調停委員会によってそれぞれ解決するというタイプの平和的紛争解決手続の代表例とみなされる（L. Oppenheim, ed. by H. Lauterpacht, *International Law*, vol. 2, 7th ed., Longmans Geeen and Co., 1952, pp. 89–90)。「ロカルノ会議において締結された諸条約は，諸国の実行の中で，仲裁と調停の発展に影響を与えた点において，意義を有している」(Brownlie, *op. cit.* n. 15, pp. 70–71)。

(18) Protocol for the Pacific Settlement of International Disputes. テクストは *League of Nation Official Journal, Special Supplement*, No. 24, 1924, Annex 18, pp. 136–140 に所収。

(19) “The signatory States agree in no case to resort to war either with one another or against a State which, if the occasion arises, accepts all the obligations hereinafter set out, except in case of resistance to acts of aggression or when acting in agreement with the Council or the Assembly of the League of Nations in accordance with the provisions of the Covenant and of the present Protocol.”

(20) 田畑，前掲書（注 4）185–186 頁。Brownlie, *op. cit.* n. 15, pp. 69–70.

(21) “The Members of the League recognise that the maintenance of peace requires the reduction of national armaments to the lowest point consistent with national safety and the enforcement by common action of international obligations.”

(22) 国際連盟規約 9 条は，8 条（軍縮）の実施に関して連盟理事会に助言を与える常設の委員会の設置を規定している。この規定に基づき，すでに 1920 年 5 月には，「軍備に関する常設諮問委員会 Permanent Advisory Commission on Armaments」が設置されていた。しかし，この委員会は，各国政府に指名された軍人によって構成されており，軍縮に取り組む熱意を欠いていた（とりわけフランス政府は，軍縮を，ドイツの武装解除の問題に限定する姿勢をとった)。それゆえ，連盟総会は，政治・社会・経済に関する事項について見識を有する者からなる暫定的な委員会を設置して軍縮案の準備にあたらせるよう，理事会に求めた。それを受けて理事会は，暫定混合委員会を設置する。この委員会の構成員は，個人の資格で選任され，政府からの指示は受けない。また，委員会は，連盟に対して責任を負い，直接，理事会に助言を与える。「暫定混合委員会」という奇妙な名称は，①「軍備に関する常設諮問委員会」に対して，補完的・暫定的な性質を持つと考えられたこと，および，②政治・社会・経済に関する有識者，連盟の経済・金融委員会の中から選任される経済専門家，国際労働機関（ILO）理事会の中から選任される労使代表，常設諮問委員会の中から選任される軍人という，多様な構成員の混成であることに由来する。参照：Andrew Webster, “‘Absolutely irresponsible amateurs’: The Temporary Mixed Commission on Armaments, 1921–1924”, *Australian Journal of Politics and History*, vol. 54, no. 3, 2008, pp. 374–376.

(23) 暫定混合委員会の構成員は個人資格で選ばれた「独立代表」ではあるものの，その中

には，国際連盟の他の機関において政府代表を務めている者も多く，各委員が現実に出身国の立場を離れて個人の見解を貫くことのできる環境が整っていたわけではない（*ibid*., p. 376, p. 383）。むしろ，フランス出身の委員であるルネ・ヴィヴィアニ René Viviani やエドゥアール・レカン Edouard Réquin が軍縮に消極的な仏政府の立場を暫定混合委員会において強力に代弁したように（*ibid*., p. 377, p. 384），各委員は，程度の差こそあれ，それぞれの出身国政府の利益を代表する傾向にあった。「したがって，暫定混合委員会の独立代表は，せいぜいのところ，連盟の軍縮構想と自国の国益という二人の主人に仕えようとする準国家的アクターとみなされねばならない」（*ibid*., p. 388）という。また，委員が個人資格であるがゆえの弱点もあった。委員が政府代表ではないからこそ，各国政府は，暫定混合委員会の起草した条約案を比較的容易に拒絶できた。例えば，相互援助条約案を強力に推進した委員が，英国保守党政権において入閣していたロバート・セシルであったにもかかわらず，つづく英国労働党政権は，この条約案を一蹴し，葬り去ったのである（*ibid*., pp. 386–387）。

(24) P. J. Noel Baker, *The Geneva Protocol for the Pacific Settlement of International Disputes*, P. S. King & Son, 1925, pp. 8–9.

(25) *Ibid*., pp. 13–14.

(26) "Resolutions adopted by the Temporary Mixed Commission on Disarmament, in September 1922", *ibid*., Annex II, p. 196.

(27) *Ibid*., Annex III, pp. 197–198.

(28) League of Nations, *Official Journal, Special Supplement*, no. 13, 1923, Annex 34.

(29) League of Nations, *Official Journal*, December 1923, pp. 1520–1524.

(30) "Reply from the British Government", League of Nations, *Official Journal*, August 1924, pp. 1036–1039.

(31) Webster, *op. cit*. n. 22, p. 386. 英国政府は，回答の中で，いくつかの制度的問題点を挙げているが，その拒絶の実質的な理由は，相互援助条約による国際的な義務の負担を望まなかったことにあると言われている（Bruce Williams, *State Security and the League of Nations*, The Johns Hopkins Press, 1927, p. 181）。

(32)「安全保障のための協定に含まれる軍事同盟は，一粒の辛子種のようなものだと考えます。はじめは小さいとはいえ，それは，この仕組み arrangement にとって本質的な種子なのです。年を経るにつれて，その種子は大きく育ち，ついには木となって全天を覆い尽くすでしょう。そして，まさしく，私たちが 1914 年にあったような軍事的関係に逆戻りしてしまうのです」（League of Nations, *Official Journal, Special Supplement*, no. 23, 1924, p. 42）。相互援助条約草案は，一般的な相互援助義務のほかに，一部の加盟国のあいだで補完的な共同防衛条約を締結することを認めており（6 条），そのことがここで特に問題とされている。

(33)「侵略とは何か。何が最初の侵略であるかを絶対的に明らかにしてくれるようなひとつの行為を，何らかの知恵によって，考え出すことができるでしょうか。事実の問題として，歴史を知る者ならだれでも知っているとおり，侵略の責任を指し示すことは，いつも最後の最後になってから可能となるのです。それは，戦争の後 50 年ものあいだ研究し，著作を書き上げてきた歴史家にできるのであって，戦争の始まりを生き抜いている政治家には決してできません」（*ibid*., p. 43）。

(34)「安全保障と平和の不可欠の条件は，司法＝正義 justice です。司法＝正義には，情念

の前に語ることが許されなければなりません。すなわち，それは，仲裁です」(*ibid*., p. 44)。James W. Garner, “The Geneva Protocol for the Pacific Settlement of International Disputes”, *The American Journal of International Law*, vol. 19, no. 1, 1925, pp. 124–125.

(35) 米国の市民からなる私的・非公式の組織であるショットウェル委員会は，相互援助条約案に代わる軍縮・安全保障提案を作成した（David Hunter Miller, *The Geneva Protocol*, The Macmillan Company, 1925, Annex F. “Proposals of the American Group”, pp. 263–270)。そこでは，侵略の有無について認定する管轄権が常設国際司法裁判所に与えられるとともに（2 条)，侵略に関する紛争を常設国際司法裁判所に付託すべきこと，および，その管轄権の受諾を拒否した加盟国が侵略国とみなされるべきことを規定していた（5 条)。すなわち，侵略の認定という困難な問題について，それを平和的紛争解決手続の受諾と関連づけることで，一義的な基準を提示しようとしたのである（Baker, *op. cit*. n. 24, pp. 18–19)。

(36) Garner, *op. cit*. n. 34, p. 126 ; Baker, *op. cit*. n. 24, p. 19.

(37) League of Nations, *Official Journal, Special Supplement*, no. 23, 1924, p. 77 ; Baker, *op. cit*. n. 24, Annex IV, p. 199.

(38) 第 1 委員会・第 3 委員会によって第 5 回連盟総会に提出された報告書“General Report Submitted to the Fifth Assembly on behalf of the First and Third Committees”（報告者：Politis および Benes）では，安全保障・紛争の平和的解決手続と，連盟規約上のそもそもの課題である軍縮との関係が次のようにまとめられている。「侵略の事態において要請される安全保障と実効的援助は，軍備縮小の不可欠の条件であるが，同じく不可欠の条件として，同時に，国際紛争の平和的解決を補完しなければならない。なぜなら，平和的解決手段によって得られた判決が執行されないなら，必然的に，世界は，武力の体系へと逆戻りさせられてしまうからである。判決は制裁を要請せざるを得ない。さもなくば，すべての体系は崩れ落ちる。[改行省略] それゆえ，第 5 回総会は，仲裁を，他の二つの要素を補完する不可欠の第三の要素とみなしたのである。この議定書において提案された新しい体系が構築されるためには，仲裁が，他の二つの要素と組み合わせられなければならない」(League of Nations, *Official Journal, Special Supplement*, no. 23, 1924, p. 481)。つまり，安全保障が軍縮の前提であるのと同様，平和的紛争解決手続を実効的なものとすることもまた，軍縮の必須の条件だというのである。

(39) Brownlie, *op. cit*. n. 15, pp. 69–70 ; 大沼保昭『戦争責任論序説』（東京大学出版会，1975 年）80–81 頁；田畑，前掲書（注 4）185–186 頁。

(40) Garner, *op. cit*. n. 34, p. 123 ; Baker, *op. cit*. n. 24, p. 1 ; Hans Wehberg, “Le Protocol de Genève”, *Recueil des cours*, 1925–II, Librairie Hachette, pp. 5–6 ; Jean Ray, *Commentaire du Pacte de la Société des Nations selon la politique et la jurisprudence des organes de la Société*, Recueil Sirey, 1930, pp. 305–306.

(41) League of Nations, *Official Journal, Special Supplement*, no. 23, 1924, p. 482. なお，のちに見るように，ここでいう「仲裁」とは，典型的な意味での仲裁裁判とは異なる概念である。すなわち，それは，当事国の合意によって設立され，法の適用によって紛争を解決する手続を意味しているのでは必ずしもない。その点は，報告者も自覚している（*ibid*., pp. 482–483)。

(42) 紛争解決手段によって紛争を解決できなかった場合には，紛争を安保理に付託する義務が当事国に課されている（憲章 37 条 1 項)。しかし，手段選択の自由が広範に認めら

れているゆえに，いつの時点で，当事国が紛争解決手段による解決に失敗したのかを確定することは難しい（Jean-Pierre Cot et Alain Pellet, *La Charte des Nations Unies : Commentaire article par article*, Economica, 1991, p. 633）。また，仮に，安保理への付託がなされたとしても，安保理は，拘束力のない勧告をなしうるにとどまる（同 2 項）。

(43)「第二次大戦後の国際政局の指導者は，戦争を国際社会から駆逐する方法を平和的解決手段の完成に求める道を歩むことを躊躇して，平和を求める世論の要求に応える方法を，戦争の違法を宣言して，戦争を開始する国に対してすべての国が協力して制裁を加えるという制度に依ろうとした」（田岡良一『国際法 III』（有斐閣，1959 年）73 頁）。

(44) 本章 1 節（1）（i）参照。

(45) ここでは，「条約の解釈，国際法上の問題，国際義務の違反となるべき事実の存否ならびに当該違反に対する賠償の範囲および性質に関する紛争」（国際連盟規約 13 条 2 項）のことを意味する。

(46)「ジュネーヴ議定書は，連盟規約の紛争解決制度の不完全さを補い，終局的にはすべての紛争が拘束力ある解決を受ける仕組を作り，これによって紛争当事者が強制的処理に訴える必要性を除き，戦争の全廃を期したのである」（田岡，前掲書（注 43）65 頁）。

(47) "General Report Submitted to the Fifth Assembly on behalf of the First and Third Committees", League of Nations, *Official Journal, Special Supplement*, no. 23, 1924, pp. 484–485.

(48) ジュネーヴ議定書が予定する紛争の割り振り方には異論もありうる。そもそも，法律的紛争でないゆえに，常設国際司法裁判所や仲裁裁判ではなく，連盟理事会に付託されたのであるから，その紛争を，常設国際司法裁判所や仲裁委員会に付託し直しても解決できないのではないか，という疑問が即座に生じる。この点，起草者は，衡平 equity に基づく仲裁によって解決が与えられることを期待している（*ibid.*, p. 482）。なお，戦間期には，"arbitrage (arbitration)" という概念は，必ずしも法の適用によって紛争を解決する手続（仲裁裁判）のみを意味したわけではなかった。当時，「広義の仲裁 arbitrage」は，当事国の同意に基づき，第三者が当事国を拘束する決定を下す紛争解決手続全般を指しており，ジュネーヴ議定書における「仲裁 arbitrage」もまた，この広義において理解されるべきであろう（Dietrich Schindler, *Die Schiedsgerichtsbarkeit seit 1914 : Entwicklung und heutiger Stand*, W. Kohlhammer, 1938, pp. 55–56）。念のため付言すれば，常設国際司法裁判所においても「衡平と善」による裁判が可能である（同裁判所規程 38 条 2 項）。平和的紛争解決手続における紛争の割り振りは，後に，紛争の種別という理論的問題との関係において検討される。

(49) 田岡，前掲書（注 43）66 頁。

(50) 田岡良一『国際法学大綱（下巻）』（巌松堂書店，1939 年）1-2 頁。

(51) 同上 3 頁。

(52) 田岡，前掲書（注 43）121 頁。

(53) 不戦条約の文言は，連盟規約やジュネーヴ議定書に較べてもきわめて簡潔で，一般的原則を述べるにとどまっている。その義務は，実質的にわずか 2 カ条で述べられている。第 1 条「締約国は，国際紛争解決のため戦争に訴えることを非とし，かつその相互の関係において国家の政策の手段としての戦争を放棄することをその各自の人民の名において厳粛に宣言す」。第 2 条「締約国は，相互間に起こることあるべき一切の紛争または紛議は，その性質または起因の如何を問わず，平和的手段によるほかに解決 settlement または解消 solution を求めないこと約す」。

(54) 田岡，前掲書（注 43）130 頁。

(55) 同上 7 頁。

(56) 同上 133 頁。田岡は，不戦条約について，「実行不能のことを内容とする契約としてその拘束力を否定するの他はない」とまで言っている（同頁）。

(57) 同上 136–138 頁。

(58) 同上 139 頁。

(59) 同上 141–142 頁。

(60) 同上 43–44 頁，137 頁。

(61) T. P. Conwell-Evans, *The League Council in Action : A Study of the Methods Employed by the Council of the League of Nations to Prevent War and to Settle International Disputes*, Oxford University Press, 1929.

(62) *Ibid*., pp. 36–38, pp. 47–51.

(63) *Ibid*., pp. 101–102.

(64) *Ibid*., pp. 115–116.

(65) *Ibid*., pp. 125–126.

(66) *Ibid*., pp. 243–246.

(67) *Ibid*., pp. 127–132.

(68) *Ibid*., p. 132.

(69) *Ibid*., p. 133.

(70) *Ibid*., pp. 247–248. 常設国際司法裁判所において「意見制度の裁判機能への接近」という現象が見られた，という指摘がなされるが，その現象は，連盟理事会が，その政治的調停手続において裁判所を積極的に活用していたという，連盟期の紛争解決の実態を背景として理解されなければならない（参照：杉原高嶺『国際司法裁判制度』（有斐閣，1996 年）410 頁。裁判制度としての詳細な検討については，同『国際裁判の研究』（有斐閣，1985 年）第 7 章を参照）。なお，規約 11 条もしくは 15 条に基づく調停の一環として勧告的意見が求められた事例としてコンウェル・エヴァンズは，次の七つの事件を挙げる（Conwell-Evans, *ibid*., p. 164）。

① ポーランド・チェコスロヴァキア国境問題（Jaworzina）事件［1923 年 12 月 6 日，Series B, No. 8］：第一次世界大戦後に独立したポーランドとチェコスロヴァキアの国境画定をめぐる紛争を，国境画定を授権された大使会議が，連盟規約 11 条 2 項に基づいて連盟理事会に付託。その法的問題について，1923 年 9 月 27 日の決議により，理事会が常設国際司法裁判所の勧告的意見を求めた（横田喜三郎『国際判例研究 I』（有斐閣，1933 年）272–284 頁；Manley O. Hudson, *The World Court 1921–1931 : A Handbook of the Permanent Court of International Justice*, World Peace Foundation, 1931, pp. 81–84）。

② 東部カレリア（Status of Eastern Carelia）事件［1923 年 7 月 23 日，Series B, No. 5］：国境付近の東部カレリア地域の自治を認める条約規定に関する義務違反を問題として，フィンランドとロシアのあいだに紛争が生じた。フィンランドが連盟理事会に紛争を付託することを求めたが，連盟非加盟国であるロシアはこれを拒否。にもかかわらず，理事会は，1923 年 4 月 21 日の決議により，常設国際司法裁判所に法律問題に関する勧告的意見を求めた。しかし，裁判所は，非加盟国であるロシアの拒絶を理由として，意見を提示しなかった（横田，前掲書，237–248 頁；Hudson, *op. cit*., pp. 74–

75)。

③ 聖ナウム僧院とアルバニア国境（Monastery of Saint-Naoum）事件［1924年9月4日，Series B, No. 9］：第二次バルカン戦争後に独立を認められたアルバニアの国境画定をめぐる同国とユーゴスラヴィアの紛争に関する問題について，国境確定の任務を負う大使会議が連盟理事会に質問を提出し，それを受けて，1924年6月17日，理事会が裁判所の勧告的意見を求めた（横田，前掲書，284–289頁；Hudson, *op. cit*., pp. 84–87)。

④ ギリシア・トルコ住民交換（Exchange of Greek and Turkish Populations）事件［1925年2月21日，Seires B, No. 10］：ギリシアとトルコのあいだで取り決められた強制移住による住民交換に関し，その対象となる範囲についてギリシアとトルコのあいだに紛争が生じた。トルコが連盟理事会に紛争を付託し，1924年12月13日，理事会が条約の解釈について裁判所の勧告的意見を求めた（横田，前掲書，290–302頁；Hudson, *op. cit*., pp. 87–91)。

⑤ チュニス国籍法（Nationality Decrees Issued in Tunis and Morocco）事件［1923年2月7日，Series B, No. 4］：フランス保護領であるチュニスとモロッコにおける国籍法をめぐるフランスとイギリスの紛争が，イギリスによって連盟理事会に付託された。理事会は，1922年10月4日，当該紛争がもっぱら国内管轄事項に属するか，という法律問題について，裁判所の勧告的意見を求めた（横田，前掲書，225–237頁；Hudson, *op. cit*., pp. 69–73)。

⑥ 東方正教会総大主教追放（Expulsion of the oecumenical patriarch）事件［取り下げ，Series C, No. 9–II］：トルコが，総大主教の追放を命じたことから生じた問題を，ギリシアが連盟規約11条2項に基づいて，連盟理事会に提出。1925年3月14日，連盟理事会は，当該紛争を扱う権限を有するか否かについて，裁判所に勧告的意見を求めた。その後，ギリシアとトルコのあいだで合意が成立したため，理事会は勧告的意見の求めを取り下げた（Manley O. Hudson, *The Permanent Court of Justice 1920–1942*, Macmillan, 1942, pp. 509–510)。

⑦ 1926年12月1日ギリシア・トルコ協定解釈（Interpretation of the Greco-Turkish Agreement of 1 December 1926 (Final Protocol, Article IV)）事件［1928年8月28日，Series B, No. 16］：ギリシアとトルコの住民交換に関する協定の解釈をめぐり，両国間に紛争が生じた。住民交換のための混合委員会が，連盟理事会に，常設国際司法裁判所の勧告的意見を求めることを要請。理事会は，1928年6月5日，ギリシア・トルコ両国の同意を得て，裁判所に意見を求めた（横田，前掲書，373–386頁；Hudson, *op. cit.*（*The World Court 1921–1931*), pp. 106–108)。

(71) *Ibid*., pp. 168–169.

(72) ただし，もっぱら連盟理事会の権能や手続にのみ関係するなど，紛争の主題に関わらない内容の問題については，紛争当事国の同意を得ずに，理事会が勧告的意見を求めることもあった（杉原，前掲書（注70『国際裁判の研究』）282–283頁)。

(73) 1923年に理事会に付託されたハンガリーとルーマニアのあいだの紛争においては，争点が条約の解釈に関わるものであったにもかかわらず，ルーマニアの反対により裁判所の利用が回避された。紛争の中心的な争点は，ルーマニアの農地改革における措置と条約上の義務との適合性である。ルーマニアが拡張した領域において，ハンガリー国籍を選択した住民は，その領域にある不動産に対する権利を保持し続けることがトリアノン

条約等によって定められていた。ところが，ルーマニアは，農地改革の一環として不在地主の土地を収用する立法を行い，ハンガリー国籍選択者の所有地を含む土地の収用を行った。その際，補償金の額はわずかであった（League of Nations, *Official Journal*, June 1923, pp. 573–577)。ルーマニアは，外国人の財産の保護を重視する国際法原則の適用によって，内外人を平等に扱う農地改革の実行が阻害されることを恐れ，裁判の利用に強く反対した（Conwell-Evans, *op. cit.* n. 61, p. 189)。理事会は，裁判の利用に固執せず，別の手段を選択した（*ibid.*, pp. 199–200)。なお，常設国際司法裁判所の勧告的意見に関し，「国家間の紛争に関係する意見については，関係国の同意をうる慣行が成立していた」ということは，裁判所制度の分析において，勧告的意見の「判決機能への接近」として評価される（杉原，前掲書（注 70『国際裁判の研究』）277–286 頁)。

(74) 理事会において紛争が取り上げられる場合，紛争当事国は，連盟規約 4 条 5 項により，代表を理事会に派遣し，審議と議決に加わる。すなわち，理事会決議が全会一致を原則としている（規約 5 条 1 項）以上，規約 11 条 1 項や 15 条 3 項に基づいて理事会が紛争に対処している際には，その決定には，紛争当事国の同意が必要である。このことを，理事会による平和維持の限界とみることもできるだろう（田畑，前掲書（注 4）210 頁)。しかし，平和維持における理事会の主要な任務を調停とみる場合，政治的圧力と議論によって紛争当事国を説得することが中心的な意義を持つゆえ，当事者を審議に加えることが，任務遂行の障害となることはないと考えられる（Julius Stone, *Legal Controls of International Conflict : Treatise on the Dynamics of Disputes- and War-Law*, 2nd impression, Rinehart & Company, 1959, p. 169)。

(75) 藤田，前掲書（注 9）65–69 頁。

(76) Stone, *op. cit.* n. 74, p. 171.

(77) *Ibid.*, p. 166, p. 173.

(78) Schindler, *op. cit.* n. 48, p. 63. 平和的紛争解決手続に関するさまざまな二国間・多国間条約における紛争の振り分けについては，田岡良一「法律紛争と非法律紛争の区別――ラウターパハト説と其批判 (1)」『法学（東北大学)』第 7 巻 6 号（1938 年）3–4 頁；田岡，前掲書（注 43）55–70 頁において整理・分類がなされている。

(79) Schindler, *op. cit.* n. 48, pp. 62–73 ; Oppenheim/Lauterpacht, *op. cit.* n. 17, p. 4 ; 田畑茂二郎「国際裁判に於ける政治的紛争除外について」『法学論叢（京都大学)』第 33 巻 5 号（1935 年）94–113 頁；田岡，前掲書（注 50）23–30 頁。「法的紛争」概念の確定を課題とした横田喜三郎は，ここで挙げる第一の類型に代えて，ラウターパクトに代表されるところの「一切の紛争が法的紛争である」という立場を挙げている（「法的紛争の概念 (1)」『国際法外交雑誌』第 38 巻 1 号（1939 年）32–54 頁)。横田は，「条約の規定の全体的構造」を分析する個所において，「重大利益」「独立」「名誉」「第三国の利益」等に関する留保規定について検討し，それらの規定を，「法的紛争そのものに関するものではないが，裁判義務の設定に関する規定の一部として，間接にそれに関係するもの」と位置づける。裁判可能性基準（法に基づく裁判に付すべきかどうかについての基準）から切り離して「法的紛争」そのものの概念を確定するという横田の関心からは，そのような位置づけもありうるが，裁判可能性基準として法律的／非法律的紛争の区別を理解しようとする立場からは，本書で挙げる三類型の方が，分類としてわかりやすいという意味で，適切だろう。

(80) Hersch Lauterpacht, *The Function of Law in the International Community*, The Clarendon Press,

1933, pp. 139-144；田岡，前掲書（注 43）29-30 頁。

（81）Hans Wehberg, "Restrictive Clauses in International Arbitration Treaties," *American Journal of International Law*, vol. 7, 1913, pp. 303-306.

（82）Schindler, *op. cit.* n. 48, p. 64.

（83）*Ibid.*, pp. 64-71；横田喜三郎「法的紛争の概念（2）」『国際法外交雑誌』第 38 巻 2 号（1939 年）29-41 頁；田畑，前掲論文（注 79）95 頁。

（84）該当する条約は，横田喜三郎「法的紛争の概念（3）」『国際法外交雑誌』第 38 巻 3 号（1939 年）71-78 頁に列挙されている。

（85）Schindler, *op. cit.* n. 48, p. 65；祖川武夫「国際調停の性格について」『国際法と戦争違法化――その論理構造と歴史性（祖川武夫論文集）』（信山社，2004 年）69 頁。

（86）Schindler, *op. cit.* n. 48, pp. 71-73；横田，前掲論文（注 83）41-60 頁；祖川，前掲論文（注 85）69 頁。

（87）Schindler, *op. cit.* n. 48, p. 71；田岡，前掲書（注 50）29 頁；横田喜三郎「法的紛争の概念（4）」『国際法外交雑誌』第 38 巻 4 号（1939 年）69-72 頁。

（88）横田，前掲論文（注 84）80-87 頁。

（89）横田，前掲論文（注 83）43，51 頁。

（90）*Rhode Island* v. *Massachusetts* (37 U. S. 12 Pet. 657).

（91）州 State 間の争い controversies について，裁判所によって解決されるべき法律的争いであるか，政治的に決着されるべき争いであるかを区別する規準は，その争いの性質そのものではなく，当事者の振る舞いに求められる，という（John Fischer Williams, *Chapters on Current Law and League of Nations*, Longmans, Green & Co., 1929, pp. 45-46）。

（92）「法律的紛争 Rechtskonflikte は，次のようなものとして把握される。両当事国が法的な立場に立ち，その要求を法的要求として，すなわち，法に根拠づけられた要求もしくはそのような要求にとって先決的なものとして提示するところの紛争である。それに対し，利益紛争または政治的紛争とは，当事国の少なくとも一方が，法をまったく顧慮せず（あるいは法に決定的な顧慮を与えることなく），その利益を主張しようとする紛争である。すなわち，その区別は，……双方の要求の客観的内容ではなく，その要求が主としてどのように根拠づけられているか，という態様に関わる，ということとなる」（Leo Strisower, *Der Krieg und die Völkerrechtsordnung*, Manzsche Verlags- und Universitäts-Buchhandlung, 1919, pp. 63-64）。

（93）横田喜三郎，前掲論文（注 87）72-75 頁。

（94）カストベルクは，法律的紛争と非法律的紛争の区別に関する客観的な基準について批判的に検討したのちに，次のように言う。「それゆえ，国際紛争の解決のために裁判所が用いるべき規範の性質は，その紛争が法律的紛争であるか否かを決するための適切な基準とはならない。［改行省略］そのような基準は，当事国自身が，紛争の対象となっている問題を提示する態様に求められなければならない。［改行省略］紛争が法律的なものであるのは，当事国が，実定法の土俵に身を置く場合，言い換えれば，紛争が，法規に基づいて存する権利・義務に関わる場合である」（Frede Castberg, traduction de M. R. B. Skylstad, "La compétence des tribunaux internationaux", *Revue de droit international et de législation comparée*, troisième série, t. 6, 1925, p. 160）。

（95）Dietrich Schindler, "Werdende Rechte : Betrachtungen über Streitigkeiten und Streiterledigung im Völkerrecht und Arbeitsrecht", *Festgabe für Fritz Fleiner zum 60. Geburtstag*, J. C. B. Mohr,

1927, p. 411. シントラーの所論については，動態的紛争論との関連において，後に詳しく検討する。

(96)「国際紛争が多様である中で，本質的な基準は，……当事国が紛争の目的を示す態様にのみ求めることができる。すなわち，請求国が厳密な意味での権利を有していると主張しているか，あるいは，実定法から導かれた議論に依拠することなく，相手国に作為や不作為を要求しているか，という問題に，結局のところ，すべてがかかっている。前者において紛争は法律的であり，後者においては非法律的である」(Alfred Verdross, "Règles générales du droit international de la paix", *Recueil des cours*, 1929-V, pp. 475-476)。

(97) ウィリアムズは，自らの採用する紛争の性質区別の方式について，次のように述べる。「法的紛争と政治的紛争を区別するこの方法が，紛争当事者がその争点として実際に主張しているのは何であるか，ということを問うことによって行われるのは明白である。紛争当事者が，それぞれ，どのように根拠・目的 cause を提示しているか。そして，このやり方が，ただひとつの分別のある論理的なアプローチではなかろうか。なぜなら，結局のところ，紛争とは本質的に意見と意見の関係であり，その性質を決定するためにとるべき最初のステップは，争われている事柄に関する当事者の意見の内容を確認することである」(John Fischer Williams, "Justiciable and other disputes", *American Journal of International Law*, vol. 26, 1932, p. 33)。

(98)「いかなる紛争も，当事国が裁判に付すべきものとして取り扱うなら，裁判に付すべき紛争である。なぜなら，いかなる紛争も，一方の国家から他方の国家に対してなされる請求という形式で表現することができるのであり，また，その請求が法において十分に根拠を有するかどうかを裁判所が宣言することを妨げうるような，いかなる技術的・形式的な困難も存在しない。問題は，裁判所が紛争について判断できないということではなく，両当事国または一方当事国が，裁判所が判断することを望まない，ということである。当事国の争いが，それぞれの法的権利にまったく関わらないこともあるだろう。それら権利は，裁判所による宣言を待つまでもなくすでに知られているのだが，当事国のいずれかがその権利に満足せず，自己に都合よくそれを変更すべきだと考えることで，紛争が生じたのかもしれない」(J. L. Brierly, *The Outlook for International Law*, The Clarendon Press, 1944, p. 122)。

(99)「おそらく，今日のほとんどの著作者が，[裁判に付すべき justiciable 紛争と付すべからざる紛争の区別を] 当事国の態度によって左右されるものと考えているだろう。紛争の主題が何であれ，もし当事国が求めているものが各々の法的権利であるならば，その紛争は裁判に付すべきである。他方で，もし少なくとも当事国の一方が，その法的な権利を要求するにとどまらず，現行法の変更が必要とされるとしてもなお，自国の何らかの利益の充足を求めるならば，その紛争は，裁判に付されるべきでない」(J. L. Brierly, *Law of Nations*, 4th edition, The Clarendon Press, 1949, pp. 263-264)。

(100) 田岡，前掲書（注 50）27-30 頁。

(101) Williams, *op. cit.* n. 97, p. 32.

(102) Lauterpacht, *op. cit.* n. 80, p. 354.

(103) *Ibid.*, p. 355.

(104) ラウターパクトの「司法による平和」の構想については，西平等「戦争概念の転換とは何か――20 世紀の欧州国際法理論家たちの戦争と平和の法」『国際法外交雑誌』第 104 巻 4 号（2006 年）74-75 頁を参照。

(105) ラウターパクトの平和構想の位置づけについて簡単に述べておく。ラウターパクトは，国際裁判への付託を通じて紛争を実質的に解決することを重視しており，したがって，「戦争違法化」を基軸とする平和構想には批判的である。例えば，不戦条約（1928年）について，彼は，それが，権利救済手段としての戦争を禁止する一方で，紛争を拘束的な平和的解決手続に付託する具体的な義務を規定していないことを問題とする。「このように，拘束的な平和的解決手続に関する規定，および，それを通じて下される裁決の執行に関する規定を欠いていることは，その最終的な実効性の観点からみて，パリ条約の主要な欠陥 defects を構成している。パリ条約の締結より前には，戦争は法的な救済手段の一部であった。パリ条約は，いくつかの例外を除いて，そのような役割を果たす戦争を廃絶したが，その代わりとなるものを何も置かなかった。法的権利の継続的な否定に対しては何らかの救済手段がなければならず，それゆえ，このような戦争の禁止は，実践的には，非現実的なものとなるだろう」（Oppenheim/Lauterpacht, *op. cit.* n. 17, p. 184）。ラウターパクトは，実効的な紛争解決手続の整備を基軸とする平和構想を採用しているが，紛争をその性質に従ってさまざまな手続に割り振ることを重視した他の多くの論者と異なり，すべての紛争を国際裁判に振り向けることを主張したのである。すなわち，ここでの対立は，平和的紛争解決を基軸とする平和構想における内部対立であって，対立するいずれの側も，「戦争違法化」を基軸とする平和構想には距離を置いている。

(106) Lauterpacht, *op. cit.* n. 80, p. 64. 国際法の無欠缺性（完全性）の問題については，後に詳しく検討する（本章 3 節）。

(107) *Ibid.*, pp. 434–435.

(108) Morgenthau, *op. cit.* n. 3, p. 42.

(109) *Ibid.*, pp. 39–40.

(110) *Ibid.*, p. 40.

(111) *Ibid.*

(112) *Ibid.*

(113) 「法律的紛争でない国際紛争が，国際司法機関によって，一般的に適用可能な規範に基づいて判断されうるということが確認された以上，『純粋な利益紛争』（単に『利益紛争』と呼ばれようが，『政治的紛争』と呼ばれようが）というカテゴリーは，国際司法機関の権限の限定という問題について，もはやいかなる意義も持たない」（*ibid.*, p. 43）。

(114) モーゲンソーは，紛争が国際法規範に基づいて判断可能であるか否かの基準は，当事国の主張の根拠づけのあり方に求めるほかないと考え，主観的基準を適切とみなす（*ibid.*, pp. 46–47）。それのみならず，国際法の領域においては，何を国際法規範とみなすか，という点についても国ごとに異なる判断がありうるため（p. 47），当事者の主張の根拠とされている法規範の存在自体についても，当事国の主張を通じて確認されなければならない。つまり，「法的紛争の概念の基準は，国際法規範による判断可能性に存するが，その国際法規範の存在もまた当事者の主張の態様から導かれなければならない」（p. 49）。当事者の主張が，法的にその存在を論証しえないような「法規範」に根拠づけられており，その法規範の存在そのものが争いとなった場合，その紛争は法に基づいて判断できない（つまり法律的紛争ではない）。したがって，次のような定義が結論として提示される。「法律的紛争とは，……当事国の主張の根拠について，法原則に基づいてのみ判断しうる点に関する見解の相違が認識されるような紛争である。ただし，その根拠づけ

が，法的な議論によってその存在を立証しえない法規を内容としている場合を除く」(p. 53)。

(115)「法律的紛争の概念を確定することについて，原理的な関心はごくわずかしかない von sehr geringem prizipiellen Interesse。ただ，実践において，理論的な根拠のないままに，国家間紛争を裁判または仲裁裁判によって解決する義務をしばしば法律的紛争に限定しているという事実，および，理論において，この概念に多大な関心が寄せられており，多くの詳細な研究を通じてこの概念に（それに相応しくない）意義が与えられてきた，という事実によって，この概念を確定することが正当化されるにすぎない」(*ibid*., p. 44)。

(116)「法律的紛争と利益紛争を区別する，いわば垂直的な画定原理に，いまやそれとは異なる，いわば水平的な区別標準がとって代わる」(*ibid*., p. 58)。

(117) *Ibid*., p. 73.

(118) *Ibid*.

(119) *Ibid*., p. 74. 自己保存以外に，自己が重きをなすことへの欲動を想定している点が，自己保存欲求のみに注目する従来の議論との重要な相違であるが，この点は本章 4 節で論じる。

(120) *Ibid*.

(121) *Ibid*.

(122) *Ibid*., p. 75.

(123) *Ibid*.

(124) *Ibid*., p. 76.

(125) *Ibid*., p. 78.

(126) モーゲンソー自身が，精神分析からの転用として「抑圧する verdrängen」という語を用いている。「支配的なイデオロギーおよび概念的な思考の未発達状態のゆえに紛争領域への通路を遮断された緊張は，もし現代の心理学から借用された比喩を用いることが許されるとすれば，『抑圧』される。ただ，紛争の介在によって，間接的にのみ，緊張は現象の中に現れるのである……」(*Ibid*., p. 82. ただし，引用原文中の unmittelbar（直接的に）は mittelbar（間接的に）の誤記とみなして翻訳した)。

(127) *Ibid*., p. 77.

(128) *Ibid*., pp. 77-78.

(129) *Ibid*., p. 78.

(130) *Ibid*.

(131) *Ibid*., p. 79.

(132) *Ibid*., pp. 81-82.

(133) *Ibid*., p. 82.

(134) *Ibid*., p. 83.

(135) *Ibid*., pp. 87-88. モーゲンソーによれば，「司法機関の実効性は，……法に服する者 die Rechtsunterworfenen がその機関に対して抱く信頼に依存する」(p. 84)。「そして，このような司法に対する信頼は，法に服する者が，判決の客観性について確信していることに基礎を持つ。この客観性は，一方で，裁量の範囲において裁判官が不偏不党であることにより，他方で，裁判官の裁量が客観的規範によって限定されていることによって保証される」(pp. 84-85)。このような裁判官の判断の客観性が，勢力関係に関する政治的な判断については保証されえない，というのである。

(136) *Ibid*., p. 89.

(137) *Ibid*.

(138) *Ibid*., p. 90.

(139) 第 2 章 2 節参照。

(140) Adolf Trendelenburg, *Lücken im Völkerrecht*, Hirzel, 1870, p. 21.

(141) 本章第 1 節（2）参照。

(142) ガリチア地方のブロディ Brody に生まれる。1908 年ウィーン大学私講師。1924 年同教授。反ユダヤ主義の影響で教授就任は遅れたが，その優れた学識のゆえに尊敬され，学生時代のハンス・ケルゼンにも影響を与えたという（ルドルフ・アラダール・メタル［井口大介・原秀男訳］『ハンス・ケルゼン』（成文堂，1971 年）10-11 頁）。ケルゼンはウィーン大学での学生時代を振り返って，「当時私が唯一きちんと出席した授業はレオ・シュトリゾヴァー教授の法哲学史講義であった」と述べている（ハンス・ケルゼン［長尾龍一訳］『ハンス・ケルゼン自伝』（慈学社，2007 年）13 頁）。また，シュトリゾヴェアは，ウィーン大学に提出されたラウターパクトの博士論文の審査員を務めた（Elihu Lauterpacht, *The Life of Hersch Lauterpacht*, Cambridge University Press, 2010, p. 27）。

(143) Leo Strisower, *Der Krieg und die Völkerrechtsordnung*, Manzsche Verlags- und Universitäts-Buchhandlung, 1919, p. 62.

(144) *Ibid*., pp. 62-63. 法の欠缺を補完する「原則」の例として，「類推」や「正義と衡平の一般原則」を挙げている（p. 63, n. 14）。

(145) *Ibid*., p. 61.

(146) ラウターパクトは，1930 年に公表した論文において，法変更をめぐる紛争の裁判可能性を否定する論者が，「国際会議や調停，国際的立法 international legislature といった，より適切な政治的手続を通じて紛争を解決する，いわゆる代替的方法 alternative methods を発展させること」を主張している，と述べている（Hersch Lauterpacht, "The absence of an international legislature and the compulsory jurisdiction of international tribunals", *Hersch Lauterpacht Collected Papers*, vol. 5, Cambridge University Press, 2009, p. 202［初出：1930 年］）。

(147) 1890 年，チューリヒに生まれる。チューリヒ・ライプツィヒ・ベルリンで法学を学び，チューリヒにて教授資格を取得したのち，米国およびフランスに留学。1927 年，チューリヒ大学にて員外教授，1936 年以降，国家法・行政法・国際法・法哲学の正教授を務める（Daniel-Erasmus Khan, "Schindler, Dietrich", *Neue deutsche Biographie*, Bd. 22, 2005, pp. 789-790）。

(148) Dietrich Schindler, "Werdende Rechte : Betrachtungen über Streitigkeiten und Streiterledigung im Völkerrecht und Arbeitsrecht", *Festgabe für Fritz Fleiner zum 60. Geburtstag*, J. C. B. Mohr, 1927, pp. 403-404.

(149) *Ibid*., p. 406.

(150) *Ibid*., pp. 430-431.

(151) *Ibid*., p. 402.

(152) *Ibid*., pp. 406-407, pp. 413-414.

(153) *Ibid*., pp. 420-421.

(154) *Ibid*., pp. 423-425.

(155) 1875 年ヴォルムスに生まれる。ミュンヘン・ベルリン・フライブルク・マールブル

ク・ハレにて，法律学・経済学を学ぶ。社会民主党党員としての政治活動のほか，労働学院 Akademie der Arbeit における労働者教育や，労働法に関する研究を行う。フランクフルト大学客員教授。1933 年，ナチスの政権獲得により，オランダに亡命。アムステルダム大学・ライデン大学で員外教授（法社会学担当)。その生涯については，久保敬治『ある法学者の人生――フーゴ・ジンツハイマー』（三省堂，1986 年）を参照。

(156) 西谷敏『ドイツ労働法思想史論』（日本評論社，1987 年）214-220 頁。

(157) 労働契約のうち，労働協約よりも労働者に不利な労働条件を定める部分を無効とすること。日本の労働基準法 16 条に当たる。

(158) 労働協約の「一般的拘束力」とは，労働組合の構成員でない労働者にも労働協約が適用されることを指す。日本では労働組合法 17 条に規定されている。ただし，1918 年労働協約令には，労働省が，特定の労働協約について，その一般的拘束力を宣言できることが規定されている。

(159) 西谷，前掲書（注 156）278-279 頁。

(160) Hugo Sinzheimer, *Grundzüge des Arbeitsrechts*, 2. Aufl., Gustav Fischer, 1927, p. 299.

(161) *Ibid*., pp. 299-300.

(162) James Leslie Brierly, "The judicial settlement of international disputes", *The Basis of Obligation in International Law and Other Papers*, The Clarendon Press, 1958 [reprinted 1959], p. 100［初出は 1925 年］.

(163) *Ibid*., p. 101.

(164) *Ibid*.

(165) E. H. Carr, *The Twenty Years' Crisis 1919-1939 : An Introduction to the Study of International Relation*, 2nd ed., MacMillan, 1946, p. 212 ; E. H. カー［原彬久訳］『危機の二十年』（岩波書店，2011 年）401-402 頁。

(166) *Ibid*., pp. 212-214.（邦訳 402-405 頁）

(167)「……もしわれわれが，国際社会において変更の問題を喫緊のものとしている荒々しい関係について，それに最も近いアナロジーを国内社会に探し求めるなら，いかなる立法過程によっても解決されてこず，いまなおその大部分が解決されていない対立を伴う国家内の諸集団の関係を見出すだろう。それらの諸集団のうち，ずば抜けて重要であり，ずば抜けてわれわれの目的にとって有用なのは，資本と労働をそれぞれ代表する集団である」(*Ibid*., p. 212（邦訳 401-402 頁))。

(168) *Ibid*., p. 214.（邦訳 404-405 頁）

(169) 久保，前掲書（注 155）203-204 頁；Christoph Frei, *Hans J. Morgenthau : An Intellectual Biography*, Louisiana State University Press, 2001, pp. 35-36.

(170) 本章 2 節（1）参照。

(171) 本章 1 節（2）参照。

(172) J. L. Brierly, "The essential nature of international disputes", *The Basis of Obligation in International Law and Other Papers*, The Clarendon Press, 1958 [reprinted 1959], pp. 181-188.

(173) *Ibid*., p. 181.

(174) トゥキュディデス［藤縄謙三訳］『歴史 1』（京都大学学術出版会，2000 年）25-26 頁。

(175) Morgenthau, *op. cit*. n. 3, pp. 140-141.

(176) *Ibid*., p. 140.

(177) 本章 2 節（1）参照。

(178) *Ibid*., p. 141.

(179) 祖川武夫「国際調停の性格について」『国際法と戦争違法化——その論理構造と歴史性（祖川武夫論文集）』（信山社，2004 年）51-100 頁。祖川は，モーゲンソーによる政治的紛争の構造に関する考察が，モーゲンソー自身の国際調停に関する議論に「十分に生かされてゐない」（95 頁）と考えており，それが，この論文の執筆動機であると推測される。

(180) 同上 94 頁。

(181) 同上 92-93 頁。

(182) 同上 86-87 頁。

(183) 同上 88 頁。

(184) 同上 97 頁。

(185) 同上。

(186) 同上 98 頁。

(187) 同上 97 頁。

(188) 本章 1 節（1）（iv）参照。

(189) Morgenthau, *op. cit*. n. 3, p. 67.

(190) *Ibid*.

(191) *Ibid*., p. 69.

(192) 宮下豊『ハンス・J・モーゲンソーの国際政治思想』（大学教育出版，2012 年）57-58 頁。

(193) Carl Schmitt, *Der Begriff des Politischen, Text von 1932 mit einem Vorwort und drei Corollarien*, 7. Aufl., Duncker & Humblot, 2002, p. 27；シュミット［田中浩・原田武雄訳］『政治的なものの概念』（未来社，1970 年）15 頁。

(194) Kelsen, *Reine Rechtslehre*, Franz Deuticke, 1934, p. 100；ケルゼン［横田喜三郎訳］『純粋法学』（岩波書店，1935 年）156-157 頁。

(195) 田畑茂二郎「国際裁判に於ける政治的紛争の除外について——その現実的意味の考察」『法学論叢（京都大学）』第 33 巻 5 号（1935 年）97-98 頁，および横田喜三郎「法的紛争の概念（1）」『国際法外交雑誌』第 38 巻 1 号（1939 年）34-35 頁，38-46 頁には，このような形式的な意味における国際法の無欠缺性を主張する多くの論者が挙げられている。

(196) Erich Kaufmann, *Das Wesen des Völkerrechts und die clausula rebus sic stantibus*, J. C. B. Mohr, 1911, p. 49.

(197) Lauterpacht, *op. cit*. n. 80, p. 85.

(198) 領海幅員に関する国際法規が定まっていない場合について，田岡が同様の事例を挙げている（田岡良一「法律紛争と非法律紛争との区別——ラウターパハト説と其批判」『法学』第 7 巻 5 号（1938 年）23-24 頁）。

(199) 実定法規則による制約が根拠づけられない行為は，法によって許容されている，という原則を前提とするなら，他国の行為を制約しようとする請求が実定法によって根拠づけられないという判断自体が，法的にみて適切な関係についての判断（当該他国の自由に委ねるべきである，という判断）を示すことになるだろう。しかし，単に法が，当該行為を何らかの理由で規制できていないだけであって，許容しているわけではない，という場合には，請求に関する法的評価は，適切な関係を法的に示すものではない（参

照：同上 22-23 頁）。

(200) Lauterpacht, *op. cit.* n. 80, p. 64.

(201) *Ibid.*, pp. 86-88.

(202)「欠缺は，問題となっている事件について法的な解答が存在しない，という事実に存するのではない。そのような意味での欠缺は存在しない。欠缺は，直接に適用可能な規則に依拠することで得られた法的な解答が，法的に不十分だと考えられる場合に存する。法が，不十分な帰結を求めていると推定してはならないのであるから，そのような事件においては，一見，適用可能にみえた規則がじつは適用できないものとみなされ，この事件そのものが，その規則との関係においては，想定されていないものとして現れる。このような事件において，裁判官は，明確で見誤りようのない実定法規則によって制約されていない場合には，法的に満足度の高い帰結を得るために，より一般的な，しかしながら疑いなく承認されている法規則に依拠しなければならないと感じる」（*ibid.*, p. 101）。また，pp. 134-135 も参照。横田喜三郎は，法の実質的な無欠缺性（「法秩序の実質的完結性」）について，次のように説明している。「一般に法秩序がそうであるように，国際法も一切の国際紛争についてそれに関する法を常になにかの形で含んでをり，なにかの方法でそれを求めることができるから，一切の紛争が法によつて決定されるといふのである。かりにその紛争の実体に関して直接に定められた具体的な規則がないとしても，他の規則から間接に類推したり，国際法の全体からその精神ともいふべきものを求めたり，法の一般原則によつたりすることができるから，一切の紛争について常になにかの法を求めることができ，従つてそれを法によつて決定することができるとされる」（横田，前掲論文（注 195）35 頁）。このような法体系の実質的無欠缺性の主張が，19 世紀ドイツの実証主義公法理論に由来するものであることについて，西平等「実証主義者ラウターパクト――国際法学説における実証主義の意義の適切な理解のために」坂元茂樹編『国際立法の最前線（藤田久一先生古稀記念）』（有信堂，2009 年）84-90 頁を参照。

(203) 第 3 章 5 節（2）（iv）参照。

(204) 第 3 章 6 節（2）参照。

(205) Kelsen, *op. cit.* n. 194, p. 101.（邦訳 157-158 頁）

(206) *Ibid.*（邦訳 158-159 頁）

(207)「いわゆる『法律の欠缺』とは，典型的なイデオロギー的定式である。具体的事例において，法の適用が（法適用者の判断によれば）法政策的な目的に適わない場合に，そのような法適用が，法論理的に不可能であると表現される」（*ibid.*, p. 106（邦訳 166 頁））。

(208) *Ibid.*, pp. 82-83（邦訳 130-131 頁）; Kelsen, *Reine Rechtslehre*, 2. Aufl., Franz Deuticke, 1960, pp. 247-251；ケルゼン［長尾龍一訳］『純粋法学（第 2 版）』（岩波書店，2014 年）234-237 頁；第 3 章 5 節（1）（iv）参照。

(209) Kelsen, *op. cit.* n. 194, pp. 84-89.（邦訳 132-140 頁）

(210) ケルゼン『純粋法学』によれば，上位規範に抵触する下位規範は三つの種類に分けられる。まず，そのような下位規範は，はじめから無効であるか，それとも，いったんは有効な規範として成立するかによって区別される。「いわゆる『規範に違反する規範』は，単に無効にされうるものにすぎないか，そうでなければ，はじめから無効なものである。前の場合には，無効にされるまでは有効な規範であり，したがって，規範適合的規範である。後の場合には，実は規範ではない」（*ibid.*, p. 89（邦訳 139 頁））。上位規範

に抵触する下位規範は，いったん有効に成立した場合，法の定める手続によって無効とされるまで，有効に妥当する。しかし，場合によっては，その手続によって無効とされないままに妥当し続ける。「［上位規範に抵触する下位規範を無効とする］手続が用いつくされるか，かような手続きがまったく設けられていないときには，下位規範は，その『法的効力 Rechtskraft』に関し，上位規範と肩を並べることとなる。すなわち，その下位規範は，上位規範に矛盾する内容にもかかわらず，妥当し続けるのである」（*ibid*., pp. 87-88（邦訳 137 頁））。以上の二つの区別をまとめると，上位規範に抵触する下位規範には，①はじめから無効であり，そもそも規範として妥当しないもの，②上位規範によって定められた手続によって無効とされうる規範であり，その手続によって無効とされるまでのあいだ，有効な規範として妥当するもの，③上位規範が定めた手続によって無効とされず，妥当し続けるものがある。

(211)「憲法は，憲法に適合する法律の妥当のみならず，何らかの意味において，『憲法に違反する』法律の妥当をも欲する」（*ibid*., p. 85（邦訳 134 頁））。

(212) 本章注 210 参照。

(213) Lauterpacht, *op. cit*. n. 146, p. 209.

(214) *Ibid*., p. 211.

(215) ただし，ケルゼンに関しては，段階的構造論を明確に採用する以前から，実定法によって設定された枠内における裁量的判断が，純然たる「倫理的・政策的問題」であることを彼が主張していた点を確認しておく。ケルゼンは，1911 年の著作において次のように述べる。「自由裁量の限界に関して言えば，それは，法規範によって確固として与えられており，その内容は，実定法規から，あらゆる可能な解釈手段によって取り出される。国家機関の行為を，それが法規範に服さない限りにおいて，倫理規範や政策規範のような，他の規範による制約のもとに置くことが可能であることは疑いない。しかし，法規範から自由な裁量 von Rechtsnormen freie Ermessen がどのように規制されるか，という問いは，その問題設定そのものにおいてすでに十分に表現されているとおり，法律学的な問題ではなく，倫理的・政策的問題である」（Hans Kelsen, *Hauptprobleme der Staatsrechtslehre, entwickelt aus der Lehre vom Rechtssatze*, J. C. B. Mohr, 1911, p. 508）。

(216) Kelsen, *op. cit*. n. 194, pp. 96-99.（邦訳 150-155 頁）

(217) *Ibid*., p. 98.（邦訳 153 頁）

(218) Carl Schmitt, *Gesetz und Urteil : Eine Untersuchung zum Problem der Rechtspraxis*, Otto Liebmann, 1912, p. 72.

(219) *Ibid*., p. 4.

(220) *Ibid*., p. 58.

(221) *Ibid*., p. 59.

(222) *Ibid*., p. 71.

(223)「裁判所の裁判は，当事者間において且つその特定の事件に関してのみ拘束力を有する」（国際司法裁判所規程 59 条）という規定によって先例拘束性が明示的に否定されているにもかかわらず，国際司法裁判所の判決は，多くの場合，以前に下された判決を引用する。また投資仲裁においても，先行する他の仲裁決定の先例拘束性はないにもかかわらず，それら先例が引用されることが常態とされている（Rudolf Dolzer and Christoph Schreuer, *Principles of International Investment Law*, 2nd ed., Oxford University Press, 2012, p. 33）。判決の主要任務は，実定法規範からなる矛盾なき学的体系の構成に貢献することで

はなく，個別の事件に対して有効かつ適切な解決を与えることである。それゆえ，判決における先例への言及は，法の学的体系への貢献ではなく，判決それ自体についての必要性から根拠づけられなければならない。例えば，「一貫した判例法は，決定の予見可能性を強化し，その権威を高める」（*ibid.*）というように。国際司法裁判所判事であった田中耕太郎は，先例の尊重が，「法の確定性 the certainty of law の観点からきわめて望ましい」ものであり，「このような限定は，純粋な学問的活動とは区別されるところの，司法活動に内在する inherent ものである」と述べる（Barcelona Traction 事件，1964 年 7 月 24 日判決，田中裁判官個別意見：International Court of Justice, *Reports of Judgements, Advisory Opinions and Orders*, 1964, p. 65）。ここで言われている「法の確定性」とは，実定法規範から学的に導かれる推論の客観的確定性とは異なるものであり，司法的実践において「公理」として要請される予測可能性・一貫性とみなされるべきだろう。

(224) Schmitt, *op. cit.* n. 218, p. 112.

(225) *Ibid.*, p. 57.

(226) ラウターパクト理論における司法裁量の意味については，すでに喜多康夫「ハーシュ・ローターパクトの国際法の完全性再考」『帝京法学』第 24 巻 2 号（2006 年）100-111 頁が優れた検討を行っている。

(227)「学問的なコメンタリーの任務は，まず何よりも，批判的分析によって，解釈の対象となる法規範の可能な意味 meanings を明らかにすることであり，そして，その帰結を示すことである。さまざまな可能な解釈の中から，政策的理由によって好ましいと考えられるひとつの解釈を選ぶことは，有権的法解釈機関 competent legal authority に委ねられる。それら有権的機関だけがそれを選択する権限を有している」（Hans Kelsen, *The Law of the United Nations : A Critical Analysis of Its Fundamental Problem*, Frederick A. Praeger, 1950, reprinted by the Law Book Exchange, 2005, p. xvi）。

(228) Hersch Lauterpacht, "Restrictive interpretation and the principle of effectiveness in the interpretation of treaties", *Hersch Lauterpacht Collected Papers*, vol. 4, Cambridge University Press, 2009, p. 443［初出：*British Yearbook of International Law*, vol. 26, 1949］. なお，ラウターパクトは，この個所で明示的にケルゼンの所論に言及して批判している。

(229) Lauterpacht, *op. cit.* n. 80, pp. 434-438.

(230) *Ibid.*

(231) *Ibid.*, footnote 1.

(232) Julius Stone, "*Non liquet* and the function of law in the international community", *British Yearbook of International Law*, vol. 35, 1959, p. 133.

(233) *Ibid.*, p. 152.

(234) Lauterpacht, *op. cit.* n. 146, p. 213.

(235) *Ibid.*, pp. 213-220.

(236) *Ibid.*, pp. 221-222.

(237) 本章 1 節（2）参照。

(238) 本章 2 節（2）参照。

(239) 本章 2 節（3）参照。

(240) 第 1 章 1 節参照。

(241) アドルフ・ラッソンの国際法批判について，第 2 章を，エリヒ・カウフマンの国際法批判について，第 3 章 4 節（2），5 節（2）（iv），6 節を参照。

(242) メルヴィル［八木敏夫訳］『白鯨（上）』（岩波書店，2004年）400頁。

(243) 西平等「『ポスト・ウェストファリア』の理論家としてのモーゲンソー」山下範久・安高啓朗・芝崎厚士編『ウェストファリア史観を脱構築する――歴史記述としての国際関係論』（ナカニシヤ出版，2016年）186–210頁参照。

(244)「政治的リアリズムが，国際政治という風景をとおって行く場合に道案内の助けとなる主な道標は，力powerによって定義される利益interestの概念である。この概念は，国際政治を理解しようとする理性と，理解されるべき諸事実を結びつける」。「われわれは，政治家は力として定義される利益という観点から思考し行動すると仮定する。……力として定義される利益の観点から考えることによって，われわれは，政治家が考えるように考える。そして，利害を持たない観察者として，おそらくは，政治の現場におけるアクターである政治家自身よりも，その思考と行動をよく理解する」。「力として定義される利益の概念は，観察者に知的な方法的規律intellectual disciplineを課し，政治の題材に合理的な秩序を導入する。それによって，政治の理論的な理解が可能となるのである」（Hans Morgenthau, *Politics among Nations*, 4th ed., Alfred A. Knopf, 1967, p. 5；モーゲンソー［原彬久監訳］『国際政治（上）』（岩波書店，2013年）43–44頁）。

(245) 大畠英樹「モーゲンソーのナショナル・インタレスト理論の諸問題」『国際政治』第36号（1968年）106頁。

(246) James N. Rosenau, "National interest", *International Encyclopedia of the Social Sciences*, vol. 11, 1968, p. 37

(247) Veron Van Dyke, "Values and interests", *The American Political Science Review*, vol. 56, 1962, pp. 573–574.

(248) Hans Morgenthau, *In Defense of the National Interest*, Alfred A. Knopf, 1951；モーゲンソー［鈴木成高・湯川宏訳］『世界政治と国家理性』（創文社，1954年）。

(249) *Ibid*., pp. 5–7.

(250) *Ibid*., p. 11.

(251) Hans Morgenthau, "The problem of the national interest", *Dilemmas of Politics*, The University of Chicago Press, 1958, pp. 54–87［初出：Hans J. Morgenthau, "Another 'Great Debate'：The National Interest of the United States", *The American Political Science Review*, vol. 46, 1952, pp. 961–988］.

(252) *Ibid*., p. 66.

(253)「国益の時間的・空間的普遍性という，この前提によって，デモステネスやカエサル，カウティリヤ，ヘンリー8世，今日のロシアや中国の政治家たちの外交政策をわれわれが理解することが可能になる」（*ibid*., p. 67）。これに対し，国益の可変的な要素をモーゲンソーは学問的に重視せず，「この領域について学問的分析がなしうる貢献は……限定的である」と述べる（p. 69）。

(254) *Ibid*., p. 69.

(255) *Ibid*., p. 66.

(256) Hans Morgenthau, *Scientific Man vs. Power Politics*, The University of Chicago Press, 1946, reprinted by Midway Reprint, 1974, p. 193.

(257) *Ibid*.

(258) そのため，大畠英樹は，モーゲンソー理論におけるinterestとpowerの関係を説明するために非常な苦心を払っている。大畠は，①モーゲンソーの *Scientific Man vs. Power*

Politics において用いられる power を「権力」と訳し，*Politics among Nations* において用いられる power を「パワー」と訳して，その二つを異なる概念とみなすこと，および，②*Scientific Man vs. Power Politics* における selfishness と“The problem of the national interest” における national interest とを，いずれも自己保存を中核とするものであるにもかかわらず，まったく異なる意味に理解することによって，なんとか整合的に説明しようとする。「対人関係において，人は，利己欲によって一度自己の生存的立場（セルフィッシュなパーソナリティ）が確保されると，それをひろげ，守り，示さんとする権力欲が働いて互いに対立，抗争を生む。これに決定的影響を与えるのがパワーであ［る］」（大畠英樹「モーゲンソーのナショナル・インタレスト理論」『国際政治』第 20 号（1962 年）100 頁）。「個人の利己欲と権力欲に注目して，この究極目的［パーソナリティ］を，さらに，個人の生存に関するものと，個人のパーソナリティに関するものとに分け，これを，具体的な生存とパーソナリティにとっての抽象価値という意味で，インタレストと呼び，前者を vital or identifical interest とし，後者を secondary or complementary interest に分けうることを主張したい」（同 104 頁）。「『パワーとして定義されるナショナル・インタレスト』を，ナショナル・パワーによって追求されるナショナル・インタレストであると解することができる」（同 106 頁）。これらの叙述は，大畠が，「power として定義される national interest」という定式の有する問題性を十分に認識していたことをうかがわせるが，文献の解釈としてはいかにも強引という感をぬぐいえない。

(259) 第 2 版以降の第 3 章にあたる。第 2 版以降の第 2 章にあたる論述が，初版の序章に置かれている。

(260) 第 1 章 2 節参照。

(261) Morgenthau, *op. cit.* n. 1, p. 13.

(262)「［政治家や人民は，］国際政治を通じて自らの目的を実現しようと尽力するときはいつも，力を求めて抗争することによって，そうするのである」(*ibid.*)。

(263) *Ibid.*, p. 440. なお，これ以外の三つの準則は，「外交は，十字軍的精神から脱却していなければならない」（第一準則），「外交は，他国の観点から政治情勢を見なければならない」（第三準則），「諸国は，自らにとって死活的でない問題については，すすんで妥協しなければならない」というものである（pp. 439–441）。

(264)「国益」を「国家の生存と安全」に限定して定義すべきであるという『初版』の主張が，「権力の追求を自制すべきであるという主張と同義」であるという点は，すでに宮下豊によって適切に指摘されている（宮下，前掲書（注 192）165–166 頁）。

(265) Hans Morgenthau, *Die internationale Rechtspflege, ihr Wesen und ihre Grenzen*, Robert Noske, 1929, p. 74.

(266) Robert Schuett, “Freudian roots of political realism : the importance of Sigmund Freud to Hans J. Morgenthau’s theory of international power politics”, *History of the Human Sciences*, vol. 20, No. 4, 2007, p. 59.

(267) Frei, *op. cit.* n. 169, pp. 126–127.

(268)「利己性」が，「個体の生命維持に必要なもの the vital needs of the individual」に向けられるのに対し，「力への欲求」は，「個体の生存」には関わらず，「自己の仲間のあいだでの地位」に関わる，という（Morgenthau, *op. cit.* n. 256, p. 193）。すなわち，ここでいう「利己性」と「力への欲求」は，『国際司法――その本質と限界』における「自己保存への欲動」と「共同体において重きをなすことへの欲動」と明確に対応している。

(269) 本章 4 節（1）参照。

(270) 本章 2 節（1）参照。

(271) Schuett, *op. cit.* n. 266, p. 59. ただし，シュットは，モーゲンソーの『国際司法――その本質と限界』を検討の対象に加えていないため，「抑圧」を中心とするフロイトとモーゲンソーの共通性を見落としている。したがって，ここでは，とくに，その点に焦点を当てる。

(272) Sigmund Freud, *Vorlesungen zur Einführung in die Psychoanalyse*, *Gesammelte Werke*, 11. Band, 5. Aufl., S. Fischer Verlag, 1969；フロイト［高田珠樹・新宮一成・須藤訓任・道籏泰三訳］『精神分析入門講義』『フロイト全集』第 15 巻（岩波書店，2012 年）。

(273) Sigmund Freud, "Jenseits des Lustprinzips", *Gesammelte Werke*, 13. Band, 6. Aufl., S. Fischer Verlag, 1969, pp. 1-69；フロイト［須藤訓任訳］「快原理の彼岸」『フロイト全集』第 17 巻（岩波書店，2006 年）53-125 頁。

(274) Freud, *op. cit.* n. 272, p. 370.（邦訳 425 頁）

(275) *Ibid.*, p. 323.（邦訳 377 頁）

(276)「われわれの知るところでは，快原理は，心の装置の第一次的な作業様式に固有のものであって，外的困難に晒されている有機体が自己を守ってゆくためには，はじめからまるっきり役に立たないもの，いやそれどころか，高度に危険なものである。自我の自己保存欲動の影響下にあっては，快原理は現実原理によって取って替わられる。現実原理は，最終的に快を獲得するという意図を放棄することはないが，しかし，満足を延期したり，満足のいろいろある可能性を断念したり，快に至る長い回り道の途上でしばしの間不快に耐えたり，といったことを要求し，また貫徹させるのである」（Freud, *op. cit.* n. 273, p. 6（邦訳 58 頁））。

(277) Freud, *op. cit.* n. 272, pp. 368-369.（邦訳 423 頁）

(278) *Ibid.*, XXIII. Vorlesung, Die Wege der Symptombildung.（邦訳第 23 講「症状形成への道」）

(279) 本章 2 節（1）参照。

(280) Freud, *op. cit.* n. 272, p. 373.（邦訳 427 頁）

(281) *Ibid.*

(282) *Ibid.*, p. 374.（邦訳 429 頁）

(283) 本章 2 節（1）参照。

(284) Thomas Hobbes, *Leviathan*, revised student edition, ed. by Richard Tuck, Cambridge University Press, chap. 13, p. 90；ホッブズ［水田洋訳］『リヴァイアサン』第 1 巻第 36 刷（岩波書店，2005 年）第 13 章，214 頁。

(285)「だれかの欲求または意欲の対象は，どんなものであっても，それはかれ自身としては善とよぶものである。そして，かれの憎悪と嫌悪の対象は，悪であり，かれの軽視の対象は，つまらない Vile，とるにたりない Inconsiderable ものである。すなわち，これらの善，悪，軽視すべきという語は，つねにそれらを使用する人格との関係において使用されるのであって，単純かつ絶対にそうであるものはなく，対象自体の本性からひきだされる，善悪についての共通の規則もない」（*ibid.*, chap. 6, p. 39（邦訳第 6 章，100 頁））。「共通の権力のないところには，法はなく，法がないところには，不正はない」（*ibid.*, chap. 13, p. 90（邦訳第 6 章，213 頁））。

(286)「自然の権利 Right of Nature とは，……各人が，かれ自身の自然すなわちかれ自身の生命を維持するために，かれ自身の意思するとおりに，かれ自身の力を使用することにつ

いて，各人がもっている自由であり，したがって，かれ自身の判断力と理性において，かれがそれに対する最適の手段と考えるであろうような，どんなことでも行う自由である」。「自然法 Law of Nature とは，……理性によって発見された戒律 Precept すなわち一般規則 Rule であって，それによって人は，かれの生命にとって破壊的であること，あるいはそれを維持する手段を除去するようなことを，おこなうのを禁じられ，またそれをもっともよく維持しうるとかれが考えることを，回避することを禁じられる」（*ibid*., chap. 14, p. 91（邦訳第 14 章，216 頁））。

(287) Frei, *op. cit*. n. 169, p. 127 footnote 53. 「生と力の動態は，自己保存のような静態的な概念とは相容れない，とモーゲンソーは論じる」（*ibid*.）。

(288) Schuett, *op. cit*. n. 266, p. 58.

(289) 第 2 章 3 節，第 3 章 4 節（2）参照。

(290) ラッソンは，国家が追究する利益を，死活的な利益と死活的でない利益に区別する。死活的利益とは，国家の自己保存に関わる利益であり，この利益の充足について妥協はありえない。それに対し，「その存在や目的を促進し，容易にすることに資するような利益を断念することについては，その見返りがある場合には，国家が同意することは可能である」という（Adolf Lasson, *Princip und Zukunft des Völkerrechts*, Wilhelm Hertz, 1871, p. 44）。また，第 2 章 2 節も参照。カウフマンについては，第 3 章 4 節（2）を参照。

(291) 第 2 章 2 節参照。

(292) Lasson, *op. cit*. n. 290, p. 46.

(293) *Ibid*.

(294) *Ibid*., p. 50.

(295) *Ibid*., pp. 84–85.

(296) 第 3 章 6 節（2）（i）参照。

(297) 第 3 章 4 節（2）参照。

(298) 本章 2 節（1）参照。

(299) モーゲンソーの *In Defense of the National Interest*（1951）の邦訳には，『世界政治と国家理性』という書名が付けられている。1950 年代の翻訳者は，同書における国益 national interest の概念を，マイネッケが論じた「国家理性 Staatsräson」に結びつけて理解したのである（H・J・モーゲンソー［鈴木成高・湯川宏訳］『世界政治と国家理性』（創文社，1954 年）「訳者のことば」249 頁）。

(300) 山内進『新ストア主義の国家哲学――ユストゥス・リプシウスと初期近代ヨーロッパ』（千倉書房，1985 年）162–164 頁・178–179 頁。

(301) Friedrich Meinecke, *Die Idee der Staatsräson in der neueren Geschichte*, R. Oldenbourg Verlag, 1960.

(302) *Ibid*., p. 6.

(303) *Ibid*., p. 5.

(304) *Ibid*., pp. 4–5.

(305) *Ibid*., p. 5.

(306) *Ibid*., p. 7.

(307) *Ibid*., p. 6.

(308) 「感情的な動機を完全に締め出すことはできないし，また，そうしてはならない。なぜなら，……根源的な権力欲動が政治家の血に根付いているからであり，その欲動なく

して，政治家は，その任務を果たしえないからである」(*ibid*., p. 7)。

(309)「権力は，国家の本質に属する。権力なくして，国家は，法を擁護し，民族共同体を保護し振興するという任務を果たすことができない」(*ibid*., p. 15)。

(310)「戦勝国による領域併合に際して，喫緊の現実政治的必要を，権力獲得の喜びから区別することは，いかにも難しく，しばしば不可能でさえある。……苛烈な国家的必要性は，復讐や対抗という個人的な動機から正確に区別することができるだろうか」(*ibid*., p. 8)。

(311) *Ibid*., p. 17.

(312) 本章4節 (1) 参照。

(313)「力は，国際的舞台における力への渇望を制限するためには，粗雑で頼りにならない方法である」と総括されている (Morgenthau, *op. cit*. n. 1, p. 169)。モーゲンソー『国際政治』における勢力均衡に対する批判的な見解について，第1章「おわりに」参照。

(314) *Ibid*., pp. 174–175.

(315) 本章4節 (2) 参照。

(316) Morgenthau, *ibid*., pp. 440–441.

(317) モーゲンソーは，「国際政治はまったき悪であるゆえ，国際的な舞台において，権力の渇望に対する倫理的な制限を求めることは無益である」という見解を，「誤った考え misconception」と断定している (*ibid*., p. 174)。

(318) *Ibid*., p. 194.

(319) *Ibid*., pp. 175–180.

(320)「17・18世紀において，国際道義は，人格としての主権者（つまり個人として特定される君主とその後継者）および比較的小さくまとまった均質の貴族的支配者集団が有する関心事項であり，このことは，低い程度においては第一次世界大戦に至る時期にも当てはまる。特定の国家の君主と貴族的支配者たちは，他国の君主や貴族的支配者たちとつねに親密な接触を保っていた。彼らを互いに結びつけていたのは，家族のつながりや，共通の言語（フランス語），共通の文化的価値，共通の生活様式，いかなる国の紳士との関係においても紳士たる者がやってよいことといけないことについての共通の倫理的信念であった」(*ibid*., p. 184)。

(321)「19世紀を通じて政府官吏の民主的な選択と責任が，貴族による統治にとって代わったとき，国際社会の構造とともに国際道義の構造も根本的な変動を被った」(*ibid*., p. 187)。「道義規則は個人の良心に宿っている。それゆえ，お互いに個人としてはっきりと特定できる者たち clearly identifiable men が，自己の行為について人格として説明責任を果たしうる状態で統治を行うことが，国際的倫理の実効的体系が存在するための条件である。国際問題において道義的に要請されるものについての考え方を異にする多数の諸個人のあいだで，あるいは，そもそもそのような考え方を持たない多数の諸個人のあいだで，統治の責任が広く分配されているところでは，国際政策に制約を課す実効的体系としての国際道義は存在しえない」(*ibid*., p. 189)。

(322)「すべての国民が遵守するひとつの倫理の普遍性 the universality of an ethics に代えて，国民倫理の特殊性 the particularity of national ethics が現れる。それは，普遍的な承認を受ける権利を主張し，普遍的な承認を渇望する。そのとき，政治的に行動する諸国民と同じ数だけ，普遍性を主張する倫理体系が存在することとなる」(*ibid*., p. 193)。

(323)「共通の『技芸・法規・習俗の体系』『同水準の礼節と教養』『名誉と正義の感覚』

……というものは，今日では，大部分が歴史的な記憶となってしまい，学術書やユートピア的小冊子，外交文書においてその残り香が漂っているにすぎない。それらが，人々を行動に駆り立てることはもはやない。この超国家的な倫理の残滓が，……ただ，平時における殺害や予防的戦争のような個別的な問題についてのみ，国際政治を制約する影響力を持つにとどまる」(*ibid*., p. 193)。

(324)「個別的な集団の倫理は，国際的舞台における権力闘争を限定するどころか，その闘争に，他の時代には見られなかったような凶暴さと強烈さを与える」(*ibid*., pp. 195–196)。

(325) Morgenthau, *op. cit*. n. 248, p. 11.（邦訳 11–12 頁)。「ヨーロッパおよびアジアにおけるわれわれの外交政策の枢要なる目的は，戦争に至らない方法で，勢力均衡を回復することである」(p. 201（邦訳 203 頁))。

(326)「アメリカの世論にとって，合衆国とソビエト連邦との衝突は，なによりもまず，政治的道義に関する二つの体系・二つの政治哲学・二つの生の様式として現れる。善と悪とが，この道義的争いに関連づけられる。そして，その闘争は，悪の諸力に対する善の諸力の完全な勝利としてのみ終わることができるし，また，そうなるはずである」(*ibid*., pp. 76–77（邦訳 78 頁))。

(327) *Ibid*., p. 77.（邦訳 78–79 頁)

(328) *Ibid*., p. 196.（邦訳 197–198 頁)

(329)「社会的・政治的システムとしての共産主義に対する国内における反対の立場（および恐怖心）を，世界規模の政策に変換することによって，われわれは，中国における共産主義に対し，あたかもイリノイにおける共産主義に対するかのように，対決姿勢をとった」(*ibid*., p. 208（邦訳 210–211 頁))。

(330) *Ibid*., pp. 205–208.（邦訳 207–211 頁)

(331) シュミットは，『政治的なものの概念』において，「平和」や「人道」の名のもとに行われる戦争が，非人道化する傾向があることを指摘している。彼によれば，平和主義者が非平和主義者に対して行う戦争（「戦争に対する戦争」「人類の最終戦争」）は，「必然的に，きわめて烈度の高い非人道的な戦争となる。なぜなら，そのような戦争は，政治的なものを越え出て，敵を，道義的範疇やその他の範疇においても貶め，非人間的なバケモノとみなすことにならざるをえないからである。そのようなバケモノは，単に防圧されるだけではなく，徹底的に殲滅されなければならない。すなわち，そのような［殲滅されるべき敵］は，もはや，自分の領域に追い返されるべき敵 ein in seine Grenzen zurückzuweisender Feind ではない」(Schmitt, *op. cit*. n. 193, p. 37（邦訳 33 頁))。「ひとつの国家が，人類（人道）Menschheit の名においてその政治的な敵と戦う場合，それは人類の行う戦争ではない。そうではなくて，その戦争のために，特定の国家が，その交戦相手国に対して，普遍的な概念を簒奪しようとしているのである。そうして，相手の犠牲のもとに，自己を人類と同一化し，人類が自己のもとにあって，敵にはないものとして主張する。同様に，平和・正義・進歩・文明もまた濫用されている」。人類の名を掲げて戦うことは，とりもなおさず，「敵に人類としての資格を否認すること，敵が法の外 hors-la-loi にあり，人類（人道）の外にある hors l'humanité と宣告し，それゆえ，戦争が，非人道性の極致にまで押しすすめられるべきこと」を意味する，という（p. 55（邦訳 63 頁))。普遍主義的正義要求による戦争法の解体という，シュミットのテーゼについては，西，前掲論文（注 104）81–89 頁を参照。

(332) Morgenthau, *op. cit.* n. 248, pp. 31–32.（邦訳 32–33 頁）

(333) モーゲンソーは，「悪」に対する戦争という道義主義理解が政治家においてさえ支配的であった第二次世界大戦について，次のように述べる。「戦争は，もはや，政治的目的のための手段とはみなされなかった。戦争が仕えるべき唯一の目的は，全面的な勝利であった。それは，言い換えるなら，戦争が目的そのものとなった，ということである。そうして，ただ，素早く，安価に，全面的に勝利するなら，いかにして政治的に戦争に勝利するか，ということはどうでもよくなった」（*ibid.*, p. 32（邦訳 33 頁））。

(334) *Ibid.*, p. 37.（邦訳 38–39 頁）

(335)「政治的十字軍は，普遍的な道義目的を能動的に追求する全能性の主張にほかならない。それは，道義的な使命感を世界大に拡大することであり，全能性の信仰に基礎を持つ。政治的な十字軍の戦士は，自国が，他の大国とのあいだで，道徳的な解釈に相応しい世界的な闘争を行うとき，その好機を得る。したがって，ドイツとのあいだの二つの戦争や，ソビエト連邦および中国とのあいだの現在の衝突は，競合する敵対勢力あるいは相容れない哲学と生存様式という観点からではなく，光と闇の闘争として広く理解されてきた。光は，徳と強さにおいて優越しているゆえに，闇を駆逐するはずだ」（*ibid.*, p. 131（邦訳 132 頁））。

(336) *Ibid.*, p. 133.（邦訳 134 頁）

(337) *Ibid.*, pp. 129–130.（邦訳 130 頁）

(338) Morgenthau, *op. cit.* n. 248, pp. 5–7.（邦訳 5–7 頁）

(339) Robert W. Tucker, "Professor Morgenthau's theory of political 'realism' ", *The American Political Science Rreview*, vol. 46, no. 1, 1952, p. 215.

(340) 前に述べたように（本章 4 節（1）参照），1958 年に公刊された *Dilemmas of Politics*（*op. cit.* n. 251）に収録されている論文 "The problem of the national interest" において，モーゲンソーは，学問的に国家の対外政策を認識する際に重要な意味を持つ「必然的要素」として，国家の政治的統一体としての存続，すなわち自己保存を挙げている（p. 66, p. 69）。すなわち，ここでは国益は，権力一般ではなく，国家の自己保存という限定的な目的に関連づけられているのである。

(341) 宮下，前掲書（注 192）11–12 頁。

(342) Tucker, *op. cit.* n. 339, pp. 216–217.

(343) 高柳先男「H・J・モーゲンソーの国際政治理論――国際政治への〈現実主義〉的アプローチの一類型」『法学新報（中央大学）』第 76 巻 3/4/5 号（1969 年）20–42 頁。

(344)「現存の社会制度は，――いまではかなり一般的に認められていることであるが――今日支配している階級，すなわちブルジョワジーによってつくりだされたものである」（Friedrich Engels, *Die Entwicklung des Sozialismus von der Utopie zur Wissenschaft*, *Karl Marx Friedrich Engels Werke*, Bd. 19, Diez Verlag, 1962, p. 210；エンゲルス［寺沢恒信・村田陽一訳］「空想から科学への社会主義の発展」『マルクス＝エンゲルス全集』第 19 巻（大月書店，1968 年）207 頁）。

(345)「いまではわれわれは知っている。この理性の国とはブルジョワジーの国の理想化にほかならなかったのだということを。永遠の正義はブルジョワ的司法において実現されたということを。平等は結局，法のもとでのブルジョワ的平等になってしまったということを。最も本質的な人権のひとつとして宣言されたもの――それはブルジョワ的所有権であったということを。そして，理性国家，すなわちルソーの社会契約は，ブルジョ

ワ的民主共和国としてこの世に生れ出たし，またそのようなものとして生れ出るよりほかなかったということを」（*ibid*., p. 190（邦訳 187 頁））。

(346)「ただ資本主義的な経済秩序だけが，あたかもそこには労働規律などは存在せず，労働が自由な意思であるかのような，ソフィスト的外観を呼び起こす。工場主のほうがそのことをよくわきまえており，彼は，工場の中の作業所の壁に労働規律を打ち付ける。この規律は，誰にでも見えるのだが，ただブルジョワ法学者には見えないのだ」(Josef Karner (Karl Renner), "Die soziale Funktion der Rechtsinstitute", herausgegeben von Max Adler und Rudolf Hilferding, *Marx-Studien, Blätter zur Theorie und Politik des wissenschaftlichen Sozialismus*, 1. Bd., Bläschke & Ducke, 1904, p. 78, n. 2)。

(347) Morgenthau, *op. cit*. n. 1, pp. 18–19. まったく同じ記述が，のちに出版された『国益の擁護』でも繰り返されている（Morgenthau, *op. cit*. n. 248, p. 12）。

(348) Frei, *op. cit*. n. 169, pp. 35–36.

(349) 1937 年 7 月 17 日，アメリカ合衆国に出立するモーゲンソーを，ジンツハイマーがアントワープ港から見送ったという（*ibid*., p. 61）。

(350) ジンツハイマーの研究で知られる久保敬治は，モーゲンソーを「ジンツハイマー・シューレ」に含めている（久保，前掲書（注 155）203–204 頁）。また，ジンツハイマーのもとで同じく Referendar を務め，のちに政治学者となったフレンケル Paul Ernst Fraenkel もまた，モーゲンソーをジンツハイマー学派の一員とみていたという（William E. Scheuerman, "Realism and the left : the case of Hans J. Morgenthau", *Review of International Studies*, vol. 34, 2008, pp. 32–33）。

(351) 西谷，前掲書（注 156）213 頁。

(352) 久保，前掲書（注 155）119–120 頁。

(353) Hans Morgenthau, "Fragment of an intellectual autobiography : 1904–1932", Kenneth Thompson and Robert J. Myers ed., *Truth and Tragedy : A Tribute to Hans J. Morgenthau*, Transaction Books, 1984, pp. 13–14 ; Frei, *op. cit*. n. 169, pp. 38–39.

(354) Frei, *op. cit*. n. 169, pp. 168–169.

(355) Scheuerman, *op. cit*. n. 350, pp. 29–51.

(356) 戦前においてすでに，ジンツハイマーの労働協約理論を主な対象とする後藤清の『労働協約理論史』（有斐閣，1935 年）が公表されている。また西谷敏『ドイツ労働法思想史論』（日本評論社，1987 年）は，ドイツ労働法思想の「生成」を叙述するに際して，ジンツハイマーに関する分析に焦点を当てる。伝記的な研究としては，ドイツ語に翻訳されてドイツでも出版された久保，前掲書（注 155）のほか，それを補足する同『フーゴ・ジンツハイマーとドイツ労働法』（信山社，1998 年）がある。さらに，彼の労働法体系書 *Grundzüge des Arbeitsrechts* も翻訳されている（ジンツハイマー［楢崎二郎・蓼沼謙一訳］『労働法原理（第 2 版）』（東京大学出版会，1971 年））。訳者によって書かれた『労働法原理』の「あとがき」には，次のような叙述がある。「周知のようにワイマール・ドイツ労働法理論……はわが国の労働法理論に深い影響を及ぼしているが，そのうちで最も強い影響力をもっているのがジンツハイマーの学説であるといっても，何人も反対しないであろう」（358 頁）。

(357) 本章 5 節（4）で後述。

(358)「人間の機能としての労働は，人間が自分自身を自由に使用することによって生み出される。人間は，この自由な使用に際して，自然から与えられた処分権力 Verfügungsge-

walt を行使する。しかしながら，この処分権力は，法により，他者に帰属することもある。その場合，労働を成し遂げるのは，法的には，働く人間ではなく，その他者なのである。このような場合に，われわれは従属労働という言葉を用いる。従属労働とは，他者の処分権力の下にある労働である」(Hugo Sinzheimer, *Grundzüge des Arbeitsrechts*, 2. Aufl., Gustav Fischer, 1927, p. 10（邦訳 17 頁))。

(359) *Ibid*., p. 23-24.（邦訳 30-31 頁）

(360) *Ibid*., p. 24.（邦訳 31 頁）

(361) Otto Kahn-Freund, "Hugo Sinzheimer (1875-1914)", herausgegeben von Otto Kahn-Freund und Thilo Ramm, *Arbeitsrecht und Rechtssoziologie : Gesammelte Aufsätze und Reden*, Bd. 2, Otto Brenner Stiftung, 1976, p. 6；西谷，前掲書（注 156）215 頁。

(362) Otto von Gierke, *Das deutsche Genossenschaftsrecht*, Erster Band, Weidmann, 1868, p. 1037.

(363) Otto von Gierke, *Deutsches Privatrecht*, Erster Band, Duncker & Humblot, 1895, p. 698.

(364) Otto von Gierke, "Die Wurzeln des Dienstvertrages", *Festschrift für Heinrich Brunner zum fünfzigjährigen Doktorjubiläum am 8. April 1914*, Duncker & Humblot, 1914, pp. 37-68. この論文は，日本の学界においても注目されてきた。すでに 1921 年（大正 10 年）には，末川博によって，その内容が詳細に紹介されている（末川博「雇傭契約発展の史的考察――ギールケ『雇傭契約の起源』に就て」『民法に於ける特殊問題の研究』第 2 巻（弘文堂，1925 年）453-502 頁［初出：『法学論叢』第 5 巻 5 号（1921 年)］)。また，平野義太郎『民法におけるローマ思想とゲルマン思想』（有斐閣，1924 年）も，雇傭契約について 1 節を当て，このギールケ論文に依拠した叙述を行っている。そして，この二つの業績が，原田慶吉『ローマ法（改訂)』（有斐閣，1955 年）の「雇傭」の項目において言及される(192-194 頁)。さらに，村上淳一『ゲルマン法史における自由と誠実』（東京大学出版会，1980 年）は，この「雇傭契約の起源」論文を主軸として，ギールケの説を説明している。

(365) Gierke, *ibid*., p. 37.

(366) 木庭顕『ローマ法案内』（羽鳥書店，2010 年）123 頁。

(367) Gierke, *op. cit*. n. 364, p. 53.

(368) *Ibid*., p. 40；村上，前掲書（注 364）170-171 頁。

(369) Gierke, *ibid*., pp. 40-41. なお，引用文中の「代表」とは，支配者が，団体の代表者として振る舞うことである。ギールケは，このような代表権限が，ヘルシャフト団体における支配権力に必然的に伴うと考えている。配下の者を代表することは，配下の者の振る舞いについて責任を負うことでもある。「[権力保持者］は，団体 Gemeinschaft の代表者として，代表権力を具備している。しかし，それと同時に，権力下にある者について責任を負わされる」(Gierke, *op. cit*. n. 363 (*Deutsches Privatrecht*), p. 701)。

(370) 村上淳一は，ギールケの所論の中に，「ゲルマン的ヘルシャフトはすべて同時に義務的関係であった」という，実証を伴わない「ゲルマン・イデオロギー」を見てとっている（村上，前掲書（注 364）175 頁)。

(371)「内容的には，今日の雇傭契約は人的な支配関係を設定する点で，古きドイツ法の勤務契約 Dienstvertrag と一致する。雇傭契約は，当事者の一方を他方の必要と目的のための人的活動へと義務づけることによって，両当事者を奉仕者 Diener と支配者 Herr の関係に立たしめるのである。現代の立法がこうした呼び方を避けるからといって，この実態を法秩序から追い出すことも，これを生活から消去することもできない。……雇主は

つねに，義務者の労働力を自由に用い，その活動を自己の意思のままに，自己の設定した目標に向けて指揮する権利を持つ。これは，労務提供と不可分の人格そのものをとらえる権力である」（Gierke, *op. cit.* n. 364（Die Wurzeln des Dienstvertages), pp. 55-56；村上，前掲書（注 364）172-173 頁）。

(372)「支配者 Herr の義務は，約束された給与を支払う債権法上の義務に尽きるものではない。むしろ，人格に対する権力には，人格のための配慮義務が対応するのである」（Gierke, *ibid.*, p. 57；村上，前掲書（注 364）174 頁）。

(373) Gierke, *ibid.*, p. 40.

(374) *Ibid.*, pp. 61-62.

(375) Hugo Sinzheimer, *Der korporative Arbeitsnormenvertrag : eine privatrechtliche Untersuchung*, 2. Aufl., Duncker & Humblot, 1977, Erster Teil, pp. 11-12［初版：1907］.

(376) *Ibid.*, pp. 12-13.

(377) *Ibid.*, pp. 13-15.

(378) *Ibid.*, p. 15.

(379)「このような契約によって生じるのが，給付と反対給付という関係だけではなく，一方による支配であるゆえに，労働契約は，単なる相互的な契約ではなく，同時に，支配契約である。それによって，一方の人間が，その人格的な労働において，他者の自由な使用権力の下に入る」（*ibid.*, p. 16）。

(380) Sinzheimer, *op. cit.* n. 358 (*Grundzüge des Arbeitsrechts*), p. 68.（邦訳 75 頁）

(381) *Ibid.*, p. 67.（邦訳 74 頁）

(382) *Ibid.*, pp. 48-49（邦訳 56-57 頁）; Sinzheimer, *op. cit.* n. 375 (*Der korporative Arbeitsnormenvertrag*), p. 22; 西谷，前掲書（注 156）214-215 頁。

(383) 西谷・同上 213-214 頁。

(384) 同上 231-233 頁，330-339 頁。

(385) 同上 342-350 頁。

(386) 第 3 章 5 節（1）（iii）参照。

(387) Hugo Sinzheimer, *Arbeitstarifgesetz : Die Idee der sozialen Selbstbestimmung im Recht*, 2. Aufl. (Unveränderter Nachdruck der ersten Auflage von 1916), 1977, pp. 46-48.

(388)「集団協定 Gesamtvereinbarung［労働協約のこと］は，法源である。なぜなら，その諸規定は，労働関係に関する限り，客観法であるから。集団協定は，『自己に対する法的規定づけの根拠を自己自身のなかに』もっている。その妥当は，その服従者の意思にも，その定立者の存在にも依存しない。集団協定は，その適用を受ける者がそれを知らない場合でも妥当し，また，それを定立した者がもはや存在しない場合でも有効であり続ける。集団協定が成立し，存続することは，単に私的なことがらであるばかりでなく，公的なことがらでもある」(Sinzheimer, *op. cit.* n. 358 (*Grundzüge des Arbeitsrechts*), p. 49（邦訳 57 頁)）。

(389) Sinzheimer, *op. cit.* n. 387 (*Arbeitstarifgesetz*), p. 47.

(390) *Ibid.*, p. 48. この本が書かれた 1916 年には，いまだ労働協約の不可変的効力は認められていなかった（参照：西谷，前掲書（注 156）231-233 頁）。

(391) Sinzheimer, *ibid.*, pp. 44-45; 後藤，前掲書（注 356）182-185 頁。

(392) 西谷，前掲書（注 156）208-211 頁

(393) この協定に至る協議は，革命前から行われていた。戦争終結後の復員問題や，敗戦に

伴う労働運動の急進化の阻止のために，労働者と使用者の協力関係の構築が図られたのである。協定締結に至る過程については，栗原良子「ドイツ革命と『ドイツ工業中央労働共同体』(一)」『法学論叢（京都大学)』第 91 巻 3 号（1972 年）24–54 頁を参照。同論文 53–54 頁にはこの協定の翻訳が掲載されている。

(394) 西谷，前掲書（注 156）278 頁。

(395) 同上。

(396) フランツ・ノイマン［岡本友孝・小野英祐・加藤栄一訳］『ビヒモス――ナチズムの構造と実際』(みすず書房，1963 年)。

(397) 久保，前掲書（注 155)，189–209 頁

(398) Karl Neumeyer, *Internationales Verwaltungsrecht*, 4 Bde., J. Schweitzer Verlag (Arthur Sellier) / Verlag für Recht & Gesellschaft, 1910–1936.

(399) 1869 年，ミュンヘンのユダヤ教徒の家庭に生まれる。ミュンヘン・ベルリン・ジュネーヴで法律学を学び，1901 年，国際私法・国際刑法の歴史的基礎に関する研究で教授資格を取得。同年にミュンヘン大学法学部私講師，1908 年に員外教授，1926 年に教授，1931 年に学部長に就任。ナチス政権下で，1934 年に退職に追い込まれる。図書館の利用とドイツ国内における出版が禁止される中で，1936 年,『国際行政法』第 4 巻をスイスの出版社から公刊。子どもたちは外国に亡命するが，自らはドイツにとどまることを選ぶ。1941 年 7 月，自宅の明け渡しと蔵書の競売が命じられた際，妻アンナとともに自殺した。参照：Helga Pfoertner, *Mit der Geschichte leben*, Bd. 2, Literareon im Herbert Utz Verlag, 2003, pp. 261–267 ; Christian Waldhoff, “Neumeyer, Karl”, *Neue Deutsche Biographie*, Bd. 19, 1998, p. 172.

なお，日本の国際法学界において，カール・ノイマイヤー（カルル・ノイマイエル）の名は，山本草二が「国際行政法の存立基盤」の中で批判的に検討したことでよく知られている。参照：山本草二「国際行政法の存立基盤」『国際法外交雑誌』第 67 巻 5 号（1969 年）1–65 頁。

(400) Frei, *op. cit*. n. 169, p. 37.

(401) *Ibid*., pp. 38–39.

(402) *Ibid*., p. 39.

(403) Hugo Sinzheimer, “Das Problem des Menschen im Recht (1933)”, herausgegeben von Otto Kahn-Freund und Thilo Ramm, *Arbeitsrecht und Rechtssoziologie : Gesammelte Aufsätze und Reden*, Bd. 2, Otto Brenner Stiftung, 1976, p. 56.

(404) *Ibid*., pp. 58–59.

(405) *Ibid*., p. 59.

(406) *Ibid*., p. 60.

(407) Sinzheimer, *op. cit*. n. 358 (*Grundzüge des Arbeitsrechts*), pp. 22–23.（邦訳 30 頁）

(408) *Ibid*., pp. 23–27.（邦訳 30–34 頁）

(409) *Ibid*., p. 22, n. 2.（邦訳 31 頁）

(410) Josef Karner (Karl Renner), “Die soziale Funktion der Rechtsinstitute”, herausgegeben von Max Adler und Rudolf Hilerding, *Marx-Studien*, 1. Bd., 1971, unveränderter Neudruck der Ausgabe Wien 1904, pp. 63–192 ; カルネル［後藤清訳］『法律制度（特に所有権）の社会的機能』(叢文閣，1928 年)。Josef Karner は，レンナーの筆名のひとつである。この論文については，我妻栄による詳細な紹介がなされている（我妻栄「資本主義的生産組織

に於ける所有権の作用——資本主義と私法の研究への一寄与としてカルネルの所論（1）〜(3)」『法学協会雑誌』第 45 巻（1927 年）3 号 1-41 頁，4 号 57-92 頁，5 号 105-138 頁）。ただし，我妻は，「現代の経済組織たる資本主義的経済組織が成立するに当って，法律が如何なる変遷をなし，如何なる作用を営んだかを攻究する」（同論文（1）11 頁）という観点からレンナー（カルネル）の所論を紹介している。言い換えれば，我妻は，下部構造（生産関係）によって上部構造（法制度）がいかに規定されるか，というマルクス主義的問題とは明確に距離を置き，その点でレンナーと一線を画すことを強調している（同論文（1）7-10 頁）。

(411) Karner（Renner), *ibid*., pp. 166-167.

(412) 本章 2 節（1）参照。

(413) Hans Morgenthau, "Positivism, Functionalism, and International Law", *American Journal of International Law*, vol. 34, 1940, pp. 260-284.

(414) *Ibid*., pp. 261-262. なお，今日の国際法学においては，実証主義の「意思主義」的特徴が過度に強調され，実定法諸規範の自己完結的・体系的解釈という特徴がしばしば見過ごされるため，ここでモーゲンソーが論じている「実証主義」の理解が共有されているわけではない。その点につき，参照：西，前掲論文（注 202）71-75 頁。

(415) Morgenthau, *ibid*., pp. 262-263, pp. 267-273.

(416) モーゲンソーは，国際法における「法社会学派 legal sociologist」として，フーバーやシントラーと共に自らの名を挙げている（*ibid*., p. 264, note 12)。フーバーについては，第 3 章 2 節を，シントラーについては，本章 2 節（2）を参照。

(417) *Ibid*., p. 269.

(418)「国際的な場面における政治的状況は，繰り返されることがないと考えられる。というのも，政治状況を構成する要素が多様なので，限りない数の組み合わせが作られるからである。したがって，厳密に個別化された法規則のみがそこに相応する」（*ibid*., p. 271)。

(419) *Ibid*., pp. 271-272.

(420) *Ibid*., p. 272.

(421) ここで，モーゲンソーは，社会における法規範の現実的機能を探るという点において「現実主義」とも呼びうるような自己の国際法理論について，あえて「現実主義的 realist」という呼称を避け，「機能主義」という概念を採用している。彼によれば，「法規則の実際的な内容と作用を規定する心理的・社会的・政治的・経済的諸力を探究」する法学理論は，「それら諸力と法規則とのあいだの統一的な機能的関係を定式化すること」を目指しているゆえに，「現実主義的法学 realist juriprudence」よりもむしろ，「機能主義法学 functional jurisprudence」と呼ばれるべきだという（*ibid*., pp. 273-274)。

(422) *Ibid*., p. 275.

(423) *Ibid*., pp. 275-276.

(424) モーゲンソー自身が，該当個所の注において，『国際司法——その本質と限界』の参照を指示している（*ibid*., p. 276, note 47)。また，本章 2 節（1）を参照。

(425) 第 1 章 3 節参照。

(426) Morgenthau, *ibid*., p. 271.

(427)「実証主義・機能主義・国際法」において，モーゲンソーは，社会学的文脈の変動によって法の機能が停止することを，法の「妥当性 validity」の喪失として説明している。

法が妥当するのは，それが現実社会において作用を引き起こす場合に限られる。すなわち，「その違反につづいて，望ましくない反応（すなわち違反者に対する制裁）が生じる見込みがある場合」に規範は妥当している。逆に，そのような制裁が現実に行われる見込みがなくなったとき，規範は妥当を失う，という（*ibid.*, p. 276）。このようなモーゲンソーの理論は，法理論としては異色である。存在 Sein と当為 Sollen を峻別する思考によるなら，Sollen としての規範の妥当と，Sein としての現実的作用は混同されてはならないからである（Kelsen, *Reine Rechtslehre*, Franz Deuticke, 1934, pp. 72–73）。それゆえ，実証主義的国際法学において，実定法は，それが法源としての形式（国際法については，条約や国際慣習法という形式）を備えていれば妥当しているとみなされる。すなわち，現実に遵守や制裁を引き起こすかどうかは，妥当性の主たる基準とは考えられない。モーゲンソーは，そのような実証主義的な妥当理論に対抗して，現実に制裁という作用を引き起こすか否かと意味での実効性を基準とする妥当理論を提唱しているのである。

(428) Hans Morgenthau, "Resurrection of Neutrality in Europe", *The American Political Science Review*, vol. 33, no. 3, 1939, pp. 473–486.

(429) Hans Morgenthau, "Theorie des sanctions internationales", *Revue de droit international et de législation comparée*, vol. 16, 1935, p. 833.

(430) Karner (Renner), *op. cit.* n. 410, pp. 66–67.

(431) Sinzheimer, *op. cit.* n. 387 (*Arbeitstarifgesetz*), p. 182.

(432) *Ibid.*

(433) *Ibid.*, p. 182.

(434) そのような任務を裁判官が果たすためには，法学教育および裁判所制度を改革する必要があるという（*ibid.*, pp. 183–184）。

(435) *Ibid.*, pp. 184–186.

(436) *Ibid.*, p. 186.

(437) 西谷，前掲書（注 156）242–244 頁。

(438) Sinzheimer, *op. cit.* n. 403（Das Problem des Menschen), pp. 65–66. 西谷，前掲書（注 156）392–394 頁。

(439) 労働法学においては「調整」と訳されるが，ここでは国際法学上の概念との共通性を見やすくするために「調停」と訳す。

(440) Sinzheimer, *op. cit.* n. 358（*Grundzüge des Arbeitsrechts*), p. 299, p. 302.（邦訳 299 頁，301 頁）

(441) *Ibid.*, p. 300.（邦訳 299 頁）

(442) 1923 年 10 月 30 日の調整令（Verordnung über das Schlichtungswesen）第 6 条。同令については，西谷，前掲書（注 156）366–370 頁を参照。

(443) 同上 410–413 頁。

(444) 本章 1 節（2）参照。

(445) 本章 2 節（2）参照。

(446) Hans Morgenthau, *Die internationale Rechtspflege, ihr Wesen und ihre Grenzen*, Robert Noske, 1929, p. 150.

(447) *Ibid.*

(448) *Ibid.*

(449) 本章 2 節（2）。

(450) 第2章3節参照。
(451) 第3章4節（2）参照。
(452) 第3章6節（2）(ii)。他の論者については，本章2節（2）を参照。
(453) Hans Morgenthau, "Stresemann als Schöpfer der deutschen Völkerrechtspolitik", *Die Justiz*, Jg. 5, H. 3, 1929, pp. 169–176.
(454) *Ibid.*, p. 170.
(455) *Ibid.*, p. 169.
(456) *Ibid.*, p. 173.
(457) *Ibid.*, p. 172.
(458) *Ibid.*, p. 172, n. 1.
(459) *Ibid.*, p. 174.
(460) *Ibid.*, p. 175.

第5章　イギリスにおける動態的国際秩序思考

(1) 第4章1節（2），2節（2）参照。
(2) 第4章2節（2）参照。
(3) J. L. Brierly, *The Outlook for International Law*, The Clarendon Press, 1944.
(4) J. L. Brierly, übertragen von Albert Wyler, *Die Zukunft des Völkerrechts*, Europa Verlag, 1947.
(5) *Ibid.*, pp. 8–9.
(6) *Ibid.*, pp. 15–16.
(7) Dietrich Schindler, "Werdende Rechte : Betrachtungen über Streitigkeiten und Streiterledigung im Völkerrecht und Arbeitsrecht", *Festgabe für Fritz Fleiner zum 60. Geburtstag*, J. C. B. Mohr, 1927, pp. 400–431. その内容については，第4章2節（2）参照。
(8) J. L. Brierly, "The advisory opinion of the Permanent Court on the customs régime between Germany and Austria", *The Basis of Obligation in International Law and Other Papers*, The Clarendon Press, 1958, pp. 242–249［初出：1933］.
(9) D. Schindler, "Contribution à l'étude des facteurs sociologiques et psychologiques de droit international", *Recueil des cours*, 1933 IV, Recueil Sirey, p. 254. そのほか，同論文238頁，258頁でも積極的論拠として引用されている。
(10) Hersch Lauterpacht, "Brierly's contribution to international law", Brierly, *The Basis of Obligation in International Law and Other Papers*, The Clarendon Press, 1958, p. xxv. ただし，構成員が少数であるという事実を国際社会の重要な特質とみなす考え方を，ブライアリはきわめて早い時期に表明しており，そのような考え方のすべてについてブライアリの「オリジナリティ」を否定することはできない。1924年に公表されたオックスフォード大学教授就任記念講義において，次のように述べている。「諸国家からなる社会は，その構成員が少ないため，諸国家間のつながりは，国内における諸個人間のつながりよりもずっと弱い。国際的な交流は日々，密になっているが，それは，おもに，異なる国家に属する諸個人のあいだの交流における発展であって，諸国家そのもののあいだではない，ということに留意しなければならない。諸国家相互の関係は，継続的ではなく断続的であって，国家の全生活のほんの一部分を形作っているにすぎない。これらすべての要因により，諸国家のあいだの法的な感情が弱いものにとどまっており，それゆえに，今日の状況において，新しい慣習規則の発達はまれな出来事なのである」(J. L. Brierly, "The

shortcomings of international law", *The Basis of Obligation in International Law and Other Papers*, The Clarendon Press, 1958, p. 73［初出：1924］)。後にブライアリが繰り返し援用するのは，シントラーの 1933 年のハーグ講義である（後述)。あえてブライアリのオリジナリティを否定するラウターパクトの態度は，ブライアリの思想のうち，国際法の役割を限定する側面をなるべく小さく見せようとするバイアスによるものと思われる。

(11) Schindler, *op. cit*. n. 9, pp. 229-326.

(12)「ここで確認すべきは，諸国家からなる社会の中では，各々の国家の個性が，国内におけるさまざまな個人の個性よりもはるかに重要だということである。このことは，なによりも，国家は比較的少数であり，個人は大多数であるという事実からの帰結である」(*ibid*., p. 265)。

(13) J. L. Brierly, "The rule of law in international society", *The Basis of Obligation in International Law and Other Papers*, The Clarendon Press, 1958, pp. 250-264［初出：1936］.

(14)「ある法システムが，膨大な数の個人を支配している場合には，その法システムに服するすべての（あるいはほぼすべての）人もしくは重要な集団について同一の性質に基礎を置くことができる。相違よりも，類似性がはるかに重みを持つゆえ，その法システムは，人々の相違を大体において度外視してよい。そのような場合，法的な統制は，一般的原則の形式をとるのが必然であり，適切である。しかし，法に服すべき者の持つ特有の属性が，共通の属性に優越するようになれば，一般原則の適切性は，ずっと疑わしいものとなる。そして，国家にはこのことがあてはまる。すべての国家は独特だからである」(*ibid*., p. 256)。

(15)「というのも，法典化の理想を支えているものが，まさに国際社会の性質によってきわめて困難とされていることを行おうとする願望だからである。つまり，諸国家に特有の個別的状況を顧みることなく，すべての国家に区別なく適用される一般規則を定めようというのだ」(*ibid*., p. 259)。

(16)「……国際法にとって問題となることの多い『特有の』事件は，多くの場合，まさしく裁判手続によっては満足に解決することが難しい事件なのである」(*ibid*., p. 260)。

(17) *Ibid*., pp. 260-261.

(18) 第 4 章 2 節（2)。

(19) 第 4 章 2 節（2)。

(20) Schindler, *op. cit*. n. 7, pp. 430-431.

(21) Brierly, *op. cit*. n. 13 (The rule of law), p. 261.

(22) *Ibid*.

(23) Brierly, *op. cit*., n. 3 (*The Outlook*), p. 5.

(24)「［国家の］性質を理解するためには，それが現に存在し，現に振る舞うままに観察すること以外に方法はない」(*ibid*.)。

(25) *Ibid*., pp. 14-15.

(26) *Ibid*., p. 17.

(27) 第 4 章 1 節（1）参照。

(28) Lauterpacht, *op. cit*. n. 10 (Brierly's contribution), p. xxii.

(29) 西平等「戦争概念の転換とは何か——20 世紀の欧州国際法理論家たちの戦争と平和の法」『国際法外交雑誌』第 104 巻 4 号（2006 年）74-75 頁。

(30) Hersch Lauterpacht, *The Function of Law in the International Community*, The Clarendon Press,

1933, p. 3.

(31) 田畑茂二郎『国家主権と国際法』(日本評論社，1950年) において，法を超えた性格を持つ「絶対的国家主権観念」が批判されるのは，客観的国際法による拘束を予定する「法内容概念」としての主権観念を擁護するためである (48頁)。このような絶対的主権観念批判は，法に優越する絶対的な主権的国家意思概念を批判し，「国際法によって国家に付与された権限」として主権概念を再構成したフェアドロスの所論に由来する (Alfred Verdross, *Die Einheit des rechtlichen Weltbildes auf Grundlage der Völkerrechtsverfassung*, J. C. B. Mohr, 1923, pp. 13-31)。

(32) Brierly, *op. cit.* n. 10 (The shortcomings), pp. 68-80.

(33) *Ibid.*, p. 76.

(34) *Ibid.*

(35) 例えば，1867年のルクセンブルク問題において，オランダ王からルクセンブルクを買収しようとしたフランスのナポレオン3世の試みが，プロイセンの反対によって挫折した。ビスマルクは，当初，プロイセンを中心とするドイツ統一事業の進展に対する代償として，フランスによるルクセンブルク買収を支持していたが，ドイツ・ナショナリズムの高揚に伴い，買収反対の姿勢に転じた。その結果，独仏間に戦争の危機が生じたが，英露の関与により，国際会議においてルクセンブルクの永世中立化が決定され，問題は一応の解決をみた (詳細は，飯田洋介「ビスマルクとルクセンブルク問題」『史学研究』第281号 (2013年) 48-68頁を参照)。ブライアリがこの事例を引くのは，領域の譲渡が，決して領域国の処分権に基づいて自由に行えるような行為ではなく，勢力関係に利害を有する列強の政治的判断に強く制約されていることを示すためである。

(36) Brierly, *ibid.*, p. 77.

(37) *Ibid.*

(38) 法実証主義において「非法律学的要素」として度外視される政治的・社会的現実を法理論の中に取り戻そうとする試みが，戦間期における実証主義批判のひとつの方向であったことについて，西平等「ドイツ反実証主義者の知的伝統——祖川武夫国際法学の歴史的位置に関する試論」『関西大学法学論集』第55巻1号 (2005年) 60-69頁。

(39) Brierly, *ibid.*, p. 68.

(40) *Ibid.*

(41) *Ibid.*, p. 69.

(42) *Ibid.*

(43) *Ibid.*, pp. 71-72. この点は『国際法の展望』では次のように説明される。「国際法は，諸国家の日常的な業務が，通常は，秩序立った予見可能な筋道に沿って行われることを可能とする。それは，決して瑣末な役割ではない」。しかし，「高度に政治的な問題が国家間に生じた場合には，諸国家は，自らの政策を決定するにあたって法が最終的な判断を下すことを依然として許さない」(Brierly, *op. cit.* n. 3 (*The Outlook*), p. 17)。

(44) Brierly, *op. cit.* n. 10 (The shortcomings), p. 72.

(45) *Ibid.*, p. 73.

(46) *Ibid.*, p. 74.

(47) *Ibid.*, p. 75.

(48) *Ibid.*, p. 79.

(49) *Ibid.*, p. 78.

(50) Lauterpacht, *op. cit.* n. 10 (Brierly's contribution), pp. xxviii–xxix.

(51) ブライアリに対するラウターパクトの評価における「バイアス」については，川副令「J. L. ブライアリの戦時国際法論——その歴史的位相と思想的立脚点」中川淳司・寺谷広司編『国際法学の地平——歴史・理論・実証』（東信堂，2008 年）252–254 頁を参照。

(52) Brierly, *op. cit.* n. 3 (*The Outlook*), pp. 126–127.

(53) *Ibid.*, pp. 127–128.

(54) *Ibid.*, p. 128.

(55) *Ibid.*, p. 129.

(56) *Ibid.*, p. 17. また本章 1 節（1）も参照。

(57) *Ibid.*, p. 38.

(58) *Ibid.*

(59) *Ibid.*, pp. 39–43.

(60)「国際法であれ，国内法であれ，集団間の法において生じる事態は，しばしば事実として（そうでなくとも，最も強く影響を受ける人々にはしばしばそう感じられるのだが），固有の事態であり，……一般的適用に向けて形づくられた規則によって統制することに適さない」(*ibid.*, p. 48)。

(61) *Ibid.*, p. 45.

(62) *Ibid.*

(63) 第 4 章 3 節の枠組みでは「形式的無欠缺性」として分類される主張である。

(64) Brierly, *ibid.*, p. 122.

(65) *Ibid.*

(66) 第 4 章 1 節（2）参照。

(67) Brierly, *ibid.*, p. 122.

(68) *Ibid.*, pp. 125–126, p. 130.

(69) Brierly, *op. cit.* n. 10 (The shortcomings), p. 68.

(70) Brierly, *op. cit.* n. 3 (*The Outlook*), pp. 139–140.

(71) Josef Kunz, "The problem of revision in international law ("Peaceful Change")", *American Journal of International Law*, vol. 33, 1939, pp. 48–51. 例えば，Karl Strupp, *Legal Machinery for Peaceful Change*, Constable & Co., 1937 では，詳細な衡平裁判所規程草案が提案されている。

(72) Brierly, *ibid.*, p. 132.

(73) *Ibid.*, pp. 133–134.

(74) *Ibid.*, pp. 138–139.

(75) 第 4 章 1 節（1）（iv）参照。

(76) Lauterpacht, *op. cit.* n. 10 (Brierly's contribution), p. xxix.

(77) J. L. Brierly, "International law : Some conditions of its progress", *The Basis of Obligation in International Law and Other Papers*, The Clarendon Press, 1958, pp. 327–337［初出：1946］.

(78) *Ibid.*, p. 335.

(79) *Ibid.*, p. 328.

(80) *Ibid.*, p. 329.

(81) *Ibid.*, pp. 330–331.

(82) *Ibid.*, p. 335.

(83) *Ibid.*

(84) *Ibid.*, pp. 336–337.

(85) Kunz, *op. cit.* n. 71, p. 33.

(86) League of Nations, *Official Journal, Special Supplement*, No. 138, p. 44.

(87) *Ibid.*

(88) *Ibid.*, p. 45.

(89) *Ibid.*

(90) A. J. P. テイラー［吉田輝夫訳］『第二次世界大戦の起源』（講談社，2011 年）167 頁。1935 年 9 月 13 日付の『タイムズ』紙は，この演説に対するイギリス各紙のコメントをまとめている（11 面）。

(91) "Statement by Mr. Cordell Hull, Secretary of State of the United States of America July 16th, 1937", League of Nations, *Official Journal, Special Supplement*, No. 179, p. 5. この声明は，次のような一文を含む。「われわれは，条約の神聖性を支持しつつも，必要が生じた場合には，相互の扶助と厚意の精神に基づいて実施される秩序だった手続において，条約の規定が修正されることの意義を信じる」。

(92) *Ibid.*, p. 6.

(93) *Ibid.*, p. 24.

(94) *Ibid.*, p. 9.

(95) *Ibid.*, p. 9, p. 19.

(96) 篠原初枝『戦争の法から平和の法へ』（東京大学出版会，2003 年）224–226 頁；三牧聖子『戦争違法化運動の時代』（名古屋大学出版会，2014 年）214–216 頁。

(97) 第 4 章 1 節（2），2 節（2）参照。

(98) International Studies Conference とは，国際連盟の知的国際協力活動の一環として開催された，国際関係に関する学術的研究のための国際会議。国際関係を学術的に研究する主要国の組織や国際的研究機関の代表が，1928 年以降，毎年，定められたテーマについて検討を行った。1934 年に第 7 回会合，1935 年に第 8 回会合が行われた（Maurice Bourquin ed., *Collective Security : A Record of the Seventh and Eighth Studies Conferences*, Paris, 1936, p. ix）。

(99) Maurice Bourquin, "General report on the preparatory memoranda submitted to the General Study Conference in 1935", Bourquin ed., *ibid.*, p. 10.

(100) *Ibid.*, p. 13.

(101) *Ibid.*

(102) *Ibid.*, p. 14.

(103) *Ibid.*

(104) 条約の修正を正当化することは，国際法の土台そのものを掘り崩すのであって，国際法における「トロイの木馬」となる，という主張が，その典型である（*ibid.*, p. 15）。

(105) Louis Le Fur and de Geouffre de La Pradelle, "The revision of treaties", Bourquin ed., *op. cit.* n. 98, p. 196.

(106) *Ibid.*, pp. 197–200.

(107) Alfred von Verdross, "Plan for the organization of peace : observation on the French proposals of November 14th, 1932", Bourquin ed., *op. cit.* n. 98, pp. 189–190.

(108) David Mitrany, "Peaceful Change and Article 19 of the Covenant", Bourquin ed., *op. cit.* n. 98,

p. 209.

(109) *Ibid.*, pp. 212–213.

(110) C. A. W. Manning, "The elements of collective security", Bourquin ed., *op. cit.* n. 98, p. 207.

(111) *Ibid.*, pp. 207–208.

(112) C. A. W. Manning ed., *Peaceful Change : An International Problem*, Macmillan, 1937.

(113) Jonathan Haslam, *The Vices of Integrity : E. H. Carr 1892–1982*, Verso, 2000, p. 67；ジョナサン・ハスラム［角田史幸・川口良・中島理暁訳］『誠実という悪徳――E. H. カー 1892–1982』（現代思潮新社，2007 年）103 頁。

(114) H. Lauterpacht, "The legal aspect", Manning ed., *op. cit.* n. 112, pp. 135–165.

(115) Edward Hallett Carr, *The Twenty Years' Crisis 1919–1939 : An Introduction to the Study of International Relation*, 2nd ed., MacMillan, 1946, pp. 27–31［初版：1939］；E. H. カー［原彬久訳］『危機の二十年』（岩波書店，2011 年）70–76 頁。

(116) *Ibid.*, p. 28.（邦訳 71 頁）

(117) 本章「はじめに」，1 節（2）参照。

(118) *Ibid.*, p. 177.（邦訳 339 頁）『危機の二十年』第 10 章 4 節の表題 Law as a Function of Political Society は，従来，「政治社会の機能としての法」と訳されてきた。これでは，あたかも「政治社会」が実体であり，「法」がその作用であるかのような印象を受ける。しかし，この節でカーが検討しているのは，政治社会と法との相関関係である。その関係は，例えば，「いかなる政治社会も法なしには存在しえず，法もまた政治社会のなかでなければ存在しえない」と表現される（p. 177；邦訳 340 頁）。「機能」という訳は，このような相互連関を適切に示すものではない。むしろ，やや比喩的ではあるが，「関数」という訳を当てるべきだろう。

(119) *Ibid.*, p. 170.（邦訳 326 頁）

(120) *Ibid.*, pp. 177–181.（邦訳 339–345 頁）

(121) *Ibid.*, p. 177–178.（邦訳 341 頁）

(122) *Ibid.*, p. 179.（邦訳 343 頁）

(123)「……われわれは，国際紛争の裁判可能性という問題のなかに，以下のような事実についての別の表現を見出すことができる。つまり，法が政治社会の関数であること，政治社会の発展によって法の発展が左右されること，そして，政治社会が共有する政治的諸条件によって法が条件づけられていること，である」（*ibid.*, p. 199（邦訳 376 頁））。

(124) 第 4 章 2 節（2）参照。

(125) 第 4 章 1 節（2）参照。

(126)「ある紛争が司法的な解決手続に『適しているかどうか』についての客観的な基準など存在しない」（*ibid.*, p. 195（邦訳 370 頁））。

(127) *Ibid.*, pp. 201–202.（邦訳 381–382 頁）

(128) 第 4 章 1 節（2）参照。

(129) *Ibid.*, p. 202.（邦訳 382 頁）

(130) 第 4 章 2 節（2），本章 1 節（1）参照。

(131) J. L. Brierly, "The Judicial settlement of international disputes", *The Basis of Obligation in International Law and Other Papers*, The Clarendon Press, 1958, p. 103［初出：1925］.

(132) Carr, *op. cit.* n. 115, p. 214.（邦訳 404–405 頁）

(133) L. C. Robbins, "The economics of territorial sovereignty", Manning ed., *op. cit.* n. 112, pp. 45–

46.
(134) *Ibid*., p. 48.
(135) *Ibid*., pp. 54-55.
(136) *Ibid*., pp. 56-57.
(137) T. E. Gregory, "The economic bases of revisionism", Manning ed., *op. cit*. n. 112, pp. 65-70.
(138) *Ibid*., pp. 72-74.
(139) *Ibid*., pp. 75-76.
(140) *Ibid*., p. 77.
(141) Carr, *op. cit*. n. 115, p. 42.（邦訳 98 頁）
(142) *Ibid*., pp. 50-51.（邦訳 111-113 頁）
(143) *Ibid*., pp. 54-55.（邦訳 117-120 頁）
(144) *Ibid*., p. 55.（邦訳 119 頁）
(145) *Ibid*., p. 80.（邦訳 166 頁）
(146) *Ibid*., p. 81.（邦訳 168-169 頁）
(147) *Ibid*., p. 55-57.（邦訳 121-123 頁）
(148) *Ibid*., p. 57-58.（邦訳 123-125 頁）
(149) *Ibid*., p. 59-60.（邦訳 128 頁）
(150) Lauterpacht, *op. cit*. n. 114, p. 158, p. 164.
(151) ラウターパクトの国際秩序構想については，西平等「戦争概念の転換とは何か――20世紀の欧州国際法理論家たちの戦争と平和の法」『国際法外交雑誌』第 104 巻 4 号（2006 年）74-78 頁，および，西平等「実証主義者ラウターパクト――国際法学説における実証主義の意義の適切な理解のために」坂元茂樹編『国際立法の最前線』（有信堂，2009 年）71-97 頁を参照。
(152) Carr, *op. cit*. n. 115, p. 199.（邦訳 377 頁）
(153) *Ibid*., pp. 13-19.（邦訳 45-54 頁）
(154) *Ibid*., pp. 19-21.（邦訳 54-57 頁）
(155) *Ibid*., p. 19.（邦訳 54 頁）
(156) Charles Jones, *E. H. Carr and International Relations*, Cambridge University Press, 1998, pp. 128-131.
(157) Carr, *ibid*., p. 44.（邦訳 101 頁）
(158) 本章 3 節（2）参照。
(159)「国際主義の概念は，利益調和論が特殊な形をとったものである。したがって，同じ分析の下に置かれる。すなわち国際主義を，その提唱者たちの利益や政策とは独立した絶対的な基準であるとみなすことは，利益調和論と同様に難しい」(Carr, *ibid*., p. 85 (邦訳 174 頁))。
(160) *Ibid*., p. 53.（邦訳 116 頁）
(161) *Ibid*., p. 86.（邦訳 176 頁）
(162) *Ibid*., p. 87.（邦訳 178 頁）
(163) *Ibid*., p. 68.（邦訳 143 頁）
(164) *Ibid*., p. 176.（邦訳 338 頁）
(165) *Ibid*., p. 179.（邦訳 343 頁）
(166) *Ibid*., p. 191.（邦訳 363 頁）

(167) 第4章2節（2），5節（3）。
(168) 本章3節（2）。
(169) Carr, *ibid*., p. 60.（邦訳128–129頁）
(170) *Ibid*., pp. 83–84.（邦訳172頁）
(171) *Ibid*., p. 102.（邦訳205頁）
(172) *Ibid*., p. 179.（邦訳343頁）翻訳はこの個所を二つの段落に分けているが，原文では分けられていない。
(173) *Ibid*., p. 43.（邦訳99頁）
(174) 大沼邦博「労働者の団結と『営業の自由』――初期団結禁止法の歴史的性格に関連して」『関西大学法学論集』第38巻1号（1988年）98–111頁。
(175) Carr, *ibid*., p. 81.（邦訳167頁）
(176) *Ibid*., pp. 80–81.（邦訳166–168頁）
(177) *Ibid*., p. 176.（邦訳338頁）
(178) *Ibid*., p. 214.（邦訳404頁）
(179) 本章3節（2）（3）参照。
(180) *Ibid*., p. 81.（邦訳168頁）
(181) *Ibid*., p. 87.（邦訳178頁）
(182)「国際法の法的有効性に固執するのは，そのことが，条約を強要されてきた弱国に対して支配的国家が優位性を維持するための武器となってきたからだ」（*ibid*., p. 189（邦訳361頁））。
(183) *Ibid*., p. 190.（邦訳362頁）
(184) *Ibid*., p. 191.（邦訳364頁）
(185)「status quo を変える目的で戦争に訴えることは，今日では通常，条約義務の違反を含み，それゆえ，国際法上違法である」（*ibid*.（同上））。
(186) *Ibid*.（邦訳364–365頁）
(187) *Ibid*., p. 209.（邦訳395頁）

終　章

(1) 西平等「『ポスト・ウェストファリア』の理論家としてのモーゲンソー」山下範久・安高啓朗・芝崎厚士編『ウェストファリア史観を脱構築する――歴史記述としての国際関係論』（ナカニシヤ出版，2016年）189–190頁。
(2) *ICJ Report 1984*, pp. 431–436 ; *ICJ Report 1986*, pp. 26–28.
(3) 杉原高嶺「国際裁判の機能的制約論の展開――政治的紛争論の検証」『国際法外交雑誌』第96巻4・5号合併号（1997年）164頁。
(4) 同上164–165頁。
(5) 宮野は，外交交渉・仲介・調停・仲裁裁判・司法的手続など，従来の用語では「紛争解決」と呼ばれてきた手続を，「紛争の対する働きかけ」という意味で，「紛争の処理」と呼ぶ。そして，「現実の紛争の解消」すなわち「紛争当事者が一定の納得を得て，もうそれ以上紛争行為を遂行しない状態」に至ることを「紛争の解決」と呼んで区別する（宮野洋一「国際法学と紛争処理の体系」国際法学会編『紛争の解決（日本と国際法の100年第9巻）』（三省堂，2001年）32頁）。このような区別を立てることによって，〈裁判等の手続によって紛争が「処理」されたとしても，それは現実の紛争が「解決」した

ことを意味しない〉という認識が容易になり，紛争解決における裁判の役割を反省的に検討する視角が開かれる。そして，このような区別は，モーゲンソーの言う「紛争」／「緊張」の区別にも関係している（西平等「連盟期国際法学における社会法モデル」『世界法年報』第 36 号（2017 年）38–39 頁）。しかしながら，本書ではこのような区別を採用しなかった。というのも，本書でおもに取り上げたモーゲンソーの議論を分析するためには，このような概念の区別は適当ではなかったからだ。モーゲンソーは，「紛争」を，合理的に定式化された国家間の主張の対立とみなしており，それに対して，「緊張」を生じせしめるような国家間の対立状況を，非合理的な欲求の対立と捉えている。すなわち，現実の深刻な国家間の対立状況を解消することは，モーゲンソーの枠組みでは，「紛争」の解消とは明確に区別される意味での，「緊張」の解消なのである（第 4 章 2 節（1）参照）。

（6）宮野・同上，48 頁。

（7）高野雄一「外交関係条約と司法紛争解決条項」高野雄一『国際社会と法』（東信堂，1999 年）148–158 頁［初出：1981 年］。

（8）西，前掲論文（注 5）37–38 頁。

（9）杉原，前掲論文（注 3）153 頁。

（10）加藤陽「国際機構の法的拘束力を有する決定による政治的紛争の解決（2・完）」『法学論叢（京都大学）』第 165 巻 5 号（2009 年）82–99 頁。

（11）山本草二「国際環境協力の法的枠組みの特質」『ジュリスト』第 1015 号（1993 年）147–148 頁；柴田明穂「締約国会議における国際法定立活動」『世界法年報』第 25 号（2006 年）52–56 頁；坂本尚繁「枠組条約の規範発展の機能——その意義と限界」『国際法研究』第 1 号（2013 年）103–109 頁。

初出一覧

序　章　書き下ろし

第 1 章　「古典的国際法学との対照における国際政治学的思考の特質」『関西大学法学論集』第 65 巻 2 号（2015 年）

第 2 章　「国際秩序の動態的把握――アドルフ・ラッソンの国際法批判論」『関西大学法学論集』第 65 巻 2 号（2015 年）

第 3 章　「動態的国際法秩序への解釈論的視座（1）～（3・完）――カウフマンによる事情変更原則の分析」『関西大学法学論集』第 65 巻 3 号・4 号（2015 年）・5 号（2016 年）

第 4 章　「連盟期の国際秩序構想におけるモーゲンソー政治的紛争論の意義（1）～（4・完）」『関西大学法学論集』第 65 巻 6 号・第 66 巻 1 号・2 号・4 号（2016 年）

第 5 章　「イギリスにおける動態的国際秩序思考（1）（2・完）――ブライアリとカー」『関西大学法学論集』第 67 巻 3 号・4 号（2017 年）

終　章　書き下ろし

＊いずれの論文も，本書への収録にあたって，大幅に加筆修正を行った。